エジプトを植民地化する

博覧会世界と規律訓練的権力

Timothy Mitchell
ティモシー・ミッチェル

大塚和夫・赤堀雅幸［訳］

法政大学出版局

Timothy Mitchell
Colonising Egypt

近代を決定づける出来事とは世界が画像として征服されたことである。

マルティン・ハイデッガー「世界像の時代」

この発現の序列は、あらゆる現われの序列であり、現われることそのもの一般のプロセスである。それは真理の序列なのだ。

ジャック・デリダ「二重の会」

目次

ペーパーバック版への序文

本書は英国によるエジプト植民地化の歴史の研究ではなく、植民地化する権力の研究である。一九世紀後半のエジプトで生じた出来事に焦点を合わせつつ、ここでの議論は、近代性への批判を通して植民地主義を位置づけることに向けられる。「植民地化する」とは、ヨーロッパの存在を確立するだけのことではない。それは、新しい空間概念、新しい人のあり方《パーソンフッド》、そして現実なるもの《リアル》の経験を産出する新しいやり方を、社会的世界に刻み込む政治秩序が普及することである。本書は、植民地化の事業が日ごとに進められていくその詳細に目を向け、そうした権力の形而上学を分析するものである。

本書の第二、三、四章では、エジプトにおける、植民地化する権力の展開が検討される。第二章は、一九世紀前半に農村部に暮らすエジプト人の日常生活を律しようとする、それまでになかった試みを記述することから始められる。一八二〇年代と一八三〇年代に、村人が自分の生まれた地区から外に移動することを禁じ、彼らが植え付けるべき作物の種類と、耕作・分配・報酬のやり方を定め、これらの決まりを守らせるための監視、点検、処罰を序列化した法令がカイロから発せられた。ナイル渓谷からの農業収入をカイロで制御しようという試みは、けっして新しいものではない。しかし、以前の制御の方式は、つねに抜け穴だらけの不確かなものだった。典型的なやり方は、有力な中央の一族が、それほど力を持たない地方の一族に徴税の仕事を請け負わせ、後者はさらに周囲の者にその仕事を請け負わせるというものだった。中央に向かうはずの収入は、接合部のそれぞれで漏れていく可能性があり、しかもその収入は〔徴税範囲を〕外側に広げることで初めてふやすことができたが、そうすると漏れはさらにふえてネットワークそのものが弱体化することになった。一九世紀の新しい制御の方式は、農業生産の上がりから取り分を手に入れようとするだけでなく、農村の生産過程に浸透し、過程を構成する要素を操作し、ジョン・バウリング（エジプト政府の英国人顧問[1]）が国土の「生産力」と呼んだものを増大させようとするものだった。こうした近代的権力のかたちをミシェル・フーコーは規律訓練《ディシプリン》方式と名づけたが、その有効性は、権力の重さや広がりにではなく、それが浸透し、整理し直し、そして植民地化する能力にかかっているのである。

カイロで政治顧問を務めたバウリングは、英国人の改革活動家、ジェレミー・ベンサムの友人であり助手だったが、後者は円形刑務所《パノプティコン》、すなわち人びとを統率するのに強制や命令を用いるかわりに、空間を分割し、個人を孤立させ、見えないかたちで体系的に監視する制度の発明者でもあった。フーコーが指摘するところでは、円形刑務所の幾何学的構造とそこで行なわれる規律訓練は、この二世紀のあいだに蔓延し、資本主義近代の体験を形づくってきた微視物理的《マイクロフィジカル》＝身体的権力形態を象徴するものといえた。

フーコーの分析は、フランスと北ヨーロッパに焦点を合わせている。だが、空間の再秩序化と監視とに基盤を置く権力形態、およびそこに暮らす人びとの統率は、本質的なところで、方法的に植民地化するものであった。そのうえ、円形刑務所や同様の働きをするその他の規律訓練の制度は、多くの場合、フランスや英国ではなく、ロシア、インド、南北アメリカ、そしてエジプトといったヨーロッパによる植民地化の最前線の地に導入され、発達したものである。ジェレミー・ベンサムは、これらの地のすべての統治者（そのなかにはカイロのエジプト総督ムハンマド・アリー・パシャ[2]も含まれている）と手紙を交わし、全体を一望する《パノプティック》原則やその他の新しい技術を導入するように勧めている。軍の将校、サン＝シモン派の技師、教育家、医者など、多くのヨーロッパ人にとって、一九世紀のカイロのような土地は、規律訓練という権力の新しい方法論にもとづく近代国家を確立するのを助けて、自分たちが存分に腕を振るう格好の場であった。

第二章で説明するように、エジプトで新しい権力形態のひな形となったのは、「新秩序」と呼ばれる一八二〇年代のエジプト軍改革だった。武装兵士の機動を実施し管理する革新的な方法によって、以前の軍と比べ、四倍以上の規模と威力をもつ軍隊がつくりだされ、この軍隊の創設は、エジプトの周辺地域および国内に多大な影響を及ぼすことになった。周辺地域との関係では、この軍事力によって、南はアラビア半島とスーダン、北はギリシアとクレタ、後にはパレスティナとシリアにまで広がる地域をカイロは植民地化し、一個の帝国を築くのに成功した。地方での反乱とヨーロッパ諸国の介入により帝国は解体してしまうが、こんどは一定の地理的領域を設定し、警察力としてそこを取り締まるように軍事力は再編され、そのことが政治的・空間的実体としてのエジプトをつくりだすこととなった。だがこれも長くは続かず、商業と政治の両面でヨーロッパが力を増すにつれ、カイロの政権はさらに弱体化し、経済は破綻し、ついには一八八二年に英国がエジプトを侵略し占領するにいたった。

エジプト国内では、バウリングが記しているように、新しい軍隊の創設こそは「社会の全面に及ぶ秩序の原則が確立されることでもあった」。第三章と第四章では、この原理が普及していく過程が検討される。農業では、国土の「生産力」、つまり村人と彼らの土地を商品《コモディティ》に転換することによって、移動、生産、消費に関する新たな制御方式が地方に広められ強化された。カイロとその他のエジプトの町や村では、それらを改造し、規則的で行き止まりのない道路を整然と通し、保健と公衆衛生を監督し、そして何よりも義務教育制度を導入することで、同じ秩序原理は目にみえるかたちをとった。学校教育は、国中のすべての若者を勤勉で従順な政治的服従者＝主体《サブジェクト》に変身させる手段を提供するとされ、一九世紀後半には、近代国家の政治にとって学校での規律訓練は決定的に重要な要素だと考えられるようになった。政治秩序は、断続的な強制力の行使によってではなく、継続的な指導、点検、統率によって実現されるべきものであった。

規律訓練方式への着目は、植民地化された国家、また近代国家一般を理解するうえで、二つの重要な帰結をもたらし、フーコーはその最初のものしか分析していない。それは、権力を、暴力に裏打ちされ、社会的行為を指示し強要する権威主義的な命令や方策の体系と見なす捉え方を克服できるという帰結である。権力は一般に外的な制限として思い浮かべられ、その場合、権力は、その源を社会の外側、社会の上に立つ至高の権威に求め、人の行動に制限を加え、禁止命令を発し、適切な振る舞いの指針を示すことで作動するとされる。

これとは対照的に、規律訓練的権力は、外側からではなく内側から、社会全体のレヴェルではなく細部のレヴェルで、そして個人とその行為を制限するのではなく、個人と行為を生産することによって働く。外部にある制限する権力が、内部にある生産する権力に席を譲る。規律訓練は、それぞれの領域や制度のなかで、個別の社会過程のなかに入り込み、それらを別々な作用に分解し、部分部分を再調整し、効率や精度を高め、あらためてより生産的かつ効果的な組み合わせを実現する。このような方法によって、軍隊、学校、工場その他、近代の国民国家に特有の諸制度の組織的な力が生産されるのである。それはまた、そのような諸制度の内部で、近代的個人、すなわち、個々に切り離されて訓練され、物分かりのよい勤勉な政治的服従者《サブジェクト》＝主体としてつくられた人格を生産する。権力関係は、単に外部からくる秩序と禁止の集合として、この個人と向かい合うのではない。そのような諸制度のなかで形成された彼／彼女個人の存在そのものが、すでに権力関係の産物なのである。

ただし、これらの技術の相互に調和した働きを、フーコーがときおりしたようにあまりに強調すべきではない。さまざまな規律と訓練は、失敗したり、相互に効果を打ち消しあったり、行き過ぎたりすることがある。それらは策略を講じたり抵抗したりする余地を残し、覇権に抵抗する方向へと向かうこともできる。反植民地運動は、しばしば、その組織形態を軍隊から、その規律訓練と思想教育のやり方を学校制度から借りてきている。それらの運動は、植民地化された国家の兵舎、校庭その他の施設の内部から形づくられてくることが多い。同時に、強制力をもった中央の権威という単純な植民地主義権力のイメージを放棄することによって、この権力の外に立ち、その要求を拒否する主体という抵抗者の伝統的姿にも異を唱えるべきである。植民地的服従者《サブジェクト》＝主体と彼らの抵抗のあり方は、植民地された国家の組織領域の外側にある社会空間で全体が形成されるというよりは、領域の内側でこそ育まれるのである。

規律訓練方式による権力の考察から導かれる二番目の帰結は、ミシェル・フーコーによっては論じられなかったが、資本主義近代の特異性を理解するうえではより重要である。それは、権力関係が内面化されると同時に、それらは外部にある構造のかたちをとって立ち現われるという点である。たとえば、一九世紀初期のエジプトの軍制改革は、武装した兵士の集団を一個の「人工の機械」とみえるものに変えた。この軍事的な装置はその部品の総和以上のものにみえたが、それはあたかも、軍事的な装置が一個の構造であって、それを構成している人びとからは独立した実在性をもつかのようだった。旧来の軍隊は突如として「ぶらぶらしている怠け者たち」からなる形の定まらないものに見え、対して新しい軍隊は二元的なものとして立ち現われることとなった。新しい軍隊は、一方では個々の兵士によって構成されていたが、他方では彼らが内部に身を置く一個の機械でもあった。もちろん、この装置は独立した存在ではない。それは、組織的な人員配置、彼らの動きの連係、空間の分割、諸単位の序列的な秩序づけといった個別の実践によって生みだされた効果である。この軍隊が発揮する力にある新しさは、配置、配列、運動の過程だけだった。しかし、そのような過程の秩序と精度とが、構成員たちとは別個な装置の効果、その構造が構成員を秩序づけ、含み込み、制御するという効果をつくりだしたのである。

同様の二元的効果は、植民地化する権力のその他のかたちについても働いているのを見ることができる。たとえば、一九世紀のカイロ改造では、新しい街路の配置《レイアウト》が、図面《プラン》のような外観を与えるように設計された。図面は、都市改造の仕事を支える工夫であるだけではなく、都市の街路の配置に表象され、そこに暮らす住民の生活に刻み込まれるべき秩序原理でもあった。新市街は、平面と空間の一定の配分であるという点では旧市街と変わりない。しかし、その配置の規則性が、物《フィジカル》としてある街路とは別に、それら街路の非物理的《ノンフィジカル》な構造として存在する何物かに関する経験をつくりだしたのである。このときから、都市の秩序は、物そのものの物質的《マテリアル》実現（と呼ばれるようになったもの）とそれらの目に見えない形而上的《メタフィジカル》構造とのあいだの関係として把握されるようになった。

近代の諸制度を特徴づける空間と機能の正確な特定、それらの機能の階層的な配列への調整、監督と監視の組織化、スケジュールとプログラムへの時間の組み立て——これらすべては、社会的実践の複合としてではなく、二元的秩序から構成されているようにみえる世界を構築するのに貢献している。一方には個人とその活動があり、他方には、個人から離れて、個人よりも前に存在し、個人の生活に枠組みを与える安定した構造がある。そのような技術が、近代に固有の形而上学を生みだし、そこでは世界は、個人対装置、実践対制度、社会生活とその構造、もしくは物質的現実とその意味といった、二元的なかたちに還元されるかのようにみえるのである。

意味もしくは表象の問題は、この構造的効果の本質的側面であり、また本書の中心的テーマでもある。構造という新しい効果を生みだすように組織し調整する方法がまた、表象過程としての意味という近代的な経験を生みだすと本書は論じる。資本主義近代の形而上学において、世界は、物資的現実とその表象——言語、文化、その他のかたちの意味——とのあいだの存在論上の区別によって経験されている。現実が物質的で、それ自体としては不活性であり、内在的意味をもたないのに対し、表象は非物質的、非物理的な知性の次元である。本書は、この存在論を生みだす植民地化の実践の形式を示すことによって、その力と限界とを探究する。表象の性質を例示する題材として、本書はヨーロッパの植民地化事業の一環をなす、一九世紀の壮大な万国博覧会をとりあげ、マルティン・ハイデッガーやジャック・デリダの仕事に拠りながら、近代主義のこの形而上学を「博覧会としての世界」と呼んで論ずる。

本書の第一章では、先に述べた規律訓練の権力の分析に先立ち、一九世紀のヨーロッパを訪れたエジプト人その他のアラブ人の報告を読むことで、問題の所在を明らかにする。彼らの報告にもっともよく見られる話題は万国博覧会であり、そこで彼らが出会ったのは、まがい物のバザールや、オリエント風の宮殿、異国趣味の品々、生まれ育ったのと同じ環境でくつろぐ原住民、そして列強が持つ力と文化の差異とについての「真実」のすべてであった。

アラビア語で書かれた旅行記を通して、この章ではまず、イメージと記号の領域を、それらが表象する現実世界から切り離すことができるという表象の特殊性を明らかにする。そのうえで、前述の構造の効果と類似したこの分離が、それが主張するほどには存在としての確実性を有しておらず、実は不確実で不安定な効果にすぎないことが示される。

博覧会への非ヨーロッパ人来訪者がもっとも驚いたのは、人工物の写実性であった。一八八九年のパリ博覧会における、名高いカイロの通り《リュー・デュ・ケール》の展示では、エジプトの首都にある通りがそのまま再現され、本物のエジプトのロバとその御者とが連れてこられた。その写実性によって、人工物はそれ自身が現実的なものではないことを主張している。模型の尺度と精密さそのものによって、来訪者はこれが写しにすぎず、ある実物が存在するに違いないと信じてしまうのだ。そうした模倣の技術が人びとに納得させようとするのは、表象は正確でなければならないということではなく、表象の外部に純粋な現実があり、その現実はイメージをイメージたらしめる置き換え、媒介、繰り返しといったやり方によっては影響を受けないということなのである。

第一章では、現実とその表象という一見したところ問題のない区別を生みだすことによって、現実なるものに対する近代主義者の経験を強化する、博覧会のいくつかの特性も議論する。物理的な仕切りが、博覧会とその外部にある現実世界とを分離し、その内部にある展示品は、文化と進化に関するヨーロッパの歴史的・地理的秩序を表現するように配列され、その秩序は博覧会に関するおびただしい数の図面、標識、手引書のなかに反映されて、また再生産された。その結果として、博覧会は、外部の現実世界を模倣するだけではなく、現実世界に存在する無数の人種、領域、商品の上に意味の枠組みを焼きつけるものとして立ち現われる。物理的現実から切り離された抽象的秩序の装いをとる点で、この枠組みは、先に触れた軍隊の秩序や都市計画その他の植民地化の実践――それらも同じような連係と配列によって産出された――と類似した構造的効果なのである。

表象の技術は、万国博覧会に限られてはいなかった。博覧会会場の外で、ヨーロッパへの来訪者はそれ以上の表象の機構と出会った。博物館やオリエンタリスト会議、劇場や動物園、学校やデパート、そしてさまざまな意味が込められた外貌《ファサード》をもつ建物が連なる近代都市の街路そのもので、人びとは同じ意図をもった方法を見いだした。見つめる人の眼前に、あらゆるものが、彼方にある現実を表象する何物かの像もしくは展示品として置かれているように思われた。ヨーロッパへの来訪者は、万国博覧会だけではなく、あたかもそれ自体が果てのない博覧会のように秩序づけられた世界に遭遇したのである。

そこでは、表象過程の広がりが、単純にみえていた構造的効果の捉えどころのなさを明らかにしはじめる。表象体系がもつ意味の構造は、表象の領域とそれが指し示す外的現実とのあいだに保たれている区別から生じるものとされる。しかし、この現実の世界、すなわち博覧会場の外部は、実際には、現実的なるもののさらなる表象によって構成されているだけのように思われるのである。博覧会場における模造物が現実の痕跡を残していたように（展示場にいた原住民は本物ではなかったろうか）、会場外の現実は他所《よそ》から媒介されることのないものだったわけではなかった。本書では、必然的といえるこの捉えどころのなさそのものより、どうしてそれが見逃されるのかという問いに関心を寄せる。「いかにして植民地化の過程は「博覧会としての世界」を拡張し、その強力な形而上学をその他のさほど効果的ではない神学に取って代わるものにしているのであろうか」が、本書の問いである。

本書の冒頭を飾る、ヨーロッパに関するアラブ人の記録に対応させて、第一章の後半では「博覧会としての世界」を離れ、アラブ世界に旅立った一九世紀ヨーロッパ人の書き残したものが考察される。彼らが東洋に旅立った目的は、展示品としてしばしば目にしていたものを現実に経験することだったが、彼の地で目にしたものは彼らを困惑させる結果となった。彼らは自分では、東洋に関する展示品から現実の物の方に移動したと考えていたが、同時にそれら現実の物を展示品として捉えようとし続けたのである。これは避けようのないことであった。ヨーロッパ人にとって、現実とは、表象と実物との区別のなかで提示されるもの、すなわち、あたかも展示されているかのように捉えられる何物かを意味していた。しかし、ロンドンやパリとは異なり、カイロのような場所はまだ、この絶対的な区分によって配列し直され、来訪者の眼差しの前に博覧会のように置かれてはいなかったのである。

東洋はそれ自身を展示品のように提示することを拒み、その結果、単に無秩序で意味のないもののようにみえた。

植民地化の過程とは、その時点では欠如していることが判明した、ある種の秩序、すなわち新しい規律訓練の力に加え、新奇な表象の存在論をもたらす構造の効果を導入することであった。

第二、三、四章では、新方式の軍隊、モデル村落、都市計画、学校制度その他の植民地化の事業を議論することで、これらの秩序の方法が、社会的世界に新しい判読可能性を一斉に刻み込んだやり方を探る。規律訓練を受け、制服を着て均一化された兵士は、いまや明確に民間人と区別可能になり、落後兵の把握も容易になり、ついには大規模な軍隊をつくりあげる際に最後の大きな障害であった脱走の問題を克服できるようになった。モデル村落は、普通のエジプト人の生活を組織化し、権力の目に見えるようにすることを目的として作られ、そこには婦人や家族ですら「治安当局の目」の届く範囲に置くことができるようなつくりの建物が建てられた。近代的なカイロその他のエジプトの町に新設された見通しのいい街路網は、モデル村落と同じ可視性と観察の原理、すなわち博覧会の原理が具現化したものだった。国中に建設され、新しい小学校、中学校、高等学校の序列からなる制度は、新しい国民国家に記述可能な構造を付与する目的をもっていた。同時に、学校は、人生そのものに分け入る前に知っておくべき教訓と情報についてまとまった一般則を人びとに与え、この原則なしでは国民国家の存続は不可能とされた。

これらの事例のそれぞれについて働いている原理は同一であり、いずれも秩序と配列の方法が構造の効果をつくりだしていた。博覧会が示す注意深い展示物の配置のように、この構造は、さまざまな活動が、そのなかで組織だてられ、制御され、観察される枠組みとして、さらにはまた、活動に意味を補う設計図もしくは計画表としても現われる。同じ秩序の技術が、規律訓練の力と、一見それとは分離された意味もしくは真実の領域との双方をつくりだすのである。

本書の第五章では、真実と権力との関係がさらに一段進んで考察される。この考察は、言語の問題に目を向け、植民地された国家における言語上の意図もしくは権威の創出と、政治的権威の創出とのあいだの平行関係をたどることによって進められる。新しい方法による通信、印刷技術、学校制度といった植民地時代に特徴的な技術が、現実とは切り離された構造の効果をつくりだし、さらに現実の秩序と意味として経験されるものでもって、現実を補うやり方のなかでも、言語はもっとも広域にまで効果を及ぼす事例となる。ふたたびジャック・デリダの仕事に拠りながら、この章では、近代的な言語理解が、これらの新しい技術といかに絡みあっているかが示される。それは「博覧会としての世界」によって生みだされた機械論的な表象理論に依拠しており、その形而上学を前近代のアラブの学問は共有していなかった。

アラビア語で書くことは、新しい技術によって変容させられていった。書かれた意味と意図とを守ろうとするテクストについての慣行は、表象の形而上学によって時代遅れのものにされた。テクストの意図は、その性質と方法において、政治権力の意図もしくは権威と類似しており、実際にも、つねにそのような権力の重要な一部として形成されてきた。新しい意味効果は、現実に対置して構成された抽象的枠組みとして、同時に新しい政治権力効果をも提供したのである。「博覧会としての世界」における意味のように、権威はいまや法律とか国家とかいう名前をもった、一般化された抽象物として現われた。意味のように、権威はいまや現実世界の外部に立つ枠組みとして現われた。表象効果を導入したことによる植民地の変容は同時に、この新しい権威効果をつくりだすようになるのであった。

著述に関する西洋の形而上学を論じるために、第五章では、植民地化される以前のアラブ世界における、著述の技術を取り巻くいくつかの慣習を簡単に説明する。この説明は、植民地化以前の建築、空間の組織化、学習、意味と社会秩序生産の方法を議論した他の章の一部と類似している。それらの文章は意識して断片的で不完全なままにされており、植民地化される前の過去を再現《リプリゼント》しているなどという印象を与えないようにしてある。というのも、本書の議論の中核をなす理由から、そのような再現は不可能だからである。それらは、表象の形而上学に支配されていない、言語、意味、政治秩序をめぐる思考の可能性を示唆するために、植民地化の事業に関する本書の記述に加えられた注釈となることを意図している。それらはまた、本書が触れているピエール・ブルデューやジャック・デリダといった、今日の理論家たちの仕事に関する議論としても読まれるべきである。その目的は、彼らの理論が示していると一般に考えられている以上に、より徹底的な近代性批判を進めることにある。

一九九一年六月、ニューヨーク
T・P・M

ペーパーバック版の謝辞

私は本書の大部分を一九八六年の春から夏にかけて、オックスフォード大学のセント・アントニーズ・カレッジで書いた。そこに滞在するためにデレク・ホプウッド、アルバート・ハウラーニー、ロジャー・オーウェンは力を貸してくれたし、彼らをはじめとしたセント・アントニーズの中東センターの所員や職員のおかげで、私の滞在は非常に快適なものになった。そこで過ごした数カ月のあいだ、私はニューヨーク大学の学長研究助成を得ることができたが、その際にはファルハド・カゼミーにとくに世話になった。

本書の第三章の全体と、第二章、第四章それぞれの半分、そのほかにもいくつかの節は、私の博士論文が元になっている。その論文を指導してくれたのは、プリンストン大学のマンフレッド・ハルパーンとチャールズ・イサーウィーであり、彼らが私の研究に向けてくれた関心と支援に私は心から感謝している。また、博士論文を書く際にも本書を書く際にも、エジプトで調査を行なったが、国立図書館であるダール・アル＝クトゥブの閲覧室や雑誌室で、職員たちはつねに親切で有能だった。私のエジプト訪問の第一回はプリンストン大学の近東研究プログラムの助成を受け、続く第二回はエジプトのカイロ・アメリカ大学の社会調査センターの研究員としてのものだった。ジェイムズとスーザンのアレン夫妻、カール・ブラウン、それにメイ・トラッドとポール・ウォーカーをはじめとして、援助を与えてくれた両機関の多くの人びとに深く感謝したい。

本書で展開した議論の多くは友人たちとの会話の中から生まれ、発展しそこから抽出されてきた。主要なテーマについてはステファニア・パンドルフォからもっとも多くを学び参考にした。私の研究についての彼女との話し合いがまず研究の方向を決定し、以後も稿を改めるたびに彼女は目を通してあらゆる点で本書の内容を改善するのに役立ってくれた。ほかにも援助の手を差し伸べてくれた友人や同僚は数多いが、ここではとくにマイケル・ギルズナン、ウダイ・メフター、ブリンクリー・メッスィク、ロイ・モッタヒダとヘレン・プリングルに感謝を捧げたい。また本書の編集発行を監督するという面倒な仕事を我慢強くこなしてくれたケンブリッジ大学出版局のエリザベス・ウェットンと、ペーパーバック版のために力を尽くしてくれたカリフォルニア大学出版局のシャーリーン・ウドコックに深く感謝したい。

本書の執筆にあたり、私はライラ・アブー＝ルゴドに誰よりも多くを負っている。彼女は時には知的な支援を与えてくれ、時には批評し、また励まし、やさしい心遣いを示してくれた。もし彼女がいなかったとしても私は本書を書いたかもしれないが、そのときには本書も、そして私のその後の人生も今とはすっかり違うものになっていただろう。最後に私の家族にも心から感謝したい。一〇年間にわたって英国を離れていたことは、たとえ本書をもってしても償うことができないだろうが、本書を母と、亡き父の思い出に捧げたい。

エジプトを植民地化する

――博覧会世界と規律訓練的権力

凡例

一、本書は、Timothy Mitchell, *Colonising Egypt*（Cambridge: Cambridge University Press, 1988）の全訳である。ただし、翻訳にあたっては、一九九一年にカリフォルニア大学出版局から刊行されたペーパーバック版を底本とした。

一、原文中のダーシおよびパーレンは、一部取り外して訳出した。

一、原文中の引用符は「　」で括り、大文字で記された文字についても「　」で括った箇所がある。

一、原文中でイタリック体で記された箇所には、原則として傍点を付した。

一、訳文中の（　）および——は原著者によるものである。

一、訳者による補足および簡単な訳註は、すべて〔　〕で括って挿入した。また、説明註が必要と思われる箇所には〔1〕というかたちで各章ごとに通し番号を付し、原註の末尾に掲載した。

一、原著で引用されている文献のうち、既訳のあるものに関してはできる限り参照するよう努めた。ただし、訳文については必ずしも既訳に拠らない。

一、原著の引用および参考文献について既訳のあるものは、わかる範囲で書誌情報を併記した。

一、原著の明らかな間違いや体裁の不統一については、一部、訳者の判断で整理した箇所もある。

一、索引は原著にもとづいて作成したが、訳者のほうで整理した箇所がある。

第1章――博覧会のエジプト

第八回国際オリエンタリスト会議は一八八九年の夏ストックホルムで開催されたが、この会議に出席する予定のエジプト代表団の一行はスウェーデンに向かう途中パリに立ち寄り、おりからその地で開催中の〔第四回パリ〕万国博覧会場を訪れている。四人のエジプト人たちはこのフランスの首都で数日を過ごし、アレクサンドル・エッフェルの作った「ギザの大ピラミッドと同じ高さ」（と彼らは書き残している）の新しい塔に二度登ったり、眼下に広がる町のなかに分け入って探検を試みたりした。彼らはまた、博覧会場に足を向け、綿密な計画に従ってしつらえられた公園やパビリオンを訪れ、展示されている品々や機械に見入った。会場は秩序と壮麗さに包まれていたが、一カ所だけその雰囲気を乱す場所があった。それはフランス人たちの手で作られたエジプトの展示であり、曲がりくねったカイロの通りを再現し、二階が一階よりも張り出した家々やカーイトバーイ・モスク(1)に似せたモスクがそこに配されていた。エジプト人の一行のひとりは「それはカイロの古い面に似せようとしていた」と記し、その作業が非常に細かい点にまで及んで、「建物の塗装をわざわざ汚くすることさえしてある」と続けている(1)。

このエジプトの展示はまた、わざと無秩序なものに仕立てられていた。幾何学的ともいえる構成がなされていた博覧会の他の部分とは対照的に、カイロを模して作られた通りは、バザールのように雑然とした構成がなされていた。

路上には所狭しと売店や屋台が立ち並び、オリエント風の衣装を着込んだフランス人が香水や菓子、トルコ帽《タルブーシュ》[2]を売っていた。バザールらしさをかもしだす最後の仕上げとして、この展示を主催したフランス人たちは、エジプト産のロバを五〇頭、その御者と一緒にカイロから連れてきており、さらに、ロバの世話をする者や蹄鉄工、鞍職人までも必要な人数を呼び寄せていた。見物客は一フランを払って通りの端から端までロバに乗って往復することができたが、その際の喧騒と混乱がお遊びの真似ごとではすまされないほどになったので、博覧会の管理責任者側は一時間あたり通りに出るロバの頭数を制限する指示を出さなくてはならなかった。

この様子を見たエジプト人の一行は気分を害し、それからはそこに近づかないようにしていた。なかでも彼らを当惑させたのはモスクの戸口をくぐってみて、それが通りの他の部分と同じようにヨーロッパ人たちのいう書き割り《ファサード》[3]にすぎないと知ったときだった。「そこにあるのはモスクの見かけだけだった。内部はというとコーヒーハウス[4]のようなつくりになっており、そこではエジプト人の娘が若い男たちと踊り、ダルウィーシュ〔スーフィズムの修行者〕が旋舞を舞っていた[2]」。

パリで一八日を過ごした後、エジプト代表団の一行はストックホルムに着いて、オリエンタリスト会議に出席した。ヨーロッパ以外の土地から来た他の代表団と一緒に、エジプト代表団はそこで手厚いもてなしと、そして遠慮のない好奇の目でもって迎えられることになった。まるでまだパリにいるかのように、彼らは自分たちが展示品か何かにされているのに気づかされた。会議に出席したあるヨーロッパ人は「本物のオリエンタリストである彼らを、人びとはバーナムの世界ショー[5]の登場人物でもあるかのようにじろじろと見つめた。スカンディナヴィアの善良な諸氏はどうやら、会議を東洋学者《オリエンタリスト》の集まりではなく、東洋人《オリエンタル》の集まりだと考えたらしい」と書き残している。なかには、芸人の役割を喜んで買ってでたらしいオリエンタリストもいる。ベルリンで開催された以前の会議〔第五回、一八八一年〕では、「東洋の国々からきた人間を研究発表の彩りに使おうというおぞましい考えが、この会議に登場した。オックスフォードのボーデン記念サンスクリット学講座の教授〔モニアー・モニアー＝ウィリアムズ〕は、沸き立っている聴衆の面前に本物の生きたインドの賢者《パンディット》を連れてきてブラフマンの礼拝をさせた。……同じくオックスフォード大学のマックス・ミューラー教授〔ドイツ出身で、英国で活躍したインド学者〕はたがいに対立関係にある二人の日本人の僧を連れ出し、彼らは自分たちが持ってきた贈り物を人びとに見せて回った。その光景は、まるで自分の猿に芸を披露させる二人の猿回しを見るようだった[3]」という記録が残されている。ストックホルムでの会議にも、エジプト人たちは学者として招かれたのだったが、発表にあたって自分たちの言葉を使うやたちまち、彼らはまたも自分たちが展示品として扱われていると思わないではいられなかった。オックスフォードのある学者にいたっては「カイロのアズハル学院から来たアラビア語学者の口から吐き出される笛が鳴っているような騒音ほど、まともな分別ある人間にとって聞くに堪えないものはない。学会でのこのような余興《エキジヴィション》は、たとえ悪気はなくとも有害であり、学会の品位を傷つけるものである[4]」とまで酷評している[6]。

この、むしろヨーロッパ人の側からの悪気はないが相手を不愉快にさせる仕打ちは、博覧会や学術会議に限らずしばしば見られたことだった。ヨーロッパの外からやってきた人びとは、一九世紀を通して繰り返し自分たちが展示品のように扱われて、ヨーロッパの人びとの徹底した好奇の視線の的となっているのに気づかされた。わざとか気づかずにか、ヨーロッパ人は彼らの体面を傷つけたのだが、それは臨時に組み立てられた書き割りや好奇心でいっぱいの見物人の群れと同じように、派手な見世物に欠かせない出し物であるかのようだった。こうした書き割りや見物人、そして体面を傷つけられたという思いはみな、展示品を作りあげるやり方の一部であり、物を見られるものにしてしまおうとするヨーロッパに特有の関心のあり方の一例であるらしかった。本章ではこの展示という問題をとりあげ、ヨーロッパ以外の人びとの目にそれがどう映ったかを調べて、ヨーロッパ近代国家の性質を例証する実践として、それを論じることとする。ただし、この問題に直接取り組む前に少しばかり寄り道をして、まずはオックスフォードの学者が言及した、悪気はなくとも有害だとされた行為についてもう少し考えてみたい。この悪意なき加害行為こそ、一九世紀のヨーロッパに関して、中東の人びとが得た体験に一貫して深く関わり、本書にとって重要な手掛かりとなるものである。

最初に中東からの来訪者たちが発見したのは、ヨーロッパ人がとにかく立ち止まってじろじろ見ずにはおられない好奇心の強い人びとであることだった。一八二〇年代にパリで五年間を過ごしたあるエジプト人の学者は、「フランス人の特質はひとつには、新しいものなら何でもじろじろ見て興奮しないではおられないことである」[5]と記している。さまざまな国民の風俗習慣について論じた別の本のなかで、「ヨーロッパ人はじろじろ見たからといって相手に何かの影響を与えたりはしないと信じている」[6]と記したときにも、人びとのこのような眼差しがおそらく彼の念頭には浮かんでいたのだろう。オスマン帝国が派遣したある使節は[7]、一七九〇年にベルリンに向かう途中ケーペニック〔ベルリン南西の町。現在はベルリンの一部〕に立ち寄り、「ベルリンの民衆は私たちが市内に着くまで好奇心を抑えておくことができなかった。冬で雪もあるというのに、男も女も馬車に乗ったり馬の背に揺られたり、あるいは徒歩で私たちを見に、いや鑑賞しにやってきた」[7]と報告している。実地に見物することができない場合には、作りものでそれを再現しなければならないかのようだった。一八二〇年代にパリに派遣されたエジプトの留学使節の面々は、住居として定められた学寮に閉じ込められ、毎月第二日曜日だけ外出を許されていた。それでも、パリにいる間に、彼らは劇場で芸人たちが自分たちの故郷の人びとをおもしろおかしく真似てみせ、それがフランスの民衆のあいだですっかり人気の的になっていることを知った。学生のひとりは、「芸人たちは芝居に応じて自在に舞台を作り変えている。スルターンと彼の身に起こる事件を真似たいとなれば、舞台を宮殿のように作りあげて、スルターンその人を演じてみせる。また、ペルシアのシャーの出る劇をやりたいとなれば、役者にペルシアの君主の衣装を着せて舞台に上げ、王座の上に座らせる」[8]と書き残している。

ヨーロッパを訪問した中東の王侯本人たちですら、ともするとこのような演劇性を帯びた催しに一役務めさせられることがあった。エジプトの副王《ヘディーヴ》[8]は一八六七年の〔第二回〕パリ万国博覧会を訪れたが、そこではエジプトの展示は中世のカイロの王宮に似せて作られていた。ヘディーヴは訪問の期間中、このまがい物の王宮に滞在して展示の一部となり、訪問客を中世風のもてなし方で出迎えなくてはならなかった[9]。彼の父であるイブラーヒームは皇太子のこ

図版 1　万国博覧会でのエジプトの展示。パリ，1889 年［Clucq, *Album de l'Exposition* より。ニューヨーク公共図書館所蔵］

ろにこれ以上の不運に見舞われている。一八四六年六月にバーミンガムの工場と商品展示場を見学したおりに、イブラーヒームはそれまでに他の場所で彼を見かけた英国の民衆が引き起こした大騒ぎにうんざりして、「自分がごく普通のひとりの紳士として扱われるよう」報道関係者を通して強く要請している。それでもなお、彼は展示品のように扱われる運命から逃れることはできなかった。ある晩、お忍びで散歩に出た彼はたまたま巨大なクジラの全身骨格を見せる見世物小屋に入った。たちまち小屋の男が彼に気づき、大声で外に向かって口上を述べはじめた。「今なら一回分の料金でクジラの骨はもちろん、偉大なる戦士、トルコの征服者イブラーヒーム殿下をおまけで見ることができるよ」。群衆が殺到し、皇太子はバーミンガム警察の手で救出されなくてはならなかった。(10)

一九世紀のヨーロッパについて中東の人びとが書き記した文章を読むと、そのほとんどすべてでこの種の好奇心の発露に触れた記述に出会う。この世紀の終わりにかけて、エジプトでは写実主義の手法によって小説を書く作家が一人二人と登場したが、彼らがまず話題としてとりあげたのはヨーロッパへの旅の体験であった。それらの物語ではしばしば、陳列された品物《オブジェクト》のように群衆に取り囲まれ、じろじろと見つめられる登場人物が描かれており、彼らが西洋で得た特異な体験がそこに生き生きと呼び起こされている。そういった作品のひとつでは、主人公がパリに着いた当日に「店やショールームを出てちょっとでも立ち止まって休んでいると、男も女も大変な数の人びとが彼のまわりに集まってきて、彼の衣服や風体をためつすがめつ眺める(11)」という目にあっている。同類の話は枚挙に暇がないが、ここでは、中東からの来訪者にとって、ヨーロッパとは人が陳列されている品物か何かにされてしまい、それを人びとが集まってきてじろじろ眺めるような土地であったという点だけを指摘するにとどめておく。

立ち止まってはじろじろと眺めるという傾向がヨーロッパ人にあること自体は、これまでにもときおり指摘されてきたことなので、悪気なく人を傷つけるようなその行為について、私が特別に抱いている関心をここで明らかにしておく必要があるだろう。ベルリンに向かうオスマン帝国の使節の報告から引用したような言葉は、これまでヨーロッパ人と非ヨーロッパ人とのあいだの本質的で歴史的な差異、つまり見知らぬ場所や未知の人間にヨーロッパ人が深い好奇心を示すのに対して、それ以外の人びとには「好奇心の全般的な欠如」がみられることの証左として引き合いに出されてきた。そして、この違いは近代の幕開けにあたってヨーロッパで知的好奇心の花が大きく咲きほこったときに生まれ、またその開花を例証するものとされてきた。それは本質的な「性癖《アティテュード》の違い」として理解されるべきだといわれている(12)。しかし、じろじろ眺めるということが、ある集団に知的な好奇心があるかないかを判断する証拠になるという考え方には、私を含めて多くの人が疑問を抱かざるをえないだろう。しかもそこには、この「性癖」が(かりにそれがこの語によって正しく理解されるならば)ある意味では生まれついての自然なものであるという含みがある。好奇心とは、ヨーロッパで「神学のくびき」が弱まり「人間精神の解放」がもたらされることによって生じてきた、人間が世界に対して何の束縛もされずにもつ関係である、という単純な考え方がここにはみえている。この前提を疑ってかかる者はさらに少なく、ほとんどいないに等しい。「神学のくびき」が緩められ失われることによって、個人が世界に直接対峙するようになったといわれている、その「神学のくびき」の概念こそが、実際には、中東と近代西洋との歴史上の出会いに対する私たちの理解を依然として支配しており、さらには今日の中東に見られる政治的紛争に対する私たちの理解をも左右しているのだ、と本書は論じるつもりである。悪意なき加害行為という問題に言及してわざわざ回り道をしてきたのは、ヨーロッパを訪れた中東の著述家たちが、不自然で悪気なしに人を傷つけるという、つまるところ独自の神学に依拠しているにほかならない行為として見いだした、ヨーロッパ人が世界に語りかける方法をここで検討したいからである。

対象物《オブジェクトネス》であること

さしあたりヨーロッパ人という主体《サブジェクト》に好奇心が強いという性癖があるのだとしておくと、次に目につくのは外からヨーロッパを訪れた人びとが、それに対応した「対象物であること」とでもいうべきものにもそこで出会っていることである。主体の好奇心はさまざまな物を客体《オブジェクト》と化していく多様な機構を通して、呼び起こされるのである。イブラーヒーム・パシャのクジラとの出会いや、パリの劇場で自分たちがパロディにされたエジプトからの留学生たちの経験などは、ほんの小さな例にすぎない。その留学生のひとりは、後に出版したパリの滞在記のなかで「見世物《ル・スペクタクル》」というパリ特有の現象について、この語に対応したアラビア語の単語を見つけられないまま音訳して用い、数ページを割いている。歌劇《オペラ》や喜歌劇《オペラ=コミーク》を始め、彼が記述しているさまざまな見世物のなかには、「見物人のために町や田舎といったものの景観を再現する場所」として「パノラマ、コスモラマ、ディオラマ、ユーロポラマ、それにウラノラマ」などが挙げられている。カイロのパノラマについて彼は図入りで説明し、「それはまるでスルターン・ハサン〔一四世紀のマムルーク朝スルターン〕のモスクの塔《ミナレット》のてっぺんからルマイラ〔9〕広場や市内の他の地区を眼下に一望しているようなものだ〔13〕」と述べている。

パノラマ〔10〕をその先駆けとして、やがてヨーロッパが帝国主義の時代に入るとともに、万国博覧会がその規模を拡大してつぎつぎと催されるようになった。一八七三年にパリで第一回の会合が開かれ、回を追うごとに派手さを増していった国際オリエンタリスト会議などといった公的で政治的なスペクタクルとともに、これらの催しはアラブ人が近代西洋について記述する際の主要な題材になった。一九世紀の最後の一〇年間には、カイロで出版されたヨーロッパ旅行記の半数以上は、万国博覧会か国際オリエンタリスト会議の訪問記として書かれている〔14〕。これらの旅行記は何百ページをも費やして、そうしたスペクタクルの独特な秩序やそこに用いられた特異な技術を記述している。好奇心むき出しの見物人の群れ、展示や模型の仕掛け、パノラマや透視図《パース》の仕組み、新しい発見物や商品の展示、鉄とガラスでできた建築物、分類の体系、統計の方法、講演会、見取り図、手引書——それは一言でいえば、私が「表象」と呼ぼうとする機械装置《マシーナリー》の総体である。そこではすべてのものが収集され配列されて、何か別のものを表わすように、たとえば進歩と歴史、人類が生みだした産業と帝国といったものを表象するようにしつらえられていた。つまり、すべてのものが組み合わされ、そうして組み立てられた全体がさらに大きな真理を思い起こさせるようになっているのである。

万国博覧会やオリエンタリスト会議のようなスペクタクルは、世界を一枚の絵に組み立てた。それらによって世界は観客の前に置かれて、体験され調べられる対象物として秩序づけられた。一八五一年のロンドン大博覧会は六〇〇万人の入場者に人類の進歩発展を「活人画」として見せる、と豪語していた[15]。一八九二年にロンドンで開催された第九回国際オリエンタリスト会議の開会式でも同様に、オリエンタリズムは「人類という種の歴史的発展を私たちに示して」きたことが高らかに宣言された[16]。初期のオリエンタリストであるフランスの大学者、シルヴェストゥル・ドゥ・サシは後の万国博覧会に酷似した陳列のやり方を構想している。ドゥ・サシは博物館の建設を企画し、それは「絵画や原書、地図、旅行記などありとあらゆる種類の対象物を、［オリエントの］研究に身を捧げんとする者は誰も自由に手に取ることができる広大な集積場となる。そうして、モンゴルの部族や中国人など研究の対象が何であったにせよ、研究者は望むがまま、魔法によってそれらの人びとのただ中に実際に連れてこられたかと感じられる[17]」ようになるはずだった。

一九世紀も後半に入るころには、中東からの来訪者はヨーロッパのどこに行っても、世界を一枚の絵としてまとめあげるやり方に出会うことになった。彼らは博物館に出かけ、進化の度合いに応じて順にガラス板の下に並べられたさまざまな対象物が描き出す世界の諸文化を見学した。何人かのエジプト人が書き残しているように、彼らは、ヨーロッパ人の手でヨーロッパ人のためにエジプトの歴史が演じ示される、劇場という場所に連れていかれた。彼らはまた、別のアラブ人の著述家の言葉を借りれば、「世界中の木々や草花を一堂に集めるために」非常に注意深く組織された公園で午後を過ごした。また、必ずといっていいほど、一九世紀のオリエントに植民地化が及んだ結果の産物である動物園を彼らは訪れており、そこでオリエントは、批評家のテオドール・アドルノが言うように、「動物という形で象徴的な供物をヨーロッパに献じて」いた[18]。

ヨーロッパを訪れた人びとが絶えることなく出会い続け記述し続けた、世界の文化的・植民地的な序列を象徴するこれらの表象は、歴史に対する大きな自信の現われであった。近代的な催しの場で繰り広げられるスペクタクルは、新しい時代に対する政治的確信《サーティンティ》を反映していた。「英国はいまや、これまでに世界が知る限りでもっとも偉大なオリエントの帝国である」と一八九二年のオリエンタリスト会議議長は述べ、「英国はいかに征服するかを知るのみならず、いかに統治するかも知っている」と言い切った(19)。博覧会や博物館その他のスペクタクルはこの確信を反映しているだけにとどまらず、歴史、進歩、文化や帝国を「客観的」なかたちにまとめあげる技術をもって、その確信をつくりだす手段ともなっていた。それらは真実がハイデッガーの言うところの「表象の確実性《サーティンティ》」の問題となった世界のなかで、そのような客観的真実を確かなものにする機会であった(20)。

そうした表象の確実性は逆説的な性質を帯びており、本書はそれをこそ明るみに出すつもりである。万国博覧会に関するアラブ人の記述をいくつか拾い読みすることで、それらヨーロッパの外からきた人びとが出会った、対象物であることや客観的な真実というものの奇妙さを多少なりとも理解することができるだろう。以下に示していくこの奇妙さというのは、ともすると考えられるように、際限のない展示や陳列、再現がもつ「人工的」な性質に由来するわけではない。奇妙さは、一見してわかる人工性が求めるはずの「外部の現実」という設定が生みだす効果に由来している。客観的真実は複製と「本物」のあいだの、また、展示と世界のあいだの特異な区別の仕方から生まれてきたのである。そしてそれこそが、非ヨーロッパ人たちが、自分たちが来訪者であるばかりではなく、展示された対象物でもあることに気づいたときに、うっすらとではあっても意識することのできた特異性なのであった。

表象

一見したところ、表象と「外部の現実」の区別はきわめてはっきりしているように思われる。その区別がどのようになされるかを示すのに、私は万国博覧会の三つの特徴に言及してみたい。すなわち、展示品が本物らしくみえること、一定の点を中心にした展示品の組織化、そしてこの中心に位置を占める者としての入場者の位置づけである。まず、第一の点についていえば、展示が外部世界を模倣している完璧さは驚くほどであった。エジプト人の見学者が書き残したように、カイロの町並み《ファサード》を表わしている建物には塗装をわざわざ汚くすることさえされていた。細部にわたるこの正確さこそがまさに、表象の確実性、つまり模型と現実のあいだの厳密な対応の効果を生みだすものであった。多くの博覧会で、もっとも本物らしい展示品であったのは、博覧会が行なわれている都市の模型や、その都市が中心をなすとされた世界の模型だった。これらの模型を見学した人びとはそれを設計し制作するのに用いられた厳密な写実性につねに驚かされた。たとえば、一八八九年の博覧会には巨大な地球儀が出品され専用の建物に収められたが、あるアラブ人の著述家は、その地球儀の異常なまでの実物との類似について次のように書き記している。

普通の地図はたとえどんなにうまくできていたとしても、完璧に世界にそっくりというわけにはいかない。というのも、地図は平面であるのに、地球は球体なのだから。また、一般の地球儀はとても小さいので、国々をそこにはっきりと描くわけにはいかない。しかし、この地球儀は直径一二・七二メートル、周囲は四〇メートルにも及ぶ。その表面での一ミリメートルは地球表面の一キロメートルに対応する。カイロやアレクサンドリアのような都市がはっきりとそこに描かれている。鉄の棒を組み合わせた上に厚紙を張って地球の形にしてあり、それは軸で支えられて滑らかに回転でき、上部は大きなドームでおおわれている。山や谷、大洋がその上に作られ、山はきちんとその表面から盛り上がっている。二万フィートの高さの山は六ミリ以上もでっぱっており、はっきりと認めることができる。この地球儀は回転軸のまわりを二四時間ごとに正確に一回転し、一秒ごとには〇・五ミリ動くのである。(21)

博覧会では開催地の都市も同じように精巧に再現された。一八七八年の〔第三回〕パリ博覧会の会場中央では、パリ市のパビリオンが「学校、上下水道設備、都市改造など市が果たすべき機能に関連したあらゆるもの」の実物あるいは模型による展示を行なうとともに、パリ市全体の立体模型が出品された(22)。一八八九年に開催された次のパリ博覧会はさらに前回を上回り、そこで人びとにもっとも強い印象を与えた展示のひとつはパリ市のパノラマだった。先に引用したのと同じアラブ人著述家の記述によると、それは見物人が中央の台の上に立ち、そのまわりを市の様子を描いた像《イメージ》が取り囲むというものだった。それらの巧みな配置と照明のおかげで、見物人はまるで本物のパリ市の中心部に立っているかのような気分を味わい、市街地はひとつにまとまって確固とした「現実と寸分違わない」対象物として、見物人の周囲にかたちを得たかのようであった(23)。

二番目に注目すべきなのは、模型と本物のあいだに明確に規定された関係が、両者が中心を共有することによっていっそう強められることである。都市の模型あるいはパノラマは博覧会場の中央に位置し、その博覧会場自体が現実の都市の中心部に位置していた。その都市は世界の中心に帝都としてあって、その都市の中心にある博覧会場は世界の諸帝国と諸民族の土地からの展示品を順序正しくそこに並べてみせた。たとえば、フランスのパビリオンは会場であるシャン・ドゥ・マルス〔一八七八年パリ万国博覧会場の中心部分〕にあって中心となり、他の産業化した国々の展示がそれを囲むように配され、植民地や他の国々はさらにその外側に適切な順で場所を与えられた。(『エジプト、チュニジア、モロッコと一八七八年博覧会』と題する教訓に満ちた手引書には、「エジプトの展示をシャン・ドゥ・マルスで見つけようなどと考えてはならない。理由は簡単である。正直な話、この国には産業と呼べるようなものは何もないからだ」と記されている(24)。)博覧会と都市と世界、これら三つによって共有された中心は、表象と実在の関係性を強めるものとなっていたが、それは最初に、関係性そのものがそのような中心を決定していたからである。

最後に考えなくてはならないのは、模型の本物らしさをそれが表象しようとしている本物から区別するのは、模型の中心点にはそこに身を置くべき存在があったということ、つまり見物台に立つ人間がいたということである。現実を模してつくりだされた表象はつねに見物人をその中心に置くようにして組み立てられた展示品であり、そこでは見物人は細心の注意を払った展示のための秩序によって包囲され、孤立させられた一個の視線となった。博覧会の目も眩むような展示によって、見物人が展示品そのものよりも壮大な何らかの歴史的・政治的な現実を思い起こすとしたなら、それは展示品がこのような孤立した視線を求めるように配置されていたからである。展示が見物人の間近に迫り見物人を包囲するほどに、見物人の視線はますます展示からは切り離されていった。それは精神が、それが観察する物質的世界からは切り離されていくのと同じことである。この分離がどのようなものであるかは、一八六七年のパリ博覧会でのエジプトの展示に関する次のような記述にうかがうことができる。

> ファラオの神殿のなかに設けられた展示室は古代を再現し、アラブ風に派手に飾り付けられた宮殿は中世を表わし、そして商人や芸人たちでにぎわう隊商宿《キャラバンサライ》は現実の暮らしのなかにみられる今日の習慣を描き出していた。スーダンからの武器、野生動物の毛皮、香料、毒物や薬草は私たちをまさに熱帯の地へと連れ出した。アスィユート〔エジプト中部の県または県庁所在地〕とアスワン〔エジプト南部の県または県庁所在地〕からの陶器、繊細な金線細工《フィリグリー》、絹と金糸の織物は見なれぬ文明に手を触れてみよ、と私たちを誘った。注意深く選び抜かれた人びとが、ヘディーヴに臣従するすべての人種の生きた人間見本として展示の一部となっていた。私たちはファッラーフ〔エジプトの農民〕の肩に手を触れ、美しい白いヒトコブラクダとともにたたずむリビヤ砂漠のベドウィンの前を通り抜けた。充分な資金を投じて作られたこの展示は、私たちの目とともに精神にも強く訴えかけた。それはひとつの政治的な観念を表明していた。[25]

そこでは陳列の驚くほどの写実性によって、見なれぬ文明が見物人にとってほとんど手が触れられるような対象物となった。しかし、陳列物に取り囲まれているものの、見物人という地位のためにあくまでもそれらから区別されている見物人の視線にとって、その文明は単なる表象、ある見なれぬ現実を描いた画像の域を脱することはない。つまり、そこには二組の区別が平行して存在している。ひとつは見物人と展示品とのあいだの区別、もうひとつは展示品とそれが表現しているものとのあいだの区別である。表象はそれが描き出すはずの本物の政治的現実から分かたれており、同じようにして見物する精神はそれが見物する対象物から分かたれているのである。

表象と実在のあいだに決定的な区別をつくりだそうとするこれらの手法にもかかわらず、実際にパリに身を置いてしまうと、展示がどこで終わり現実の世界がどこで始まるかを見きわめることはいつもたやすいわけではなかった。たしかに、周囲にめぐらされた高い壁と堂々とした門によって、博覧会場は外からはっきりと区切られてはいた。しかし、エジプトからの代表団の一行がそこで気づいたように、博覧会が外の世界に似せられているほどではないにしても、門の外、パリの街路とその向こうにある本当の世界では、外にある現実の世界の方がいろいろな点で万国博覧会に類似していた。後ほどみるように、それはまるで、博覧会のなかで外にある現実の世界を完全に再現してやろうと懸命になったところ、かえって門の外の現実の世界の方が博覧会の延長になってしまったというようだった。そして、そのようにして延長された博覧会はそれ自体、さらにその外部にある現実を再現して単なる表象の連鎖として現われ続けた。こうして、もはや博覧会と言うよりはむしろ一種の迷宮、出口がふたたびその迷宮のなかに通じてしまうような迷宮と見なされるべきものが成立した[26]。そこでは、幾重にも重ねられた展示の連なりがきわめて正確で広範囲にわたっているために、誰もそれが表象するはずだった「現実世界」がそこに存在していないことに気づかないのだった。おそらく、エジプトからやってきた一行を除いては。

博覧会としての世界

このパラドクスを検討するのに、ふたたび博覧会の内部、あのエジプトのバザールに立ち戻ってみよう。エジプト人たちがこのバザールにショックを受けたのは、ひとつにはその街路が頑固なまでに「本物らしく」あろうとしていたためであった。塗装がわざと汚くしてあったり、ロバがカイロから連れてこられたり、売られているエジプトの菓子が本物と変わらない味がしたりというだけではない。それらの売り買いに使われた貨幣が、言ってみれば「本物の」貨幣であったという点が重要である。ロバに乗ること、バザールの屋台での買い物、踊り子の踊りといったものの商業主義は、外の世界の商業主義とまったく変わるところがなかった。商業主義の提供するものはつねに現実的なものであるという意味において、それはきわめて本物らしくあった。万国博覧会が商業主義の色彩を帯びるようになったのは偶然ではなく、それが目指した表象化の規模の大きさと、そのような催しを求めた近代の消費経済からいってきわめて当然の帰結だった。それまでで最大の博覧会のさらに四倍の規模で開催された一八六七年のパリ万国博覧会を嚆矢として、これ以降の博覧会では出品者に自分の場所の展示にかかる費用を負担させ、会場中いたるところに出店と娯楽設備を設営することで、博覧会の開催費用をまかなうようになった[27]。

結果として、博覧会は会場の外の市街にある商業の機械装置《マシーナリー》とますます似通ったものになっていった。その装置の側は、この時代のロンドンやパリなどで急速な変貌を遂げ、地元で生産されたものを主に商う小規模な個人所有の店舗は、有蓋の商店街《ショッピング・アーケード》や百貨店といった大規模な施設に取って代わられつつあった。ボン・マルシェが開店したのは一八五二年であり（そして同店はその後の一〇年間に七〇〇万フランという巨額の取引高を示した）、ルーヴルは一八五五年、プランタンは一八六五年に開店とこれに続いている[28]。これら新しい形式の商店やアーケードは、その規模と建築構造とによって、それ自体がひとつの博覧会であるかの観を呈するにいたった。『パリ図入り案内』に、その様子がはっきり現われているくだりがある。

技術の粋を凝らした贅沢で最新の発明品であるこれらのアーケードなるものは、天井をガラス張りにし、壁には大理石を配した通路《パサージュ》である。これは何ブロックにもわたって家々のあいだを通り抜けていき、家の持ち主たちはおたがいに緊密に協力しあっている。上から光を取り入れた通路の両側には優雅な店が軒を連ねており、こうしたアーケードはひとつの都市となっている。そう、それはミニチュア化されたひとつの世界なのだ[29]。

ヨーロッパに関するエジプト人の記述のなかには、博覧会場と同じように商品の表象化の働きのなかでつくりだされ、機械にも似た小世界となった現実に触れた記述がいくつもある。そこでは、百貨店は「巨大で巧みに組織化され」、その商品は「完璧な秩序にしたがって、何もかもが対称的で正確な位置に置かれるよう棚の上に並べられている」と記される(30)。ヨーロッパの外からきた彼らの目をとくに引きつけたのは、店内の陳列棚や、ガス灯のついたアーケードに面して設けられた飾り窓に嵌め込まれたりした大きな板ガラスであり、それらは陳列されている商品を観察者から切り離す働きをしていた。「売り物はみな透明な一枚ガラスの向こうに驚くほど整然と並べられ、……その光景の豪華さに何千という見物人が集まってきた(31)。」店を訪れた者と陳列された商品のあいだにガラスの板があるおかげで、前者は単なる見物人となり、後者は対象物となるだけの距離を与えられる。博覧会が商業主義に染まっていったように、商業の機構《メカニズム》は博覧会のそれと見分けのつかないような、現実感をつくりだす手段となっていった。

アラビア語で刊行され、ヨーロッパが舞台となった最初の小説作品に、近代の商業と消費者がつくりだすこの奇妙に組織化された世界の経験が語られている。一八八二年に出版されたその作品は、英国人のオリエンタリストと連れだって、フランスと英国に旅をした二人のエジプト人の物語である。パリに着いた最初の日に二人の主人公は、ガス灯で照明された広大な卸問屋の建物にたまたま迷い込んでしまう。建物のなかで彼らは、長く伸びた廊下が、次の同じような廊下につながっていくのを目にする。幾度か角を曲がるうちに、なんとか出口を見つけようと彼らは焦りだす。ある角を折れたところで彼らは反対側から人が近づいてくるのを認めて、どうやら出口に辿り着いたらしいと考える。しかし、それは壁の高さいっぱい幅いっぱいに嵌め込まれた鏡にすぎず、近づいてくるとみえたのは鏡に映った自分たちの姿だった。彼らは別の通廊をいくつも試してみるが、そのたびにどの通廊も大きな鏡で行き止まりになってしまう。そうして屋内を廊下から廊下へと辿りながら、彼らは働いている一団の人びとの脇を何度も通り過ぎる。「人びとは忙しそうに商品を並べては選り分け、箱や容器に詰めていた。彼らは目の前を通っていく二人に対して何も言わず、立ったまま持ち場を離れもせず、仕事の手を安めもせずにただじっと見つめた」。黙ったまましばらく建物の中をうろうろしているうちにいよいよ完全に道に迷ってしまい、彼らは出口を求めて部屋から部屋へとさらにわたり歩く。「それなのに、誰も彼らを制止しようとしないし、やってきて道に迷ったのかと聞こうともしない」。最後にようやく、彼らは問屋の番頭の手で救い出される。それから番頭は彼らにこの問屋がどのように組織されているかを語り、仕分けされ容器に詰められている商品が、世界中のすべての国の生産物を代表《リプリゼント》していることを教えてくれるのだった(32)。

一方でこの物語は表象の祭典を、つまり、対象物からなる整然とした世界とヨーロッパ的眼差しの規律正しさとを寿ぐ祝典のありさまを物語っている。また同時に、それは鏡に惑わされるという体験によって、表象的秩序の体系に秘かな攻撃を加えてもいる。これ以前にも、ある別のエジプト人著述家は、自分がヨーロッパの都市に着いた初日に、同じような鏡による幻惑を経験したことを回想して文章に遺している。マルセイユに着いてカフェに足を踏み入れた彼は、最初それが「無限に続く長い大通り」かと思ってしまった。「そこにはたくさんの人びとがいた。そのうちの一団が私の視界に入ってくると、店の四方に張られた大きなガラスの鏡にも彼らの姿が立ち現われた。誰かが入ってきたり、立ったり座ったりするたびに、その動作は鏡で何倍にも増殖された。こうしてカフェが開けた通りであるようにみえてしまったのだ。私は自分自身の姿をいくつも鏡のなかに認めて初めて、そこが囲い込まれた場所であることに気づき、それがみなガラスのもつ特異な働きのせいであることを理解した(33)」と彼は説明している。こうした物語のなかでは、表象の世界はその目の眩むような秩序正しさによって高く評価されているかのようだが、そこにある現実はみな見せかけにすぎないのではないかと疑う雰囲も漂っている。おそらくそこではまだ、世界は外部からはっきり区別され、その外部によって定義される内部であるというよりも、避けがたく迷宮のままにとどまっているのである。

いずれにせよ、それらの作品では、万国博覧会での異様な、時には不快な体験が、外の世界――通廊がそれ自体の鏡像で終わる世界、通廊が別の通廊へと通じて迷路をなす世界、世界のすべての国を代表するかのように整然と並べられた対象物の世界、そして規律訓練されてじっと見つめるヨーロッパ人たちの世界――で繰り返されるようにみえる。いいかえると、商業活動の面だけに限らず、これらすべてが万国博覧会に類似していたのである。ヨーロッパ人の生き方の特徴はどうやら、先の問屋のエピソードを記したエジプト人の著述家が「景観の組織化（インティザーム・アル＝マンザル）」と呼んだものに、彼らが心を奪われていることにあった。アラブ人の著述家たちの記録から読み取れるヨーロッパとは、規律訓練と視覚的な配置の場、沈黙のままの凝視と奇妙な現実模倣の場、博覧会と同じように、より大きな意味を表象し思い起こさせるために、すべてを組織しすべてが組織されている場であった。逆説的ではあるが、万国博覧会の会場から外へと踏み出しても、そこで出会うのは本物の世界ではなく、別の現実に対するさらなる模倣と表象だけであった。博覧会や百貨店に限らず、ヨーロッパの外からきた人びとが訪ねるところはどこでも――博物館でもオリエンタリスト会議でも、あるいは劇場や動物園でも、また、新しい農機具や耕作法を展示する模範農場に端的に見られるような農村地帯でも、贅を凝らした近代都市の町並みでも、さらにはケーブルカーができてからはアルプスでさえも――彼らは同じ技術を見いだし同じ感慨に捕らわれるのだった(34)。すべては何かの模型か、何かを描いた絵であるかのように、彼らの前に現われた。すべては観察する主体の前に置かれて、（ヨーロッパ流の用語を用いれば）意味作用《スィニフィカシオン》の体系内部に取り入れられ整理されて、自身が何らかの意味されるもの《シニフィエ》に対する意味するもの《シニフィアン》であると宣言しているのだった。

　そうした非ヨーロッパ人の記述からは、西洋が持つ奇妙な性質――何物かを表象すべく秩序化されたひとつの世界のなかで、人が不断に観客としての務めを果たすよう強要されるという性質――を集約して示すものとして、博覧会を読み解くことが可能である。中東からの旅行者は博覧会をとりあげることで、彼らが近代ヨーロッパでますます頻繁に遭遇するようになっていた奇妙な世界の組み立て方、つまりヨーロッパ人が現実的な体験と考えているらしい客体世界と個人のあいだにある特殊な関係のありようを記述することができた。そこでは、この現実感こそが世界――個人の前にひとつの展示品として提示されるというやり方で、またそのように提示される程度に応じて、ますます彼もしくは彼女の前に差し出されるようになった世界――そのものなのである、と仮にいっておこう。非ヨーロッパ人たちはヨーロッパで、ハイデッガーの言葉を借りれば万国博覧会の時代に、あるいはむしろ博覧会としての世界の時代に出会ったのである。(35) ここでは万国博覧会とは世界の展示ではなく、展示であるかのように概念化され把握される世界を指す。

すでに紹介したようにこの世界には三つの特徴があり、それらは本書が探求したい主題を提供してくれる。第一に、その確実性もしくは真実性の驚くまでの希求、つまりすべてが整然と組織され計算され、一切の曖昧なところがなく、最終的には世界が政治的明快さとして現われてくるような見ための確実性の希求の問題がある。第二は、この明快さが有する矛盾した性質に関するものであり、世界の確実性は表象と「現実」とのあいだの一見はっきりした関係として存在しているはずであるのに、博覧会が約束するところをまったく裏切って、現実世界というのも博覧会の外の世界と同じように、実はこの現実に対するさらなる表象によって構成されているにすぎないということである。第三は、私がその植民地的性質として言及するものである。博覧会の時代は必然的に植民地の時代、私たちの生きている地球大の経済と権力の時代である。そこでは、展示として扱われるべき物が現実に、世界それ自体になってしまうからである。

植民地的秩序

これらの主題を探求するために、この章の最終節ではあのエジプト人の一行たちとともにカイロに戻り、一九世紀のヨーロッパの学者や作家、観光客の目から見た中東の人びとの生活を検討してみることにする。ヨーロッパが博覧会としての世界へと変貌を遂げつつあったとしたら、そこを離れて海外へ旅したヨーロッパ人には何が起こっただろうか。まだ、世界が観察者の視線の前に組み立てられた一枚の絵であるかのようには生きていない人びとの生活を、ヨーロッパ人たちはどのように体験したのだろうか。この問いに対して本書が示す解答のひとつは、彼らは自分たちが博覧会の場を離れたことを自覚していなかったということである。世界自体を一種の博覧会だと考えていたら、どうやって自分がそのような世界を離れたことを自覚できるだろうか。現実はそれ自体展示品として現われるのであるから、それ以外のものを考えることは不可能であったろう。記号からなる世界に生きている彼らは、記号過程《セミオシス》をこそ普遍の条件と見なし、オリエントをそれがまるで博覧会であるかのように叙述しはじめたのだった。

本書の以下の部分では舞台を中東に、ほとんどは一九世紀後半のエジプトに置くことにする。本書の目的は、近代国家、植民地化された国家としてのエジプトを建設する試みのなかに、私が博覧会としての世界という言い方で述べてきた秩序と確実性の結合を探求することにある。(英国がエジプトを占領して植民地化したのは、一九世紀も後半の一八八二年のことである。しかし本書では、「植民地的」という語をこの事件を指すにとどまらず、占領によって英国が確立しようとした種類の権力、遅くとも一九世紀の初頭には発展しはじめたこの種の権力のもつ「植民地化する」性質に対して用いることにする。) 私は本書で、この植民地化過程の歴史を描こうとしているわけではないし、その過程はいまも進行しており、けっして完了してはいない。かわりに、私はそうした秩序と確実性がどのように確立されたのかを示す例証となるような事業や文献、事件を検討し、それらがもつ奇妙な性質の一端を明らかにしてみたいと思っている。(36)

第二章と第三章では、近代的な政治手法が実現される舞台となった三つの特徴ある実践、すなわち新しい軍隊の創設、組織化された学校制度の導入、そしてエジプトの村や町の改造について、これらのあいだにみられる類似性を検討することから議論を始める。ここで検討するそれらの新しい過程、すなわち初めて農民を訓練し鍛錬して新しい軍隊へと編入すること、モデル村落を作ったり近代都市の街路を切り開いたりするために古い家々を引き倒すこと、子どもたちを兵舎そっくりに並んだ校舎のなかで机の列に縛り付けることはいずれも、ニザーム、すなわち秩序と規律と当時呼ばれるようになったものを実現する行為として、たがいにたがいを複製したように似通っていた。古くからある、別の秩序概念と対照的に捉えた場合、新しい秩序を実現する行為はいずれも、構造という見かけを、すなわち、内部に嵌め込まれる特定の個人や行為とは別個に、そしてそれらに先立って存在するとされる枠組みをつくりだすように働いた。言葉をかえれば、そのような枠組みは秩序そのものとして現われて、本来は無秩序なものの秩序化、ばらばらであったものの協調として以外には捉えられず、人間の実践と思考にとって本質的なものだと突然見なされるようになったのである。その効果はまったく新しい何物かであった。それは、私に言わせれば、個々の物それ自体からなる素材の領域とでもいうべきものと、それらのものに与えられる秩序あるいは構造という抽象の領域の二つに、世界が分かたれたように思わせる効果である。

第四章と第五章では、前述のような秩序の見かけを、私が博覧会としての世界と呼ぶ「見かけの秩序」と関連づけてみたい。最初に、世界が二つに分離させられたのに応じて、個人もまた物理的な「肉体」と、「心《マインド》」もしくは「精神《メンタリティ》」と呼ばれる非物理的な実体《エンティティ》に分けられるという、新しい概念化について論じることにする。まず、個人の肉体を規律正しく訓練された勤勉なものにするという目的をもって、植民地時代の新しい政治的実践が肉体と精神の区別を中心にどのように組織されたかに注目する。また、多くの文献、とくにエジプト人の心性《メンタリティ》あるいは「性格《キャラクター》」に関する文献において、彼らの性格のなかでも問題となる特質がまさに「勤勉」という美徳の欠如だと論じられ、その区別がいかに重要な主題としてとりあげられてきたかを検討する。別の言い方をすれば、政治的な過程は、物質世界《マテリアル》と精神世界《メンタル》、客体世界と主体世界という、新しい二分法的考え方にしたがって概念化されるようになったのである。その目的は、物質的な秩序と概念的・道徳的《モラル》な秩序の両者をともに、そして別々のものとしてつくりだすことにあった。そのうちの後者、道徳的秩序に対して与えられた新しい名前こそが「社会」である。

第五章では英国のエジプト占領についての議論を通して、政治的な確実性もしくは政治的な意味の問題を扱い、それまでの章で論じてきた新しい秩序概念や新しい秩序の方法が、どのようにして意味と権威の領域に効果を及ぼしたのかを考えてみたい。この点について探求するのにまず、書かれたテクストの意味と権威に関する問題という、同じ時期の類似の現象から説き起こし、物質と精神という新しい種類の二分法が、書かれた文章の性質までをも支配してしまった過程を詳細に論じる予定である。そして、この類似した現象を利用して、近代国家の性質とその権威が、物質と精神という奇妙な区別を通して認識され実現されることを論じる。最後に第六章においては、それまでのたがいに平行した関係にあるいくつもの主題をあらためてつなぎ合わせ、最後には博覧会としての世界という問題に帰っていくこととする。

地球

中東へと舞台を移す前に、エジプトが、百貨店と万国博覧会の世界であるヨーロッパに対してもった関係の、より一般的な側面のいくつかを簡単にみておきたい。それによって歴史が歩んだ筋道を示すとともに、ここでの議論がこれから辿る筋道を示すことができるだろう。万国博覧会とヨーロッパの都市における新奇で大規模な商業活動とは、エジプトにも等しく影響を与えることになった政治と経済の変容のひとつの側面であった。新たに登場した百貨店という大規模な商店は、一定の規格に沿った布地や衣料品といったかたちで大量の商品を在庫として蓄える最初の施設だった。広告（ヴァルター・ベンヤミンによれば、「広告」という言葉は、ちょうど万国博覧会が盛んに行なわれていた時代に生まれた）の始まりや、エジプト人の著述家も言及している「ファッション」という新しい産業とともに、商品の大量貯蔵は、この時代の繊維産業の隆盛と結びついていた(37)。そして、繊維産業の隆盛自体も、綿花の新しい収穫と紡績法、新しい織機の開発、そこから生じた利潤の拡大と、海外への再投資によるさらなる綿生産の拡大といった他のさまざまな変化のなかのひとつの面であった。百貨店の登場を促したこれらの変化は、一方で合衆国南部やインド、そしてナイル渓谷といった場所にまで影響を及ぼしたのである。

ヨーロッパにおける繊維産業の発展に結びついて、一八世紀の後半からはナイル渓谷の状況も変化しはじめた。[38] エジプトは、オスマン帝国や帝国の領域をさらに超える広範囲の通商活動の中心地のひとつとして、国内で食料や織物を生産して輸出していた国家から、ヨーロッパにおける世界規模の繊維産業のためにひたすら綿花を栽培するという、単一産品によって経済が支配される国家へと変わっていった。第一次世界大戦の前夜には、綿花はエジプトの輸出総額の実に九二パーセントを占めるありさまだった。[39] 輸出の成長と特定産品への集中にともなう諸々の変化には、食料品や繊維製品を中心とした輸入の並外れて急速な拡大、全国での道路網や電信網の整備、警察署の配置、鉄道の敷設、さらに港湾の整備や恒久的な灌漑用運河の掘削が含まれていた。土地に対する関係も変化し、権力を握ってますます裕福になりつつあるごく少数の人びとからなる社会階級が土地を独占するようになっていった。多数のヨーロッパ人が、ある者は富を求め、ある者は職を求め、また農業生産の改革や植民地経営といった目的のためにエジプトに乗り込んできた。多くの町や都市が新たにつくられたり改造されたりして、ヨーロッパ人の手による新しい商業活動の中心地とされた。しだいに貧困の度合いを増しつつあった地方の人びとは、やがて何万人もの規模でこの都市部に流入していった。一九世紀の世界のどこを探しても、ただ一種類の産業の発展のために、これほど大規模な変動を経験した国はない。

万国博覧会は、まさしくこの種の世界規模の変化を促進することをこそ目的とするものだった。「社会科学」という新しい宗教を信奉したサン＝シモン派と呼ばれる人びとは、地球全体の産業化を推進するという計画の手始めとして、一八三〇年代にカイロに渡って結局は惨めに失敗しているが、彼らはその後、最初に万国博覧会という発想に着目した人びとの一派でもある。サン＝シモン派の雑誌である『地球《ル・グローブ》』誌の編集者ミシェル・シュヴァリエは、パナマ運河やスエズ運河の建設に彼が賛成するのと同じ見地、つまり商品が自由に行き来するように世界を切り拓いていくという見地から、博覧会の開催を推賞した。[40] 最初の博覧会である一八五一年のいわゆる水晶宮博覧会は、その正式名称を「万国産業産品大博覧会」といっていた。一九世紀の前半にすっかりお馴染みになった一国単位での産業博覧会に代わって、水晶宮博覧会は際限ない国際貿易の振興を望む英国の実業家の思惑を反映して、すべての国のすべての製造業者に対して、水晶宮にその産品を展示するよう招請した。そこで展示されたのはまさに、世界が、近代資本主義的生産と通商に、そしてそれらが拠り所とすると考えられた交通通信と点検過程に帰順したさまだった。博覧会の目的は、

工業、商業、科学の各方面で指導的な立場にある人びとがたがいに緊密な連絡をとり、生産の各分野にもっとも高い利害関心をもち、またおそらくはもっとも精通している自分たちが賢明な手法で監督する体制を確立して、各自の分野で年次に報告書を作成し、これまで、世界に広まったシステムについての知識や評価のすべてをもたないまま、あまりにもでたらめになされてきた、人類の労働力の広範囲にわたる組織化を、いまこそ大々的に推し進めるべく全世界の協力を促すことである。(41)

無造作にみえながら、その実、体系的に並べられた大量の物品、近代資本主義が要求しみせびらかす新しい必要と欲求のすべてをひと目見にくるようにと、「全世界」がこの博覧会に招待された。水晶宮博覧会に呼応して、フランスでは一八五五年に万国博覧会が開催されたが、そのときにフランスの歴史家テーヌは、〔11〕「ヨーロッパはあらゆる品物を見て回ろうとやっきになっている」と書き残している。(42) 万国博覧会に関する最初のアラビア語の記録は一八六七年に開催された次のパリ博覧会の記述であるが、そのアラビア語の題名はいみじくも、簡潔に「万国商品博覧会」とされている。(43)

近代資本主義による「人類の労働力の広範囲にわたる組織化」に、非ヨーロッパ諸国を引きこもうとして、それらの国々が博覧会に参加するよう手を回したのは、ヨーロッパの商工業者の利益を代表する者たちだった。たとえば、オスマン・トルコ政府は、帝国の領内で生産され商品価値のありそうなすべてのものの見本をかき集めて、博覧会の

ためにヨーロッパに送るよう強く勧められ、そのための便宜を図られたが、それらを行なったのは帝国在住の各国領事や実業家たちであり、またマンチェスター紡績協会〔一八九四年創立〕などの組織であった。マンチェスター紡績協会はイスタンブルとイズミル〔エーゲ海沿岸の港湾都市〕での地域的な共進会を後援すらしたが、それはトルコの地主たちに農地を綿作に転換するよう勧めるためであった。一八五五年のパリ博覧会が成功した後、国際的な博覧会がイスタンブル自体で開催され〔一八六三年のオスマン大博覧会〕、帝国での資本主義的な生産と市場取引の振興が図られた[44]。エジプトがこれに続いたのはその一〇年ほど後〔一八六九年〕で、一八六七年のパリ博覧会が終わってからのことだった。サン゠シモン派の技師レセップスの指導のもとでスエズ運河が開通し、ヨーロッパの世界貿易にとってエジプトが新たな重要性を獲得したことを国際的に記念し祝う機会として、エジプトでの博覧会は開かれた。博覧会は新しいタイプのヨーロッパ化された都市の形態を模倣し、急ごしらえでつくられたその町並みは、昔からのカイロの街区に沿って長く伸び、時にはそのなかに割って入り、公園や演芸場、さらにはヴェルディの歌劇『アイーダ』初演〔一八七一年〕の舞台となったオペラハウスに行き着いた。ヘディーヴは二年前のパリ博覧会で中世の宮殿を模した建物を提供された返礼に、皇后ウジェニー〔ナポレオン三世妃〕のために特別にナイルを見おろす場所に宮殿〔現在のカイロ・マリオット・ホテル〕を築き、各部屋がテュイルリー宮にある彼女のいくつかの私室の正確な複製となるようあつらえさせた[45]。

これまで述べてきたような全地球的規模の経済と政治の変化を促進し、それが成し遂げたものを象徴するために、ヨーロッパで博覧会や博覧会のような都市がつくりだされたのと同じようにして、この時代にカイロや他の中東の都市を博覧会の原則にしたがって改造することが企図された。いいかえれば、新しい都市の外貌は、博覧会における商品の展示と同様に、いわば「その足下で」進行するより大きな経済的変化を示す一連の記号あるいは表象と見なされた。だが、本書が理解したいと望む問題は、記号または表象の領域と見なされるものと、その外部または足下にあると見なされるもののあいだに区別があることではなく、その区別があると考える点である。経済と政治の変化それ自体もまた、この特殊な区別の働きに依拠して初めて成立することを本書は論じていきたい。

客観的な人びと

外貌と展示品、模型と擬似体験からなる新しい世界はたしかに、これまで述べてきたような、資本主義がより広範囲にわたってもたらした変化との関連で理解されなくてはならない。「万国博覧会とは商品を呪物《フェティッシュ》として崇拝する者たちの巡礼の地である」とベンヤミンは記し、それを、マルクスが資本主義社会において権力が作用する仕組みとして理解した「神学的」効果と結びつけている(46)。その効果が生じるのは、市場での取引のために生産活動が行なわれ、人びとの生産するごく普通のものが商品という対象物として扱われるようになるときである。そして商品とは、物のもつ多様な意味や価値が、「生産」と呼ばれる同一で抽象的な過程を一定程度経た結果を表象しているという仮定によって、たがいに比較し交換することが可能となったものなのである。マルクスが説明するように、商品としての物は想像上の生産過程を表わす神秘的な「社会的象形文字《ヒエログリフ》」として扱われる。人びとにとって商品は、それを実際に作った人びとの現実の労働や現実の社会生活をもはや表象してはいないのである(47)。

マルクスによる商品の物神化《フェティシズム》に関する分析はすでに、万国博覧会のような催し――それに続いた娯楽産業の全体、メディア、広告、商品の包装、国民教育といったことを含めて――が、消費者中心の近代資本主義のなかで中核としての役割を果たすことを示唆していた。ベンヤミンによれば、博覧会で「人びとはファンタズマゴリア〔12〕の扉を開け、一時の楽しみのためにそこに入っていき」、そして、「自分自身や他人から一時切り離されることを楽しみながら、我と我が身を委ねて操られるままになるのである(48)」。しかし、商品の物神化の理論が力点を置いているのは、そのような表象が、誤った表象であるのを暴き出すことである。誤読された象形文字によって表わされた想像上の生産過程に対して、マルクスは、日常生活のなかでの実際の関係それ自体の現前である「透明で合理的な形態」を対置する(49)。彼は権力が機能する基盤である誤った表象の機構に対して、透明で合理的な現実のうちで、物の本来的なありようとしての表象を対置したのである。

マルクスの説明の問題点は、誤った表象を通して機能している権力を暴露する一方で、表象自体は不問のままにしていることである。それは、表象の領域と表象が約束する「外部の現実」とのあいだの区別を絶対的なものとして受けいれており、「外部の現実」という効果を継続して生みだしていく権力の機構の新奇さをあえて調べようとしない。この権力の機構がどのように働くかは、本書がこの後で検討していく問題であるが、資本主義的表象が歪曲してしまう「透明で合理的な現実」とは実際には何かを考えてみるだけでも、表象と「外部の現実」の区別を最初から受けいれてしまうことの弱点はたちまち露わになる。マルクスの場合、この問いに対する答えはもちろん、商品というヴェールが取り払われた後、あるいは、それ以前の時代における宗教もしくは「古代の自然崇拝」というヴェールが取り払われた後に現われる「物質的生産」である。マルクスは書いている。物質的生産とは「人と自然がともに参画する過程であり、人と自然のあいだに成立する物質的な反応を、人が自発的に開始し調整し制御して……外部の世界に働きかけ、それを変えていく過程である」[50]。どれほど役に立つとしても、このような説明もまたひとつの特殊な記述であるにすぎない。ジャン・ボードリヤールが指摘するように、その説明はそれ自体が言葉の、つまり社会的象形文字の域にとどまっており、それが表象であって透明さとはほど遠いという点で、商品の物神化や古代の自然崇拝と何ら変わるところはない[51]。

言葉が問題となるのは、それが現実そのものであるというより、現実に対する特殊な記述にすぎないといえるからだが、それだけではない。その言葉が、まさに万国博覧会がその特殊な構成でもって振興しようとした言葉であり、また、一九世紀のエジプトに導入されようとした言葉でもある点が問題なのである。本書がこれから示そうとするように、エジプトのような土地で試みられた政治的・経済的な変革に必要だったのは、人間に関するマルクス主義の観念ではなく、マルクス自身いくつかの点で前提にしてしまっていたような、人間に関する、より一般的な観念だった。本書の残りの部分を費やすエジプトへの旅に備えるため、近代のヨーロッパ人が人間をどのようなものと考えるようになったかを短く考察して、本節を締めくくるのがよいだろう。

　この時代、ちょうど見物人が博覧会を訪れるときや、労働者が機械を操作しているときのように、人間は物理的世界から切り離された存在、それを観察し制御する何者かとされた。彼の本来的性質は（本書では男性中心的な概念を扱うときには、「彼」という代名詞を一貫して用いている）「勤勉」であることによって、つまり自己の物理的な身体と意志に対しても、物理的世界に対するのと同じように、一定した観察と制御を加え続けることによって具現された。マルクスは、労働過程において労働者は「自己を自然本来の力の一部として自然に対峙させ、腕と足を、頭と手を、彼の肉体に備わった自然の力を活用し……それらが彼の支配力のままに動くようにする。……この支配と従属の関係は単なる瞬間的な営為ではない。肉体のさまざまな器官の行使のほかにも、労働過程はその作用の全期間にわたって、労働者の意志が着実に彼の目的と調和し続けることを要求する。これはつまり高度の注意力を払い続けるということである」と書いている[52]。このようにして、人間の本来的性質は、博覧会の見物人と同様に、物理的世界と彼自身の肉体から分離された、勤勉であり自己によく規律訓練を施し高度の注意力を発揮することを学ぶものだとされた。

　一九世紀の中葉には、外界から距離をとりつつ、それに対して充分な注意を払うといった姿勢の組み合わせに対する新しい用語として、「客観的《オブジェクティヴ》」という語が広く用いられるようになった。一八五一年の夏、大博覧会の開催に際して掲載された『タイムズ』紙の記事には、「今日の私たちは客観的な人間である。私たちは手に入れたあらゆるものをガラスケースに収め、好きなだけ眺めることを欲する」とある[53]。この用語は物理的にも概念的にも、自己が客体世界から距離をとっているという近代的な感覚を示している。そしてこの距離をとるという姿勢は、すでに述べてきたように、博覧会における見物人のあり方に端的に現われていた。同時に、この語は受動的な好奇心、すなわち博覧会の組織者側が博覧会を見物にきた人びとのうちに喚起しようと考えたものをも示している。一八四八年の一連の騒乱[13]の直後で、下層階級の人びとが大量にヨーロッパの大都市に流入すれば何が起こるか充分にわかっていたにもかかわらず、当局は博覧会の見学ということになるとこれを奨励した。労働者は店や工場を休んで博覧会を見学に行く許可を与えられ、工場主や慈善団体は彼らの旅費や宿泊費の工面を手助けした。結果として、前例を見ない大規模な大衆行動が発生し、『タイムズ』紙は一八五一年の博覧会後の記事で、「数年前には国家の治安を脅かすものと叫ばれていた大衆の運動が……今日では何らの騒乱を引き起こさないばかりか、いかなる犯罪をも引き起こさないで行なわれている」と報道した。[54]「客観的な人間」についての先の記事も、博覧会の期間中、国内で「政治的な熱狂」の高まりがみられないことに触れている。いってみれば、博覧会の見物人が示す客観的な姿勢とはつまり、近代的個人の真の性質というだけではなく、近代的・政治的な服従者《サブジェクト》＝主体の行動の模範なのでもあった。

　最後に、この章の始めの方で展開した議論を思い起こしてほしい。客体世界からの観察者の「客観的な」分離として、近代的人間のありようは理解されるが、それはちょうど、展示品もしくは表象が構成する物質的世界と、それらのものが表象する意味や図面とのあいだの区別に対応している。このことに、当時の政府当局や博覧会の組織者側も気づいていたようである。博覧会を訪れた人びとが然るべき客観的な態度をとるように、彼らは一致協力して必要な目録や図面、案内標識、手引書を作り、さまざまな指示や訓話を与え統計集を作った。（たとえば、一八六七年の博覧会のエジプトの展示で作成された手引書には、大ざっぱなエジプトの歴史が記載され、そこでは、博覧会自体が明確な区分をもってつくられているのと同じやり方で、エジプトの歴史が古代、中世、近代にはっきりと分けられており、また、パリの帝国委員会《コミッション・アンペリアル》〔博覧会事務局〕が適切で充分な編集を施した『エジプトの領土、人口、生産力、交易、陸海軍力、金融組織、公教育に関する簡略統計集』が添えられていた。[55]）そのような要覧や手引き、表や図面は、展示されたものに構造と意味を補ってやることで見物人と展示品のあいだを仲介した。つまり、あたかも独立して存在するかのようにみえる説明の文章や図表は、見物人と展示された物品自体との分離、および、展示品とその意味ないしそれが表象する外部の現実との分離を確認させるものなのであった。

　マルクス自身は、人間と客体世界の本質的な分離が政治的な消極性につながることは望んでいなかったにしても、物自体とは別個にある構造や図面というかたちでもって、両者の分離自体は信じこんでいた。彼にとって、人間を

「外在する」自然から分かつのは、彼が自らの内面で精神的地図《メンタル・マップ》を作ることのできる能力に拠っていた。よく知られたマルクスの説明によると、建築家のように「人はまず想像力のうちに建物の構造を立ち上げ、それから現実に建築に取りかかるのである」[56]。そこでは、ちょうど博覧会の見物人のように、外部の客体世界からの分離は、非物質的な図面や構造を介して達成されるものとされた。

展示品や図面がそれらの表わす現実世界とは別個にあるのと同じようにして、「外部の現実」と呼ばれるものの以前に、そしてそれとは別個にある「想像上の構造」という認識が、客観的な人間の体験や理解にかたちを与えるものだった。いいかえれば、そのような認識こそが、私たち博覧会としての世界の住人が信奉する奇妙な人類学を支配しているのである。私たちが人間と世界について持っている考え方を、もう少し人類学化《アンスロポロジャイズ》して捉えてみるために、こんどは一九世紀の中東に旅したヨーロッパ人たちの身に何が起こったかをみていくことにしよう。結局、近代ヨーロッパにとってオリエントこそが偉大な「外部の現実」であって、それは博覧会でもっとも頻繁にとりあげられた対象物であり、壮大な「意味されるもの」だった。トマス・クックは早くも水晶宮博覧会のおりに、ミッドランド鉄道会社と提携して会場への遊覧列車を組織し、近代観光産業の勃興に先鞭をつけていたが、一八六〇年代の後半までには展示のオリエントではなく、本物のオリエントへと人びとを連れていくツアーを実施するようになっていた[57]。しかし、これからみていくように、ヨーロッパ人の訪問者たちは、「想像力のなかで立ち上げていた」ものと同じ種類の構造を求めてオリエントの地に足を踏み入れた。博覧会の会場と同じように、そこに構造や意味が事物そのものからある程度は分離して存在している世界を見いだすことを期待して、彼らは出かけていったのだった。

東洋そのもの

「とうとう私たちはエジプトにやってきた」。一八五〇年の一月、ギュスターヴ・フローベールは一通の手紙[15]をカイロから書き送っている。「さあ、いったいエジプトの何から話せばいいだろう。何を君に書いたらいいだろう。僕はまだ最初の目の眩むような思いからほとんど抜け出せないでいる……見るものひとつひとつが僕をしっかりと捕らえて離してくれない。それぞれが圧倒せんばかりに迫ってくるのだ。それでいてひとつひとつにこだわればこだわるほど、全体は見えなくなってしまう。そのうちにようやっと調和がとれはじめ、それぞれの破片は遠近法の法則にしたがって全体のなかで然るべき位置を占めるようになってくる。けれど最初の幾日かは、とにかくとまどうばかりの色、色、色の氾濫で明け暮れていく……」[58]。ここでフローベールは、カイロを視覚的な混乱として体験している。彼にとって、最初のうちカイロは無秩序としか記述のしようがない。この場所について何を書くことができるかといえば、それは色彩と細部がつくりだす混沌であって、一枚の絵としての構成を持つのを拒否しているということしかない。いいかえれば、カイロの迷路のような通りに迷い込む体験は、聞いたことのない言葉の応酬を耳にし、傍らをすり抜けていく人びとの風変わりな衣服に目を見張り、奇妙な色彩や経験したことのない音や臭いを味わうなかで、絵画的な秩序の欠如として表現されているのである。これはつまり、カイロにおいては自己と景観とを分かつ距離が存在せず、両の目はいわば触覚器官と化して「見るものひとつひとつが僕をしっかりと捕らえて離してくれ」なくなるということである。さらにそこでは、自己が絵から分離されていないために、「全体」を捉えることは不可能になる。後に述べるように、世界を主体の目の前に置かれた一枚の絵として体験することは、世界を限られた全体、すなわち境界のある構造あるいは体系を成しているものとみるという、特異な考え方と結びついている。したがって、フローベールが後になってその困惑を受けいれ、自分を取り戻す様子もまた、絵画に関連した用語で表現されることになる。そこで世界は「遠近法の法則に従って」、一枚の絵としての構成をもち、視覚的な秩序を獲得するのである。

もしヨーロッパがこれまで述べてきたように博覧会としての世界であるならば、その外へ出たヨーロッパ人たち、絵画や博覧会ですでにそのイメージだけは得たことのある土地を実際に訪れることになった彼らの身には、何が起こったろうか。現実には世界が一個の博覧会であるかのように生活を営むことがまだ行なわれてはいなかった場所で、イメージとして思い描いてきた現実世界を彼らはどのように体験したのだろうか。もちろん彼らは混乱したわけだが、その混乱の重要な点は、フローベールの例でみたように、ヨーロッパ人たちが自分たちは描かれたものを離れて現実の場所へと移動したと考えながら、その現実のなかの物事を、まるで絵に描かれたものであるかのように捉えようとしたことにあった。彼らは現実を画像として理解していたので、それ以外の接し方を知らなかったのである。現実は、画像とそれが表象するものとのあいだに区別があるという考え方に依拠して把握され、それ以外のもののあり方は、文字通り考えること自体が彼らには不可能だった。自分たちが表象世界と考えるもののなかに生まれ育ったヨーロッパ人たちは、表象化というものが世界中で普遍的に行なわれていると考えたのだった。かくして、ヨーロッパ人たちはオリエントをも、ひとつの博覧会であるかのように記述するのにやっきとなった。オリエントは博覧会、乱雑で管理の行きとどいていない博覧会、というか、実際にはその乱雑さと管理の不足をこそ展示する博覧会であった。それ以外の何を表象するものとしても、オリエントを捉えることはできなかったからである。

一九世紀の半ばから後半にかけて中東に旅したヨーロッパの著述家の作品のなかではしばしば、一枚の絵に構成することのむずかしさとして中東の奇妙さを表現している文章にぶつかる。それはまるで、中東を理解するということは、そこから距離を置いて素描したり写真に撮ったりするのと同じであるかのようであり、実際多くの者にとってそれは事実だった。あるエジプト人は、「毎年毎年何千というヨーロッパ人が世界中を旅しており、彼らは行く先々で出会うものを片っ端から絵にして紙に写し取っている」と書いている(59)。著述家たちもまた旅行者一般と同じようにヨーロッパからやってきては、同じように出会ったものを文章で写し取ろうとした。彼らは自分たちが見たものを、言葉を使って描写し、それを銀盤写真《ダゲレオタイプ》〔15〕という、ジェラール・ドゥ・ネルヴァルのいう「幻想を打ち壊し、万物を真実の鏡に照らし合わせる……勤勉さの道具」(60)の化学的な過程を経た描刻の正確さと、光学的な距離のとり方と同じようなものにしようとした。フローベールはマクシム・デュ・カン〔作家。『オリエントの思い出と風景』など〕とともに写真撮影のためにエジプトを旅したのだが、出立前にフランス学士院におもむいた際に彼は、その旅行の成果は「効率的で迅速に働き、つねにきわめて正確に機能する近代的な旅行同伴用器具のおかげで、まったく特別なものとなる」だろうと述べている[61]。現実とイメージの正確な対応は、新しい、ほとんど機械的と言える確実性をもたらした。中東を題材とした最初のまとまった写真集は一八五八年、フランシス・フリス〔英国の写真家〕の手で『写真と文章で語るエジプトとパレスティナ』として出版されたが、『アート・ジャーナル』〔16〕誌はこれを評して、「写真によって私たちは事物をあるがままに見るということを知るだろう。本書は写真というものがもつ……驚くべき価値を明らかにする実験」となるだろうと述べている[62]。

写真家と同じように、著述家たちも「東洋そのものの生き生きとした今の現実」に相対して、事物を一枚の絵として「あるがままに正確に」複製することを望んだ[63]。エジプトでフローベールやネルヴァルに先立って、この分野の先駆者となったのはエドワード・レインであり、彼の有名な著作『当世エジプト人の風俗と習慣の記録』は一八三五年に出版された。レインの甥であるオリエンタリスト、〔エドワード・〕スタンレイ・プールの言葉を借りれば、この本は「記述の比類ない力と微細にわたる正確さによって、これまでに書かれたなかでももっとも完全に、人びとの生活を活写《ピクチャー》したものとなっている」。さらに、レインの大甥で、やはりオリエンタリストであるスタンレイ・レイン＝プールは、「ある場面ある瞬間を精密に記述する力をこれほど備えた著者は皆無に近く、何年も経た後にも何ひとつ損なうことなく彼の筆はそれらを復元してみせてくれる……読み進むにつれてさまざまな対象物が読者の眼前に立ち現われるが、それはけっして想像力に訴える言葉によってではなく、ごく平明な記述によって成し遂げられているのである」と評している[64]。実際、レインは最初から著述家だったわけではなく、はじめは職業的な画家、石版画家として出発した。そして、一八二五年に〔17〕初めてエジプトへと渡ったときには、プリズムを使って対象物の正確な写像《イメージ》を紙の上に投影する、カメラ・ルーシダと呼ばれる最新の作画装置を持参していた。彼は、この装置を使って描いた絵に説明文を加えて『完全版エジプト誌』と題した書物を、八巻本として出版することを考えていたが、結局、機械的な正確さをもつ細密な絵を製版することのできる出版社を見つけることができず、後になって、この作品のなかで同時

代のエジプトを扱った部分だけを取り出し、当時のエジプト人に関する民族誌的記述として書き直して出版したのだった。(65)

観察点

当時の著述家たちは、機械の「真実の鏡」がつくりだす表象の見た目の正確さだけではなく、その光学的な距離のとり方をも模倣しようとした。ダゲレオタイプ、つまり写真は、博覧会と同じように、世界をひとつのパノラマ、観察者から離れた絵画の世界として提示した。一九世紀の最初の三〇年間に中東に旅行したデイヴィッド・ロバーツやロバート・カー・ポーター〔ともに英国の画家〕といった人物のように、写真家の先駆けとなった人びとは、多くの場合パノラマ画家でもあった。彼らは旅から戻ると、版画やカンバスに描いた絵を発表するだけではなく、大量のパノラマ画を描き、それらにはしばしば描影が変化していく仕掛けや機械的動画の装置が仕掛けられて、レスター・スクエア・パノラマ[18]などの娯楽施設で人びとの見物に供された。(66) 写真技術の生みの親であるダゲール自身、パリでパノラマ画家をしていた（ディオラマ[19]の名で知られる描影変化の技術を開発したのは彼だった）。一八三九年にダゲールのディオラマは焼失し、同じ年、彼はダゲレオタイプの生みの親として名乗りを上げている。(67)

中東に渡ったダゲレオタイプの使い手や、同じように正確な表象を求める著述家たちにとって、問題は世界から自分を引き離し、世界をひとつのパノラマとして構成することにあった。そのために必要なのは、この時代に「観察点」と呼ばれるようになった、対象物から離れた外部の地点を確保することだった。カイロ時代のエドワード・レインは、同市の門のひとつ〔バフル門。現在のラムセス中央駅付近〕のすぐそばに住んでおり、その門の外には頂上に軍用の塔と電信施設のある大きな丘が控えていた。レインが記すところでは、この丘の高みからは「カイロの市街と郊外、城塞《シタデル》[20]がもっともみごとに一望のもとに収められ」た。「当地に着いてすぐ、私はカメラ・ルーシダを使ってこの景色を正確に写し取っておいた。この巨大都市のこれほどすばらしい景観が得られる場所は……ほかにはない(68)」。実際、そのような場所を見つけるのはかなりむずかしいことだった。レインが使った軍用の見張り塔だけではなく、カイロを訪れた人びとは必要な観察点を確保するためにあらゆる建造物や遺跡に目をつけた。この時代、ギザの大ピラミッドなどは巨大な見物台と化してしまった。一団のベドウィンたちが組織的にヨーロッパ人の著述家や旅行者をその頂上に担ぎ上げ、頂上ではさらに二人のベドウィンが組んでヨーロッパ人を肩に乗せ、四方の景色を見せてやるのだった(69)。その世紀の終わりに発表されたエジプトの小説では、エジプトの上層中産階級がいたずらに西洋風をもてはやす風潮を皮肉って、登場人物のひとりが景色を見にギザのピラミッドに登って一日を過ごすくだりが出てくる(70)。同様に、もっとも上品なヨーロッパ人でさえ、モスクのミナレットを展望台のように考えずにはいられず、そこからムスリムの住む眼下の都市の眺望をこっそりと味わい楽しんだ。ジェレミー・ベンサムは中東を訪問して、「ミナレットと称するものから市街を眺めるというためだけにシュームロ〔21〕で味わわされた大混雑を思えば、彼らが応接室《ディーワーン》で供してくれた食事が実際よりはるかにすばらしいものだったとしても、彼らが私に期待できるような感謝の念はすっかりふきとんでしまった」と不平をもらしている(71)〔以上の引用はイスタンブルに関してのもの〕。

ベンサムの言葉は著述家とカメラのあいだのさらなる共通点、つまり、世界が絵画や博覧会であるかのように捉えることのもうひとつの意味を思い起こさせる。観察点とは、単に対象物から離れ、世界の外部あるいはその上方に存在する場所であるというだけではない。それは理想的には、円形刑務所《パノプティコン》の看守たちと同じように、自分は見ることはできても自分が見られることはない位置でなくてはならなかった。写真家がカメラのレンズを通して世界を見るとき、自分は黒い布の下に隠れて人に見られることがないが、この点で彼は、中東におけるヨーロッパ人たち——旅行者であれ著述家であれ、また後にみるように植民地の権力者であれ——の望んだ存在の仕方の典型だった(72)。当時の普通のヨーロッパ人旅行者は、一八八八年にはすでに第七版を数えるようになっていたマレイの『上下エジプト旅行者のための手引き』の勧めにしたがって「よくあるフェルトの探検帽か広縁《ワイド＝アウェイク》のフェルトの中折れ帽に白のモスリンをターバ

図版２　ギザのピラミッドに登る人びと［A. Palmieri and E. Béchard, *L'Egypte et la Nubie* より。撮影：スコット・ハイド］

ン風に巻き付けて」かぶるか、インド風の日除け帽《ビス・ヘルメット》に青または緑のヴェールを着け「横をガーゼでおおった色眼鏡」をかけることで、同じ不可視の視線、見られることなく見るという写真家と同じ能力を手に入れていた[73]。先に触れたように、ヨーロッパ人の信じていることのひとつに視線は相手に何の影響も与えないということがある、とエジプト人の著述家が書くのもまったく無理のないことだった。見られることなく見ることは、世界から離れることを確実にしてくれ、それは同時に権力というものが占める位置に対応していた。この国を支配するトルコ系エリートのなかでも、よりいっそうヨーロッパに感化された者たちには、地方への視察に出かける際に、横をガーゼでおおった青、もしくは緑の色眼鏡を着用する者が出てきた。恒常的な監視に基礎を置く近代的な学校教育制度を初めてエジプトに導入した人物として、後の章で扱うアドハム・パシャ〔22〕などはその代表である[74]。一八六〇年代に入るまでには、ヘディーヴ自身が国内旅行の際に色眼鏡をかけるようになっていた。エジプトで最初の政治諷刺誌が発刊されたのは一八七七年であり、国内のヨーロッパ人勢力を攻撃し、彼らに協力するトルコ系の者たちを笑いものにするこの雑誌を、政府はただちに発禁とし、編集者を国外に追放したが、この雑誌の名は『アブー・アッ＝ナッザーラ・アッ＝ザルカー』、つまり『青眼鏡の男』〔23〕であった[75]。

著述家は、見られることなく見るという欲望を権力者たちと共有していた。彼らのつくるオリエントの表象は、対象物から距離をとり客観的であろうとして、その構図のなかからヨーロッパ人観察者の姿を排除した。エドワード・サイードが論じているように、何かをオリエント風のものとして表象するために、彼らはそこからヨーロッパ的なものを何もかも削り取ろうとしたのだった。パリのオペラ座のためにオリエントを舞台にした作品の脚本を書いていたゴーティエが、カイロからさまざまな一次資料を送ってくれたネルヴァルに書き送った手紙には、「現地の詳しい様子をいろいろと教えてくれてありがとう。しかし、雨外套にキルティングをした帽子、炎症から目を守るための緑のヴェールという出で立ちの、この英国人たちをオペラの通行人の一部に交えるということだけはとてもできそうにない」という一節がある[76]。表象が、その対象物を覗き込んでいる人物——アルジェリアの研究者マーリク・アールーラーが植民地時代の葉書に現われた植民地的なものの存在を論じた際の言い方を借りれば、その「表象を成立させる視線」自体――を表示することはなかった。オリエントをヨーロッパ的なものの存在から分離された何ものかとして、その客体性を確立するために、理想的には、そこに入り交じるヨーロッパ的なるものの一切が、目に見えなくなる必要があった。

しかしながら、自分たちを画像としての世界から引き離しておきながら、その一方でヨーロッパ人たちは、その世界がいかにも本物らしく体験できることを望んだ。博覧会の見物人と同じように、旅行者たちはオリエントのなかに身を浸し、「未知の文明に指で触れてみ」たがった。エドワード・レインは日記のなかで、「わが身を見知らぬ人びとのただ中に投じ……彼らの言葉を学び、彼らの習慣を身につけ、彼らの衣装をまといたい」という欲求について書いている。[77] この種の対象物への自己の没入によって、レインのような者の作品は民族誌的細部の驚くほどの集積を可能とし、また、作品がいかにもオリエントを直接身近に体験した人の手になっていると人に思わせるという効果も生みだした。レインの場合、またフローベールやネルヴァルのような作家の場合にはさらに顕著に、媒介なしに現実に没入したいというこの欲望は、奇怪でエキゾチックでエロティックなものと直接的・身体的に接触したいという欲望となっていった。

したがって、自分を世界から引き離して世界を表象化の対象物としてまとめあげる必要と、その客体世界のなかに没入して世界を直接体験したいという欲求とのあいだには矛盾があることになる。この矛盾はまさに、細々とした異国の品々を多量に揃えつつ、見物人と展示品とのあいだには厳しく境界を設けることによって、万国博覧会が対処し克服しようとしたものだった。博覧会としてつくられたわけではないカイロのような場所で、どのようにしてこの二重の欲求を満たすかは大きな問題だった。カイロに到着した最初の日に、ジェラール・ドゥ・ネルヴァルはダゲレオタイプを持った一人の「画家」に出会い、その画家に「一緒にきて町のよい眺望が得られる場所を探そうと誘われ」ている。同行を承知したネルヴァルは、「カイロの市内でも迷路のようにもっとも入り組んだ地区に連れていってもらい、画家が仕事を始めたら彼をその場に残して、自分は通訳も連れもなしでゆきあたりばったりにあたりを歩き回ってみよう」と決心した。エキゾチックな風景に没入し、「通訳を介することなく」本物のオリエントを体験してやろうと、ネルヴァルは意気込んでいたが、しかし、迷い込んだ市中の迷路のなかで、結局二人は写真を撮るのに都合のよい場所を見つけることができなかった。くねくねと曲がる混雑した通りから通りへと、適当な観察点を求めて空しく歩を進め、最後には人や物の立てていた騒音がしだいに遠ざかり、通りが「だんだんと静かに、埃っぽく、寂れた様子となり、モスクの軒は傾き、あちこちで建物が崩れ落ちている」場所に彼らは出てしまった。やがて二人は自分たちが町の外、「町の中心部とは運河をはさんで反対側のどこか」にいることに気づいた。そしてようやく廃墟と沈黙に囲まれたその場所で、写真家〔画家〕は彼の商売道具を取り出してカイロの町を描くことができたのだった(78)。

対象物に没入したうえでそれから身を引き離すという矛盾した欲求を満たす理想的な方法を開発したのは、エドワード・レインその人だった。観光客が色眼鏡をかけることや、写真家が黒い布をかぶることとも多少は共通した点がないわけではないが、その方法というのは注意深い変装の下に身を隠すことだった。「自分が異邦の人びとの暮らしのなかに立ち入る権利のない……人間であるという疑いを、彼らのあいだに引き起こし、騒ぎになるのを避けるために」と言って、エドワード・レインは自分がカイロに住む土地っ子のムスリムの服装を真似し、彼らと信仰をともにしているふりをした理由を説明している。この変装によってレインは、エジプト人の情報提供者《インフォーマント》たちの信頼を勝ち取り、自分は観察されることなく、彼らと面と向かいながら、彼らの暮らしを観察することができるようになった。レインの民族誌的な著作は、人びとに直接出会いながら行なった観察、つまり、本物の直接的体験によって今なお定評があるようだが、同時に、サイードが指摘したように、レインは自分の民族誌の序文では、ヨーロッパ人の読者に対して自分が行なった偽装を注意深く説明しており、それによって自分がエジプト人とは絶対的な距離を置いたことを読者に保証している。この、変装によって保証された一定の距離こそ、レインの記述に「客観性」を与えてくれるものだった(79)。

ヨーロッパ人は参与観察者という奇妙な二重の立場をとり、これによって自分たちが博覧会の見物人であるかのようにオリエントを体験することができるようになった。ヨーロッパからの来訪者たちは、当時のオリエントがまだ博覧会としての構成をもっていないという点を意識することなく、自分を客体世界から分離して、離れた見えない場所からそこを観察するという、近代的主体に特徴的な認識上の戦略を実践した。ピエール・ブルデューが近代の人類学者や社会科学者について述べているように、ここから彼らは自己と対象物との関係原理を、対象物に内在するものであるかのように転換し、それを「認識されるためにだけ存在する全体性として認識する」ようになるのである。当然の帰結として、世界は（観念論哲学が言う意味において、と同時に、絵画や演劇について言う意味においても）「表象《リプリゼンテーション》＝再演」として把握され、人びとの生活はもはや「舞台上で演じられる役割……定まった計画を実行するだけのもの」であるかのようになってしまう。(80) ブルデューの言葉につけ加えるなら、ヨーロッパから中東にやってきた人類学者たちは、観光客やオリエンタリストの著述家と同じ世界からきたのであり、そのヨーロッパという特殊な世界では、これまでみてきたように、前述の種類の認識上の戦略をとることがますます求められ、客観主義《オブジェクティヴィズム》が内部に分かちがたく組み込まれた世界になろうとしていたのである。いいかえれば、普通の人びとが観光客や人類学者のように生きるようになりつつあった世界、つまり、客体世界を何かの表象と呼び、人間の特性とは文化という舞台の上で何かの役割を演じること、もしくは何かの計画を実現することとして理解するようになりつつあった世界から、彼らはやってきたのだった。

東洋の痕跡

以上のことを心に留めたうえで、ここでは一見すると矛盾に思われるかもしれない議論を展開したい。先に述べたように、ヨーロッパ人は、自分たちが博覧会としての世界を離れたという自覚をせずに中東にやってきた。しかしその一方で、彼らはいつも自分たちが博覧会ですでに目にしたことのあるものの本物の姿を求めてやってきたのでもあった。いいかえれば、自分たちは展示品から現実の物のところと実際に移ってきた、と彼らは考えていたのである。これは、パリに住んでオペラ・コミーク座のためにオリエントを題材とした脚本を書き、盛んにオリエンタリスト美術の重要性を称揚していたテオフィル・ゴーティエの場合に、文字通りぴたりと当てはまる。ゴーティエは一八六七年の万国博覧会でエジプトの展示場を訪れてから、本物を目にしたいという気持ちをかきたてられ、一八六九年についにエジプトに渡っていった。(81) この点では、彼はけっして例外ではなかった。ヨーロッパ人がオリエントの地を踏むのは一般に、絵画なり博覧会なり書物なりを通してさまざまな図面や複製に触れた後のことで、彼らはそれらの元となった実物を見ようとしてやってきた。彼らの旅の目的は、いつもそのような言い方で説明できるものだった。

たとえば、エドワード・レインがエジプトに行こうという気になったのは、ピカデリーにあるエジプト会館〔24〕に展示されていたいくつかの複製品や絵画を目にしたのがきっかけだった。また、デイヴィッド・ロバーツはドルリー・レイン劇場〔25〕の舞台装置家として仕事をしており、オリエントに渡ったのは熟練のパノラマ画家として、また、情熱に燃える芸術家として、それまでに自分の作った舞台装置やパノラマの元になった実物を求めてのことだった。そして、ロバーツとレインの二人とも、エジプトを訪れるにあたり、有名な『エジプト誌』からおおいに刺激を受けていた。この二二巻本〔二三巻本の誤り〕の大作は、ナポレオンのエジプト占領期間中、軍とともに現地に滞在したフランス人画家と学者の手になり、一八〇九年から一八二二年にかけてフランス政府によって出版されたものであった。二人の英国人はともに、この大著の「不正確な箇所」を正すことを目標に掲げて出発したのだが、その『エジプト誌』が表象すると主張するものの実物をまだ見もしないうちから、彼らはその記述が不正確であることをどのようにしてか知っていたわけである。(82) いずれにせよ、この時代の中東に滞在したヨーロッパ人たちは、一方で博覧会としての世界を離れたことを意識しないままで、他方で自分たちが単なる表象から本物へと移動したと考えていた、といえるのである。

この矛盾はおそらく、博覧会としての世界がもっている逆説的な性質を考えれば解消することができる。博覧会は世界が二つの根源的領域、すなわち表象と実物、展示品と外部の現実、テクストと世界とに分けられると人びとに説く。そこではすべてが、この図式に当てはまるように組織されている。しかし、「現実」とは表象されうるもの、観察者の前に展示品となって提示されうるものを意味することが、結局は明らかになる。「外部にある」いわゆる現実の世界とは、実はさらなる一連の表象によってのみ、つまり拡大された博覧会としてのみ体験され把握されることのできるものなのである。オリエントを訪れた者は、自分が「東洋そのものの生き生きとした今の現実」に旅したと考えた。しかし、これまでみてきたように、彼らがそこで求めた現実とは、ただ単に写真に撮ったりして正確に表象することのできるもの、観察者の前に一枚の画像として提示されうる何物かであった。ここでいう画像とは、単に視覚に訴える図解《イラストレーション》を指すだけではなく、主体から区別され分離されて存在し、その区別に対応した表象と現実との区別という言い方で理解されてしまうすべてのものを指している。結局のところ、ヨーロッパ人は、オリエントを博覧会そのものであるかのように捉えようとしたのだった。

そこから二つの帰結が得られた。第一は、すでに示したように、中東はまだ表象化されうるほどに組織化がなされていなかったために、それを表象することはほとんど不可能であり、その結果はかんばしいものにはならない、とヨーロッパ人たちが考えたことだった。ネルヴァルはテオフィル・ゴーティエ宛てに、二人が何とか描写しようと望んでいたカイロの町について書くなかで、「もうこれについて考えるのは止めにしよう」と記し、「カイロは灰と泥の下に横たわり……塵に埋もれ何も語りはしない」と続けた一節がある。パリで見た、表象化された現実に対応するものは、実際のオリエントの地の無数の通りのどこにも見いだされなかった。カフェのようなものでさえ、それが本物だとはけっして思われないほどだった。「君のためにその情景を描いて見せようと思うのだが」と言って、カイロの典型的な通りを記述しようとしたネルヴァルは、「しかしながら、カフェが本当にオリエント的でありうるのはパリにおいてだけだ」と述べている。彼の失望は、きわめて実際的な目的のためにカイロの町の表象を構成しようと、しばしば試みながら、それがうまくいかなかったことが原因となっている。先に触れたように、彼は、ゴーティエがパリのオペラ座で舞台装置やパントマイムの仕草として再現できるような描写を書き送ろうとしていたのだった。最後には、ネルヴァルは「本物のエジプト」、表象されうるカイロを発見する望みを完全に失ってしまう。「本物のカイロはオペラ座で見つかるだろう……オリエントは私の手をすり抜けていってしまう」。つまるところ、パリで見つかるオリエント、最初からそれ自身が一連の表象であるものをさらに装ったときにだけ、満足のいく見世物は提供できたのである。カイロを離れパレスティナのいくつかの町を目指して旅するネルヴァルにとって、カイロは紙に描かれた舞台の背景と変わらぬ、不確かで現実味のないものとしか思い出されなかった。「私がそこで過ごした六カ月は終わりを告げた。それはもはや何物でもない。私が通り過ぎると、まるで舞台装置のように非常に多くの場所が崩れさっていくのを私は目にした。それらの場所が私のなかに残したものは何だろうか。それは夢のようにとりとめのないイメージにすぎない。そこで得られた最良のものでさえ、私はもうずっと以前から心のなかで見知っていた[83]」。

第二の帰結は、その点、つまりオリエントが到着と同時にすでに「心のなかで見知っていた」場所へと、ますますなってきたことだった。「まだほんの小さなときから、エジプトのピラミッドの形は私にとってすっかり馴染みのものとなっていた」と、アレグザンダー・キングレイク〔英国の作家〕は『イオーセン[26]』のなかで書いている。「いよいよ私はナイルの岸辺を離れてピラミッドへと近づいていった。私は版画を持っているわけでも絵を持っているわけでもなかったが、それでいてあの懐かしい形がそこにあった。何の違いもなかった。それはいままで私が知っていた通りの形をしていた」。ゴーティエは、もしエジプトを訪れた人が、ある町に「それまでにもずっと夢のなかで住んでいたのならば」、彼の頭のなかにはその町の「想像上の地図があって、たとえ現実に相対しているとわかったときでも容易にはそれを消し去ることができないのだ[27]」と記している。彼自身のカイロの地図は「『千夜一夜物語』に登場するさまざまなものから構成され、マリラの非凡で凄惨な『エズベキーヤ広場』という絵を中心にまとめられ……ている」。フローベールによれば、注意深いヨーロッパ人であれば、カイロでは「発見するよりも再発見するものの方がここには多い」のである[84]。

オリエントはただ再発見されるだけのものとなってしまった。何かを描いた絵のように表象として理解されるためには、必然的にオリエントは、前に見たことのある絵の再現、すでに頭のなかにある地図、記憶に残る描写の繰り返しとして理解されなければならなかった。キングレイクが「東洋からこの地へと持ち帰られた旅の痕跡」と呼んだ、この繰り返しの作用は、一九世紀の半ばにはありあまるほど充分に利用されるようになり、一八五二年には、〔ウィリアム・〕テイトの主宰する『エディンバラ・マガジン』誌[28]のある批評家などは、「ほとんど日常的なものとなってしまったこれらオリエントの品々……それらは私たちの周囲にあふれている。ほんの一週間前、他の旅行者と一緒に現地を旅していたときに、私たちに同行したのと同じアラブ人、乗用に使ったのと同じラクダ、横断したのと同じ砂漠、内部を探索したのと同じ古い墓、おおいに苦しめられたのと同じジャッカルが、いまでも手の届くところに転っている」と不平をもらすほどだった[85]。それは書物だけのことではなく、絵画や写真、見世物、パノラマ、博覧会を通しても、オリエントはまた同様にお馴染みとなった。オリエント自体は適当な観察点を提供し自らを提示することを拒んだので、オリエントを記述することは、これらの表象を再度記述する過程へとますます変わっていった。この過程がどれほど進んでいったかは、オリエンタリスト美術の擁護者であるゴーティエの例に明らかである。すでに触れたように、彼は万国博覧会を見て、そこで見たものの本物を見ようと、ついにパリを離れてエジプトを訪ねることを決意したのだが、帰国後に彼が出版したエジプトについての本は、「概観」と題した長文の第一章から始まり、その章は、エジプトではなく、一八六七年のパリ博覧会でのエジプトの展示についての、きわめて詳細な記述のかたちをとっていた[86]。

オリエントに対する表象は、必然的にこのように問題を含んだ無意識の論理にしたがうことになった。その論理は、ヨーロッパ人の精神に知的な欠陥があるがためではなく、その精神が表象の確実性、つまり、「現実性」と呼ばれた効果を求めたがために生まれたものである。エドワード・レインの世代のヨーロッパ人は、彼らに先んじてフランスの科学調査団が刊行した『エジプト誌』の誤りを正そうと決意して、自らの「完全版エジプト誌」を書きはじめた。

次の世代になると、著述家たちはカイロにあるフランス研究所の図書館に足を運び、そこに備えられた大量の記述から必要なものを抜き出したり、新たな記述を加えたりするようになっていった。ジェラール・ドゥ・ネルヴァルは、後に彼の散文の代表作となる『東方紀行』の素材をエジプトで集めていたが、研究所の図書館こそエジプト中でいちばん重要な場所だと考えていた。二カ月ほどが過ぎて滞在予定も半ばを消化したころ、ネルヴァルが父に宛てた手紙には、彼がまだ一度もピラミッドを見に行ったことがないと書かれている。「それどころか、書物や論文から充分に情報を得ないうちには、何かを見に出かけていこうという気はまったく起こりません。ここエジプト協会には、これまでにこの国に関して出版された著作のほとんどが、古代に関するものも近代に関するものも揃っていることがわかりました。私はまだそのごく一部にしか目を通していません」。そしてその六週間後には、まだカイロ市とその周辺しか見てはいないが、この国を離れることにしたと書いた手紙が送られている。[87]

この結果として、オリエンタリズムの多くの作品と同じく、『東方紀行』の大半はそれ以前の記述の改訂もしくはただの反復となった。ネルヴァルの場合、とくに参考にされたのはレインの『当世エジプト人の風俗と習慣〔の記録〕』だった。繰り返しあるいは改訂はエドワード・サイードがオリエンタリズムの引用的性格と呼んで、「古いスケッチの修復家が一連の作品を集めて、それが全体として本来表わそうとしていた絵の見当をつけようとするように」、著作が別の著作の上につけ加えられていくと説明したものである。オリエントはこのような「再現＝表象《リプリゼンテーション》」としてまとめられ、そこで表象されるものは現実の場所ではなく「ひとそろいの参照文、属性の集合であって、それらは、引用語句やテクストの断片、さらには他の者がオリエントについて書いた著作からの引き写し、それまでに誰かが夢想したことの切れ端、あるいはそれらすべてがひとつに融けあったもののなかに、その起源をもっているように思われる」。[88] 博覧会が約束したこととは裏腹に、「東洋そのもの」とはある場所ではなく、さらに幾重にも連なっている表象であり、それぞれの表象はオリエントの現実性を繰り返し唱えながら、実は一段階前あるいは後の、別の表象に言及し言及されているだけなのであった。ひとつの場所が実在するかのような効果を生みだすものは、そのような相互参照の連鎖だった。ロバート・グレイヴズ〔英国の詩人、小説家〕はその作品『さらば、古きものよ』のなかで、この効果に皮肉たっぷりに触れている。一九二〇年代〔一九二六〜二七年〕にエジプト大学[30]で教鞭を執るために現地に渡り、ポート・サイード〔スエズ運河の地中海側入り口にある港湾都市〕で船を降りたところで英国人の友人に出会った彼は、次のように書いている。「私はまだ船酔いに苦しめられていたが、いまや東洋に到着したことがはっきりとわかった。なにせその友人はキプリングについて話しはじめたのだから[89]」。

設計図なくして、何もなし

次章から一九世紀エジプトの政治についての考察を始めるが、その前にいままでの議論で曖昧だった次のような点を明らかにするか、少なくとも注意を促しておかなくてはならないだろう。「東洋そのもの」とは実は場所ではないというとき、私は西洋人による表象が現実のオリエントのゆがんだイメージをつくりだしたと単に言っているのだろうか、それとも「現実のオリエント」などは存在せず、いや、もともと現実などというものはなく、ただイメージと表象だけがあるのだと言っているのだろうか[90]。私の答えは、このような質問自体が誤っており、そのような問いの立て方自体が検討されなくてはならないというものである。単なる表象の領域と「本物」の領域、博覧会とその外部の現実、あるいは模型、記述、複製がもつ秩序と実物が持つ秩序といったような、世界を二つに分けるような生のあり方を、いかにして西洋は生きるようになったのかを私たちは知る必要がある。いいかえれば、「現実」、「外部」、「実物」の領域といったこれらの概念は、どのようにして、世界が二つに分かれていると思わせる効果を発揮するようになったかを、私たちは理解しなくてはならない。さらに、この区別がどのようにして西洋と非西洋というもうひとつの世界区分に対応したのか、また、オリエンタリズムが、ある文化が別の文化を記述する際には一般にみられる歴史上の問題の一例というにとどまらず、近代世界の特性にとって本質的な何物かになってしまったのはどうしてかという点も理解すべきである。そして最後に、この種の区別が秩序と真実をつくりだす技術であることを了解したうえで、それらがもつ政治的な性質を理解しなくてはならないのである。

ハーマン・メルヴィルは一八五六年から五七年にかけての冬の間に中東を旅して回り、例によって観察地点を見つけようとし、そして例によって困難を体験した。彼にとってカイロは何かを展示する場所であるというよりは、仮設の市場か、いっときのカーニバルのようなものであり、それを彼は「屋台の店と聖バルトロマイの縁日《フェア》〔31〕」と呼んだ。ジェラール・ドゥ・ネルヴァルをはじめとする先人たちと同じように、メルヴィルは訪れた場所を一枚の絵か図面として見ることのできる場所を求めて、通りの作る「迷路」から逃れたいと思ったと書いている。コンスタンティノープルを訪れ、彼は、「ここの街路には何の計画性《プラン》も見られない。まったくの迷宮である。狭い。建物にまわりを囲まれてひどく見通しが悪い。どこか上に登って見渡せたらと思うが……無駄だ。通りには名前がついていない……番地もない、何もないのだ」と、日記のなかで不平を漏らしている[91]。ネルヴァルと同様、メルヴィルは町のなかで適当な観察点を得ることができず、そのために町の画像を得ることができなかった。それはつまり彼にとって、何の計画性もそこには見られないということだった。万国博覧会について論じた際にすでに述べたように、客体世界から観察者が分離されるということを、ヨーロッパ人は何らかの記号体系《コード》あるいは設計図《プラン》がそこにあるというかたちで体験した。彼らはそこで、案内、標識、地図、冊子あるいは順路を示してくれるまとまった指示が、何らかの方法で「事物それ自体」とは別個にあることを期待した。しかし、中東の都市には、このようにして独立して存在し、外来者である観察主体に呼びかけてくれるものは何もなかった。通りには名前がなく、道路標識もなく、堂々たる正面構え《ファサード》に囲まれた開放的な空間もないし、地図もなかった[92]。都市は何物かの表象として築かれてはいないがゆえに、そのようなものとして自らを提示することを拒否していた。それは、何らかの独立した計画や意味の存在を生みだすようにはつくられていなかったのである。

エジプト政府は一八三〇年代に、かつてパリのオペラ座とオペラ・コミーク座の監督であったエミール＝Ｔ〔ティモテ〕・ルッベールを、「祭事および娯楽《フェート・エ・ディヴェルティスマン》」の監督に任命している。[93] もちろん娯楽の面だけでは充分ではなかった。パリ工科学院《エコール・ポリテクニーク》〔32〕を真似てカイロにつくられた工科学院を設立し監督する、サン＝シモン派の社会科学者・技術者であるシャルル・ランベール〔33〕は、エジプト総督ムハンマド・アリー・パシャへの報告書のなかで、「レヴァントの他の地域同様、エジプトがこれまでに一度も手に入れたことのないもの、それは秩序です」と書いている。[94] ジェレミー・ベンサムは、「閣下は巨大な権力を手に収められました」と満足げに記した一八二八年付けのパシャへの手紙で、「しかしながら計画の策定は今もまだ手つかずのままになっております」と続けている。[95]

エジプトを植民地化し、近代的な種類の権力を打ち立てるためには、「設計図を引く＝計画を作成する」ことが必要とされた。設計図あるいは枠組みは、客体世界が観察者から分離しているように見せることで、メルヴィルが欠けていると言っていた客観性の見かけをつくりだすものだった。この種の枠組みは、植民地主義がエジプトに持ち込もうとした設計図であっただけではなく、それがエジプトの一部となるまでに深く埋め込んでしまおうとした効果だった。次章以下でみていくように、植民地化の過程とは、エジプトが枠づけされた世界として現われるように、新たに秩序化することであった。エジプトはまるで客体となる一個の物であるかのように秩序化されなくてはならなかった。いいかえれば、エジプトは政治的・経済的な計算がしやすいように、絵のようなもの、何が描かれているのかがはっきりとわかるものにされなくてはならなかったのである。植民地権力は、エジプトという国がまさに一冊の書物のように読み解くことのできるものになることを求めたのだった。

枠組みは事物に秩序を与えるが、同時に境界を作って制限を加え排除を行なう。後にみるように、枠組みは「現実世界」から博覧会を遮断する周囲の壁のように、それが囲い込む画像世界の向こうに何かがあるという印象を人に与える。それは物質的表象の世界の外に、真実が横たわっているということを約束するのである。「設計図を引くこと」は、秩序という効果と真実という効果を埋め込んでやることなのである。

第2章　枠づけ

一九世紀の第二四半期に入ると、エジプトの民衆は自分が生まれた村で囚われの身となってしまった。一八三〇年一月に政府が発した法令によって、村人たちは自分が生まれた地区に閉じ込められ、その外に出かけたいときには許可証と身分証明書を取得するよう求められた。ある文献には「農民《ファッラーフ》が通行許可証なしで村から別の村に移動することは、ほとんど不可能だった」とある。村は軍の兵営のように運営されることになり、昼も夜も番人が住人たちを監視し、土地の耕作には監督が付いて、収穫物は残らず政府の倉庫に貯蔵されることになった[1]。

　兵隊を兵舎に留め置いて訓練するのと同じ方式で、エジプト全体を組織してやろうという考えは、これが初めてのことだった。住民をそれぞれの決まった場所に閉じ込め、行動を制限し、監督するさまざまな法令がこの時代になって突然現われ、人びとはどちらを向いても、点検と監督と指示とに出会うことになった。村人が自分の村を離れることがあったとしても、それは普通、労役《コルヴェ》〔封建領主が領民に課した賦役〕や軍の野営地でのもっと厳しい訓練のために強制的に徴募されてのことであり、その場合には厳重な監視が付けられていた。例外は生まれ故郷を離れて逃亡した「失踪者」だけであり、しだいに何万もの人びとがこの失踪者の群れに加わるようになっていった。他方、見張られる側ではなく見張る側に属している者もまた、けっして監視から逃れることはできなかった。スパイが各所に配され、監督と点検の序列は、ひとつひとつの耕作地や店舗のレヴェルから出発して、村、地区、地方、県の監督レヴェルへと上っていき、最後に総督の直接の監督下にある中央の監察局（ダワーウィーン・アッ＝タフティーシュ）までいたるようになっていた(2)。

ナイル渓谷が生みだす豊富な農産物を中央のカイロから支配しようという試み自体は、とくに目新しいものではなかった。この時代の五〇年ほど前にも、ある強大な一族が国内の他の勢力を圧倒し、それから一〇年間ほどにわたってこの国の農業と商業から上がる収益を独占的に支配し(1)、結果として、ヨーロッパを中心とした世界貿易へカイロがしだいに取り入れられる過程を促進したことがあった(3)。これに対し、一九世紀の出来事で真に新しい点は、その支配の性質にあった。それ以前の権力はどんなに中央集権的であっても、連続的な性質のものではなかった。以前の権力は典型的には徴税請負のかたちをとり、有力な一族がそれほど力を持たない一族に義務なり貢納なりを課し、後者の一族は自分たちのまわりにいるさらに弱体の一族に同じことを課し、そのやり方が繰り返されて、権力が不連続に作用していた。中央に向かう収益の不規則な流れはいつでも、それぞれの接合部で必然的に生じる漏出や、外に向かって拡張していく必要、統合の分解を招きやすい遠心的な傾向のために弱められていた(4)。一九世紀になって初めて、政治権力は、連続して細部にわたって均一に作用する方式を求めるようになった。その方式は、以前のように生産物や交換された品物から単に一定分を徴収するといったものではなく、生産過程それ自体に介入していくものだった。政治権力は、生産過程のいくつもの側面をそれぞれ間断なく監督することによって、この時代に国家の「生産力」という名で考えられるようになったものに規律訓練を施し、調整し、増加させようと試みた。ミシェル・フーコーが規律訓練の機構への傾斜と呼んだこれら近代的な支配の戦略は、かつてのように拡張し分散するものではなく、細部に浸透し、新たな秩序化を行ない、そして植民地化するものだった(5)。

フーコーの分析はフランスとアルプス以北のヨーロッパに焦点を当てて行なわれている。おそらくはこの焦点の当て方のために、規律訓練を志向する権力がもつ植民地化に向かう性質は、これまでぼやかされてきてしまった。しかし、幾何学的な秩序を備え総合的な監視体制がしかれている点で、この種の権力の動機を示すのに格好の制度である円形刑務所《パノプティコン》は、本来は植民地で開発されたものである。すべての場所を一目で見渡せるようにする円形刑務所の監視方式は、オスマン帝国と接するヨーロッパの植民地の最外縁部で考案され、その実際例の大半はアルプス以北のヨーロッパではなく、植民地化されたインドのような地域につくられた[6]。同じことはフーコーの論じた学校教育における監視《モニター》方式についてもいえる。後に論じるように、人びとを向上させ規律訓練を施そうとするこの方式は、エジプトが資本主義国家へと変貌するのにともなう、政治過程のモデルと考えられるようになった。

本章と第三章では、これらの規律訓練の機構が近代エジプトに導入される過程について検討し、さらにはこれまで博覧会としての世界と呼んできた秩序と意味の方式と、この機構との関連を考察する。規律訓練の機構は、一七九八年から一八〇一年のナポレオンの占領の後にエジプトで権威を獲得し、さらにはイスタンブルからの独立を強めつつあったトルコ系の支配者一族、ムハンマド・アリー一族〔2〕によって導入された。この権威はやがて、支配者一族を最大の地主として新たに生まれた土地所有者階級のあいだで分配され行使されるようになり、これにヨーロッパの投資家や商人たち、さらに一八八二年〔英国によるエジプト占領の年〕以降にはヨーロッパの植民地当局が加わった[7]。そうした権威が依拠するようになった規律訓練的支配の戦略は、その原型を新しいエジプト国軍の創出に見てとることができる。

一八二二年から、エジプトの人びとは彼らの記憶にある限りでは初めて、何万という単位で動員されて軍隊に入れられるという体験をした[8]。オスマン朝支配下のエジプトの軍事力はそれまで、国外で徴用された外国人と、軍の俸給にあずかる権利を相続もしくは購入したエジプト人から構成されていた。これらの軍人のうちせいぜい一〇〇〇から二〇〇〇名が、それぞれほかに職業をもったまま大きめの町に駐屯し、各駐屯部隊の忠誠はたがいに競合するいくつもの政治的党派にばらばらに向けられており、都市部での事件にはかろうじて対応していたが、地方での出来事はほとんど統御できないという有様だった[9]。そのような外国人からなる小規模な軍隊に取って代わったのは、エジプト各地の村や町から徴用された兵士からなる巨大な軍であり、その動員数はいくつかの資料によれば二〇万かそれ以上に達したという。[10] アスワンからカイロまでのナイル川流域と下流のナイル・デルタの全域で、大きな町の近郊には兵営と訓練用の野営地の設営が命じられ、「すべての兵営はそれぞれ一〇〇〇人の訓練兵および兵士を留め置き、もよりの町から徒歩一五分の距離に設置されること」と定められた。[11] 徴用期間は一回の作戦行動で終わるのではなく、何年にも及び、最終的には兵士の命のある限りとされた。兵士の家族たちはしばしばその配属先に同行し、野営地を囲む壁のすぐ外側に自分たちの「泥の兵舎」を建てて住んだ。[12] この国の新たな組織的編成《レジメンテイション》の動きは、この出来事をもって始まったといえ、ナイル川流域各地の農村では兵舎に類似した新しいタイプの集落が突然つくられはじめ、一般のエジプト人もそこに住みつくようになっていった。農民を兵営に留め置き、そこで訓練することで兵士に仕立てあげるという計画によって、新しい種類の軍事的実践、そして軍とは何であり、どのように形成されうるのかに関する新しい発想が導入された。

新しい形態の実践はニザーム・ジャディード、すなわち「新秩序」と呼ばれた。「新秩序」という名称は、オスマン帝国が、帝国領の北辺を植民地化しようと野心を燃やすロシアの脅威に対抗するために、帝国軍とそれを支える徴税制度の再編を狙って少し前〔一七八九年に始まるセリム一世の治下〕に導入した計画に付けられた名前〔トルコ語ではニザム・ジェディド〕でもあった。[13] その名称はとくに、計画の心臓部となる、プロイセンとフランスで発達した新しい技術にしたがって訓練され組織された新しい歩兵部隊を指して用いられることもあった。それと同時に、オスマン帝国の著述家たちが、ナポレオン支配下のフランスの政体を指すのにも、「新秩序」の名称は用いられた。[14] 一八一五年にナポレオンの帝国が崩壊すると、敗れたフランス軍の将校や技術者たちはエジプトへと逃れ、そこで新秩序は彼らの助力を得て確立されることになった。[15] 結果としてエジプトは、オスマン帝国の諸州のなかでも最初に、新しい種類の軍隊の導入に成功した属州となった。各地に兵営や訓練用の野営地が設営され、一八二二年四月には、すべての兵営、軍学校、訓練用の野営地を共通の規律訓練と指導の基準にしたがわせる法令が発せられた。[16] これら兵営への留置と規律訓練、それに指導はすべて、まったく革新的なものだった。

オスマン帝国が公に発行した当時の小冊子によると、新しい軍隊は「わが軍の他の部隊とはまったく異なっている。従来の軍は菓子の屋台の売り子、船の漕手、漁師、コーヒーハウスの店主、バッカールをはじめとして、三二にも及ぶさまざまな職業の人間からなっていたが、新しい軍隊はよく規律訓練を施された兵士だけで構成されなくてはならない」[17]。軍隊はもはや、散発的な軍事行動のたびに寄せ集められる、雑多な人びとの一時的な集団ではなかった。それは一個の共同体をつくって常時ともに暮らし、平時であっても継続的な訓練を課された人びとからなる、組織化された戦力だった。この新しい実践において、全軍隊は「必要とあれば即座にその職務を果たせるように、昼も夜もその兵営に留まり、日々軍事教練を行ない、重火器から軽火器までの武装やあらゆる種類の軍需物資を管理し、新しい規則にしたがった兵士の名にふさわしい規律訓練を実践しなくてはならない」とされた[18]。

この種の規律訓練は、この時代にまったく新しく考案されたものであり、ニザーム・ジャディードに一世代ほど先立って、七年戦争（一七五六〜一七六三年）におけるプロイセンの劇的な勝利をきっかけに、ヨーロッパのほとんどの国で競って導入されたばかりだった[19]。プロイセンは、正確な時間合わせ、迅速な信号の送受、規律訓練への厳格な服従などの革命的な技術を導入し、その成果としてプロイセンの軍事教本にいうところの「人工の機械」である新しい軍がつくりだされた。これに比べると他の国の軍隊は、もはや「ものぐさで不活発な人びと」の集まりでしかないようにみえるほどだった。そうした認識の仕方は——後に一般のエジプト人もわからされることになるのだが——軍隊だけではなく、人間のつくるあらゆる集団に対する見方を変えることになった[20]。その「機械」は、他の軍隊の三倍の速さで発砲し、他の軍隊の三倍の破壊力を発揮し、機械的な迅速さで展開し転進し撤退することができた[21]。

七年戦争の後、ヨーロッパの主要な軍隊はプロイセンの軍規をこぞって採用し、とくにフランスは一七九一年の新しい軍規でプロイセンの方式をさらに進歩させた。一七九八年にエジプトに侵攻したフランス軍についてエジプト人たちが述べるときに、第一に触れられるのは、その軍隊の教練、規律訓練、命令の新しい技術だった。歴史家のジャバルティー〔3〕は、「フランス軍はたがいのあいだで合図や信号を取り交わし、兵は一人として逸脱することなくそれにしたがって行動する」と書き残している(22)。オスマン帝国の小冊子には、新しい規律訓練の体系が達成しなくてはならない、音や身振りの細心にわたる統御について、より詳しい説明がみられる。いわく、「何千名もの人間からなる部隊の全体が、先頭に立ち、信号を使って指揮官の命令を伝える二名の嚮導役の兵士に注意を集中しなくてはならず、ただ一人といえどもけっして後ろの方を振り返ったりしてはならない。このようにすることで、指揮官の命令は、騒音にまったく乱されることなく全員に伝えられる。兵はその口から一言の言葉も発することなく、そこに踏みとどまり、ただ命令に耳をそばだてるだけでよいのである」。そこでは、動きのひとつひとつ、時間の一刻一刻、さらにはすべての音や視線や言葉、頭の向きから体の姿勢までが統御しうるものとされた。「たとえば、命令を発する役目の士官が、いちど気をつけの号令を発したならば、全軍が即座にこれに対応し、一兵たりともぼんやりしていたり、音を立てたり、別の方向を向いていたりはしない(23)」。各個人が身につける正確な規律訓練とその連係こそが、人工の機械を作りあげることを可能にするものだった。

一七世紀から一八世紀にかけて、ますます多数の兵を動員して正面からぶつかりあうようになっていた重厚な戦争は突如として、烏合の衆が激突するだけの馬鹿げた行動にみえるようになってしまった(24)。先のオスマン帝国の冊子によれば、旧来の軍隊は「敵を前に隊列を保つこともなく、縁日に出かけた群衆のように混乱してでたらめな様相を呈する。銃に弾を装塡してある者は一発、ある者は二発、またある者は三発以上とてんでに発射するかと思えば、他の者は何をしたらよいかわからず途方にくれて、町中で物語を語る芸人よろしく戦場を右往左往する」。新式の規律訓練を施された軍隊はこれと対照的に、「礼拝におけるがごとく隊列を保ち、その後列は前列とまったく平行であり、各列は同数の兵士からなってけっして多いことも少ないこともなく、必要に応じて時計のように正確に動作する」とされている。[25] ここに述べられている平行な線と機械的な正確さという表現こそ、新しい秩序の概念として現われてきたものである。そのような秩序とは、世界のなかに働く諸々の力の調和や釣り合い、あるいは呼応などではなく——その種の古い秩序の性質については後ほどより詳細な検討を加える——秩序そのもの、つまり、秩序なきものを整序し、不連続なものを統制して動かす《コーディネイト》としか定義のしようのない状態を指していた。いいかえれば、新しい秩序のもとにおいては、無秩序なものは変容させられ、拡散していたものは接合されて、個々の部品が機械的で幾何学的に整序されたひとつの統一体あるいは全体を構成するのである。

軍事面では、この秩序によって「時計のように正確に作動する」一個の機械装置がつくりだされる。この機械装置によって、エジプト政府に招聘されたフランス人士官がその当時に機動《マヌーヴル》と呼んだ行為、つまり号令一下、順に前に出て発砲したり、集合しまた展開したりということが実行できるようになった。新しい秩序のもとで指揮官は、「多数の兵を輪形に整列させ、この輪が回転するように兵を行進させる。そして、輪が回転し敵に面した兵は間断なく銃撃を敵兵に浴びせかけ、戦闘に中断が起こるのを防ぐ。発砲した兵はもとの場所に戻るまでに弾を装塡することができるので、ふたたび敵の前面に出たときにはいつでも発砲できる準備が整っていることになる。この輪形陣によって、発砲と殺戮は一時も休むことなく行なわれる」と説明された。輪形陣という機械のなかで一人ひとりの人間は（ちょうど歯車の歯のひとつひとつと同じように）、それぞれのあいだに一定の間隔をとることで作られた、ある位置あるいは空間を占めることになる。その間隔もしくは空間こそ、命令に応じて柔軟に小さくしたり大きくしたりして、統御する対象だった。「必要と判断されれば、あるときには数千の兵士が狭い空間に固まって密集隊形をとり、敵に少数と思わせておいてから急速に展開して望むままに機動することもあれば、別のときには一万の兵士が広く散開することで敵に五万から六万の兵がいると思わせることもある」。[26] 秩序とは、人間によって形づくられた線や空間の枠組みであり、そこに人間は配置され機動し、そしてまた閉じ込められていた。

新しい秩序の採用とともに、ついに脱走を統御する効率的な手段が開発され、大規模な人間の集団を管理するのにつきものだった障害が克服されることになった。兵士は平時においても野営地や兵営に留め置かれ、そこで見張られ教練を課されて「できる限り最高度の規律訓練を保った状態にある」ようにされた[27]。彼らは兵営に留め置かれるとともに、制服をつねに着用させられることで、民間人の共同体から分離された。先の冊子には、「旧来の軍隊においては、兵士全員が同じ服を着るということがなかった。そして、衣服がさまざまであったことによって、非常に大きな問題が生じていた。すなわち、戦時における軍からの脱走の頻発である。脱走兵を民間人の商人や召し使いたちから見分ける方法がないため、気づかれることなく脱走する機会を兵は容易に手に入れることができた。これに対して新しい軍は独自の制服を全員に着用させているため、部隊を離れて行動している者は簡単に発見されてしまう。結果として、兵は新しい軍の大規模な野営地のなかにあって、つねに自分の部隊の仲間のところに留まり、着実に自分の任務を果たさざるをえなくなるのである」と説かれている[28]。

社会の全面へ

兵営や訓練用の野営地以外に、専門の技能を持つべく士官候補生たち――騎兵部隊、砲兵部隊、歩兵部隊の士官、海軍士官、通信部隊士官、軍医、軍獣医、軍楽隊士官、技術士官など――を養成するための一ダースを越える士官学校にも、新しい軍の秩序は適用された[29]。各士官学校は等しく、「候補生を留め置」き「監視を施し行動を拘束する」ことにもとづいた規律訓練の方式を採用していた[30]。学校を管理するのはたいてい、フランス人かエジプト人の技術者や学者であり、その多くがパリ工科学院の出身で、そのなかにはサン＝シモンや、彼の秘書であったオーギュスト・コントの弟子たちが何人もいた。

これらの人びとは一八三〇年代の半ばになって、より包括的な軍事訓練の方式を策定する責を負うことになった。彼らは一八三五年の二月には、よりすぐれた教練と訓練を実働部隊に施すための新しい計画を提出し、その一年後には軍学校の再編のための計画を提出した。後者は五〇校に及ぶ軍幼年学校の設立を謳い、四校をカイロに置き、残りをその他の地方都市に配することとした。それらには、規律訓練、身体的適正条件、カリキュラム、試験、制服、食事内容、教官構成、事務処理、査閲の点で、すべてまったく同一の規則が適用されることになっていた。生徒はつねに監督下に置かれ、教室内はもちろん、校外に出て道を歩くときや休暇中、また寮内にいるときも例外とはされなかった。「規律訓練は厳密に軍の原則に従い、処罰は違反行為の程度に応じて与えられる。処罰には全校児童の前での叱責から、外出の禁止、パンと水しか与えられない懲罰室への監禁、クルバージュによる鞭打ち、さらには放校の処分と、いくつもの段階があった[31]」。

計画はさらに二校の士官予備学校の設立も提言し、一校はカイロに置かれて一五〇〇名を収容し、もう一校はアレクサンドリアに置かれるとした。これらの予備学校は「本質的に軍の機関であり、すべての生徒は兵士と同様に兵舎のような建物に収容される。カイロ校の場合、全校は三つの大隊からなり、各大隊は四個中隊、各中隊は一二五名の生徒からなった。准士官および下士官は生徒から選ばれ、各中隊の指揮には専門の教官補、大隊の指揮には教官があたった」。生徒の行動はつねに監視され、規律に則った行動は細かな序列にしたがって統制された。「処罰は公開の場での叱責から放校まで一二の段階に分けられ、生徒が准士官ないし下士官である場合には降格が行なわれ、また昇格の見合わせも処分のひとつとして用いられた[32]」。

新しい秩序は、集団を物理的に一カ所に閉じ込め、行動を継続的に監視し、動作や身振りまでも統御し、細かな序列を構築することで機能するという新しい権威のあり方をもたらした。そして、学校の教室にすでに示されはじめていたように、新しい秩序は兵舎や戦場といった場をはるかに超えて、より広い範囲へと影響を拡大していった。ジェレミー・ベンサムの友人であり、彼の伝記の作者でもあったジョン・バウリングは、ムハンマド・アリーの顧問を務め、英国政府にエジプトに関する報告書を提出したが、その報告書のなかで次のように述べている。

レヴァント地域の軍が西洋式の組織を導入したことによって、そのほかにもいくつかの重要な結果がもたらされた。それというのも、機械を操作する技術、教育、知識の応用、ならびに従属と服従の一般的体系は、物事を新しい状態にするためにまとまって採用されることが必要だったからである。軍事力が、ばらばらで規律訓練の不足した人の群れの状態から、さまざまな段階の服従と規律訓練を経て、不断に訓練された部隊によって構成される団体へと変わることは、同時に、社会の全面に及ぶ秩序の原則が確立されることでもあった(33)。

兵営、訓練用の野営地、学校あるいは戦場において、秩序《オ》＝命令《ーダー》の原則は、人間を各々の部署に「固定」し、「各人の任務を着実に実行」するようにし、一体となって作動する軍事的な機械装置の部品としてたがいに連係することを可能にした。そして、村落あるいは綿花畑でも、「社会の全面に及ぶ」同じ原則が適用され、人びとを自分の生まれた村に閉じ込め、(当時の政府が述べたとされる表現によれば)「村人が自分たちで行なっていたものよりはるかにすぐれた産業に従事せしめる」という発想が、突如として生まれてきたのである(34)。

昼も夜も見張られて

農村部の人口を固定し、農民たちに綿花などヨーロッパでの消費に向けた商品作物を生産させるためには、人びとの出身地を明確にし、それぞれの仕事の割り当てを厳格に定め、そのはかどり方を常時監視し報告することが必要だった。毎日の記録であるジュルナール(この用語はヨーロッパの言語から借用された)をつけることは、一八二〇年代の半ばにエジプト農村部の組織化が開始された際に行政によって実践されることとなり、政府は中央と地方に監察局を設立して、各地の監察官(ジュルナールジー)からの報告書を受け取るようにした(35)。その「従属と服従の一般的体系」は、一八二九年の一二月に発行された六〇ページからなる小冊子でさらに洗練されたかたちを示されている。

『ラーイハ・ズィラーア・アル＝ファッラーフ・ワ・タドビール・アフカーム・アッ＝スィヤーサ・ビ・カスド・アッ＝ナジャーフ（成功を導くための農民による耕作と政府の規制適用のためのプログラム）』と題されたこの冊子では、耕作地での農民の労働のやり方、耕作すべき作物、農民の村への留め置き方、そして村民を監視し監督すべき者の義務までが、詳細に規定されている。この冊子は、一八二九年に四〇〇名にのぼる地方行政官と中央の文官武官とをカイロに召集して開かれた会議の結果をまとめたものであり、会議の目的は歳入の減少と流民の増加に対策を講じることにあった[36]。冊子の末尾には、農民とその監督役が犯しうる職務上の過ちが七〇以上の細目に区分され、それに対する処罰が五五項目にわたって詳細に序列づけて明記されていた[37]。

『プログラム』に示されているように、農民はその割り当ての仕事のはかどり具合を監視されることになっており、耕作地で働くミシャッド〔締めつける者〕およびガフィール〔見張る者〕と呼ばれる番人の監督下に置かれた。「これらの番人は毎日ファッラーフたちを検査し、この者たちがけっして村を捨てて逃亡したりすることのないように、昼も夜も監視の目を光らせていなくてはならなかった」。割り当てを果たせなかった農民がいると、彼の名は政府が任命した村長であるシャイフ・アル＝バラドに報告された。「ファッラーフが定められたとおりに自分の土地を耕作していないのを発見したときには、シャイフはその農民にクルバージュで二五回の鞭打ちを与えた。その三日後、シャイフはこのファッラーフの耕作地をもういちど検分し、いまだに必要な農作業が行なわれていないようであれば、彼は五〇回の鞭打ちを行なう権限を与えられていた。さらに三日の猶予をもってもういちど検分は行なわれ、それでも義務を怠っていたファッラーフは、一〇〇回の鞭打ちを受けることになった」。村長自身は、地区の役人であるハーキム・アル＝フットの監督下にあった。もし村長が農民の監督を怠っているようであれば、最初の機会には譴責の処分が下され、二度目には二〇〇回の鞭打ち、三度目には三〇〇回の鞭打ちが課せられた。そしてハーキム自身は、地方の役人であるマアムールによって監督され、その怠慢は、最初は警告、二度目には五〇回の棒叩きで罰せられた。最後に、マアムールが責任を持つのは県の役人ムディールであり、ムディールは毎週中央の監察局に報告書を提出しなければならなかった。義務と監督と規律訓練の同様の序列は、作物の分配、税の徴収、軍役や労役への徴発、許可証や身分証明書なしに出身村落の地区の外にいるのを発見された者の報告と取り調べ、逮捕についても制度化されていた[38]。

この制度がそれ以前のものと異なるのは、処罰が厳しく頻繁であるという点ではない。むしろ実際には、規制は権力の無闇な乱用を防ぐことを意図していた。変化したのは、職務、監視、処罰がきわめて詳細に定められた点であった。ひとつひとつの行動が規定され監督されて、個人個人は作物と貨幣と人間とからなる単一の経済活動のなかで、たがいに連係するようになった。それはまさに、兵営と戦場の新しい秩序を、その合図、動作、監督の序列とともに、村の生活と農民たちの体に刻み込み、強要しようという試みだった。

その実践が結局は失敗してしまった経緯や、それが引き起こした荒廃については、ここで詳述する必要はないだろう[39]。この時期の全般にわたって、エジプトの各地方ではたびたび政治的暴動が起こったが、それらは政府の新しい軍隊の手で鎮圧され、多数の農民が村を捨てて逃亡することになった。暴動それ自体はとくに目新しい現象ではない。新しかったのは、暴動を鎮圧した軍の力の方だった。それというのも、バウリングが報告しているように、軍を組織化する方法のおかげで、兵士は「財産の破壊者ではなく、保護者となった。彼らは社会の進歩のための構造の一部となった……」からである[40]。しかしながら、一部のヨーロッパ人の専門家の目には、一八三〇年代にはこの社会進歩の構造ですら、内側から弱まりつつあると映った。「パシャの軍隊が疲弊した原因のひとつは、兵たちのあいだにノスタルジア、つまり郷愁という不可解で治療のできない病が蔓延したためである」と、バウリングは英国政府に提出した報告書で述べている。

パシャに仕える医師が私に報告したところでは、この治療不可能な病に冒されて、死を望むにいたった者は相当数に上っている。……ある医師は、「兵たちがいちど故郷のことを考え出すと、私には彼らの生命を保つことができなくなってしまいます」と私に語った。そのうえ、この病に冒された兵士たちは、死にいたる、はるか以前から、ものうげで注意力を欠いた虚脱状態に陥るのである。[41]

中東地域内できわめて有力な軍事力を育てつつあったエジプトに対して、一八四〇年代に入ると英国は干渉政策をもってその成長に歯止めをかけ、その兵員数を一八〇〇〇名にまで削減させた。だが、その後も国内では、エジプト政府は自国の軍を大規模に用い続けて、生まれた土地を離れている農民を駆り集めては故郷の村に強制送還する作業に従事させた。[42]一八四四年の四月に政府の閣僚のひとりが各地区の役人宛てに配布した通達には、「農業はエジプトの民の安寧、幸福、繁栄の礎である。この目的を達成するためには、生まれた土地から失踪した者を残らず故郷の村に送還することが絶対に必要である」とある。「今後、私たちが『失踪』という単語を使うことが永遠になくなる」ように、この通達は広く人びとにも伝えられなくてはならぬとされ、さらには以前にもたびたび発されていた命令を繰り返して、自分の生まれた村から逃亡した農民をかくまった者を絞首刑に処す旨が記されている。文中のその箇所では、人びとへの戒めとして、逃亡農民をかくまっていたのを見つかったミニヤ・サリーグ〔不明。ミニヤはエジプト中部の都市〕生まれのスライマーン・バドゥルッディーンなる者が、「当該地の公営の市場で絞首刑に処せられた」由が明記されている。[43]

そうした厳しい処罰の例を示されてもなお、農民の逃亡は続いた。軍務に召集された農民のなかには徴兵を免れるために、自分の体を傷つける者も出てきた。一八三三年の三月に各地区の役人に向けて発された回状のなかで、エジプト総督は、「召集を受けると、私たちのもとにくる途中で自分の歯を抜いたり、目をえぐったり、身体の一部を傷つけたりする者がおり、そのため私たちは実に多くの者を不適格として故郷に送り返さなくてはならなくなっている……このような行為を行なった者については、例外なくその家族から複数の者を代わりに徴発し、身体を傷つけた本人は、一生大型船の船底で漕手の任につかせるものとする。この決定はすでに文書でシャイフ〔・アル＝バラド〕たちに通達した」と記している。[44]軍の秩序の弱体化は、徴兵の方法がますます厳しくなっていくことに明らかであり、その残酷さはヨーロッパでのそれに劣らぬほどになりつつあった。[45]

問題の性質は、これらのテクストの文面に見える矛盾にはっきりと現われている。つまり、新しい権力の方式を、それまでに例を見ないほど徹底的に浸透させせようと試みることと、それを人びとが容易に受けいれ、意識しなくてすむようにし、またその方式が「郷愁の病」といった疾患に対して効果的であり、つまりはより効率的になる必要があるということとのあいだには、葛藤が存在しているのである。一方では、徴兵を免除されるために、きわめて多くの農民たちは自分の身体を傷つけてもよいとさえ考えていた。公開絞首刑などの暴力を用いても、すべての農民に村を捨てて逃亡するのを思いとどまらせることはできなかった。国の「生産力」を組織的に編成する動きによって、耕作や労役は農民たちにとって、軍への召集に勝るとも劣らない苛烈な義務となっていた。農家の人びとにとって唯一救われる方法は、故郷を捨てて「失踪」することしかなかったのである。他方では、政府は「今後、私たちが『失踪』という単語を永遠に使うことがなくなる」ようにと、新しい言葉の語り口を捜し求め、「農業はエジプトの民の安寧、幸福、繁栄の礎である」という言葉をできるだけ広めようと試みていた。同様に、一八三六年に軍需工場の監察総監に宛てた手紙で、ムハンマド・アリーは、労働者が不当に工場内に拘禁され、その給与を収奪されているという知らせに対する返答として、普通のエジプト人（農民）は然るべき扱いを受け、政府は彼らの収入を保証するべきであると警告を与えている。「その者たちの暮らしやすさに心を配り、給与を引き上げてやって、その者たちが完全に満足して仕事に励めるようにせよ」(46)。新しい権力の方式は言葉というものを通して、また改良の過程というものを通して機能しようとしていた。

一八三〇年代の失敗の後、一八四〇年代に入ってふたたび、生産過程への権力の浸透とその支配が試みられたが、そのときには新しい方式が採用された。今回の方式は、いくつかの村を集めて特定個人にその保護管理の権利を与えるというものであり、手始めに支配者一族やヨーロッパ人の大商人のなかから管理人が選出された。村落群は個人所有の農場として組織され、いずれにも一定空間への留め置きと規律訓練、監督という同一の管理体制が採用された(47)。これらの大農場によって、近代エジプト史における私的土地所有制が誕生し、ヨーロッパの市場はそれらの農場からの生産物を頼りとするようになっていった(48)。個人所有の農場においては、現地に適するように整えられた秩序と規律訓練の過程として新しい権力が出現し、都市に基盤を置く者が大半を占める大地主や商業的な土地所有者といった新興階級の利益に奉仕するように、しっかりと確立された。新しい軍隊におけるのと同様に、この秩序の作用は恣意的な配列としてではなく、秩序そのものとして現われた。この種の新しい秩序のもつ特異な性質は、新しい農場に共通してみられる特色をもつ「モデル村落」を検討することでさらに明らかにすることができる。

モデル住宅

ナイル・デルタ地域にある村のひとつ、カフル・アッ＝ザヤート〔カイロの北北西約一〇〇キロ〕は、ムハンマド・アリーの息子であるイブラーヒーム（バーミンガムで、クジラの骨格を見せる見世物小屋に入って彼が味わった不運な体験については第一章で触れた）が管理する農場に組み入れられた。一八四六年、住人たちは村に居住する家族、飼育している家畜、人びとが従事している「産業」のリストを提出するように命ぜられた。そのリストにしたがって、「エジプト村落改造計画」と呼ばれた計画に責任を持つフランス人の技師たちの監督下に、村は改造されることになった。村人たちは新しい住宅への移動を命じられ、各家族はその大きさと社会階層（普通、比較的裕福、裕福、外国人の四つに分けられた）にしたがった部屋数の家を割り当てられた。フランス人技師のひとりが書き残した記録によれば、「普通」の階層に属する家族が居住する「モデル住宅」は次のような構成になっていた。

（一）前庭。その底面は道路に対して〇・一〇メートル高く、奥行きは八メートル、幅は四・三四メートルで、夜には少なくとも三頭の大型家畜と三匹の小型家畜を収容でき、……（二）一階の一部屋。床面は前庭の水準よりも〇・一〇メートル高く、したがって道路からは〇・二〇メートル高い。奥行きは四・三五メートルで幅は三・七〇メートル。二つの窓で採光し、ひとつは道を見通せる高い位置にあって横木を渡し、もうひとつは低い位置で前庭が見える。奥にはベッドを二つ縦に並べたのと同じだけの幅広のトルコ風長椅子《ディヴァン》を置く。……（三）二階の一部屋。中庭を見おろすひさしのある小型のバルコニーを備え……[49]

同様の計画が一一キロ南に下ったナギーラ村やムヌーフィーヤ県のグザイル村[4]など、他のいくつかの村にも適用された。ある英国人旅行者の記録によれば、ナギーラでは、「何の計画性もなく、より集まっていたみすぼらしい小屋の群れ」が残らず取り払われ、「たがいに直角に交わっている道路に沿って地割りされた、こぎれいな」新しい村がそれに取って代わった[50]。

この種の改造事業は、これまでに述べてきたような軍の秩序の方式に比べれば、さほど苛烈な手段で実施されはしなかったが、それでもそれが達成しようとした秩序は同一のものであり、軍の改革と同様に、秩序の性質に関する新しい考え方を示す典型的な例であった。他の近代国家におけるのと同様に、近代のエジプトにおいて、この種の秩序は秩序そのものであり、それこそがこれまで地上に存在してきた唯一本物の秩序であるとされた。

この種の秩序の本質は、本書が枠づけと呼ぶ効果を発揮する点にある。枠づけとは兵舎の建設や村の改造のように、分割し収容する方式であり、「空間」と呼ばれる中立的な面もしくは容量をその場に作り出すことによって機能する。（エジプトの農村地帯で枠づけの方法が導入されたのが、空間を商品としてしまう私的な土地所有の成立と時期を同じくしたのは偶然ではない。）村を改造するにあたって、部屋や中庭、建物全体の空間構成は、一センチメートル単位まで正確に測定された。そこにあるのは壁や床や空き地の単なる集まりではなく、この測定による体系はそれらとは別のもの、つまり空間それ自体であると考えられた。設計図とそこに示された寸法とによって、抽象的で中立的な見かけをもつものとしての空間、それ自体としては不活性な枠組みもしくは容器の一群が成立したのである[51]。

それらの容器の内部では、品目はそれぞれに分けられ、数を数えられ、そこに保存されうるものになる。前庭には三頭の大型家畜と三匹の小型家畜、一部屋には縦に並べた二つのベッド〔の長さの長椅子〕（つまり二人の人間）という具合であり、フランス人技師の計画では、ポットや水差し、食料の置き場までが特定されていた。このように品目を分けてやることにより、生活自体も睡眠、食事、炊事などといった別個の機能が並んだものに分解され、それぞれに特定の場所が割り振られることになった。改造された村の秩序は、そこで営まれている生活を、それぞれの場とそこに含まれる対象物と機能の体系、つまり、枠組みと枠づけられるものとの体系に還元することで達成されることになっていた。秩序の次元としての空間の見た目の中立性は、容器とその内容物の厳密な区別にしたがって建設し配分することの効果として生じたものである。

容器からなる体系は、容易に図面の形で表象することができた。エジプトの村落改造のために使われた図面は、私の知る限りでは残されていないが、同じ時期にフランスの行政官は、アルジェリアの村の改造に同様の図面を用いていた。アルジェリアの場合、村落の改造はより直接的に軍事的な支配を確立することと結びついていた。植民地政府の管理が行き届きにくい地域を無人化し、よりきめの細かい監視のもとに民衆を置くために、非常に多くのアルジェリア人たちが住んでいた村を破壊され、新しい居住地へと移動させられた[52]。改造のための設計図を引くにあたり、秩序の達成は独特な方式で、すなわち村と図面との関係というかたちで考えられた。秩序は実際の村がどれだけ忠実に設計図に従うかというかたちで実現され、同じ設計図がつぎからつぎに多くの村に適用されて、それによって容器とその内容物からなる秩序化された村落部が生まれた。

このような秩序の方式によって、住宅間、家族間、村落間の驚くほどの標準化が可能になった。軍隊におけるのと同様、均一性は新しい秩序の存在を証明する印だった。ただし、軍隊に階級の体系が導入されたのと同様に、村の空間秩序の新しい方式も、はっきりと目に見える序列を村落内につくりだし基準化することによって機能した。すでに述べたように、エジプトの村では居住に際して四つの階層が区別された。通常の農民のためのモデル住宅のほかに、比較的裕福な者、裕福な者、そして外国人のためのモデル住宅が設けられた。村に居住する家族をこれら四つの範疇に区分していくことによって、彼らのあいだに区別が生みだされたとまではいえなくとも、区別が固定的で確かなものとされ、結果として村内に明確な社会的序列が固定され、明白に読み取れるものになったのである。いずれにせよ、改造によって村は、世帯や生業や家畜についてつくられた一覧表のかたちで読み解くことのできるものになった。それらの情報は、新しい村の曖昧なところの一切ない設計構造《アーキテクチャー》に刻み込まれると同時に、蓄積されて国家の「生産力」を表わす統計へと編纂されていった。

読解可能性という博覧会としての世界に特徴的な性質が、そこではさらに重要な役割を果たした。ヨーロッパ人の専門家たちは、（第一章でみたように、万国博覧会が地球全体を統計的に読解することを可能にしようと企画されたのと同じようにして）エジプトに関するこの種の統計的な知識の産出を組織化しようという熱意に燃え、「その人口、生産物など……おおまかに言って、統計的に処理でき、直接的にせよ間接的にせよ、同国の資源の開発に関わるすべての問題」について情報を収集しようとしていた[53]。統計的情報の集成は、前章で触れた『エジプト誌』の出版が端緒となって始められており、同書はナポレオンがエジプトを軍事的に占領する際に同行したフランス人の学者たちの手で編纂された。『エジプト誌』のなかの、「近代《エタ・モデルヌ》」と題された部分〔帝国標準版の五〜七巻〕では、「エジプト人男性の平均的な力」などといった統計的な数値がきわめて詳細に算出されている[54]。新しい秩序の方式が浸透し、植民地化し、取り締まり、さらには増大させようとしていたのは、結局のところ、その種の力だった。統計的な知識を機械的に生産しようとするその試みは、しかしながら、エジプトでは植民地の方式を浸透させ人びとを取り締まることが非常にむずかしく、なかなか成功しなかった。ある技師によれば「事実を収集し、分類する機構が存在しない」のみならず、エジプト村落の特異な設計構造とそこでの生活様式によって、人口や彼らの生産力に関する「事実」を抽出することは不可能だった。バウリングは英国政府への報告書で次のように述べている。

人口の正確な算定といった作業の困難さをいやでも大きくしている原因は、マホメット教の法とその運用にある。

この法によって、社会の構成員の半数は治安当局の目に触れないところに置かれてしまう。それぞれの家にハーレムがあり、ハーレムは不可侵の領域になってしまっている。(55)

読解が可能なモデル村落の秩序は、この種の不可侵性を取り払い、「治安当局の目」に人口や生活様式が見えないという問題を解決してくれる。フーコーが記しているように、分配する設計構造と取り締まる技術とは、個人をある場所に閉じ込めるだけではなく、隠されていた未知で不可侵のものを暴き出し書き留めることによって、個人を捕捉することができるようにするのである。

さらにいえば、これもまたフーコーが指摘しているように、この種の新しい秩序は、それ自体としては何ら固定され硬直したものではなかった。容器に収容するという方式の強さは、その柔軟性に由来している。たとえば、モデル村落についてのフランス人技師の記述には、「その建物の仕組みによって、各家屋には（人間と動物の双方について）いかなる個体数からなる家族をも割り振ることが可能になっている」とある。それが可能なのは、分割の方式によって、個々の部屋が小さな単位とされ、そのうえでこの小単位をどのようにでも組み合わせることができるからである。大きな家族は「仕切りの壁に戸口を付けることで」簡単に収容でき、しかもそれは「部屋と部屋の、建物と建物のあいだの調和をいささかも乱さずに」実行できた。かくして、細胞状の容器のまとまりは、自由に拡張したり縮小したり、また相互に行き来したりすることができ、しかもその際に、それらがひとつの体系、個々の独立した部分が「調和」を保ってひとつの全体を構成しているという特徴は、何ら損なわれることがないのである。

このように部分と部分とのあいだに調和が保たれることによって、改造された村では住人に関する情報を得て、彼らを支配するのが容易になるとともに、彼らを連係させて一体として生産性を高めることが可能になった。軍隊と同じように、新しい村は個々の構成部品がたがいに協力しあって成果を生みだす、一個の機械と考えることができた。「その建設のやり方によって村での仕事《ル・トラヴァイユ》はずっとやりやすいものとなり、さらに住人たちが将来、さまざまな活動

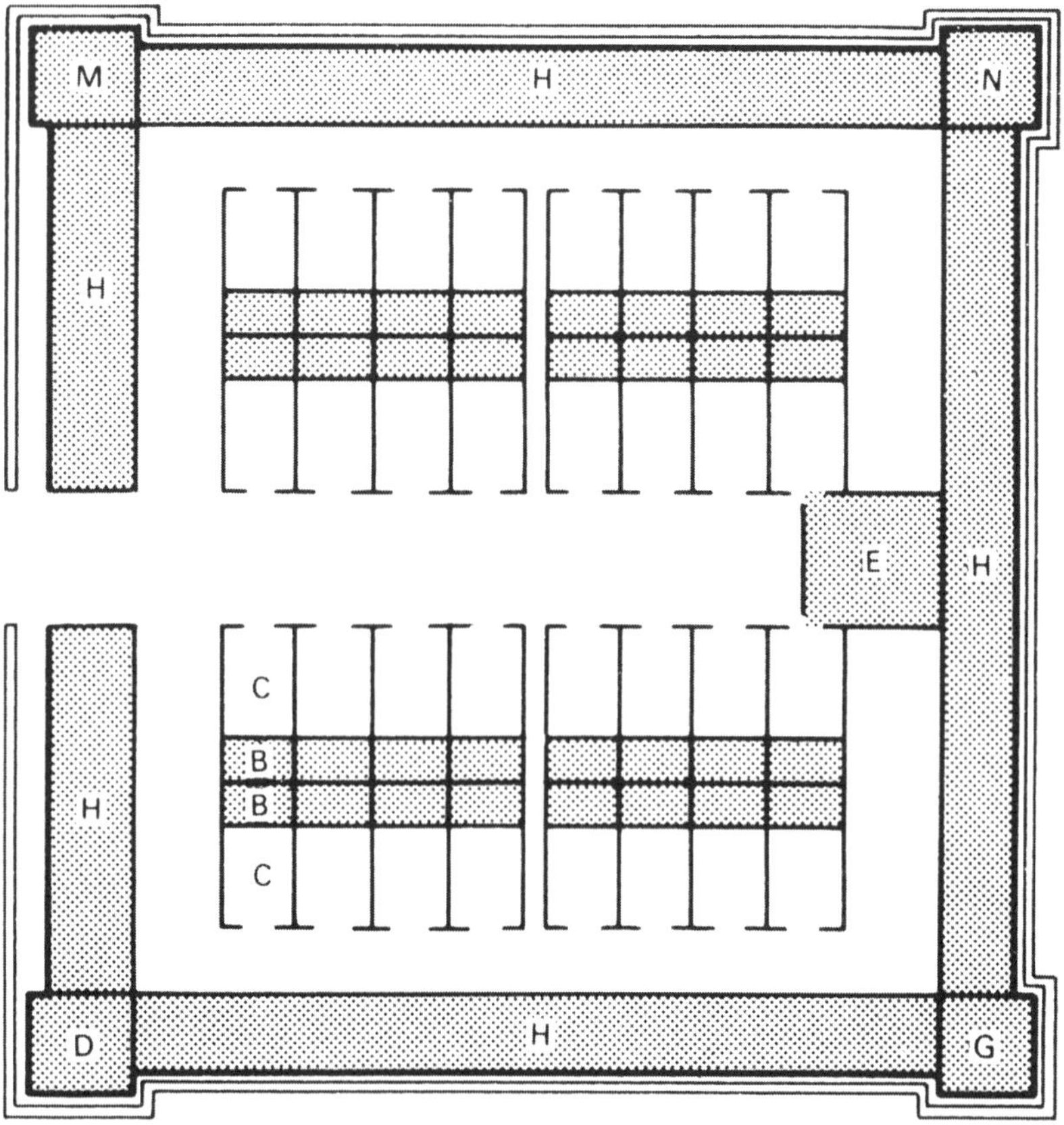

図版3　植民地政府が建設した村の平面図。アルジェリア，1848年。Bが一般の住居，Cが前庭，Dは客用の離れ，Eは村長の住居，Gは番人の住居，Hは倉庫と畜舎，Mが粉挽き場，Nがモスク。［M. Yacono, *Les bureaux arabes et l'évolution des genres de vie indigènes dans l'Ouest du Tell Algérois* より］

を共同でやるのにも、おおいに益することとなるだろう」[56]。成果、生産性、相互協力といった、改造の諸方式が提示すると思われるものは、村そのものと同じように、測定され、再結集され、増加され、また、統御されうるものになった村人個人の力であった。

文化的存在

枠づけを行なう技術と個人個人が上げる成果を調整し増加させる可能性とが、どのように結びつけられていったかについては、次章でカイロの改造と組織的な市民教育の導入とのあいだにある類似性をみていくなかで、さらに詳細に検討することとしたい。ここでは都市や村落を改造することによって、それが取って代わろうとしていた以前の居住や生活様式について述べ、同時に秩序化の技術としての枠づけの問題を、意味もしくは表象の問題と結びつけることで、枠づけの過程が、どのように新しい事象であったかをよりはっきりと理解してもらうようにしたい。そのために、本章の残りの部分では、前近代の中東（というより、地中海地域）の都市が備えていた特質を論じ、それに、アルジェリアに居住するベルベル語を話す共同体である、カビール[5]の村の居住様式に関するピエール・ブルデューの説明から取り出した最近の事例を組み合わせて議論を進めたい[57]。ただし、その議論に入るにあたって、次の二つの点に注意を促しておきたい。第一に、ここでは秩序の性質について私たちがもっている前提を明らかにするために、異なる前提に立つ別種の秩序と対比するという手法をとっており、したがって異なる秩序をあえて私たちのそれの対極として設定するという危険を冒している点である。そのうえ、そのような対比の仕方は、その秩序がどうしても自己完結的な全体性を備えているように思わせてしまうし、さらにはそのような全体が近代西洋と出会うことは、それが不可避的に崩壊し解体していくことだという印象を与えるかもしれない。マイケル・トウスィグが述べているように、

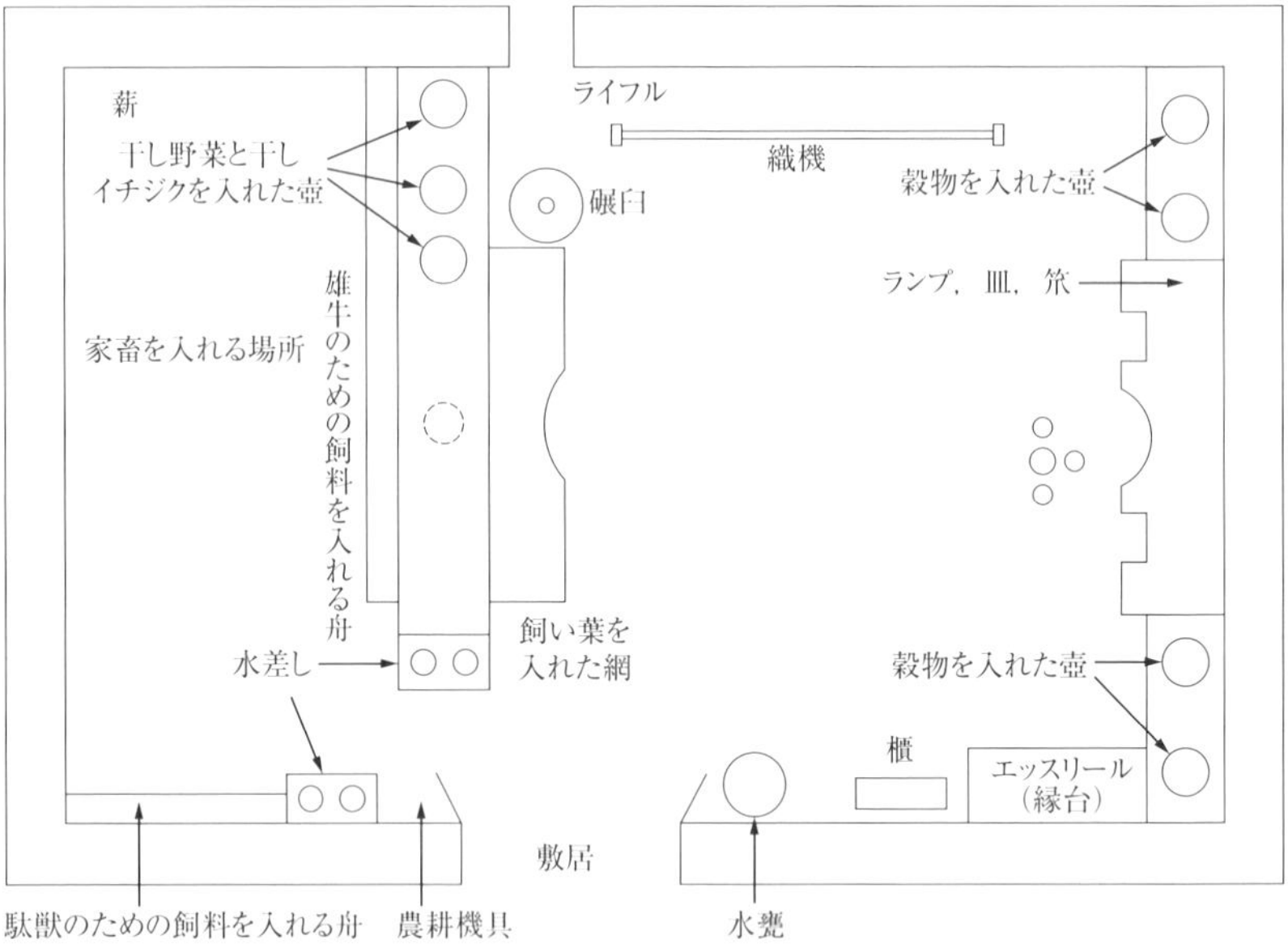

図版４　カビールの家屋の平面図［P. Bourdieu, *Algeria 1960*（Cambridge University Press/Maison des Sciences de l’Homme）より］

この種の自己完結的な前資本主義的全体性の幻想は、失われた無垢なる時代を求めてやまない私たちの心をおおいに満足させるだろうが、まさにその点が大きな欠点となる[58]。そのような連想は、あるいは避けられないことかもしれないが、望ましいことではないし、ここで示そうとしていることでもない。

第二に注意を促したいのは、植民地の様式でつくられた村落や都市によって置き換えられることになったかつての建造物が、以前にどのようなものであったかを記述する私の試みには、特殊な困難がともなうということである。困難な点とは、その試みが、秩序を物とその図面との関係、世界とその地図との関係の問題に還元してしまわない居住のあり方を記述しようとするのに、さしあたりはまず図面を示すことから始めなくてはならない、ということから生じてくる。カビールの家屋は次のように記述することができる。それは長方形をしており、前庭から入る観音開きの戸口がひとつ設けられている。内部には低い仕切り壁があって、それが屋内を二つの部分に分けている。一方のやや大きめの区画は、他方より床面も若干高くなっており、主に人間の用に供される。炉がいちばん〔右〕奥に切られ、戸口とは反対側の壁には織機が立てかけられて、明かり取りの窓が設けられている。戸口がある側の壁は、暗闇の壁と呼ばれている。小さめで、床面を低くしてある方の区画は、家畜用であり、そこには屋根裏部屋があって、さまざまな道具や家畜用の飼料の保管に用いられ、女や子どもたちがふだん、とくに冬期にはそこで眠る。

このように記述されると、彼らの家屋に見られる物の配置は、私たちやフランス人技師たちが機能的説明と呼んできたもので説明されることになる。しかし、ブルデューによれば、カビールの家屋のさまざまな部分や、物が保管され活動が行なわれるそれぞれの場所は、一連の連合関係《アソシアシオン》と対立関係《オポズィシオン》に対応しており、それは機能的説明がするように、「単に象徴的」なものとして片づけてしまうことができない。

家屋のなかでも、床が低く暗い夜の区画は、湿ったもの、植物、あるいは生のもの──入り口からすぐの家畜の区画へ入る場所か暗闇の壁の際の縁台の上に載せられる水甕、薪、生の飼い葉──が置かれる場所であり、また、自然の存在──雄牛、雌牛、ロバやラバ──の場所であり、自然の活動──睡眠や性交、出産そして死──が営まれる場所でもあって、それは床が高く明るい高貴な区画と対立する。こちらは人間の、とりわけ客の場所であり、ランプ、炊事用具、ライフルといった火ならびに火によって作り出されるものの置かれる場所でもある。それは女性の名誉（フルマ）を守る男性の側の名誉（ニフ）と結びつけられた側であり、すべての保護の象徴である機織り機の置かれる場所でもある(59)。

ブルデューの説明によれば、家屋はたがいに対応した二項対立の連なりにしたがって組織されている。それは、火と水、調理されたものと生のもの、高いものと低いもの、光と影、昼と夜、男と女、ニフとフルマ、そして豊饒をもたらすものとそれをもたらされるもの、といった対立である。ただし、このようにして「家屋は組織されている」ということは、次の二つの点で誤解を招く。第一に家屋は、「組織化」という言葉から印象づけられるような、品物や人が配置される中立的な空間ではない。空間それ自体が、ブルデューのいう対立関係にしたがって極性化されており、極性化された対立関係は家屋でのあらゆる活動——そこには家屋を建てるやり方までもが含まれる——に関与してくるのである。さらに、村の他の部分との関係で考えるならば、家屋は、より広い世界のなかでの「女性」の側に属するひとつの極になる。「同じ対立関係が、全体としての家屋と宇宙の残りの部分である男の世界、つまり集会の場所、畑や市場とのあいだに確立される」[60]。対立関係は、空間や品物をそこに当てはめて組織することができる、固定された範疇ではない。それは空間的な座標がつくりだす効果ではなく、極性化された力が生みだす効果である。第二に、その極性化された力は、以下に示すように、安定した対立関係の構造として現われるのではなく、諸々の差異の不安定な働きとして生じてくるということがある。男性、光、あるいは乾いていることは、それぞれ女性、闇、湿っていることを排除もしくは延期する過程であるにすぎない。したがって、ある意味では男は女を包含し、光は闇を、乾いていることは湿っていることを含んでおり、その逆もしかりである。というのも、それぞれの語は、それと異なる語の気まぐれな不在かその出現の延期の結果として現われるにすぎないからである。デリダが指摘するように、差延《ディフェランス》とは、物と物とのあいだの区別や間隔のパターンではなく、ものの内部でのつねに不安定な他者との差異化と埋め込まれた延期の働きなのである。

これらの差延の力が働くことによって生みだされる驚くべき秩序を、フランス人技師たちが樹立をもくろんでいたそれとは「異なった秩序」にすぎないと説明してすましてしまうような誤りを犯してはならない。また、ヨーロッパ人がもつ合理的で呪術から解放された思考と対比される、北アフリカの人びとの神話的信仰によるものとして、この差延を説明することは、それ以上に誤解を招くもとである。さらに、彼らの信仰や文化の型《パターン》が、近代ヨーロッパの文化のそれと異なっているだけであるという説明でさえも、同じ誤りを犯してしまう。それらの説明は等しく、秩序を「物それ自体」とは別個に存在していると考えられる構造、パターン、あるいは心のなかの図面として説明している点で同一であり、まさにその点で誤解を招くのである。

フランス人技師たち（および万国博覧会の建設者たち）の念頭にあった秩序と異なり、北アフリカの家屋の秩序づけは、物とパターン、もしくは物と図面とのあいだの関係にもとづいてはいない。アルジェリアの事例を用い、いくつかの史実をも証拠として提出しながら、ここでこの種の秩序を複数の方法で特徴づけてみたいと思う。最初に、この種の秩序は、線引きによって中立的な空間を生みだし、物がそれによって組織化されるようにする枠組みとしての秩序とはまったく無関係であると論じたい。第二には、そのような秩序づけは、内的な世界とその外部とのあいだに、固定された境界を設けることによって働くものではないことを示す。第三に、その種の秩序が、対象物としての世界と直面する、孤独な主体によって設定される秩序とは無縁であることを述べる。最後に、それがまた、世界とその図面もしくは表象との関係を固定しようとする、個人的主体にとっての問題である意味、すなわち表象の確実性としての真実とも無関係であることを明らかにする。さしあたりの目的に合わせて言い方を変えれば、博覧会としての世界の住人である私たちが、あらゆる秩序に共通の必須要素と通常考えているもの、つまり、枠組み、内部、主体、客体、また明確な意味もしくは真実といったものが、カビールが世界を秩序づける営みのなかではつねに問題視され、かつ揺れ動いているということである。以下、カビールの家屋に関するブルデューの説明を再解釈するなかで、私たちの博覧会的世界が、いかに構造、主体性および真実といった信仰に捕らわれているかを示したい。

とりあえずまずは、カビールの家屋について考えるのに、構造という用語を用いるよりも釣り合い《バランスィング》や寄り添い《アテンディング》といった言葉から入っていく方がよいだろう。カビールの世界では、現われ出るすべてのもの、暗闇と陽光、火と水、男と女、動物と種子、屋根の梁と柱が、単なる対象物として現われるのではなく、ある力もしくは潜在力として現出するのである。それは私たちの見方とは異なってはいるが、同程度に合理的な見方でもある。カビールの家での暮らしとは、これらの差異化する力の働きへと寄り添っていくことであり、豊饒もしくは不毛へと向かうそれらの潜在力につきあうことである。

一例として穀物について述べよう。穀物は消費されるべきものではなく、潜在的に何か（畑や胃）を満たすものであり、それが火と水に対してもつ矛盾した、しかし必然的な関係によって、どのように扱われるべきかが決定される。食用に取っておかれる穀物は、家屋のなかでも床の高い区画の奥の壁のところで、炉のそばに置かれた大きな素焼きの壺のなかに貯蔵される。一方、蒔き付けに用いる種は、家屋の暗い側で保管され「ヒツジの皮袋か木製の櫃に入れられ、暗闇の壁のそば、時には夫婦用の寝台の下に置かれたり、あるいは区画を分ける壁に寄せた縁台の下に収められた櫃のなかに入れられたりする。その場所は、床の低い区画の方で家畜部屋の入り口の近くにふだんは眠る女が、夫のもとへとやってくる場所である」。こうして一方で穀物は、一家の者の食料となりその安寧を保証するものとして、それをパンへと変える火と結びつく。他方では、播種のために取っておかれ、大地のなかでふくらんで翌年の食物をもたらしてくれるものとして、それがふくらむために必要な湿り気や水、また女性、さらには類推によって、妊娠した女性の腹のふくらみと結びつく。(61)

カビールの家屋の秩序、またはその空間の組織と私たちが呼ぶものは（この表現はいずれも充分ではないし、適正でもないが）、世界の豊饒さまたは潜在的な充満性に対する、この種の気遣いなのだと考えた方がよく理解できる。秘められた可能性や力は生活のリズムとして働き、生活は秩序化されるべき不活性の対象物からなるのではなく、たがいに接触し影響しあい、調和と対立の関係を通して機能し、たがいに類似しまた対立するという矛盾をはらんだ方法で、気遣われ敬われるべき、さまざまな要求からなる。軽侮の意味を込めて用いられた場合の呪術や神話などという語とはまったく無関係に、以上に述べたような言い回しで、カビールの家屋での生活を捉えるならば、フランス人技師の用いた、秩序に関する挑発的な技術の限界と、それが誘発する政治的な神話が私たちの目に明らかになってくるだろう。

家を満たすもの

第一に、厳密な意味で北アフリカの家屋には、枠組みとして別個に存在するようにつくられたものはないということがある。家屋の秩序は、内容物を包含し秩序づけるが、その秩序化は不活性である構造がつくりだす効果によって達成されるわけではない。屋根や外壁でさえ、そのような枠組みとはならない。柱や壁、梁もまた、それぞれがいわば役割分担を与えられている。それらはみな、類似と差異の同一のパターンのなかに巻き込まれて、ひとつの連続した力を行使し、一定の釣り合いを維持することによって初めて存在する。『『人間の家』と『動物の家』を仕切る壁の中央には大黒柱があり、それが家の棟木を支えている。……切り妻屋根をつなぐことで、家屋内の男の区画の保護が女の区画に及ぶようにしている（棟木は）、明示的に家の主人と同一視され、一方、棟木が乗る大黒柱である二股の木の幹は……その妻と同一視される」。ブルデューによれば、この棟木と柱のかみあった様は、「性的結合を象徴」している(62)。ここで言う象徴という語は単に概念的な表象を指すようにみえるが、しかし、この関連づけは概念的なものではまったくない。新しい家は、息子が結婚するときには必ず建てられるので、このような家を構成する部分のかみあわせは、新しい世帯を形成する夫婦間の和合を直接に再現し反復する。性的結合と家屋の組み立てはたがいに反響しあい、たがいに類似する。一方が他方の象徴なのではまったくない。この、表象と象徴的なものとの問題には、後ほどふたたび検討を加えることにする。

前記と同一、もしくは類似した方法で、家屋を構成するそれぞれの部分は、そこで暮らす世帯の生活に巻き込まれていく。存在しているのは生活、すなわち、誕生と成長そして死という周期のうちにある暮らしである。家屋とは生と死のなかに捕らえられたひとつの過程であり、別個に存在することを装った不活性の枠組みなどではない。このことは、家の内部においても、織機という器具について明確にみてとることができる。私たちは、家屋について考えるのと同じように、織機がひとつの枠であり、その枠組みのなかで対象物としての布地が作られ、形を与えられると考えがちである。しかし、北アフリカでは、織機はこのような意味での単なる枠とは考えられていない。織機を構成するそれぞれの部品は、布を織る作業のなかで初めて組み合わされるのであり、機織りという行為のひとつの側面として以外に、それぞれが独立した名称を持つものではない。機を織る際に組み合わされる個々の部品は、それぞれに男と女であると考えられ、そこで生みだされる布地は、家の成長をそのまま模倣するように、世話され育てられる「生命」となる。(63) 家屋全体に話を戻せば、同じような意味で、単なる家屋というものは存在せず、存在するのは実際に住まうことであり、それは世帯の形成によって生みだされ、世帯の活動力のひとつの側面として維持されるものであり、けっして中立的な枠として存在するものではない。住まうことは対象物でも容器でもなく、中身が満たされる過程であり、生まれ栄え衰え、そして再生していく生の不可分の一部なのである。

ベルベル語とアラビア語には、建設され栄えるものという意味での生を指す語がいくつかある。家屋に関するここでの議論がもつ、より大きな意味をいくらかでも示すために、一四世紀の北アフリカに生きた歴史家、イブン・ハルドゥーンの著作という、比較的よく知られた史料を引いて、そのような語のひとつの用法について簡単に述べておきたい。イブン・ハルドゥーンの主たる著作である『歴史序説《ムカッディマ》』は、ウムラーンに関する広範囲にわたる研究であり、ウムラーンは普通「文明」もしくは「文化」と訳される。同書はウムラーンが現われ、成長し、やがては衰えていく背景にある政治的・歴史的な条件を考察した。イブン・ハルドゥーンは、その政治的な条件を「国家」といったような抽象的な枠組みによっては論じず、もっぱら築き上げられた環境の興隆と衰亡として捉えている。すなわち、政治的生活は、都市の建設と崩壊として研究されているのである。ここで「建設する」という言葉は、アラビア語の動詞アマラ（ʻamara）（ここで ʻ という記号はアラビア語のアインという文字を表わしている）からきているが、イブン・ハルドゥーンにとってその動詞は「生活する」「成功する」「繁栄する」「満ちる」「生命で満たす」「住みつく」「立ち上げる」「手入れを行きとどかせる」「建設する」「再建する」などを意味している。ウムラーンという語は、このアマラという語からの派生名詞であり、したがってこれに類した意味で「活動」「活気ある生活」「満たされた状態（たとえば商品の豊富な市場の様子や船と商人の往来の盛んな港の様子）」「成功」「建設」を指す[64]。イブン・ハルドゥーンのウムラーンの研究はこのような意味で、何かを築き上げたり満たしたりすることになる条件を明らかにしようという研究であり、それを私たちはぎこちなく文化の研究と訳しているのである。しかしながら、建設とはあくまで豊饒と不毛との周期のなかにある、結果が確定されることのない活動の過程であって、あらかじめ決められていた「設計図」を、物質を使って実現してみせるといったことではけっしてない。

『歴史序説』のどこにも、建設つまりウムラーンが図面という概念と結びついた箇所は見いだされない。結果として、イブン・ハルドゥーンの著作におけるウムラーンという語は、「設計図」という観念と不可分に結びついた、近代的な用語法における文化を意味してはいない。近代的なその用語は、共有された意味や社会的なパターンの観念性を指すものとして、都市の不活性の「物質性」に対比されて初めて、その意味を確定される。イブン・ハルドゥーンの使った用語の意味は、細かくみればいろいろであっても、基本的には成長と充満の過程自体にその根をもっている。それはその力を、物質性とその意味、都市とその図面といった区別からは得ていないのである[65]。ブルデューはイブン・ハルドゥーンの著作に触れることなく、ベルベル系の人びとの村というかなり異なった文脈のなかから、まったく同じ充満という概念に注意を喚起している。彼が研究した農民たちの住居様式のなかで、人びとに要求される慣習的実践《プラティーク》はすべて、空にすることと満たすこととというパターンにしたがっている。すでに述べたように、畑が作物で満ちることと、腹がいっぱいになること、そして妊婦の腹がふくれることのあいだには類推が行なわれる。一般的にいって、彼らの農耕生活あるいは社会生活の過程は「家を満たすこと（ラアッマラ・ウハム）」を求めることであり、満たすことを指すこのベルベル語の単語は、ちょうどアラビア語のアマラおよびウムラーンに対応する[66]。

周期的な成長と充満という概念は、物質の領域と概念の領域に分けられることなく世界の運行を捉え、イブン・ハルドゥーンの著作に見られる歴史と政治の観念を、十全に理解することにつながる。彼が用いた諸々の観念について、詳しい議論を行なうことは本書の扱うべき範囲をはずれるが、植民地化以前の時代の中東および地中海地域の都市の秩序の問題には、これらの概念を用いて取り組むのが適切であろう。従来のいわゆるイスラーム都市に関する議論では、産業革命以降の都市を特徴づける、秩序と意味の方式の特殊性に目を向ける視点がほとんどみられず、その代わりにときおり行なわれてきたのは、前近代の都市の「有機的」な性質に言及し、そこから結果としてそれらの都市の「秩序」の問題に取り組むことだった。しかしそれらの都市では、私たちが用いる枠組みあるいは図面という意味での秩序の問題は、イブン・ハルドゥーンの著作にそれを意味する語が見つからないように、問題自体として存在しない。その代わり、そこにあるのは、満ちていることと空であることの周期であり、死をその内に含む連続した生であり（一方、秩序なるものは無秩序をけっして内包しない）、衰弱へ向かう力に抗して繰り返し建設しまた再建することなのである。

それがもたらすのは、したがって、枠と枠づけられる物という見た目に還元されてしまうことを拒んで、築き生きていくやり方である。中東の町では、建設などの実践が持つ「物質性」とその構造や表象的意味である「観念性」とは区別されたことがない。都市は、空間にそれぞれの位置を定められたひとかたまりの構造物として建設されはしなかった。空間を形成することはすなわち建設することであり、村におけるのと同様に町においても、そうした空間形成はつねに極性化されていた。

たとえば、近代以前のカイロの場合、部屋や列柱に囲まれ、多くはメッカの方に向けられた極性を持つ中庭などのように、建設することには通常、囲われた空間を展開することがつきものだった。これはモスクについていえるだけではなく、少なくともオスマン朝によるエジプト征服の少し後くらいの時期までは、一般の住宅についても当てはまった。実際、カイロでは、建物の向き、礼拝の方向、客を出迎える向き、メッカの方向、黄道、その上の十二宮の星々が及ぼす諸々の影響力、風の方向といったものすべてが、正確に相互に関連づけられていたことが明らかになっている(67)。大きな住宅では、中庭や種々の部屋として切り出される内部空間の配置は、建物が面する通りや隣の住宅との関係よりも、むしろそうした「極の」方向性や影響力に応じて定められていた(68)。一般の住宅や貧しい人びとの集合住宅は、隣接する建物が許す限りの大きさと形で、囲われた空間の周囲につくられた。住宅の外部《エクステリア》は一般に装飾を欠いた不規則な形状をしており、それはほとんどの場合、細心に方向性を考慮に入れた内部《インテリア》の形態に対応しておらず、内側の用途を表わしてもいなかった。この意味で正しく外装《エクステリア》と呼ばれるべきものは存在せず、都市は構造物がそこに置かれる、街路から構成された枠組みなどではなかった。後にみるように、そこでは街路もまた囲われた空間だった。都市は連続した物質性を形成する、間隔または囲われた空間によって形成された空間であった。秩序とは、そのような諸々の囲われた空間のなかにあって、さまざまな方向性や力、動きの適切な関係を維持することの問題としてあり、非物質的な図面や意味という決定力をもつものの存在を、物質的形態によって示す能力の問題ではなかった。それは、枠組みのない秩序だったのである。

外部

これまでに述べたことと関連し、本書が枠づけと呼んでいる近代的な種類の秩序を特徴づける第二の側面は、それが外部と内部のあいだに固定的な区別を設定することによって機能するということである。そこでは外側が内側を枠づけるところに、曖昧さのない線が引かれているように見えるのである。一九世紀に新たに建設されたヨーロッパとその植民地の都市は、ブルジョワジーの居住する内側と庶民の居住する外側という区別を固定化することを、明確な原則とした。それ以来、これと類似した区別を中東の伝統的な町に見いだすことはむずかしくないとされてきた。そこでは、同様に、否、さらに厳密に、女と家族のつくる内側の世界と、市場とモスクがつくる公的で男性に属する世界とが区別できるとされた。

一見したところでは、カビールの村は、この基本的な区別を典型的に示しているかのようである。それぞれの家屋の壁は実際に外部から内部を分かち、一方は男の、他方は女の世界に対応している。しかし、もっと近づいて家屋をみてみるならば、というか（その建築方式は外部の観察者が立つべき場所を提供してはいないので）その内部に自分たちの身を置いてみるならば、一見固定されているかに見えた区別がたちまち逆転し、崩壊するのを目にすることになる。まず、すでにみたように、女性である内側自体が、また「男性」である床の高い区画と「女性」である低い区画とに分けられている。ただし、ブルデューが言うには、このことは夜のあいだだけ、とくに男性が屋内で眠る冬の夜についてだけ当てはまる。夏には男たちは屋外の中庭で眠り、そのときは家全体が「女性」である内側となる。だが、昼のあいだは、男たちを排除して門口、村の集会場、畑といった場に追いやって、庭は一時的に女たちの空間になる。（男たちがたとえば畑に留め置かれているというのと同程度の意味で、女たちは家の内側に留め置かれているといえる。）このように男の空間と女の空間、外部と内部の区別は、時間、季節、あるいはなすべき仕事などといった他の力や要求によって変化していく。空間を極性化するのは、そういった不安定な力や要求であって、一方の極はもう一方の極を一時的に排除したり後回しにしたりすることによってのみ出現する。

村から町に目を転じた場合、最初は、物事は相当に異なっているように見えるかもしれない。一八世紀のアラブの大都市に関するアンドレ・レモンの著作では、大通りに面したモスクと市場を中心とする公的な世界と、中庭を囲うようにして建てられ、通りにではなく袋小路——夜にはいつもそこから通りに出る口は閉められてしまう——に向かって出口を設けているだけの住宅がつくる私的な世界との明確な対比が強調されている。オスマン朝支配下のカイロでは、このような中庭につながる袋小路が市全体の道路の長さの半分ほどを占めていたという[69]。市場にある通りは、よそ者がそこに入って商売を営むことができる公共の場として、私的な空間である袋小路とははっきり区別されていた。よそ者を巻き込んだ争いは、公的な役人の介入を必要としたが、一方で役人たちは中庭や小路で起こる私的な争いごとに口を出すことはけっしてなかった。

しかしここでも、公的な外側と内輪の囲われた空間を区別するものは、何らかの固定された境界線ではない。市場にある通りは、都市の外部から都市へと侵入する道筋の延長であり、そこから外側の街道は、都市の内側へと引き延ばされていた。それらは他方では、ロベルト・ベラルディがいうように、中庭と同様の「内部が虚ろな囲われた空間」を形成しており、都市を訪れるよそ者を収容するために、その空間が線形に引き延ばされているだけであった。それらの通りにも門が設けられ、都市をいくつかの街区に分割していた。夜になると市門は閉められて都市全体を外部の世界から遮断し、また袋小路の門も閉められて通りからの遮断を、そして大通りの門は隣接する街区からの遮断を行なう。ベラルディが記しているように、都市とは「囲われた空間、諸種の禁止、それにともなう権利とによって形づくられたネットワークである。そこにあるのは、許可のときと禁止のときとが滑らかに移行することでしかない。実際、毎日の慣習的実践のなかで生きられているのは、開放的で許容するものの度合いと、閉鎖的で排除するものの度合いのあいだに見られる、この円滑な移り変わりなのである」[70]。存在するのは都市を二つの部分、公的部分と私的部分、外部と内部に分ける固定された境界線ではなく、むしろ、当事者たちの関係および時刻や状況によってさまざまに決定される許容と排除の度合いなのである。

内部の生活《ヴィー・アンテリウール》

開放と閉鎖のあいだの動的な関係は、何ものかが枠として別個に存在することを拒絶するような都市の生活がもたらす当然の帰結である。都市に枠組みを与える効果のないところに、外部と内部という固定化された区分はなかった。翻っていえば、都市の「意味」という問題は、この区分に対応して生じた。固定化された外側をもたない都市は、結局のところ、外貌《ファサード》というものをもたない都市であり、それが意味するところは、中東の都市を訪れたヨーロッパ人の体験に現われている。観光客にせよ学者にせよ、ヨーロッパ人たちは博覧会の入場門や書物の表紙のように、内部にあるものを外部にあるものから厳然と分離する一本の分割線のかたちをとる秩序を、それらの都市に見いだそうとした。その分離こそヨーロッパ人たちが何かを理解し、それを読み解く方法だったのである。一八四一年にアレクシス・ド・トクヴィル〔フランスの政治思想家〕が海上から見たアルジェの町を読み解いた様子を例に引いてみよう。

全体が、その内側の生活の様子を非常にはっきりと表わしている。都市の設計構造は、人びとの欲求と慣習とを描き出す。炎熱の気候ばかりが決定因なわけではなく、それは、一夫多妻制、女性の隔離、政治的生活の欠如、そして、人びとにその生活を隠させ、すべての心の満足を家族の領域に閉じ込めさせる、暴虐で猜疑心に満ちた政府といった、ムスリムたちの、またオリエントの人びとの社会的・政治的な状態を描き出している。[71]

アルジェは、すでにみてきたカイロと異なって、船に乗って海上に出れば、容易に外部の観察者が目にすることのできる町だった。それは実にはっきりと目に見えるものだったので、一八三〇年にはマルセイユの実業家たちが蒸気船を水上ホテルに仕立てて、フランス軍がアルジェの町を砲撃し占領する様子を観光客に見せたほどだった（このように、暴力の行使を伴ったその序幕からして、ヨーロッパによる中東の植民地化は、観光という新しい産業と結びついていた。）トクヴィルがやってきたのは砲撃から一〇年後のことで、この都市の占領の進み具合を詳しく調査するためだった。彼はフランスにあってはすでにアルジェリア研究の専門家のひとりとして知られ、この国の征服と植民地化の早期完了を声高に唱えるフランス下院議員のひとりでもあった。[72]

外部の離れたところに立って、トクヴィルはアルジェの町を「全体」として、つまりそれが一枚の絵画か表象であるかのように眺めている。彼はその都市がまるで外部と内部、すなわち可視の部分と不可視の部分との対立関係から構成されているかのように考え、この絵を解釈する。目に見える外側である「設計構造」は、目に見えない「内部の生活《ヴィー・アンテリウール》」の表象として扱われている。設計構造は内部の生活、ムスリムたちやオリエントの人びと一般の生活の「欲求と慣習を描き出している」とされる。独特の知的な筆致で彼は、外的な物質形態を与えられて初めて目に見

図版5　万国博覧会で展示されたカビールの家屋のスケッチ。パリ，1889年［E. Monod, *L'Exposition universelle de 1889*。ニューヨーク公共図書館所蔵］

えるようになる、それ自体は不可視の内的な意味として生活を読み解いている。ここでいう意味とは、遠くに立って世界をひとつの表象として眺める外部の観察者にとってのみ、目に見える何物かなのである。

ここでの問題は、トクヴィルが都市の解読を誤ったということではない。誤読といってしまうと、その前提としてアルジェという町が何かを表象すべく建設され、それに対する正しい読みがあるということになるからである。しかしながら、カイロと同様にアルジェは、表象の安易な神話に沿って建設された都市ではなく、その内部の生活を「描き出す」ふりをした設計構造、すなわち外部の枠組みを提供してはくれない。この都市を理解するには、海上から都市を眺めやる知的な観光客の理解とは別の姿勢が必要となる。しかし、トクヴィルは、何もかも客体化して見ずにはおられないという観光客の性癖から逃れることはできない。他人と打ち解けず、猜疑心に満ち、政治的つまり公的生活を欠いているという、そこに見いだされる生活の特徴は、自分が擁護する植民地主義にとって都合のいいように、あたかもひとつの表象であるかのごとくに彼が町を解読した結果にすぎない。

トクヴィル以来、中東の社会に関する西洋の研究は一般に、この表象の問題に注目することがなかった。その代わりに研究者たちは、中東の文化をもっとも特徴づけるもののひとつとして、中東に特異な都市的形態と考えられるものは何かということ、あるいは中東にはそのような形態が欠如しているということを論じてきた。『ケンブリッジ版イスラーム史』によれば、都市的生活は模範あるいは理想としてイスラームの中核を成す。だが、その理想の物質的体現であるはずの実際の中東の町々は奇妙なことに、イスラーム社会の「逆説」を表わすものとなってしまう。

イスラームが持つ都市的理想は、特有の形態や都市的構造をつくりださなかった……。それは、かつての集合的共同体の結束を、街区などの構成要素が個々別々に不規則で混乱したままの集積物に取って代えた。この非常に驚くべき逆説によって、都市的生活を理想とするこの宗教は、都市的秩序の否定そのものを生みだしたのである。(73)

中東に関するこういった記述について不満に思われるのは、それらが、著者がもつ凡庸な知的前提によって真実を歪曲しているとか、表象として正しくないといったことではない。そう言ってしまうと、その背景にオリジナルの対象物を認め、したがって正しい表象化の可能性をも認めることになってしまう。それでは表象と実物とのあいだに絶対的な区別を認めることのもつ、特異で歴史的な性質が忘れ去られたままになる。これを忘れ去ることから、イスラームの逆説なるものは生みだされるのである。「都市的秩序」や「都市的設計構造」が見あたらないと、そのような記述が論じるとき、それらの秩序や構造は、想像上の構造とその物質的実現、あるいは表象と単純な実物とに世界を分けてみせるような構築の技術が生みだす効果であるとは捉えられず、たとえばパリについてみたように、秩序そのもの、構造そのものであるとされる。しかし、単純な実物などというものは存在せず、存在するのは、それが存在するかのごとく装う決断の過程であり、また、その決断を忘却する過程である。

　変則的な都市的生活に欠けているのは、公的な制度《インスティテューション》、つまり「物質的」都市の「内的構造」であるということがときとしていわれる[74]。ここで「制度」というとき、おそらく私たちの頭には、ひとつの建物か一本の通りの像が浮かんでいるだろう。建造物は、目に見えない「内的構造」にはっきりした外形を与えて制度を表わしており、またどのような公共制度であっても、それを表わす建物あるいは通りを思い浮かべずに思考の対象とすることは、きわめてむずかしいというわけである。「制度を欠く」といわれた中東の都市は、より厳密には、そのような制度を収容し、それを表象してくれる堂々たる外見の公共施設を欠いていたにすぎない。都市の構造について私たちがもっている前提を、このような単純な問題から考えてみることは、おそらく意味のないことではない。イブン・ハルドゥーンなどのアラブの歴史家や地理学者の残した文章が、その手助けとなってくれるだろう。これらの文書、前近代のカイロなどの都市での日常生活に関して、今日でも手に入る記録や書簡のいずれにおいても、公的な活動は、堂々たる建造物への言及、もしくはそれと関わる言い回しによって示されてはいない。写本に添えられたどの挿し絵を見ても、「公衆のために開かれた公共の施設とおぼしき構造物の姿はまったく見あたらない」ことに私たちは気づかされる。書かれた資料のなかで都市の生活は、「その場所によってではなく、その機能によって」理解され、言及されている。[75] 私たちはすでにモデル村落の事例において、機能の概念自体が枠組みという、体系を区分けする作業に依拠しているのをみてきたが、都市の生活とは、生活自体から離れ、そこでなされることの意味を収容し表象する、物質的あるいは制度的「設計構造」などとしてではなく、あくまでも慣習的実践の生起とその繰り返しとして理解されていたのである。

先験的前提条件

トクヴィルの事例はまた、本書が言及したい枠づけの第三の側面、つまり枠づけが個人に観察することのできる地点を与える仕方であることを思い起こさせる。第一章でみたように、一九世紀に入ってヨーロッパの新しい主要な都市は、その中心部で開催された博覧会と同様に、観察者としての個人を中心において、その周囲に注意深く建設されていった。オスマン〔6〕はパリの大通りを、然るべき場所に身を置いた個人の目に、整然とした見通し《パースペクティヴ》を与えるよう構想し、個人は枠づけする設計構造によって外部の観察地点を与えられた。この時代にパリを訪れたあるチュニジア人は、観察者が「建造物や街路、公園に囲まれ、自分が都市の中心に立っていることを実感する」と書き残している。[76] そこで新奇であったのはその特異な位置だけではなく、そのような地点をもつことが発揮する効果でもあった。その奇妙な新しさは、人が世界に対してもつ「自然な」関係からではなく、注意深く、しかし奇妙なかたちで構築された近代的主体性の新しさであり、主体は、博覧会を見物する人びとと同様に、外貌の外に置かれ、同時にそれによって包囲され収容されていた。それは同時に外部でありかつ内部であるような位置だった。これとは対照的に、カビールの村落や植民地化以前の中東の町々には、そのような位置は存在していなかった。外貌と観察地点という構造上の見かけは、そこでは機能していなかった。個人は、客体世界の外にあって世界に語りかけられるものではなく、また客体世界の中心にあって、己れを介して世界に秩序と意味を付与すると思われているものでもなかった。

　枠づけを行ない、内側と外側の区別を固定化し、観察する主体を位置づける技術は、秩序の見かけ、そして見かけによって機能する秩序を生みだすものだった。世界は何かを描いた絵であるかのように、観察主体の前に置かれた。その秩序は、絵と鑑賞者との関係として生じ、画像とそれが表象する何らかの図面あるいは意味との関係として現われ、そして経験される。それはまた、秩序の見かけが同時に見かけの秩序であり、それがひとつの序列をなしているということにもつながる。鑑賞する者にとって世界は、画像と実物との関係として現われ、前者はそこにあるが二次的なものにすぎない表象であり、後者は表象されるにすぎないが、一次的でより本来的、現実的なものである。この見かけの秩序は、真実の序列と呼ぶこともできるだろう(77)。第一章でオリエントを訪ねたヨーロッパ人たちについてみたように、すべての現実、すべての真実は、画像とそれが表わすものとのあいだの序列ある区分によって理解される。そうした区分をつくりだす秩序化、分配、枠づけの方式は、したがって、近代的個人が本当の現実として体験するものを生みだす通常の方法となっていた。中東での秩序化された村や町の建設は、中東の政治にこのような効果を導入するひとつの特異なやり方だった。それはちょうど、近代になってヨーロッパの政治にそれが導入されたのと同じことでもあった。

　見かけの秩序がどのように新しいものであったか、以下にふたたびカビールの家屋の例を用いて説明してみたい。ブルデューが記述するこの世界に起こり、出現するすべてのことは、すでに指摘したように、豊饒と不毛、生命に満ちていることと空であることとのどちらかの潜在力を秘めたものとして生じる。慣習的実践からなる生活は、この潜在的な力につきあいながら展開される。そこでは、ひとつのものが別のものに影響したり刺激したりする慣習的実践のあり方、並び置かれるものがたがいに入れ代わったり混ざりあったりするあり方、また、あるものには強さを与え別のものには弱さを与えるやり方、あるものが他のものに浸透したり他のものからの浸透を許したりするやり方に対する気遣いが要となる。いいかえれば、物と物とのあいだの相同性と共感《シンパシー》、反発《アンティパシー》と不一致の関係を理解しなくてはならないということである。人は胆汁の苦さとニガヨモギの苦さの相同性を、また地中でふくらむ種子と女の子宮でふくらむ種のあいだの相同性を理解しなくてはならない。それらの関係は私たちが考えるような対象物とその意味との関係ではないし、象徴とそれが表わす観念との関係でもない。

この世界には象徴というものは存在しない。胆汁がニガヨモギを連想させるのは、それが苦さを象徴するからではない。胆汁はそれ自体で苦さの痕跡として生起するからである。穀物は、豊饒に対する表象ではなく、したがってまた女に対する表象でもない。それはそれ自体で豊饒なのであり、本来的に妊婦の腹がふくれることと重なりあうのである。穀物も女性も、たがいを意味する単なる記号などではなく、したがってどちらか一方が実在の指示対象とか意味、実物としての地位を得て、他方をそれに対する単なる記号としたりはしないのである。それゆえ、これらの連合は、記号というものが帰属すると私たちが考えている、別個の領域としての象徴的または文化的「記号体系《コード》」といった言葉からは説明することができない。これらの連合は特定の文脈ごとに生じ、文脈は差異と類似とを踏まえて生みだされ、そして文脈が無限に多様であるのと同じように多様な結ばれ方をされる。それは、定義からして文脈と切り離されている記号体系という概念には収まりきらないものである。こうして、ブルデューによれば、胆汁は苦さを連想させるので、したがってその点でニガヨモギと等しく、また同様にキョウチクトウやタールとも等しい（そして、これらとともに、蜜と対立する）。異なる文脈では、胆汁は緑の草を連想させ、トカゲや緑の色と等しく、また他の文脈では胆汁が怒りを連想させる（怒りは、トカゲと緑色の二つにも共通して備わっている属性である）。トカゲはまた、ヒキガエルや他の属性とも連合する。そうした類似と差異とは、別個の意味の領域、物自体とは切り離された記号体系を形成しない。したがって「物」という概念自体が生じることもない。同じ理由で、私たちにとっておおいなる指示対象であり、そうした記号体系とは弁別されるべき意味《スィニフィエ》されるものとしての「自然＝本性《ネイチャー》」もまたそこには存在しない。むしろそこでは、何かもが別のものと類似し、また異なり、たがいに重なりあい働き直すことなくして存在しないという世界における、必然的な関係が働いているだけなのである[78]。

このような反響と反復の振動は、生じるものはすべて、それが重なりあうものと同じであると同時に異なっているという、反復の逆説をつねにもたらす。そのうえ、この逆説に直面すると、何物も決定的なものとはならず、真実の序列といったものは、いかに単純なものであれ、そこでは許容されない。すべてのものが、その前にあったものとその後に来るものとの連続線上に痕跡として生じ、何ものも本来的なものとして決定されはしない。類似したものや相違したものと切り離された、単純で自己同一的な実物として存在するものはなく、そこでは博覧会の外に現実の世界があるという考え方はされないのである。博覧会などあらゆる表象の体系に不可欠な、模倣するものと模倣されるもののとのあいだの序列化された秩序はそこにはない。すべてのものが模倣するものであり、模倣されるものである。コピーの秩序とオリジナルの秩序との区別、画像とそれが表象するものとの区別、展示品と本物との区別、テクストと現実の世界との区別、意味するものと意味されるものとの区別といった、近代世界にとって「秩序を構成するもの」[79]である、単純で序列化された区分のすべてがそこには存在しないのである。その世界の秩序は見かけの秩序ではない。

先に述べた本章の結論を思い起こそう。この世界にやってきたヨーロッパ人たちは、揺るぎない思考の習慣、博覧会としての世界で培われた思考様式に抜きがたく捕らわれていた。ある形而上学的な信念、神学、あるいはマックス・ヴェーバーが「社会科学の客観性」に関する論考のなかで述べた、「自分たちは文化的存在である」という「先験的前提条件」をもって、彼らはやってきた。この言い方を、ヴェーバーは、私たちが「世界に対して意図をもった姿勢で接し、世界に意義を付与する」存在であるという意味で用いた[80]。この特殊な姿勢のおかげで、世界の「意義」は、ヴェーバーであれば外部世界の「意味のない無限性」と呼ぶであろうものから切り離された何ものかとして現われる。意義は開かれた空間のなか、万国博覧会の会場のなか、そしてそれを超えたより大きな世界の同様の秩序のなかで、人間の主体性と自ら動くことのない世界の事実性とのあいだに存在する。「神秘的で計算することのできない力が働くなどということは一切ない。……原則として、人はすべてのものを計算によって支配することができる。これはつまり、世界はいまや呪術から解放されたということである。そうした神秘的な力は野蛮人にとっては実在するものであり、彼らは精霊を支配し精霊に懇願しようとして呪術的な方法に訴えるが、もはや私たちがそのような方法に頼る必要はない」とヴェーバーは述べる(81)。

博覧会の場を超え、すべての表象化の過程を超えて、それ自体としては不活性であり、呪術から解放された領域として「外部の世界」があると信じること、つまり、おおいなる意味されるもの《スィニフィエ》として、また、指示対象として、虚ろで不変のオリエントを信じることで、近代的個人は新しい、より精妙な呪術に捕らわれてしまったのである。世界の不活性の客体性は、世界をあたかも一個の博覧会であるかのように秩序づけた設定から生じた効果にすぎない。そして、この設定の仕方によって、「外部の現実」から分離されて、文化と呼ばれる先験的な実体、すなわち記号体系、テクスト、認識地図といったものが実在するかのように扱われ、それらの神秘的存在によって、「世界」に「意義」が付与されることになった。中東の地を訪れたヨーロッパ人たちは、野蛮人ではなく、学者、兵士、観光客として馴致された者たちであり、博覧会にきた何百万もの見物人たちと同様に、すなおで好奇心に満ちあふれ、中東の町々やそこでの人びとの生活に対して意図をもった姿勢で接し、そこで彼らは「意義」という名の精霊が話し出すことを請い願ったのである。

第3章　秩序の見かけ

一八六七年から六八年にかけての冬、学識の深いエジプト人行政官であり、教育者であり技術者でもあるアリー・ムバーラク[1]は、エジプト政府の財政上の用務を果たすためにパリに向かい、おりから開催されていた万国博覧会を訪れた。後に自らある程度詳しい記述を残しているように、彼はそこに数週間滞在して、パリの新しい教育体系や下水処理設備の見学を行なった。新しい学校の校舎、教科書、カリキュラムを調べ、オスマンが建設した新しい市街地の大通りの下を流れる巨大な下水道の中を、他の人びととともに歩いて見物した。エジプトに帰国後、彼は学校相と土木相に任命され、その後一〇年間にわたって、カイロの近代的な市街地と近代的な教育体系の設計を行ない、その構築に邁進した[1]。

都市に通りを配すること、およびさまざまな教育制度を策定することは、単なる偶然として、たまたま例外的な個人の経歴のなかで合わせ行なわれたのではない。アリー・パシャ・ムバーラクの経歴は、まさに時代の関心を示すものだった。市街と学校とは二つながらに、知的な秩序正しさ、社会の整然さ、身体の清潔さといった、国家の基本的政治要件と見なされるようになりつつあったことがらの表明であり、その実現として構築されたのである。軍隊やモデル村落の新しい秩序は、その範囲を広げて、都市と市民までをも含み込むものとなろうとしていた。その過程において、近代国家の政治《ポリティクス》と呼ばれるものが成立するにいたった。一八六〇年代から第一次世界大戦にかけての五〇年間に出現するこの新しい政治の性質が、本章と次章の主題である。本章では、都市の改造から始め、それから学校制度の導入に焦点を合わせ、これまで枠づけと呼んできた秩序化の方式が、人びとに課された新しい政治的な規律訓練とどのように結びついていったかを明らかにしたい。

この時期に創作した一編の物語のなかで、アリー・ムバーラクは、人びとが何もせずに時間を空費することを戒め教化しようと（この時代、時間ははっきりと目に見えるようになり、したがって埋められなくてはならないものになった）、エジプトでの生活のあり方とフランスでのそれの比較を通して、空間の秩序と個人の規律訓練の関連性を示している。物語の主人公たちは、蒸気船でエジプトからフランスへと渡った。マルセイユ港に着くと、彼らは港に出入りする船、市中での商取引のあり方、人通り、そして産品の量と種類との豊かさに目を見張り、さらにマルセイユの人びとがどれだけ「富をつくりだすことに対して勤勉で積極的、かつ熱心」に自分たちの仕事に取り組んでいるかに驚嘆している。フランス人の生活の特質は、その市街の秩序のとれた様子と、そこを往来する人びとの規律正しさに現われた。旅行者たちをもっとも驚かせたのは、「非常に多くの人びとを目にしながら、エジプトでなら当たり前の、人びとが叫び交わす大声をまったく耳にしないことだった。……誰もが自分の仕事に専念してそれを遂行しており、他の人を傷つけたり邪魔したりしないように気をつけている。用事や仕事の多様性、そしてそれに従事する人数の多さにもかかわらず、喧嘩口論のひとつも起こらない。それはまるで人びとがみな、集団礼拝のために一堂に会したか、支配者が発する布告を聞くために集まったかのようである。仕事を果たすのに必要な言葉を除けば、ただ一言の無駄口も聞かれない」(2)。

一行は次いでパリを訪れるが、そこでの彼らの最初の反応も同様なものであり、「この都市がいかに整然と組織されているかに驚き、そこで活動する人びとの数の多さ、その通りの広さとその秩序正しさ、そこで繰り広げられる商取引の活発さ、商店街の洗練と充実とに驚嘆の目を向けること」だった。店に入れば、「それがあまりに巧みに組織されているのに目を見張り」、無駄話しも議論も口論もなく仕事が処理されることに感じ入るばかりだった。また、パリやヴェルサイユの公園に足を運べば、子どもの遊びでさえもが清潔で秩序をもって静かに行なわれていた。市街や公共の場所での生活の静けさ、勤勉さ、秩序正しさこそが、フランス人たちの物質的繁栄と彼らの社会の進歩を示しているとともにそれを可能にしたものであった。それらすべてのことが、「どなり声や叫び声、罵りや下卑た言葉で邪魔されずには、一時間たりとも過ごせない」カイロやアレクサンドリアの通りとは、似ても似つかないものだった(3)。

カイロ市街の喧騒と混乱とから、ムバーラクの作品の主人公たちは、問題の根本すなわち規律訓練と教育との問題にただちに辿り着く。「そのエジプト人は、この大きな違いの源と原因は何だろうかと考え、そして規律訓練の初歩的な規則と子どもたちの教育方式からそれは発し、すべてはそこに帰っていくのだと気がついた」。

今なすべきことをなす

近代国家の新しい政治形態がエジプトに登場した瞬間を特定の出来事に求めるとしたら、それは一八六七年から六八年の冬にかけて、パリから戻ったアリー・ムバーラクがカイロの中心部ダルブ・アル＝ガマーミーズ〔現在のサイイダ・ザイナブ地区の北東隅〕にある宮殿のひとつを与えられて、そこに彼の執務室と新しい学校〔ヘディーヴ・イスマーイール学校〕とを創設したことになるだろう(4)。「私はシャツの袖をまくり上げると、今なすべきことをなすべく仕事に取りかかった。……何カ所か必要な改装を施し、私は応接間のいくつかを使って学校局を設置し、各学校は宮殿の翼のそれぞれに配置することにした。公共信託財産局と土木局も、私がすぐに顔を出せるよう宮殿に移した」とアリー・ムバーラクは書き残している(5)。

彼はこの宮殿にまず、予備学校と工学校とを開き、同じ年のうちに行政および言語学校と測量および会計学校の二校、翌年には古代エジプト語学校と絵画学校とを開校し、後にはこれらに医務室、王立図書館、公開講義と試験のための円形教室、師範学校などを加えている。彼は同じ宮殿内に、都市の改造に責任を持つ土木局と、新しい市街地の建設のために破壊されたり、村や県の学校建設のために徴発されたりする財産や収入を監督する公共信託財産局（ディーワーン・アル＝アウカーフ）も設置した。

これに続いて大規模な破壊と建設の時期が到来したが、それはカイロにとって、一三〇〇年代のマムルーク朝による市街地の拡充以来のことであった(6)。既存の市街地の北と西の境と、アレクサンドリアおよびヨーロッパからこの都市にいたる新しい玄関口である鉄道駅とのあいだの土地に、新しい都市構造が設計され、そこにはヨーロッパ風の正面構え《ファサード》を持つ建造物を建てようとする者が利用できる土地区画も設けられた。「美学的見地からするカイロ市の都市改造のためには」として、カイロの改造にあたった責任者のひとりは、「都市周辺の荒れ地を埋め立て整地し、大通りと新しい幹線道路を通し、広場などの開けた空間を作り、植物を植え、道をならし、排水溝を掘って、定期的に清掃し水で洗う」必要があると述べている。次ページの地図に示されているように、新しくつくられる通りは既存の市街地を旧来のままにはしておかず、そのため空間の秩序化はまた「ある種の人間の群れを都市の内側から除去する」ことを必要とした(7)。ムハンマド・アリー通りと呼ばれる大通りは、新しい学校群が置かれたダルブ・アルガマーミーズの宮殿にほど近いアブディーン〔ダルブ・アルガマーミーズの北側に隣接〕に設けられたヘディーヴ・イスマーイールの新しい宮殿を起点に、旧市街地をまっすぐ斜めに突っ切っていた。その長さは二キロメートルに及び、道路開通前にはそこに四〇〇戸の大家屋、三〇〇戸の小家屋、多数のモスク、粉挽き場、パン焼き窯、公衆浴場などがあった(8)。これらはすべて取り壊され、なかには人形の家よろしく半分に断ち切られて外壁のないまま中身をさらしている家もあり、道路が完成したときの様子は「まるで最近砲撃を受けた都市のようだった――家々は単なるがれきの山に至るまでのあらゆる破壊の段階の様相を呈しており、そこにいまだに人が住んでいるので、屋内での生活がそのままに覗けるという奇妙なことになり、一種独特な威圧感をもって迫ってくる」と記述されている(9)。

無慈悲な行ないとみえるかもしれないが、そうした措置はこの後で検討する教育政策と同じように、当時の医学と

図版6　新しく作られた街路を示しているカイロ市街図［A. Rhoné, *L'Egypte à petites journées* より。撮影：スコット・ハイド］

政治学の理論に照らして、まったく正当なものとされていたことを忘れてはならない。国民のあいだに規律訓練がなく学校教育が欠けていることが、国の後進性の第一の原因であるのと同様に、解放的な大通りによって取って代わられるべき古い通りの無秩序と狭さこそが、そこで発生する病気と犯罪の主たる原因であると考えられていた。一九世紀当時のヨーロッパでは、一時的にではあるが、病気の感染原因を病原菌ではなく、空気の腐敗の感染に求める理論が優勢であり、この理論に沿って医学的見地から議論がなされていた[10]。そのような病気の感染は、エジプトを含む地中海沿岸の地域で、対策としてとられていた病人の隔離と留置では防ぐことができない、と当時は考えられた。また、隔離、留置といった処置の非人道性は、英国のリベラリストたちの数十年来の攻撃の的でもあった。感染の対策として求められていたのは、病の原因となる不潔で湿った瘴気の発生源となるような場所を、都市のなかから除去してしまうこと、つまり「共同墓地や……下水渠、汚物だめなど、すべての腐敗し腐朽したものの置き場」をなくしてしまい、家屋を取り壊して空気と光の通り道をつくってやることだった。この新しい理論によって、都市の改造は即刻実行に移すべき急務となった。実際、埋葬される死体の総数を考えただけでも、エジプト全国の土地はそれ以上処理しようがないほど腐敗物に満ちてしまうのではないか、といった問いが当時は投げかけられていたのである。

解放的な都市づくりの提唱には、緊急を要するとされたそのような医学的・政治的な理由づけとともに、経済と財政の観点からの議論も行なわれた。解放的で明るく照明された街路は、健康のためだけではなく、商業活動のためにも役に立つという主張である。それというのも、万国博覧会の場において、商業活動にとって明らかに有益であることが示された、可視的で検査に適するという原則を、そのような市街は体現していたからである。都市の暗い「内側」では、そこに群がり集う者たちを除去することで治安の徹底が容易になり、人工的な照明によって新しい商店や娯楽施設は、夜間でも営業することができるようになった。財政面では、市街を清潔にすることの必要性は、消費の場としての都市と生産の場としての地方という、この時代に新たに考え出された関係のあり方を反映していた。下水処理設備を整備することで、いわば政府は人間の排泄物の一人あたりの「価値」を明確に把握するようになり、「都市は地方から消費財として受け取るものと等しい価値を、肥料のかたちで地方に戻さなくてはならない」とされた。新しい消費経済の一環をなすこの交換においては、すべてのものが何らかの価値の表象となり、たとえば都市の臭気といったものさえもが、意味の経済のなかに組み込まれていった。当時のある記録は「家屋、通り、町のなかにおける、ものの腐った臭いはおしなべて、地方で用いるべき肥料が無駄に浪費されていることを……意味している」と述べている(11)。

ナイル川のデルタ地域にあるタンター〔カイロから北北西に約一〇〇キロ〕は、イスマーイールの治下にかなりの数のヨーロッパ人の居留地となり、カイロ以外にそのような「組織化」の新しい方式を適用された、地方の中心都市のひとつだった。新設された学校局の次官の手になるエジプトの地理に関する教科書のなかで、タンターは「路地が狭く入り組んでいた。そこは空気が通らず日が射し込まないので、湿って悪臭を放っていた」と記されていた。必要なのはタンズィームであった。この語はむしろ、「組織化」または「規制」といったものを意味するが、この時代にはしばしば「近代化」の訳語とされていた。文脈によっては、この語は単に「街路を設計する」ことを意味し、そこから「土木部」の別名ともなっていた。タンターの場合、この時代のエジプトの大きな町の大半と同様に、カイロから都市計画技師と医務官の二人が任命されて派遣され、彼らの命令にしたがって、中庭にだけ通じていた袋小路が反対側に抜けられるようにするため家屋は取り壊され、町を貫く大通りの幾本かがつくられた(12)。

カイロなどの都市の「無秩序」は、突然目に見えるものになった。エジプト人たちが動き回っていた都市空間は、政治の扱うことがら、すなわち地理的・政治的な中心から放射状に伸びる幹線道路を敷設することで実現される「組織化」のための素材となった。それと同時に、この空間で活動するエジプト人自身も、同じように素材化され、その精神と身体は規律と訓練を施されるべきものと見なされた。こうして共通の秩序と規律訓練の経済のなかで、空間と精神と身体の三つが、同時に素材化されることになった。

都市の秩序と個人の規律訓練の結びつきは、この時代に新しく学校が設置された場所の特殊性にも示されている。

学校は、新しく建造された大通りが放射状に伸びていく際の起点となる、都市空間の中心に置かれた。官立の学問の場を都市の中心に置くという発想は、一九世紀になって初めて登場したものであった。これより五〇年以上も前の一八一六年に、ムハンマド・アリーが創設した最初の軍学校は、カイロの町の南東隅であるシタデルに設置された。その後に設けられた他の軍事訓練施設も、ブーラーク〔2〕、カスル・アル＝アイニー〔3〕、ナイル堰《バレッジ》〔4〕、ギザ〔カイロの南西、ナイルの対岸〕、ハーンカー〔カイロの北北東二〇キロ〕、ローダ島〔ナイル川の二つの中州のうち南側のもの〕、アッバースィーヤ〔5〕など、カイロ市内ではなく、（新しい兵営の置かれた場所と同様）郊外の村落など都市近郊に設けられた。ムハンマド・アリーの孫であるイスマーイールが一八六三年に権力を掌握したときには、祖父の創設した軍学校は、そのほとんどが使われなくなり、閉鎖されていた[13]。

即位から一週間もしないうちに、イスマーイールは学校局の再活性化に取り組んだ。イブラーヒーム・アドハムという、色眼鏡の着用を好んだ政府の監察官として、すでに一度本書に登場している人物は、一八三九年から四九年まで官立の学校、工場、工廠、作業場を管轄していたが、このときから学校のみを専門に担当することになった。彼が最初に行なったのは、カイロとアレクサンドリアに官立の小学校と中学校を開校することだった[14]。一八六七年の一〇月には、アリー・ムバーラクが学校局の次官に任命された。彼に与えられた職責は、「カイロと他の主要都市および地方に設置されている官立および民間の学校を監督し、それらの改善と組織化に意を用いるとともに、それらが適正に管理されるよう計らうこと」とされた[15]。着任後しばらくして彼は、万国博覧会の視察のためパリに向かい、帰国してからカイロの町の新しい中心地にある宮殿に、自分の執務室と学校とを開設した。

都市の中心部に学校を設置することは、まさに近代国家の新しい政治形態が誕生したことの証しである。この中心から、これまでには存在していなかった分野がそれぞれの領域を確保して広がっていったのである。教育はそれ自体自律的な実践として、明確な目的を持って「社会の全面」に広まっていった。一九世紀の前半、ムハンマド・アリーのもとで導入された新しい学校教育制度は、近代的な軍の創出とそれに関連した特殊な技能をもつ者の養成を目的としていた。だが、いまや学校教育は市民としての個人をつくりだすことを目標に掲げるようになった。市民のための学校教育の体系に込められた意図を理解するために、一八四〇年代以降に実施された二つの重要な改革、カイロの「モデル学校（マクタブ・ウンムーザジー）」、およびパリのエジプト人学校に着目するのが適当であろう。まず、モデル学校の方からみていくことにするが、この学校はイブラーヒーム・アドハムによって一八四三年に軍の幼年学校に付置された大部屋において開設された[16]。その目的はエジプトにいわゆるランカスター式学校教育法[6]を導入することにあった。

暗黙のうちの服従

ランカスター式学校もしくは「互恵学校」と呼ばれる学校群は、英国で技術関連の教育を目的として発展した。一八二〇年代に、二〇名からなるエジプト人の一団がロンドンにあったジョセフ・ランカスターの本校で学ぶべく派遣されており、アドハム自身はロンドンでの工場の組織化の研究を一八四三年に終えて帰国していた。ランカスター式学校は、通常、工場と同じように、なかに仕切りのない大部屋からなっており、そこに何列もの長椅子が並べられ、椅子には生徒一人ひとりに割り当てられるよう一番から最大千番までの番号がふられていた。それぞれの長椅子に座る八人から一〇人の生徒がひとつの「学級」にあたり、上級生が助教《モニター》として一人つき、生徒たちの行動や勉強のはかどり具合を監視した。笛かベルの合図で各クラスの生徒たちは長椅子から立ち上がり、壁にかけられたボードのひとつのところへ出ていき、その前の床に描かれた半円形の線の上に立った。文字や数字、単語が書かれたボードは、難易度に従って番号順に並べられており、別の上級生が助教として、その内容を教えることになっていた。

学級の生徒たちは次のようにして教え込まれた。「列をつくり一団となって学校のまわりを行進するときには、自分たちの歩調を黙って合わせること。さもないと大勢で歩く子どもたちは、必ずたがいのかかとを踏んだり押しあっ

図版7　ランカスター式学校で，掲示された課題に向かっている助教と生徒たち［*Manual of the British and Foreign School Society* より。撮影：スコット・ハイド］

たりしてしまうので、これを防ぐためである。この場合、歩調を合わせることが、生徒をひとつの対象物に集中させ、無秩序な行動が生じることを防ぐのである。歩調の合わせ方が厳格である必要はないし、とくに規則正しい歩幅で歩く必要もない。だが、各生徒は、前を歩く生徒との距離を一定に保つよう努力しなくてはならない」[17]。各学級の助教は「学級全員の清潔さと秩序正しさ、そしてそれぞれの学業の向上」に責任をもった[18]。長椅子に戻って書き取りの課題に取り組むとき以外は、生徒は立って授業を受けなくてはならず、これは生徒の健康によいと考えられていた。（助教が内容を暗記している）注意事項を列挙された後、生徒は全員が同時に同じ単語や文字の書き取りを始め、全員が同時にそれを終えなくてはならなかった。

……九：手を膝に置く。この命令はベル一回で伝えられる。一〇：手を机の上に置き、顔を上げる。一一：石版をふく。全員が唾液で、あるいはできれば布切れで石版をふく。一二：石版を見せに来る。一三：助教による点検。助教は助手の石版を点検し、それから自分の受け持ちの長椅子の生徒たちの石版を調べる。各助手はそれぞれの受け持ちの長椅子の生徒たちの石版を調べ、その後全員が決められた自分の場所に戻る[19]。

こうした注意事項は少数に絞られ、それが何度も繰り返して与えられた。これによって権威は、一人の教師の個人的な指令に集中してしまう代わりに、「学校全体に体系的に行き渡り、代理人の一人ひとりにいささかも減じることなく分け与えられることになる[20]。

権威の伝播と普及をより有効にするために、一種の信号機（腕木通信機《セマフォア・テレグラフ》）[7]を用いた命令が発せられた。「教室のいちばん前に信号機は置かれる。それは縦横が三インチと四インチの六枚の長方形からなっていた。それらは木の枠に入れられ、回転軸に沿って横に回転するようになっていた。各面には文字が書かれており、たとえばFつまり「正面《フロント》」が見えたら、全生徒は教師の方を向き、またS・Sつまり「石版を見せよ《ショウ・スレイツ》」が見えたら、全生徒が石版を見せに来るようにするという具合である。全生徒たちの注意を信号機の方に向けさせるには、それに付属した小さなベルが用いられるが、これを大きな音で鳴らす必要はなく、鋭くよく響く音が出せれば充分である」。この信号機によって生徒たちは「暗黙のうちの服従」を訓練され、それが「秩序の体系」をつくりだした。学校全体を指導する教師個人の視点からすれば、この秩序が持つ視覚的効果は非常に大きなものであった。たとえば、

全生徒の手が清潔であるかどうか知りたいときには、「手を見せよ」という命令を出し、これに答えて生徒たちは一斉に、手を上げ、指を広げて見せる。助教はそれぞれ受け持ちの学級の机の前を歩いて、学級の生徒たちの手の状態を点検する。清潔検査はこのようにして実行され、学校全体でも五分間ほどで終了する。このような検査の実施は生徒たちがそれをいつも予期していることによって、常日頃からの清潔の保持を促進することになる。全校生徒三〇〇名の学校の場合、三〇〇〇本の指がわずか一分ほどの間に提示され、その視覚的効果は絶大なものであり、検査は非常に有益である[21]。

学習課題を教え授業を監督する学生である助教とは別に、生徒の席次の上下の決定を担当する助教、石版点検専門の助教、石筆を配ったり削ったりする助教、決められた場所にいない生徒を点検する助教などがおり、さらにはそれらの監督役を点検する総助教もいた[22]。

その学校は完全なる規律訓練の体系としてあった。生徒たちは、つねにつぎからつぎへと課題を課せられ、時間と空間のどんな小さな単位もあまさず、規律訓練化され活用された。細分化された時間は、規則をもって統制され、いかなるときにも生徒は課題を与えられるか、その復習をしているか、あるいは監督され、検査されるかのいずれかの状況に置かれた。それは個人個人がいかなる瞬間にも正しい位置にあって、正確に課題を果たすように調整し、それがたがいに連係して全体が一個の機械として動くようにする技術だった。権威と服従は減衰することなく学校の全体に行き渡り、すべての個人を秩序の体系に組み込んでいった。モデル学校とはつまり、完全なる社会の模型《モデル》だったのである。

開校から四年後の一八四七年、カイロのモデル学校の生徒数は五九名だった。この学校が英国の本校をどの程度忠実に模していたかは不明である。しかし、ランカスター式学校は熱心な支援者である英国人たちによって、モデルとして海外でも積極的に奨励され、その幾何学的な様式と数学的な機能のあり方は、世界のほとんどの地域で忠実に再現されていった(23)。カイロ校を監督したアブドゥッラフマーン・ルシュディーは、英国でランカスター式教育法を学んだ経験をもち、後には学校相を務めている。いずれにせよ、実験は成功と見なされ、一八四七年にはカイロの市内の八つの区のひとつひとつに、ランカスター式をモデルとした学校を建設する命令が下された(24)。これらの学校は兵士の育成を目的とするのではなく、規律訓練された共同体の成員の創出を目的とした。それらは軍の教育機関とは区別してマカーティブ・アル＝ミッラ（国民学校）と呼ばれ、やがて、これを全国に建設する計画が進められていった。

パリの学校

同じ時期、一八四四年から四九年にかけて、エジプト政府はフランス軍務省に組織と運営を委託して、同じような秩序と服従の体制を導入した学校〔8〕をパリに設立運営した。そこに送られて教育を受けたエジプト人学生のなかには、エジプトの支配者となったイスマーイール・パシャや、彼を補佐して閣僚職を務めることになるアリー・ムバーラクなど、一八六〇年代以降のエジプトに、規律訓練する権力の新しい体系を築き上げていった、多くの未来の教育者や行政官が含まれていた。(25) 一八四四年一〇月にフランス軍務省の協力を得て、この学校の責任ある地位に就いていたエジプト人役員たちは、新しい学校の校則を制定したが、その内容は次のようなものであった。(26)

パリ・エジプト人学校校則：一八四四年一〇月

一：学生は、教官、助手および職員に敬意を払い、その命令にしたがい、軍隊式の礼をもって挨拶をすること。

二：学生は、毎朝起床時間の一五分後に集合すること。欠席者の氏名は一覧表にして学校長に報告される。全員が出席の場合は、その旨が記録に残される。

三：点呼の時間は季節に応じて変わる。点呼に応答なき学生は、外出日の許可を一日取り消す。二度目以降は罰金を科す。

四：とくに許可のある場合を除き、書籍および絵画類の校内への持ち込みを禁ずる。

五：バックギャモン、トランプ、その他運試しの類の遊戯はこれを禁ずる。

六：割り当てられた以外の教室への学生の入場を禁ずる。

七：すべての学生は、校外においても校内においても定められた制服を着用し、服装に対して充分なる注意を払うこと。

八：許可なくして、学生が校外での用事のため、召し使いを雇うことはこれを禁ずる。

九：学生宛てに学校に届けられた小包および書簡の類は、門衛がこれを検閲する。

一〇：校内に化学薬品、食物、ワイン他アルコール飲料の類を持ち込むことはこれを禁ずる。

一一：学生は日曜日および木曜日に外出を許される。日曜日は午前一〇時、木曜日は午後三時三〇分以降の外出を許可するものとし、学校長による特別の許可なき場合には、両日とも午後一〇時を門限とする。これ以外の時間帯の外出、および深夜の帰校は、特別の許可のない場合これを固く禁ずる。外出する学生は門衛詰め所で記録に署名し、帰校予定時刻を申告すること。許可を得て特別に外出する者も、外出時には詰め所にて署名すること。

一二：いかなる学生も部外者を校内に伴うことはこれを禁ずる。

一三：いかなる理由をもってしても、学生が校外に自室をもつことはこれを禁ずる。

一四：学生に対する処罰は一日以上の外出許可の取り消し、もしくは罰金によるものとする。

一五：第一段階の処罰は、日曜日午前一〇時から午後三時三〇分まで、もしくは木曜日午後七時から午後九時一五分までの自習とする。

一六：学校長に対する要望は、下士官階級の者を介して提出されること。

一七：学生は、教室内では私語を交わさないこと。教室内での席順はくじ引きによって割り振られ、つねに守られなくてはならない。

一八：許可なくして教室内の席順を変更することはこれを禁ずる。席順はすべての授業において同一であること。

一九：授業中、遊戯、私語、騒音など授業への集中の妨げとなるようないかなる行為も、学生はこれを慎まなくてはならない。

二〇：教室を離れて自室に戻る、あるいは回廊、中庭などに出ることはこれを禁ずる。

二一：授業が終了し、休み時間を告げる合図がある以前に教室を離れることはこれを禁ずる。

二二：すべての書き取り課題には学生が自身で署名し、課題終了後教師がこれを集めて……

ランカスター式のモデル学校と同じように、ここでは学ぶことは、規律訓練、点検、持続的な服従の過程であった。軍隊と同じように、学校が提供したのは、学生が自分たちの場所に「固定」され、その生活が詳細に規定されるという、これまでに前例のない技術である。一日のうちのそれぞれの時間は、あらかじめ定められて別々の活動に割り振られ、それらの活動の境目は前の活動が終わることではなく、何時何分という時刻をもって抽象的な次元で決められた。パリでの学生たちの生活は、次のような一日の構成にしたがっていた。[27]

五：一五　起床
五：一五―　六：四五　自習
六：四五―　七：四五　朝食
七：四五―　九：四五　軍事学または築城学
一〇：〇〇―一〇：四五　昼食
一〇：五〇　点呼
一一：〇〇―　一：〇〇　数学、地理、歴史
一：一五―　三：一五　フランス語
三：一五―　五：一五　砲術
五：一五―　六：四五　夕食
七：〇〇―　九：〇〇　軍事教練
一〇：〇〇　消灯

起床の合図によって開始され、消灯によって終了することになる「時間」は、一日というものの外面に書き込まれた。

時間割という仕掛けによって、時間の次元が分離されて枠組みがつくられ、自習、食事、教練といった活動が、内容物としてその枠組みのなかに当てはめられていった。

これと同類と考えることのできる過程にしたがって、個人は学校内のあらかじめ決められた位置に注意深く配置される。各教室で「割り振られ、つねに守られなくてはならない」席順によって机に配分され、「許可なくして教室内の席順を変更することはこれを禁ずる。席順はすべての授業において同一であること」といった具合である。また同様に、学生たちは伍長、軍曹、曹長など軍の階級を割り当てられる(28)。階級や場所の規律訓練に細心の関心が向けられる。くじで席順を割り振っていることからわかるように、そこで問題となっているのは、特定の場所ではなく、むしろ位置を決め、その場所に留めるということである。

秩序に対するこのような関心は、処罰のあり方に、よりはっきりと現われている。とはいっても、誤った振る舞いに対して叱責し懲罰を加えること自体は別段新しいことではなく、むしろ第二章で紹介したような初期の軍の学校における懲罰に比べると、その暴力性はずっと弱められていた。革の鞭で打たれるようなことがなくなった代わりに、学生たちは外出を取り消されたり、自室で謹慎させられたりするようになった。そして、このようなやり方によって、処罰は規律訓練のひとつの面、すなわち、場所を定め、分割し、境界を設定するという方法で不断に統御する技術のひとつの側面になっていった(29)。

ランカスター式学校の場合と同じように、このような規律訓練の本質は、点検という行為にあった。毎朝五時一五分になると学生たちは起こされ、一列に並んで点検を受ける。書き取りの課題も同じく点検のために提出させられ、学生の学業と行動はつねに監視下に置かれる。教室では学生は授業に集中するように求められ、これを乱す行為は処罰の対象となる。話すことさえも、公に認められたとき以外には禁じられる。こうしたことの結果として、学生の動作、音声、身振りに厳しく規律訓練が与えられる。監督と規律訓練のための個別の行為が組み合わされ、個々人の位置は決定され、明確に区切られる。学生は、服従の行為のなかでのみ、つまり連続したつながりのなかのひとつの位置としてのみ存在する個体性を与えられる。個人の名前は、頻繁に名乗ることを求められることによって、対象物に付与された札、提出された書き取り課題に付けられた責任の所在、また点呼の流れのなかの一瞬の時として、これまでになかった新しい何物かになった。

一八四九年、アッバース・パシャが権力を掌握し、すべての官立学校を実質的な廃校に追い込むと、助教方式を採用したカイロ市内の学校群やパリのエジプト人学校も閉鎖されることになった[30]。一八五四年になってサイード・パシャがアッバースの跡を継ぐと、イブラーヒーム・アドハムはふたたび、ランカスター式にもとづいて組織された「国民学校」の設立を提言した。このときの建白書をアドハムは、やはりヨーロッパで訓練を受けた教育行政官であるリファーア・タフターウィーと共同で提出している[31]。彼らの計画はまたもや拒否されたが、それでもその一部は認められることになった。アドハムは、従来のトルコ系エリートとヨーロッパ系の者に加えて、初めてエジプト人を軍の士官および下士官として養成する初期教育機関を組織することを許されたのである。許可された事業の実施にあたりアドハムは、パリのエジプト人学校で行政官あるいは技術士官として働くための教育を受けて帰国したばかりのアリー・ムバーラクを登用することにした。ムバーラクは軍の兵営や野営地におもむき、ランカスター式教育法を模範にしたやり方で兵士たちに教育を施した。彼は最初ほんの数人の学生たちから始め、それからその学生たちを助教に用いて、しだいにより大きな集団を教育していった。長椅子も教室の壁もなかったので、ムバーラクは助教役の生徒が他の生徒たちに教えるべき文字や数字を、砂の上に棒で書いたり、石畳の床の上に木炭で書いたりするやり方を臨機応変に編みだした[32]。

外部に明示されない権力

カイロのモデル学校やパリのエジプト人学校が採用していた点検と連係、統御の厳密な方式は、一八六〇年代にイスマーイールが権力の座につき、イブラーヒーム・アドハム、アリー・ムバーラク、リファーア・タフターウィーらがふたたび然るべき役職を与えられる時代になると登場する、新しい実践の意図と様式とを先取りするものだった。近代学校教育の秩序と規律訓練は、新しい政治権力の形態が成立したことの印であり、また、その方法でもあって、その権力自体は、すでに述べたように、その時代に築かれつつあった私的土地所有とヨーロッパ市場向けの生産が求めたものだった。新興の大土地所有者階級のひとりの言葉を借りれば、求められていたものは、エジプトに「ヨーロッパ的な要素、つまり生産的な要素」を導入することだった。ここでいう生産的な要素とは、「会社、生産奨励金、金融機関」などとともに、人びとのあいだに「新しい観念と新しい過程」とを浸透させることを含むとされていた。いいかえれば、市場に向けた生産のために組織された農業活動を展開するのに必要な、新しい方式や新しい社会関係が求められていたのである。そして、それらを確立するには、政治権力の新しい技術、つまり住民の個人個人に持続的に働きかけ、彼らを生産過程における効率のよい部品にしてしまう方式が必要だった。「これらの新しい観念と新しい過程の導入にあたって、権威はそれだけでは何の力にもならない。力は説得のうちに存在している。何者であっても一人の人間が、四〇〇万から五〇〇万にも及ぶ個人の集まりの一人ひとりに、あるものが別のものよりすぐれていると確信させることはできない」[33]。イスマーイール自身を筆頭とする、この大土地所有者階級の代表たちが新しい学校教育制度を支持し、それに多額の出資を行なったのは、民衆全体の「一人ひとり」に働きかけていく権力の方式を精巧なものとしていくためであった。

我らは人びとの主人として、我らの臣民をごく幼少のときより強固に掌握しておかなくてはならない。我らは全臣民の嗜好と性癖を変えるであろう。我らは基礎の基礎より建設し直して、臣民をして我らの法にしたがった質素にして従順、かつ多忙なる生活を送らしめるべく、彼らを教え導くであろう[34]。

これはフェヌロンの『テレマコスの冒険』[9]からの引用で、その本は、リファーア・タフターウィーの手でアラビア語に訳されて、一八六七年に出版された[35]。すべての人びとの嗜好と性癖を変えるために、政治は個人を掌握しておかなくてはならず、その新しい教育方法によって彼もしくは彼女を近代的政治主体——質素にして従順、そしてとりわけ重要な点として多忙な存在——に改造しなくてはならなかった。

改革の第一歩は、有力な地主と地方官吏から選出された七五名からなる諮問議会〔マジュリス・シューラー・アル＝ヌーワーブ〕を一八六六年に召集したことだった。それはたとえば、「質素たるべき」農民に対する課税の水準をしだいに重くすることに同意したり、徴税と徴兵の効率化のために、「エジプトのすべての集落、野営地、村落」を網羅した国勢調査を実施することに賛成したりして、政治権力の及ぶ範囲を地方住民にまで拡大することを目的としていた[36]。議会はそれ自体が、規律訓練と教化とをその方法とする政治体系の一部をなすと考えられた。「私たちの議会は、民衆よりも進歩している政府が民衆を教化し、文明化するための学校である」という説明がなされている[37]。民衆教育は、政治過程の観念を伝えるための隠喩としてだけではなく、政治過程を実践する主要な方式として、議会でまっさきにとりあげられた。

この議会の最初の会期で、政府に近い筋の一議員が、地方に初等学校を設置する法案を提出した[38]。同時にヘディーヴ・イスマーイールはワーディー・トゥミーラート地域——スエズ運河近くにつくられた新しい町々に飲用水を提供するために、東部砂漠を横断してつくられたイスマーイーリーヤ運河によってできた渓谷[10]——に新しく開拓された農地から上がる収入を、すべてその設置計画のために寄付することを発表した。これを先例として、下エジプトの町や村の地主と官吏たちの一団は、他の地主にも呼びかけて、同じ趣旨の寄付を募ることを決定した。反応はきわめて広い範囲にわたって湧き起こり、数カ月後にはナイル・デルタの大、中規模の地主二〇〇〇名以上が、政府の計画にしたがった学校設置のために、私財の一部を寄付していた[39]。

同時に、全国に初等教育機関を設置する包括的計画が策定され、やがて「一二八四年ラジャブ月一〇日（西暦に換算すると一八六八年一一月七日）法」として発布された。「基本法」と呼ばれたこの法律は、各学校で教える課目、授業を行なう教師、管理にあたる職員、使用すべき教科書、時間割、生徒の着用すべき制服、校舎の設計図、教室のつくりとそこにあるべき備品、各学校の立地、運営のための財源、試験日程、生徒の登録の仕方、入学不許可の理由となる身体障害の種類など、多岐にわたる基準を示した[40]。突如として、教育はその詳細にわたって、国家が広範に積極的に取り組むべき大きな関心事、組織化すべきひとつの分野となった。それは「国家」なるものが関与し、そこに権力関係を築くべき主要な領域となったのである。

本章の冒頭で、この種の新しい秩序の場の誕生を、改造された首都の中心地に新しく学校局が置かれたことで示した。学校の建設とともに、学校に関連したいくつかのことがらに関して、そこに新しい種類の秩序が刻みつけられていくのを見てとることができる。第一に、学校の配置そのものが、行政上の序列、つまり新しい国民国家がもつ序列的秩序を考慮したものとなっていた。知識組織化委員会（クミスィユーン〔コミッション〕・タンズィーム・アル＝マアーリフ）は一八八一年一二月に、初等学校の規模を、村や町の大きさに応じて三段階に区分されるべきであると定めた。それによれば、二〇〇〇人から五〇〇〇人の人口をもつ村または集落群については、第三等級の小学校（教師一名と生徒四〇名）を一校置き、人口五〇〇〇人から一万人の町または村落群については、第二等級の小学校（教師二名と二学級）を一校、それ以上の規模の町には第一等級の小学校を置くこととし、各県庁所在地には人口一万人あたり一校の割合で中等学校を配し、そしてカイロのまさに中心部に置かれた新しい学校局に高等学校が設置されることになった[41]。学校は、個人から村落、町、県庁所在地、首都にまでいたって、さまざまな要素を勘案した正確な秩序化――それによって、国民国家は統合され境界づけられたひとつの全体として観念化された――の表現として、規模と等級別に厳密な配置を施された。「基本法」の規定にしたがって全国に設置されたそれぞれの教室は、こうして「たがいの連係によってひとつの全体を形成する」ものとされた[42]。

第二に、学校教育の程度を初等、中等、高等の三段階に分けることがあった。連続した学校教育の段階のそれぞれにふさわしい生徒の階層を特定することによって、社会秩序は社会階級がつくるピラミッドに厳密に対応して表象されるようになった。初等教育は、「子どもたちにはパンと水が必要なようにそれが必要である」とされ、男女、貧富の差にかかわらず、すべての児童が受けるものとされた。この段階でのカリキュラムには、クルアーンを学ぶことを介して読み書きの能力を身につけることや、算数と文法の初歩を学ぶことがあった(43)。その他の課目には「水泳、乗馬、槍投げ、剣術といった武術など、国を守り国のために戦う方法の訓練を児童に課すことがある。これらは一般的な美徳であり、また幼いうちから学ぶべきものである(44)」。予備教育すなわち中等教育は初等教育よりも「高い段階」にあり、したがって、入学する生徒の範囲もより絞られていた。しかし、リファーア・タフターウィーによれば、その学業内容の厳しさから、残念なことに国民はこの段階にほとんど関心を向けなかった。「中等教育は地域社会を文明化するものであるから、国民を励まし強く勧めてこの種の教育を受けさせることこそ、組織された政府の重大な義務である」と、彼は述べている。それに対して、高等教育は政治的エリート(アルバーブ・アッ＝スィヤーサート・ワ・アッ＝リアーサート〔統治と指導の主人たち〕)のためだけのものだった。高等段階の教育を受けようとする者は、それにふさわしい富と地位とを備えているべきであり、したがって学業に時間を割いても国家に損失を与えることにはならなかった。自己の生計を成り立たせ、他の人びとの利益になっている職業をもつ者が、その職を離れて高等教育の領域に踏み込むことは、有害なことであるとされた(45)。

第三に、試験制度によって、国民国家のもつ新しい序列を学校が目に見えるかたちで示す、特別の実践の場が設けられた。これは社会的また構造的に非常に重要な出来事であった。一八六七年法によると、地方の学校では毎月末に教師が試験を実施し、毎学期末には学校長と政府の監察官などの官吏が、年度末には郡長、地方判事など政府の顧問や官吏が責任をもって試験を実施することになっていた。より高い等級の学校においても、実施される試験の段階が上になればなるほど、それに見合った身分の役職者によって統括されるといった、同じ構造がみられた。年度末の試験が終了すると、法の定めるところにより成績優秀者が表彰され、次いで制服を身につけた学生の行進が行なわれた。その際、県庁所在地にある学校では、軍楽の演奏が行なわれた。これらの教育機関のピラミッドの頂点に位置し、ダルブ・アル＝ガマーミーズに設置された官立学校では、年度末試験は宮殿内の円形大教室を会場に、ヘディーヴをはじめとする政府の高位高官を来賓に招いて実施された(46)。

校舎それ自体についても、規則の明文化や、机、長椅子、教室の壁のつくりなどによって、ものの表面に描かれた構造として、同種の秩序が刻みつけられた。すべての学校で、教室の設計と備品は同一であるよう配慮がなされ、背もたれのない木の長椅子が並べられ、大きさの決まった教壇と黒板、教師用の椅子が置かれた(47)。校舎のそれぞれの棟はたがいに対して幾何学的な関係に配置され、同一の「秩序」を達成するようにされた。カイロに置かれた官立の小学校は、次のように設計がなされたという記録が残っている。校舎は全体として校庭を囲む四つの棟からなり、奥にあるもっとも大きな棟は教室に充てられ、右側の棟は厨房と食堂に、左側の棟は医務室と洗濯室に、そして手前の通りに面した棟は寄宿舎に用いられた。この幾何学的なパターンは、その後の何年間かのうちにアレクサンドリア、ベンハー〔11〕、アスィユートに建設された小学校でも、そっくりそのまま踏襲された(48)。

一八七五年までに、全国に約三〇の小学校が開設されたが、それらはまったく同一の幾何学的配列を示していた。知識組織化委員会は、校舎建築用の設計図を一二通り発表した。それぞれの学校には、第一、第二、第三の等級のどれに属しているかという点、および（学校の採光と風通しをよくする目的で）四方を建物に囲まれている場合、三方に建物がある場合、一方または二方に建物がある場合、隣接する建物がない場合という点を考慮して、適切な図面が選ばれた。これらの図面はたとえば、ギザ（一八八〇年）、ザカーズィーク〔12〕（一八八八年）、シビーン・アルコーム〔13〕とダマンフール〔14〕（一八八三年）、スエズとメディーナト・ファイユーム〔15〕（一八八八年）、エスナ〔16〕（一九〇〇年）に新しい学校を建設するのに用いられ、それらはどれも四号設計図（隣接する建物がない場所での第一等級の小学校）を採用して建てられた(49)。

そこでは内側にある食事と睡眠のための空間が、同一の規則性をもって企画され設計されていた。「食堂には食卓を一七卓置き、それぞれの卓で三〇人が食事できる場所がとれるようにする。寄宿舎では、それぞれのベッドが新鮮な空気を二一立方メートルずつ得られるよう間隔をとってベッドを置く」。すべての設備は「好ましい秩序の外見」を備えなくてはならないとされた[50]。

これらの記載事項すべてに特徴的なのは、秩序を構築しようとする共通の試みであり、そこでは秩序が最終的にそれ自体として生じるようになっている。都市につくられた新しい通りと同様に、新鮮な空気といったものまで含めて、物理的な空間は、個人が置かれる場所として区分けされ、印を付けられる平面または立体と化してしまった[51]。そうした行為は抽象的な水準での秩序を創出するのだが、それは区分の仕方を示して物がどこに置かれるべきかを決定することによってだけではなく、均一の距離をとり幾何学的に描かれた間隔にしたがって物を配分することによってもいた。こうして、間隔の規則性（二一立方メートルずつ）と、角度の正確さ（正方形の四辺）が、実際に配置される対象物に先立って、したがってそれらとは別個に現われる枠組みをつくりだすのである。

モデル村落の設計構造、あるいはモデル学校の設計や時間割にみたように、これがここで「構造」という言葉で考えようとするものの本質である。それは、内部に配置される「内容物」とは別個に存在する。内容物から分離された構造があるという印象をつくりだし、分離という言い回しによって現実を構成することは、まさに、規則的な分配行為が生みだす効果である。ものを一定の場所に分配し固定する行為は、正確に等しい間隔をとって幾度も繰り返すことによって、分配するという実践行為ではなく、間隔それ自体が存在するという印象をつくりだす。そして、反復的な秩序づけは、物と物とのあいだの間隙が抽象観念として、そこに具体的な物が置かれているか否かに関係なく存在するのだという印象を与える。この、あらかじめ物に先立って存在し、したがって特定の物に関与せず、非物質的であるという構造の生みだした効果こそ、「秩序」として経験されるものであり、またそれは（物質による具現化とは切り離されて存在しているようにみえる点で）「概念的なもの」と呼ばれるのである。

物と物とのあいだの間隙は、それが「区分」しようとする対象物をできるだけたがいに類似したものにみえるように仕向けることで、それ自体をさらにはっきりと前面に押し出すことになる。たとえば、対象者に同じ服を着せること（「シャツのボタンは一列、布地は暗めの青とし、ズボンは明るい赤とする。金色に塗った革製の記章を詰め襟の正面に付け、頭にはトルコ帽《タルブーシュ》をかぶること。各学校は、詰め襟もしくは折り襟の色、およびズボンに入れた側線の色によってのみ区別される」といった具合に[52]）。外見を統一し、間隔を等しくし、角度を幾何学的に明確に定めることによって、ものの分配を静かに止むことなく変わらぬ調子で行なうならば、その行為自体はほとんど人の目に見えないものになる。分配の技術は構造の見かけを生みだし、それによって技術それ自体はしだいに不可視の存在となっていく。

学校監察の制度を全国的に組織すべく、一八七三年の三月に任命された学校総監は、これらの秩序と監視の技術を磁力線の均一で目に見えない作用に例えて次のように述べている。「学校の教師が生徒に及ぼす教育上の影響は、磁力線に似てゆっくりと目に見えず、しかし絶えることなく流れていき、……はっきりと外部に明示されることはない。それは監視下に置かれることを好まないので、突然に訪れて見いだそうとしても、おそらくそこには見つからない。目を離すとそれはまた戻ってきて、ふたたび活性化し、流れはまた元のようになる[53]」。秩序がそこに出現するということは、権力が目に見えなくなるということである。そうなったとき、権力はゆっくりと、邪魔されることなく、外部に明示されぬままにいっそうよく機能することになる。

統御の過程にとっては、構造や秩序が継続して出現するようにすることが重要だが、その結果として、構造や秩序と等しい持続性をもつ新たな脅威が突如出現するために、これに対抗することが必要になる。すなわち「無秩序」の問題である。無秩序は、自然で不可避の障害として登場し、恒常的な監視が不可欠となる。だが、無秩序は秩序とまったく同じように、分配行為を実践することそのものから生みだされた概念である。秩序が出現して初めて、それは恒常的な脅威として登場したのである。

無秩序

旧来の教育について書かれた記述に目を通すと、そのやり方が何らかの調和的な連係を欠いており、人や物の分配もはっきりしていなかった様子なので、「無秩序」はすでにその時代に始まり、むしろすでに蔓延していたように思われるかもしれない。そのような印象はとくに、教育施設とモスクとを兼ねた、有名なアズハル学院についての記述に接するといっそう顕著である。学校総監は「アズハル学院におもむいて驚くのは、授業が行なわれる場での混雑のひどさである。年齢もまちまちで肌の色もさまざまな一〇〇〇人もの学生が……服装もばらばらなままに、そこかしこにたむろしている」と述べている。[54] ある著述家は、学院が「混沌」に満たされ、ニザーム（秩序もしくは規律訓練）を欠いていると嘆き、さらに、教師たちがてんでにモスクの柱にもたれて講義を行なっており、学生の出欠状況やそれぞれの講義での学生の達成の度合いを記録することもしないと書いている。[55] 別の著述家は学院の「バカ騒ぎ」として、「学生たちは方向も定めずに、教授から別の教授へ、テクストから別のテクストへとでたらめに動き回り、教師たちはテクストに注釈を付けてはいるが、その言葉遣いは学生に何の理解の手がかりも与えず、学生たちはテクストの一節も理解せず、結局すべては混乱し混同されたままで終わってしまう」状況を記述している。[56]「何よりも欠けているのは、空間の高さと広さである。学院内に入るとふたをされたように広がる天井の下で、窒息しそうな気分になってしまう」うえ、さらに悪いことには「騒音と絶えることのない人の動き」も止めることができない。[57] 莫蓙を敷いて寝ている者がいるかと思えば、何かを食べている者、勉強している者、論争している者もいて、その間を売り子があたりかまわず歩き回り、水やパン、果物を売っているというありさまだった。組織はいっさい欠如しており、校門を一歩くぐるや無法状態が支配している。ふざけ合いは突然喧嘩になり、すると教師は迅速にそこに介入しなければならない。彼は争う者たちを分けて、「秩序を取り戻すために」一回、二回と鞭を振るわなくてはならなかった。[58]

図版８　アズハル・モスクの回廊と中庭の様子［F. Bonfils & Cie, *Catalogue des vues photographiques de l'Orient* より。〔フェリクス・〕ボンフィスの一連の写真は 1889 年パリ万国博覧会で展示された］

モデル学校が権力の近代的体系の模範を提示したのと同じように、この古い教授の方式がもたらす印象は、当時のエジプト社会に対する印象でもあった。動きはでたらめで規律訓練を欠き、空間は閉塞的で、意志の疎通は不確実であり、権威は間をおいて気ままに発現し、人びとは不統一で調和的な連係がとれておらず、そして無秩序はいつ出現するともしれない脅威であって、秩序は権力の迅速で物理的な行使によってのみ、そのたびごとにあらためて確立されるものだった。

組織化された教育体系をエジプトへ導入するのに携わったヨーロッパ人たち、また一部のエジプト人たちにとっては、伝統的学習法のこの明らかな無秩序は、一種の逆説を提示するものだった。組織的な枠組みが欠けている以上、それに代わる何らかのやり方が働いているはずだった。学校総監は、「あからさまな騒音と無秩序は……その教授法の結果である」として説明を行なっている。彼はアズハル学院の教授法の特徴を、大集団に対して授業を行なっているにもかかわらず、個人教授の技術をそこに用いていることにあるとした。彼の説明によれば、教師は「つねに個人教授の方法で授業を行なう。すなわち、彼はクラス全体をまとめて一度に教えることをせず、一時に彼が教えるのはつねに一人の生徒に限られている。子どもたちは一人ひとり教師のところに行き、その傍らに座って自分が学んだことを暗唱してみせたり、自分が書いたものを見せたりする。それから子どもは新しい課題を与えられて、学生仲間のあいだの自分の場所へ戻る」[59]。

だが、権威が弱体であり、規則と体系を欠き、騒音や学生の皮膚の色、年齢、衣装、活動がみなまぜこぜになっているという無秩序の問題があるにもかかわらず、ここではその教育方式は、ある種の秩序を維持することに成功している。その形式は教師と生徒とのあいだの個人的な交流のかたちをとっており、このような関係はその種の社会秩序の限界であるとともに強みであるとみることができるものだった。生徒に指示を与え、過ちを正し、励ました叱ってやるのに、生徒一人ひとりをいちいち相手にしなくてはならず、結局何度も同じ手間を繰り返さなくてはならない点で、この方式には限界がある。これに代わる体系的な教授法では、教師はすべての生徒に対して一度に、しかも継続的に教え、訂正し、激励し、叱責することができるので、アズハル的なやり方はきわめて非能率と言わなくてはならない[60]。しかし、このような限界があるにもかかわらず、個人的な関係は、それがなければ避けることのできない無秩序をぎりぎりのところで何とか押さえ込んでいるという点で、旧来の教育方式の強さともなっているのである。

混沌が排除されているのはなぜか。ヨーロッパ人の観察者たちは、規律訓練の体系を欠いた状況でのその理由を、教師が各生徒に個人的に対面し、教え、しつけるという、個別で一対一の関係が連ねられた結果として説明した。この種の秩序は、持続的に何度も何度も確立し直されねばならないものであるために、不安定で、個々人のあいだの交渉に左右され、つねに流動的なもののようにみえる。事実、その秩序はたしかに不安定であった。しかし、私たちがこの種の秩序に対してもつイメージ自体が、それが拠って立つ、より広範囲にわたる前提、つまり、「秩序対無秩序」という前提によって求められ、一定の価値づけを与えられていることを忘れてはならない。無秩序の印象は、私たちが今日もっている秩序の観念から切り離して、過去へと遡らせることのできないものである。無秩序という観念は、秩序の鏡像として初めて概念的につくりだされた状態である。それは、幾何学的な線引き、あるいは等しい間隔のとり方、ニザームという秩序の体系において定められた規則的な動きといったものの欠如によって初めて、目に見えるものになり、思考の対象にもなる。この種の秩序は、最近考案されたものにすぎない。「無秩序」は、思考に先立って存在する状態、すなわち人間の置かれているあらゆる状況に見られる根源的な脅威であり、それに抗して思考がつねに概念的な秩序を組織し続けなくてはならないというわけではない。無秩序はつねに秩序とともにあり、ひとつの特殊な種類の世界におけるひとつの極であり、境界であるにすぎない。さらに言えば、無秩序は、秩序に対する対等で正反対の状態として、秩序と正確に対をなすようにみえるかもしれないが、両者に与えられている価値づけは大きく異なっている。無秩序は不等価な極性の一方の端であり、否定的な要素である。それは、秩序を中心に置くための空虚であり、「秩序」に概念的な可能性を与えるためにだけ存在するものなのである。

学院を兼ねたアズハル・モスクで人びとが時を過ごすには、教室を分割する壁、机、学級内の序列、制服、時間割、公表されたカリキュラムといったものは一切必要とされていなかった。つまり、都市の場合と同様に、そこには私たちが期待するような意味での秩序、すなわち枠組み、記号体系《コード》、あるいは構造といった、別個にあるものとしての秩序は存在していなかったのである。新しい種類の秩序が歴史上いかに特殊で類例をみないものであったかを明らかにするために、ここでふたたびアズハル学院モスクのような機関で行なわれていた教育のやり方について、簡単に検討することにしよう。

テクストの順序《オーダー》

カイロをはじめとしてエジプト各地の大きな町にある学院モスクは、イスラーム世界の各地にある学院モスクと同様に、教育もしくは学習の中心であるばかりではなく、著述に関する技術と権威の中心でもあった。これらのモスクは、何世紀も遡った以前の時代に、時の政治権力によって創建され、そこで学んだ法、言語、哲学に関する学識ある者たちが、確実にそして広範囲にわたって政権の発する言葉を権威づけ支持してくれることを期待されてきた。これら書かれたものの研究と解釈という営みは、スィナーア、つまりひとつの知的専門職もしくは技芸であった。この技芸の専門職的、政治的、また経済的な側面を強調して、本書ではそれを「法学〔17〕」と呼ぶことにするが、その用語のなかには言語学、哲学、神学の巨大な学問体系も含まれていることをあらかじめ断っておきたい(61)。アズハルとはひとつのモスクの名前であると同時に、カイロの旧市街にあるいくつものモスクと宿舎の集まりを指す一般的な名称でもあり、それは法律学校としてあるのではなく、知的専門としての法学に関して、イスラーム世界で最古にしてもっとも重要な中心であった。別種の技芸または専門的職種における場合と同様に、法学に携わる者にとって、もっとも持続的に広く行なわれていた活動のひとつには、その技能を学び教えることがあった。学習はそれ自体、法学の実践の一部をなしており、何らかの記号体系群や構造ではなく、実践によって、法学は存続しその形態を保っていた。

　学習の過程は、つねに法学の原テクストとしてのクルアーンを学ぶことから始められた。（クルアーンは事実上、唯一の原テクスト、いかなる意味でも、先行して書かれたものの解釈あるいは修正として読むことができない唯一のテクストだった。）それから学生はハディースの学習に進んだ。ハディースとは預言者ムハンマドのものとされる発言を集成したものであり、クルアーンの教えを解釈し敷衍するものである。その次にはクルアーンに関するいくつかの主要な注釈書の学習があり、またクルアーンの解釈に関わる他の分野、たとえば朗唱技法や異なる訓読法の学習などがあった。それが終了すると、伝承者〔18〕の伝記研究などといったハディースの読解に関連した学習に進み、そこからは神学原理（ウスール・アッ＝ディーン）、そして法源学（ウスール・アル＝フィクフ）、さらに諸法学派での異なった解釈の問題等々へと進んでいったが、それは法学の読解と解釈のなかに備わっており、学習される技術の本性でもある順番にしたがったものであった。副読本となるテクストの選択は異なっていたとしても、講義内容のシラバスやカリキュラムのようなものはいっさい必要とされていなかった。学習の順序は、解釈の論理によって、テクストの順序のうちに自らを開示するのであった。

同じ理由によって、一日の時間割も必要なかった。一日の授業の通常の順序は、前記のテクストの順序を、そのまま縮小したかたちで引き写したものであった。毎日の最初の授業は夜明け前の礼拝のすぐ後のクルアーン学習から始められ、それに続くのはハディースの学習であり、それからクルアーン解釈などへと、しだいに核心から周辺へと進み、夜の礼拝の後の時間はイスラーム神秘主義の研究に充てられた。いいかえれば、教育の順序、また一日の行為の順序は、法的な実践を構成するテクストとその注釈とのあいだに結ばれた、必然的な関係と不可分であった。実践はそれと無関係な時間割の秩序のなかに組織化される何ものかではなく、それ自体の意味のある順番のうちに示されていた。

学習の順番は、同時に学問体系の順番でもあった。アズハル学院の法学者たちは、法的判断を下したり、講義を行なったり、論争を交わしたりするのに際して、自分が解明しようとする問題を論じた書物のすべてを、目の前の足の短い卓の上に中央から放射状に広がる順番にしたがって配置したといわれている。卓の「中央にはオリジナルのテクスト（マトゥン）が置かれ、それをそのテクストの注釈書（シャルフ）が囲み、その外側にはその注釈に関する補注（ハーシヤ）が、さらに外側にはその補注に関する解説（タクリール〔タアリークの誤りか〕）が置かれる」[62]。一冊の書物についても、本書二一六ページの図版に示されているように、しばしばこの配置が繰り返されることがあった。テクスト本文の行間や、ときには語と語のあいだにまで注釈が書かれ、さらにその注釈をめぐる補注が欄外に置かれて本文をあらゆる方向から包囲し、ちょうど卓上で中央のテクストを囲む注釈書の輪ができるのと同じ体裁になっている。

学習のパターンが、法学の実践のかたちをとって反復されていたことを示すいくつかの局面があった。法学に関する著作を解読する授業では、学生たちは輪になって参加し、その際にそれぞれの生徒が教師に対して占める位置関係は、解読対象になっているテクストに、その生徒がどれくらい通暁しているかによって決められた。ここでもふたたび、学芸・技術を修得する過程が学習にその順序を与えるものだった。参加者が輪を作るのは、モスクのなかで行なわれる、法的専門職に関わるすべての活動に共通して見られる形態であった。訴訟に耳を傾けるとき、法的意見を発表するとき、法に関わる問題を論じるとき、演説をするとき、何らかのテクストを口述するとき、あるいはテクストについて議論するとき、これらさまざまな活動のいずれの場合にも、この輪形の配置は用いられた[63]。いいかえれば、学習活動は、日常的な法的実践のひとつの側面であるにすぎなかった。それらの法的実践全体に共通した形態を、学習活動はそのまま採用しており、別個の記号体系、場所、時間、あるいは教育者集団といったものが、それとは別に用意されているわけではなかったのである。

ある面において、ランカスター式を典型とし、規律訓練を核とする近代的な学校教育に比べると、この教育の方式はきわめて柔軟性に富み、強制の類いから自由であった。他の技芸の場合と同様に、学習はほとんどあらゆる点において個人と個人とのあいだの関係と見なすことができた。初心者たちは師となる者から学ぶだけではなく、能力の違いに応じてたがいに教えあうことができた。そして教師たちもまた、異なる技能をもつ者や異なるテクストに通じている者から学び続けていた。その学習方式は議論や討論によるものであり、講義によるものではなかった。それにふさわしい場では丁重な態度を示すべきだが、個人が受動的になることはなかった。手のつけられない生徒たちに罰が加えられることがあったにせよ、規律訓練体系によって、個人が持続的に監督と監視にさらされたり、特定の一人の教師について学ぶよう強制されたり、特定の場所に居続けるようにされたり、特定の時間中に特定の課題に取り組み続けるように仕向けられることはけっしてなかった[64]。どのような弱さをはらんでいるにせよ、その教育方式によってアズハル学院モスクは、世界でももっとも古くから続いている学問と法の中心になっていたのである。

他方、ここで記述したような種類の秩序が、巧妙さと効率のよさとを備えていることを、あまりに強調するのもまた誤りである。すでに述べたように、それは、それが一部となっていた種類の政治的権威につきものの限界と弱点とを共有していた。一九世紀には、そのような教育秩序は、同種の政治的権威と同じ道を辿って、崩壊しようとしていた。かつてはエジプトのあらゆる地域で、法学は、有力な一族が地方や都市での権威を獲得し保持するために、重要な専門職業であった。アズハル学院やその姉妹学院での何年にもわたる教育を終えた後に、有力家系の子弟は故郷に帰り、地域社会の指導者、説教師、法の裁定者〔ムフティーを指す〕、また判事として、その地域の権威ある地位に就いていた。たとえば、本章でその業績を紹介した教育者であり都市計画者でもあるアリー・パシャ・ムバーラクは、そのような経歴の官吏の息子であった。彼の父方の家系は、少なくとも三世代以上にわたって、ビルンバール・アル＝ジャディーダ村〔19〕で地方判事と礼拝の先導者の職を務めていた。一九世紀の半ばころには、この種の政治的権威は大きな圧力にさらされており、それはアリー・ムバーラクの一家が辿った不幸な運命にもはっきりと示されている。しだいに人びとの支持を失いつつあったとはいえ、トルコ語を話すエリート層の手に、エジプトの地方での顕職はいまだ握られており（とはいっても、アリー・ムバーラクの経歴が示しているように、ようやく現地出身のアラビア語を話す官僚層がカイロにも誕生しつつあり、地方でも状況は変化しようとはしていた）、その一方では、重税は抑圧的なまでの水準に達し、アリー・ムバーラクの父親も、またその他の地方の名士層もしばしば自分の村を捨てることを余儀なくされた。さらに、寄進財を政府にとりあげられたために、学院モスクの収入も極端に低下し、アズハルの構内は徴兵を逃れた人びとの聖域となって混雑をきわめた。アズハル学院での学習について例示されたような秩序と権威の技術は、当時進行しつつあった政治的・経済的な変容に太刀打ちすることができなかった(65)。

村落部での学習

アズハル学院での学習が独自の秩序、すなわち規則化や構造化という手法に頼ることのない種類の秩序を獲得していたことを説明したが、そこから学習一般に関する共通の特徴をいくつか抽出することができる。それは次のようにまとめられる。第一に、学習は学ばれるべき特定の専門職業もしくは技芸を実践することのなかで行なわれ、「学校教育」といった独立したかたちをとることはない。法学はそのような職業のひとつであり、モスクを中心に実践される。他の専門的職業もしくは技芸は、それとは別の場所で、しかし同じ方法で修得される。第二に、その専門的職業のなかで、学習は、その活動に参与する者を教師と生徒という別個の二集団に分割する関係の上に成り立つものではない。師弟関係は、その職能集団に属している任意の二人、もしくはそれ以上の人びとのあいだに見いだされるものである（もちろん上級者は、指導を行なうやり方などといった点において、残りの人びとからは区別されるだろうが）。第三に、技芸を実践する際のほとんどあらゆる時点で、学習は明確な組織化された活動を必要とせず、実践の論理それ自体のなかにその一貫した順序性は見いだされた。

子どもたちが、ひとつにまとめられた教科目と自己規律の術を学ぶという、独立した一個の過程としての教育がエジプトに誕生したのは、一九世紀のことだった。それ以前の時代には、この種の活動が行なわれる特別の場所や施設といったものはなく、それを職業とする大人の集団は存在せず、またそれを指す言葉は見あたらなかった。したがって、アズハルのような学問の中心を「伝統的教育」の場と呼ぶのは明らかに誤った呼び方であり、それは、一九世紀の最後の三分の一のころまで、地域社会の生活の場に見られた実践のあり方を誤解することにつながる。そのような呼称を用いることは、一九世紀の末から二〇世紀にかけて支配的になってきた実践のあり方を、それが存在していなかった過去の世界に投影してみることであり、その結果として、かつては「カリキュラム」がごく限定された意味でしか存在せず、秩序も規律訓練もみられなかったという無意味な所見しか得ることができないことになる。教室や机といったものを含め、規律訓練の導入は、いわゆる伝統的学校制度の改革ではなかった。それらの革新は、秩序を生みだす新しい技術が、そのような「構造」の必要性を自明なものとしたときに、唐突に目に見えるようになったのである。生活の場から切り離されたひとつの過程として学習の場を設定することは、世界を一方で物そのもの、他方でその意味もしくは構造に、外見上分割することに対応しており、そのような対応がなされた理由については、本章の末尾でさらに詳しく検討を加えることにする。

以上に提示した伝統的学習に対する見方にしたがい、都市に置かれた学院モスクについてだけではなく、村落部のいわゆるクルアーン学校、クッタープについても、従来なされてきた説明を修正することが必要となる。学院モスクと同じようにクッタープも、言葉のもつ意味と力をめぐって、それらが解釈され正しく取り扱われるよう秩序化されていた。実際、モスクやクッタープばかりではなく、町や村や都市、市場や中庭、また家庭や職場における共同体生活のかなりの部分が、著述の権威と関連したさまざまな実践に依拠していたのである。村のクッタープと都市の学院モスクとは、そのような実践が行なわれる二つの場所を代表していた。両者は、同一のテクストや同一の言葉に対して異なった扱い方をしており、それは都市の権威と村落部の民衆生活とのあいだの政治的な関係のひとつの側面としてあった。

ごく普通のエジプト人の生活において、正しく書かれ明瞭に発せられた言葉（たいていの場合、それはクルアーンに記された言葉である）は、非常に重要な資源《リソース》であった。先に触れたように、エジプト人にとって生きるということは、いつも触知することができるとは限らないさまざまな力と関わり、それらと渡り合っていくことであり、対処の仕方が正しければそれらの力は慈悲深く実りあるものになるが、扱いを誤れば不毛で不運な運命の源泉となるものでもあった。人がそのような力に容易に左右されてしまうことは、通常、露出をめぐる言い回しでもって表現された。露出の危険性は、とりわけ人間の視線、すなわち「目」がもつ力として表現された（ヨーロッパ人はこれに自分たちのあいだにあった用語を充てて「邪視」として理解したが、アラビア語では単にアイン、「目」と呼ばれている）。人間の視線と結びついた潜在的な力や危険に対して然るべき敬意を払うことによって、見知らぬ人間や、より大きな力をもつ者に対する自分の脆弱さに対処したり、幼児や弱い立場の者の傷つきやすさをかばったりするために、さまざまな慣行が人びとのあいだに確立されていた。人の死や子どもの誕生、病弱さなどについての説明と、それらに処するための一連の手続きもまた、視線の危険性の認識にもとづいて組み立てられた(66)。表面に現われ出ないこれらの力に対抗し、露出がもたらす脅威を退けるために、慰撫、保護、隠蔽など多様な戦略が必要となった。そして、普通の人びとがそのような目的でとくに頼りにできる資源は、言葉のもつ力であった。近代アラブ世界の宗教に関する人類学的研究のなかで、マイケル・ギルズナンは、「言葉に対する考え方と共同体としての経験とは、礼拝、学習、護符、聖句の朗唱、ズィクル（神を想起するスーフィーの儀礼）、数珠玉を数えて神の名を唱えること、病人の治療、社会的な礼儀作法、その他無数の方法を通して、ムスリムであることの根本にある。アッラーと言葉とのあいだにある関係の直接性、言葉がもつ高度に抽象的であると同時に高度に具象的な力は、何か別の物を表わす観念として言葉を捉え、かつ印刷という技術によって支配されている社会の一員にとっては、分析はもちろん、思い浮かべることさえきわめて困難なものである」と述べている[67]。

こうしたやり方で言葉を用いることが、フィキー[20]という、地方における治療者でありクルアーンの朗唱者であり、聖なる人物である特定の職能者が行なう技芸であり職業であった[68]。フィキーが村で行なうことのひとつに、村の子どもたちに彼の技芸の源となる技術、つまりクルアーンの言葉の正しい朗唱の仕方と正しい書き方とを教えることがあった。このため、彼はしばしば村の学校の教師として記述されている。しかし、村におけるフィキーの役割は「教授」することにあるのではなく、ふさわしい機会にクルアーンの言葉を書いたり聞かせたりすることにあった。人びとが彼に求めたのは、護符や治療のための呪符を書くことであり、種々の機会と場所とに応じて正しい作法にしたがって正しい言葉を唱えることだった。そのような機会として結婚式や葬式があり、場所も家の中やその地域の聖者の墓廟などがあって、さらには、女性に似合いの夫を捜すときや商売上の取引がまとまったときなどにも、彼らは朗唱を求められた[69]。

他の分野の技芸の職能者の場合と同様に、フィキーは自分の技術を他の者に伝授するが、ただし、彼の技術は地域社会の生活のなかで、クルアーンの聖なる言葉がもつ決定的な重要性のために、どこでも目立って大きな価値をもつと見なされていた。技術を教える場所は、モスクであったり、聖者廟に設けられた部屋であったり、大きめの町では公共のための泉水であるサビールの場所に建てられた建物のなかの部屋であったりした（言葉の力と水のふんだんな利用とのあいだには重要な関連性があった）。そのような場所はクッターブと呼ばれていたが、この語が意味するのは場所ばかりではなく、そこで行なわれる実践をも含んでおり、その実践とは書かれたもの、とくにクルアーンと結びつけられている。フィキーを学校の教師として説明することは明らかに不適切であり、そうした説明に依拠すると、その「学校」のカリキュラムはたったひとつのテクスト、クルアーンの暗記一科目しかなかったという観察結果に、ふたたび導かれてしまうことになる。学校制度は一九世紀も三分の二を過ぎるまでは存在せず、それまでは組織化された教授を目的にする個人はおらず、施設もなかったのである。フィキーの果たしていた役割は、言葉が力をもつということと、人が脆弱で無力な存在であるということをめぐる言い回しを通して形成されてきた。近代の教育制度は、まさにこの人間の無力さという語り口に対抗し、それに代えて無秩序と規律訓練の欠如という語り口を提供したのだった。

用法の指示

いまや学習は、それと絡みあっていた慣習的実践から引き離され、学校という特定の場所を与えられて、人生のなかの特定のとき、つまり青少年のときに行なうものとなった。「公教育《ランストリュクスィオン・ピュブリーク》（アラビア語ではタルビヤ・ウムーミーヤ）」というのがこの実践に充てられた新しい名称だった。それは「学校や専門学校、また一定数の人間を指導するために収容する施設において、少年少女が学ぶこと」を指すとされた[70]。学校教育は自律的な領域となり、それに関わる主題や方法によってではなく、特定の場所で特定の年齢の人間からなる、特定の集団のあいだで行なわれる活動として定義されるようになった。リファーア・タフターウィーは、指導のやり方を組織化（タルティーブ〔原義としては「順番に並べること」〕）するためには、市場の一画か町の大通りに面した場所に専用の部屋を確保し、教えるという目的のためだけにそこを用いることが必要であり、子どもたちは他の機能を果たすべき場所、とくにモスクのような場所で教育されてはならないと主張している。[71] このことは、一八六八年の四月に「市民学校」と呼ばれたものが軍学校から行政的に分離されたことに対応していた。[72] 新しい市民教育は、生活一般とモスクでの学習から分離されると同時に、軍事的な事業からも全面的に分離されることになり、その目的は、あらゆる個人に規律訓練を施し、向上させることに置かれた。

そのような意味での教育（タルビヤ）という語は、単語自体としても、新しい用法で用いられるようになった。一八三四年にリファーア・タフターウィーが出版した『タフリース・アル＝イブリーズ』[21] は、近代アラブ文学でのヨーロッパについての最初の記述として有名だが、そのなかでは「タルビヤ」という語はほとんど用いられていない。それでも一二カ所ある使用例においては、この語は一般的な「育てること」、「生みだすこと」の意味で用いられており、それはパリ工科学院に関する記述に見てとることができる。「工科学院では、数学と物理学は技術者を育てるために（リ・タルビヤ・ムハンディスィーン）教えられる」。独立した社会的実践としての教育を指す単一の語を、この著作に見いだすことはできない。[73] 同書における学習についての記述が主題とするのは、ヨーロッパ一般についての記述と同様に、秩序と組織化であった。その冒頭部分は、ムハンマド・アリーがヨーロッパから専門家を招いて、軍の秩序を構築したことを批判する人びとに宛てて話しかける体裁をとっていた。「あの作業場、工場、学校などを見たまえ。そして軍の兵士に与えられる規律訓練（タルティーブ）と……秩序を見たまえ」と彼は記した。[74] この書物の主題は、フランスで随所に見いだすことのできる同一の規律訓練と秩序であった。

この作品のなかでパリにおける学習のあり方を多少詳しく扱った部分は、「パリ市民のあいだでの知識、技能、工芸の分野の進歩とその組織化」という表題でもって始められている。タフターウィーの一九七三年版の著作集を編纂した編集者は、この同じ章を「フランス人のあいだでの知識、技能、教育」という表題に変えており、「組織化」（タルティーブ）の語を、語感の似た「教育」（タルビヤ）の語に差し替え、もはや時代にそぐわなくなったと思われる「工芸」の語を削っている。[75] 単語を差し替えることで、編集者は一九世紀のエジプトで実際に起こった語彙と思考の変容を、再現してみせているのである。その時代、タルティーブという語は「（等級への）割り振り」、「組織」、「規律訓練」、「支配」、「規則」（そこから転じて「政府」）を意味していたが、学習の分野では、これに音の似たタルビヤの語が広範に用いられるようになってきたのである。おそらく一九世紀の最後の三分の一の期間にいたるまでは、タルビヤの語は単に「生み育てること《ブリード》」、「栽培すること《カルティヴェイト》」を意味し、英語におけるそれらの語と同じように、綿花や牛や子どもの道徳意識など、成長に対する補助を必要とするすべてのものに対して用いられていた。その後、一九世紀の最後の三分の一になって、この語は、発展してきた新しい実践分野である「教育」を意味するようになったのである(76)。

学校教育制度はこの種の規律訓練の徹底を達成するために導入され、その組織化と点検とに責任をもつ人びとは、この新しい実践を論じる著作や手引書をこの時代に書いた。たとえばタフターウィーは、一八七二年に教育に関する彼の主著である『ムルシド・アミーン・リ・バナート・ワ・バニーン（少年少女のための〔信頼できる〕手引書）』を刊行しており、そのなかで新しい教育の実践を、人間の本性の点から必要なことであると説明している。「人は、教育（タルビヤ・ワ・タアリーム）なくして、母の腹から生まれたというだけでは、何も知らず何をすることもできない」。人が自分の心身を保ち、言葉を話し、思考する能力をもつことができるのは、教育と指導のおかげである。そうした能力を獲得するためには、タフターウィーによると「長期間にわたって繰り返し繰り返し訓練し実践し練習して、それらを身につけることが必要」であった(77)。このような言い方のなかに、教育が元来、軍に導入された技術の応用であることが直接に示されている。そしてそのような言い方が行き着く先は、まさに国家の軍事的・政治的な強化の可能性であった。教育における繰り返しの訓練と練習によって形成された能力によって、人びとは相互に調和し連係し、共同体をつくりだしていった。本来もつ学びとる力をそうやって十二分に伸ばすことで、共同体は強力なものとなり、他の共同体を支配する能力を獲得したのである(78)。

そこからタフターウィーは、教育（タルビヤ）という語に含まれる二つの意味を区別するようになる。第一の意味は彼が「人という種としてのタルビヤ」と呼んでいるもので、タルビヤの語は「何かを栽培し、生み育て、生産する」という、昔ながらの意味で用いられる。この場合には、それは「人間が人間となるためのタルビヤ、つまり身体的・精神的な能力を成長させること」を意味している。第二の意味は「個人としての人間のタルビヤであり、それは共同体と国民のタルビヤを意味する」。この第二の意味こそが、この時代に生まれた新しく、ここで検討される意味である。一九〇三年に政府が発行した公式の教科書では、冒頭に「何かにタルビヤを施すとは、それを規模の点で大きくしてやることではない」と明言されている。むしろ、タルビヤとは、個人に規律と訓練を施し、それによって彼らが調和的に連係してひとつの単位として活動するようになることを指していた。「それは、求められている職務をもっとも効果的な方法で果たすことができるよう、準備を整え自己を強化することを意味する。何者かを教育し強化するには、職務を実行する訓練と練習を繰り返すことで、ためらうことなく速やかかつ正確にそれを果たすことができるようにする以外のやり方はない」。この教科書の著者は、アブドゥルアズィーズ・ジャーウィーシュであり、彼はジョセフ・ランカスターが助教方式の学校の教師を養成するために創立したロンドンのバーロウ・ロード校[22]で三年間の訓練を受けていた。彼はそれから教育省の総監になり〔一九〇六年〕、後には国民党を創設し[23]、その機関紙である『リワー』〔旗〕紙の編集責任者[24]になった[79]。

ジャーウィーシュの経歴によって、教育という新しい規律訓練のやり方が、組織的な学校教育制度以外の場を通しても実施されていたことがわかる。学校教育は、より広い範囲にわたる規律訓練と指導とをめぐる政治過程の一部をなすにすぎなかった。同じ時期に、村落部に置かれる学校の教師を養成するために、官立の師範学校[25]が新たに創立されたが、その上級教授であったフサイン・マルサフィー[26]は、教育を構成するのは三つの部分、すなわち、個人を捕捉する新式の方法である三つの制度であり、それは学校、議会、そして新聞であると述べている[80]。マルサフィーの師範学校での同僚であり、彼よりも著名である偉大な改革主義思想家、ムハンマド・アブドゥフも、タルビヤについて同様の考え方を発展させた。彼にとって教育とは、知識人が果たすべき政治的な役割を表わし、そこで知識人は自分の

「学校」として、新しくできた出版施設を利用するとされた[81]。官立の学校と議会についてはすでに論じてきたので、以下に新しい印刷出版活動の重要性について簡単にみていくことにしたい。

パリのエジプト人学校の卒業生のひとりであるムハンマド・アーリフ・パシャ〔本章の原註(25)参照〕によって、カイロで有用図書出版知識協会（ジャムイーヤ・アル＝マアーリフ・リ・ナシュル・アル＝クトゥブ・アン＝ナーフィア）が一八六八年に創設された〔27〕。この協会はおそらく、英国の労働者階級のあいだに自己規律と勤勉の価値を説くことを目的として、ブルーアム卿の手で組織された有用知識普及協会〔28〕をモデルとしていた。ムハンマド・アーリフは、エジプトの協会の創設に関わった人びとの多くと同様に、政府の高官だった。彼は協会設立のために、広く一般に出資者を求め、その結果集まった六六〇名の出資者の大半は、地主か政府の官吏であった[82]。「教育」と同じ方面の活動の一部として、この時期には政府も、新聞と雑誌および書籍の出版に乗り出した。

エジプト政府は一八二八年から『ワカーイウ・ミスリーヤ』〔エジプト時報〕と題した官報を刊行し、政府の決定事項、新しい法令、官吏の任免、公共事業、その他の国内での出来事一般を掲載していた。その発行は一八五〇年代まで続けられたが、サイード・パシャの治世になって中止された[83]。一八六五年の一二月に、この官報はふたたび発行されることになったが、その際には形式が一新され、新しくかついっそう慎重な目的意識をもって再発行された。当時政府が内部向けに発した命令書には、「官吏の手を通して、政府の職務の内容を世間に公表するのではなく、政府は官報の制作権をある編集者に与えることを決定し、彼は政府の干渉を受けることなくそれを発行できるようになる」と記されている。この決定はしかし、統制の放棄ではなく、その技術面での転換にすぎなかった。外務省に勤務するアフマド・ラシーフ・エフェンディ〔29〕と、ヘディーヴの随員のひとりであったムスタファー・ラスミー・エフェンディという二人の官僚が、新しくつくられた官報局の職員に任命され、財務相に対しては「これらの者は今後も変わらず政府の吏員であると見なされ、官吏としての俸給と便宜を保証され、政府以外から報酬を受けることはできない」旨、指示が与えられたというのが実状であった[84]。

図版９　ファールーク王〔実質的に，ムハンマド・アリー朝最後の君主。形式的には，1952年の革命後１歳に満たない息子フアード２世が１年弱の期間王位に就いている〕の蔵書票。

技術上の変更は、紙面で発表される内容の変化に対応している。政府がもはや単に命令を発しそれを強制するものと考えられてはいなかったのとまったく同様に、官報はもはや単純に政府の命令と指示を、書かれたものとして発表するために発行されるわけではなかった。情報と指示は、政治の方法、すなわち政治過程のなかで、刊行し、公のものとしなければならない「有用」な何ものかとなりつつあった。そこには、公にされるべき思想もしくは意味の全体的領域があったのである（その一方で、この種の公的な知識の作り手はますます隠れた存在となり、その姿を偽装するようになっていった）。

官報の再刊に続いて、政府は他の定期刊行物の発行にもつぎつぎと乗り出していった。一八六七年にはアブドゥッラー・エフェンディ・アブー＝サウードの編集により、『ワーディー・アン＝ニール』〔ナイル渓谷〕という週刊誌が発刊され、政府機関以外から発行されたエジプトの最初の雑誌になったとされる。しかし、アブー＝サウード〔30〕は学校局の官吏であったので、実際にはこの雑誌は政府によって創刊され、財源を提供されていた。三年後の一八七〇年四月、『ラウダ・アル＝マダーリス』〔学園の庭〕と題する新しい雑誌が発刊されたが、これについては学校局が公式の発行元になっていた(85)。この月刊誌は近代的な知識の普及を目的としており、印刷されて新設の官立学校のすべての生徒に無料で配布された。発行を監修したのはリファーア・タフターウィーであり、彼のその後の著作はすべてこの雑誌に最初に掲載されるようになった。

内から外に向けての働きかけ

著述の組織化、性質、分配方法といったものの変容に関して、以上にその発端について若干触れてみたが、この問題は後ほど別の章であらためて論じることにする。学校教育制度と同じように、いまや著述は生の過程とは別の何ものかとして現われるようになり、独自の指示、表象、真実の領域となった。アズハルを中心とする学問の世界においては、書かれた言葉にいかなる重要性が認められていたにせよ、著述が独自の表象、意味、文化の領域を形成することはなかった。つまり、「テクスト」と「現実の世界」とのあいだに根本的区分は存在していなかったのである。後ほどみるように、一九世紀のアズハルの学者たちが一貫して印刷技術の導入を拒否したことは、この文脈に置いてみて理解することができる。さしあたりはしかし、新しい指示の領域、すなわち教えられるべき指導事項をまとめたものとしての知識という領域と、構造として秩序をつくりだす新しい方法のあいだの結びつきを示唆するだけで本章を締めくくることにしよう。ここで論じておこうとすることは、前章と本章で検討してきたような、枠づけし、包含し、規律訓練を施していくという新しい方法が、近代的な学校教育課程の成立を可能にしただけではなく、まさにそのような方法によって、学校教育の必要性はつくりだされたという点である。このことをさらに明らかにするために、モデル村落の構造化された世界にしばらく立ち戻ることにしよう。

一九世紀を通してモデル村落はエジプト各地に建設された。とくに、イズバ[31]の名で知られる新しい種類の個人所有の大農場や、ヨーロッパの営利事業主の支配下にある「企業農場」ではその建設は盛んであった[86]。二〇世紀の初めにエジプトの農村部で活動していたイェズス会士であるアンリ・アイルート[32]が記すところでは、これらの組織化された村に住まなくてはならなくなった農民たちは、村を「幾何学的形状をした牢獄」と一般に考えていた。彼によれば、農民たちは、

> 子どものような性向の持ち主で、モデル住宅を使いこなすために懇切丁寧な「用法説明」を与えてやり、新しく設置された装置の類いをどう使ったらいいか教え、また、古い家屋よりもそれがどんなにすぐれているか説いてやらないと、そこに住もうとしない。こうした教育を施してやることは物質面での実現よりはるかに重要である。

モデル村落によって、建物の物質性とそこで暮らすために必要な一連の「用法説明」とのあいだに、区別が導入され

た。これは新しい出来事であった。ブルデューが記述したカビールの村落においては、そのような区別はまったく考えられないものであり、そしてカビールの村落こそ、先に示したように、植民地的秩序がそれに取って代わろうとした建物と居住と思考の様式の典型と見なしうるものであった。すでにみたように、カビールの村落における建物とそこでの生活には、独自に存在する用法説明、意味、設計図と、そのいわば「物質面での実現」としての何ものかとがことさらに区別されるなどということはいっさいなかった。家屋の建築それ自体が設計図の具現化などではなく、「女性である」大黒柱が「男性である」棟木と組み合わされるといった、世帯を形成する結合過程の再演のひとつであるにすぎない[87]。家屋は単なる装置などではなく、したがって近代的装置の類のように別個に用法の指示がその住人に提供されるわけではない。人類学者がしばしばいうような象徴的記号体系あるいは文化的記号体系の領域として、また学ぶ必要のある用法説明として、単なる物質性から区分された何ものかが別個に存在することなどは、そこではありえなかった。

モデル村落の新しい秩序は、この種の記号体系や見取り図の概念、およびこの種の物質性の概念を新しく持ち込んだ。本章で論じた教室のつくりと同じように、村落の幾何学的な構造は世界を単純に二つの部分からなるものとして提示する。そこでは私たちが「物」と呼ぶところの世界が、それとは別個の意図や指示の領域の物質的実現として現われることで存在する。この神秘的な技術、新しい秩序こそが、組織的な教育が突如としてもつようになった可能性と必要性の起源である。突如として「物」とは別個に、文化的記号体系や一群の指示があることになり、そしてすべての子ども、および当時は「子どものような性向の持ち主である」と見なされていた「すべての農民」が、それを学ぶ必要があるとされたのである。アイルート神父は先の一節に続けて、「実際の村落建設の事業が、村人たちを教え、教育し、指示する作業と結びつかない限り、モデル村落はモデルとして実現されず、推奨例となりえない。簡単にいえば、私たちはファッラーフたちとともに働かなくてはならないということである。エジプトの村落を再建するためには、その住人、とくに女性の再教育が必要である。私たちは内から始めて外へ向けて働きかけなくてはならないのである」と述べている[88]。

本章は、アリー・ムバーラクがパリから帰国して新しい首都の建設と新しい教育制度の設立に取りかかるところから始められた。中ほどのところでは、街路の整備と学校の建設の関連性、つまり新しい種類の空間的枠組みとそのなかを移動する者たちを調和的に連係させ統御する、新しい方法との関連性について紙数を割いてきた。これらの調和的連係の方法は、特殊かつ物理的な方法であり、ミシェル・フーコーのいう「微視物理的＝身体的権力」をもたらすものである。この権力は、物理的空間を正確な寸法にしたがって秩序化し直し、そこにある主体の身体を持続して捕捉することで機能する。しかし、同時にこの権力が形而上的でもあることも本章は示そうとしてきた。権力は独自の非物質的な領域として、秩序という見かけの出現、または構造という見かけの出現をつくりだすことによって機能するのである。この形而上的な領域の創出は、個人の教育を突如として必要欠くべからざるものにした。それはちょうど微視物理的＝身体的な方法がそのような教育を可能にしたのと同じようにである。いまや権力は身体の外側に働きかけようとするだけではなく、個人の精神のかたちを決めてやることで「内から外へ向けて」、すなわち個人の精神を形成することで働こうとしていた。

第4章　私たちが彼らの身体を捕らえた後

マイケル・ギルズナンは、その著書『イスラームを認識する』のなかで、一八四五年から四六年にかけて、あるフランス軍士官の部隊が鎮圧したアルジェリアの反乱について、その士官が残した報告を引用している。報告のなかで士官は、人びとのあいだに政治的権威を確立するには、抑圧と教導の二つの方式があると述べた。後者が長い期間をかけて人びとの心に働きかけるのに対し、前者は身体に作用するもので最初に行なわなくてはならないものだった。

実際のところ、なすべき最重要課題は、このどこにでもいてどこにもいないような民衆を集めて、集団に分けてやることである。つまり、彼らを私たちが捕捉できるものにすることが肝心なのである。彼らを私たちが掌握して初めて、現在では私たちがなしえない多くのことが可能になるだろう。まず、私たちが彼らの身体を捕らえれば、しかる後に、彼らの心をも捕らえることも、おそらく可能になるだろう。(1)

第二章と第三章では軍の統制、建築の秩序、学校教育制度といったものに関わる、新しい方法について検討し、それによって初めて、人びとの「身体を捕らえ」るということが可能になったと論じてきた。そこでは、ミシェル・フーコーの著作を引きつつ、個人の身体を捕らえるだけではなく、それを植民地化し、持続的に存在を保とうとする政治権力が、エジプトに出現した過程を描こうと試みた。前述のフランス軍士官の文章はしかし、この植民地化の力のもつ、さらに新たな何ものかを示している。前章の末尾において触れたように、この力は、その対象物を二つの別々の関心事、肉体と精神とに分割されたものとして構築する。以下の数ページにわたっては、この分割自体が新しいものであり、権力の新しい方法によってつくりだされ、そうした権力の方法の本質がそうした分離をつくりだすことにあったと論じるつもりである。そうした精神と肉体の二分性を分析することによって、規律訓練的な権力の研究は、博覧会としての世界という、より大きな主題に結びつけられることになるだろう。

　まず、フランス人士官と同じように、身体の制御の問題から入っていこう。監視の体系は、学校や軍隊で始まる以前に、人の誕生とともに開始された。一八八二年に英国がエジプトを軍事占領した後、エジプトのすべての村落で公式の出生登録実施を組織化するための機関が、中央に設置された。これを実現するには、当地における英国政府の代表であるクローマー卿[1]が「英国式体系的監察法」と好んで呼んでいたもの、つまり植民地主義が確固たるものにしようと望んでいた、日常的な権力の方法が必要だった。ロンドンの外務省に宛てた書簡のなかで卿は、次のように書き残している。「出生登録と英国式体系的監察法との関連で言えば、ベニー・スエフ県〔エジプト中部、ファイユーム県の南〕で起こった最近の一件ほど格好の事例はないだろう。当地の英国人の監察官には、ある裕福なエジプト人が所有する某『イズバ』〔農場〕で、かなり多数の成人および未成年の者たちがまだ出生登録されていないと信じる充分な理由があった。登録に責任を持つシェイフは、その〔農場の〕なかの村には徴兵の年齢に達した者は一人もいないし、出生登録されていない者も一人もいないと証言していた。……監察官は警察力と村の番人たちとを動員して、夜間に村を包囲した。その結果、翌朝には四〇〇名以上が出生登録されていないことが判明し、シェイフは軍法会議にかけられることになった」。一国の出生者を一律に登録する目的は、直接には軍への新兵の補充を組織化することにあり、その軍隊特有の監視と管理の方法についてはこれまでも論じてきた。しかし、そうした「英国式監察法」には、クローマー自身が外務省への報告書のなかで説明しているように、もっと広い意味での価値があった。卿の言葉を借りれば、監察によって「新兵補充委員会の、軍事と医療にわたる仕事を体系的に監督して行なうことが可能になり、また間接的にはムディーリーヤ（県庁）当局による、多くの民間事業への体系的監督が可能になるということもあった」のである(2)。

同様の監督と管理の方式は、地方のレヴェルでの資本主義的生産、とくに綿花を栽培し加工するための新しい方式としても求められた。大農場の私的所有と、ヨーロッパ資本の投下とによって、土地をもたない労働者の階級が生みだされ、そこで彼らの身体に賃金労働のための規律訓練的な習性を教え込む必要が生じた。たとえば、ザカーズィークの新しい市街地に、綿繰りの工場を所有していた二人の英国人は、同じ英国出身の若者を雇っていたが、その若者の仕事は、エジプト人の監督である「マンスール」を監督することだった。彼が残している記録によれば、マンスールの仕事は、「現地人たちが働いているあいだ彼らを見張り、彼らに秩序だった仕事をさせることだった。というのも、彼らのほとんどは生来怠惰な性向を持っていたからである……。道徳に訴えても彼らを説得することはほとんど無理なので、マンスールはクルバーシュ〔クルバージュが正しく、引用元の誤り〕という名の長い鞭をいつも持っていて、それで男たちや少年たちが仕事に励むようにさせるのだった。ただし、誰かが盗みやもっと重大な罪を犯しているのが見つかったときには、犯人は罰を受けるために地元の警察署に連れていかれた。その場合に同行するのは私であり、私は男の犯した罪を署長に説明し、適切な回数の鞭打ちの罰が与えられるよう計らうことになっていた(3)」。

資本主義的生産はまた、エジプトの農村地帯に新しく敷設されることになった、道路、鉄道、運河、堰、橋、電信設備、港などの経済社会基盤を建設し維持補修するために、大量の移動労働者の集まりをつくりだし管理することを求めた。スエズ運河建設のような、より大きな事業になると、何万人もの男たちを動員し、監督しなくてはならなかった。労働者たちはいくつもの小さな群れをなして南部エジプトから連れてこられ、綿花栽培に必要となる、通年灌漑を可能にする運河網を北部に建設し維持する季節労働に従事させられた。英国人は、それら移動労働者の群れを恒常的に警察の監視下に置いた。彼らはまた「切符」制度を取り入れたが、これは労働者たちが北部へと旅立つ前、まだ故郷の村にいるうちに手渡されることになっており、これを手に入れられるのは、土地の警察が面倒を起こすような人物ではないと請け合った者だけだった[4]。

「切符」を発行するというやり方は、おそらくこの国で急速に拡大しつつあった鉄道制度という、それまでに前例のなかった規律訓練の機構のもうひとつの場から借りてこられたのだろう。この世紀の終わりまでには、エジプトの鉄道の総延長は、人口あたりと居住地面積あたりでは世界最大の部類に入るようになっていた。一八九〇年に四七〇万人の旅客を運んでいた鉄道は、一九〇六年には三〇〇〇万近くを運ぶことになり、国内で最多の常勤労働者を雇用する企業であった。この労働力を監督し管理するほかに、鉄道を運営する当局は、何百万もの旅客の一人ひとりについて切符の発行と回収を組織し、「乗客間の規律訓練を維持する」ために、独自の警備隊や公安官、監察官をもたなくてはならなかった[5]。

エジプトの農村地帯は、教室や都市と同じように、可能な限りの継続的監督と管理の場、切符と登録用紙の場、取り締まりと監察の場となった。畑や工場、鉄道、労働者の集団に対するような、特定の監督行為のほかに、政府は、「知的で活発であまねく行き渡る」一般的な取り締まりの体系を構築することを望んだ[6]。最初は、一八八二年に政府の権威が著しく低下した直後〔英国のエジプト占領を指す〕に、クローマーが「戒厳令にも等しい」と認める制度の導入が決められた。地方の武装集団の解体を目的として設置された、いわゆる「匪賊対策委員会」は、近代国家の新しい権力に対する農民の抵抗を粉砕するために、いまやお馴染みとなった方法である、武力による襲撃、秘密警察、密告、大量投獄（この国の監獄は収容力の四倍もの囚人でいっぱいになった）、体系的な拷問の実施などを片っ端から採用し行使していった。被疑者から自白を引き出すために用いられた拷問には、人を鉄製の横木から吊り下げるというものや、一八八七年四月にタンターの茶店で、二人の秘密警察によって逮捕されたマフムード・アリー・サイーディーがやられたように、真っ赤に灼けた鉄の釘を押しつけるなどといったものがあった[7]。

これらの方策が採用されてから一〇年が過ぎて、新しく、より規律訓練的で、広範囲にわたって持続的に機能する取り締まりの体系が、匪賊対策委員会に取って代わった。エジプト軍の英国人将校のひとりだったハーバート・キッチナー大佐が[2]、エジプト警察の総監に任命された。キッチナーは、モロッコのリヨテ元帥[3]と同じように、一九世紀末期に登場した軍人行政官の新しいあり方を示す典型的な人物で、監察や通信、規律訓練に関する近代的な軍事の手法を、不断の政治権力過程に変形し、それ以前の試みが失敗した部分を引き受けていった。クローマー卿は彼について、「第一級の軍の行政官であり、彼が働かせる機関《マシーン》の各部分は、細部すべてにわたって適切に整備されていた。おかげで、機関の各部分は、人間の洞察力が許す限りもっとも巧みに、割り当てられた仕事に適した状態になっていた」と評している[8]。警察力を組織するほかにも、英国式監察法を包括的に適用する制度が設立され、内務省（この新しい官僚機構はそう呼ばれた）の内部に置かれた。こうしてエジプト人の村落生活の「内側」は、不断に点検されることになった。この監督業務を補助するために、村には番人が置かれることになり、その数は五万人にも及んだ。彼らは政府から給料を与えられ、各地方の中心となる町で軍事教練を施され、武器を支給された。番人たちは「犯罪者および疑わしい人物」、さらにはすべての「注意を要する好ましくない人物に対する警察の監視」に協力することになっていた。最後に、一連の新しい法令が、これ以上の地方の「無秩序」を抑えるために発せられたが、そのなかには「中央政府および地方の官吏、有力な地主と商人」以外の全住民に、一切の銃器の携帯を禁ずる規定などが含まれていた。この新しい管理の方法は、みごとな成功を収めた。地方で反乱を起こしていた集団は解体され、その首謀者たちは射殺されたり捕らえられたりしたので、新しく私有化された財産に対する攻撃は終わりを告げ、「有力な地主や商人」の権力は安泰となった[9]。

衛生上およびその他の理由

権力の新しい方式は、人びとを一人ひとり取り締まり、監督し、指導することを目指していた。それは「よく知られた人物」や「注意を要する人物」といったような、登録され、勘定に入れられ、点検され、報告書に記載される人間に着目して働こうとする権力だった。最初の国勢調査は、一八八二年に実施された。出生登録や健康診断という医学的監察の手続きにみられるように、政治的主体一人ひとりの身体に向けられた関心は、軍事的なものと経済的なものからなった。さらに、新しい医療統計の実践が軍のそれにならって行なわれ、それによって、身体の数、状態、改善、保護など、身体に関するひとつの用語法が提供されることになり、それを使うことで政治権力は作動することができた。[10] そうした言葉の使い方は、権力の浸透とそれによる取り締まりが困難であるような、大規模な運動や集合を管理し制限するのに用いることができた。それはたとえば、エジプト全土で人びとの社会経済生活の暦を彩っていた、さまざまな民衆レヴェルの祭礼を抑圧するのに用いられた。

この国で毎年催される祭礼のうちでも最大のものであり、また地中海世界全域をとってみても、民衆が集まる機会としては壮大なもののひとつであったのは、ナイル・デルタにあるタンターの町で行なわれるサイイド・バダウィー[4]の祭礼だった。これはきわめて大規模な行事であり、とくに一八五六年にタンターが鉄道網の一画に接続されてからは、いっそう盛大になっていった。この祭礼を訪れる人びとの数は、一八六〇年代と七〇年代には毎年五〇万を下らなかったといわれる。[11] すでにこの時期には、祭礼のおりに行なわれる宗教的実践が法に反しているとか、人びとが仕事をおろそかにするのでこの祭礼は国にとって有害であるといった批判があびせられるようになっていた。当時、そうした批判に対しては、この祭礼が世界各地で見られる大規模な定期市と同じように、一年に一度の大きな市の立つ機会であって、そこで取引や商売が盛んに行なわれているという点を指摘する反論があった。[12] しかし、このような反論は広く受けいれられるにはいたらず、この世紀の最後の三〇年間には、衛生学的観点を理由にした布告が発せられて、祭礼の全体が締めつけを受けるようになった。一八七〇年代には、毎年祭礼が終わるたびに「疾病と悪い空気の蔓延」に大きな関心が寄せられた。前章の冒頭で論じたように、当時は、このような問題が生じるのは、町の物理的構造に原因があるとされ、その結果として建物が取り壊されて開けた通りがつくられた。しかし、これらの方策は充分にその目的を果たしたとはとてもいえず、世紀の変わり目に政府は、祭礼自体を「衛生上およびその他の理由」によってほぼ完全に禁止してしまった[13]。

健康と身体の衛生学という用語法はまた、身体に対する新しい規律訓練の一環として官立の学校でも用いられた。個人に衛生の観念を教えること、また、そのための教科書は、一人ひとりの生徒が清潔になり、身綺麗になることを目指していたが、この目的のための用語法や方法は、普通のエジプト人、とくに村落に暮らすエジプト人がもっていた、人の脆弱性の観念に対してまったく理解を示さず、それを一九世紀的な身体の概念で置き換えようとした。身体は物理的な機械として扱われ、病は機械論的な因果論の過程として理解されるようになった[14]。そうした教科書の著者のひとりは、村に旧来の慣習がいつまでも残っているのは、「そうした慣習と充分には戦ってこなかったから」であるとしており、また、この教科書の一部を英語に翻訳したオリエンタリストの言い方では、それらを「人間の失敗を記録した古文書館のなかに追いやる」ことが望まれた[15]。教科書の原著者はナイル・デルタの農村出身の、二〇代半ばの男性で、カイロの官立医学校で医師としての訓練を受け、教育省の命によって官立学校のための教科書を二冊書いている。一冊目は衛生学に関するもので『エジプト人の習慣に対する健康上の対策』と題して発表され、二冊目は風俗と道徳をより一般的に扱ったもので、一八九六年に出版された[16]。

それらの著作は、貧しい人びとのあいだで活動している民間の治療師を信用できない連中とするだけではなく——治療師たちは「ペテン師」「もぐり」「あからさまな盗人」などと容赦なく非難されている——、それに替わる説明の仕方とそれに替わる医療行為とを受けいれるように人びとに求めるという方法を採った。彼は、民間医療の療法の多くに効き目があることを事実として認めるが、それが効力を発揮するのは、「療法に病を癒やす何らかの性質があるからではなく、想像力や意志が神経に影響するという働きによるものにすぎず、それは近年の生物学者たちによれば人間の体質にたいへんに危険な作用を及ぼす」と説明する[17]。他の場合には、彼はそうした地方的療法が科学的にも正しいことを認めるが、それがどのように身体に作用するかが地域で正しく理解されていないと責め、それに替えて、一九世紀後半の医学にもとづいてその作用を説く、「真の説明」を充てようとした。たとえば、邪視の力を彼は「電磁波」という言葉でもって説明している。「私たちが妬みと名づける邪悪な電磁波が、人間の感覚器を通して注がれるのである」。彼は具体例として、子どもやその他の物を「妬んで」じっと見つめる、ある村の治療者の場合を引いている。「妬む者が妬まれたものに視線を注ぐときはいつも、興奮した瞬間に彼のもつ毒性が視線の流れに影響し、動植物の生命の動きを弱め、それらを疲弊させたり滅亡させたりするのである。そして、妬む者の力がどれくらい妬まれるものの力を上回っているかによって、危険さの度合いも異なり、軽い病から深刻な病、さらには死まで、あるいは木が倒れることから大邸宅の崩壊までの結果をもたらす」。彼は最後に、ヨーロッパから輸入される錠剤やエリキシル剤〔5〕のあるものは、それらが取って代わりつつある民間薬と化学的には同一の組成であると認めることまでするが、それでも彼はそうした民間薬の使用を咎めることを少しも躊躇しない。彼はただつけ加えるだけである。「科学のおかげで、自然の産物として効き目のあった薬物が不要になり、工業製品としてその薬物（またはその類似物）が手に入るようになるとは、驚嘆すべきことではないか(18)」。

この時代のさまざまな著作のなかで、民間療法は有害で誤った、悪意はなくとも悪影響を及ぼすものとして、ひたすら遠ざけられていった。ムハンマド・ウマル〔6〕作のよく知られたアラビア語の著作、『エジプト人の現況とその退化の原因』〔本章の註(90)参照〕では、この国の後進性の主たる原因が、貧しい人びとの無知な慣行に求められており、そうした「無知」のはっきりとした現われとして、ズィクル〔7〕やザールといったトランス状態を招く民衆慣行が挙げられている。このほかにも、より広範囲にわたって批判的な判断を示したいくつかの刊行物があった。たとえば一九〇三年に出版されたムハンマド・ヒルミー・ザイヌッディーン〔公共信託財産局で職員を務めていた以外不詳〕の『マダール・アッ＝ザール（ザールの有害性）』では、ときにザールのような慣行によって、女性が夫に対して危険な力を手に入れることになるとして、この慣行を非難している。

政治の科学

身体に対する働きかけの新しい方法を導入する試みは、当時起こりつつあった変化のひとつの側面にすぎない。身体を一台の機械として扱い、不断の監督と管理を求めることで、政治は人を二つの部分からなる一個の物として構成するようになったが、それは政治が世界を二つの面からなる物として構成したのと同様だった。機械論的な身体は、政治の実践においては個人の心もしくは心性と区別されるようになったが、それは物質的世界が概念的秩序、あるいは一九世紀のフランスでよく用いられた言い方である「道徳的秩序《オルドゥル・モラール》」とは別個のものとされたのと同様だった。新興の大土地所有エリートのひとりで、英国がエジプトを占領した後、三度にわたって首相を務めたヌーバール・パシャ[8]は、政治的過程をこのような区別にもとづいて理解していた。ある覚え書きのなかで彼は、「軍、鉄道、……橋や道路、健康および衛生活動」について達成された成果に触れ、「物質的秩序《オルドゥル・マテリアル》においてなされたことは、道徳的秩序《オルドゥル・モラール》においても果たされなくてはならない」と論じている[19]。ヌーバール・パシャのこの覚え書きは、私有財産の効力を確固たるものにする、ヨーロッパ法体系の導入に関するものだった。このように「道徳的秩序」という言い方は、近代的な意味での法、つまり共同体の規則の集成を指していた（その意味での法なるものは、それまでのイスラーム法とはまったく異なっている。イスラーム法は、「行動」を一定の限度内にとどめる抽象的な法典などではなく、むしろ特定の実践行為に対する注釈、およびそれらの注釈に対するさらなる注釈の連なりとして理解されていた）。だが、「道徳的秩序」という言い方は、さらに広い意味で共同体の全般的道徳律を指しても用いられた。この広い意味では、道徳的秩序とは、今日では私たちが「意味」の領域と呼んでいるものについて話す際に用いられた一九世紀的用語である。それは、博覧会としての世界において、世界の物質性とは別個に存在すると考えられた抽象的な記号体系もしくは構造を指して呼ぶ名前だった。一九世紀の終わりころには、この抽象体を呼ぶ名前として、道徳的秩序という言い方は、

「社会」や「文化」といった新しい用語に取って代わられていった。

　これらの抽象観念が持つ政治的な性質を考えるために、ここでは人間《パーソン》についてさらに議論することから取り組んでみたい。というのも、身体と精神という二つの別個の実体からなるものとしての人間という新しい概念は、「道徳的秩序」などの抽象観念に結びつけることができるからである。道徳性は社会的な領域を示すと同時に、また個人によって所有されるものでもあった。子どもを育て学校に通わせるのは、子どもに規律訓練を身につけさせるためだけではなく、子どもの道徳、もしくは精神を養うためでもあった。文化という新しい概念も、同じような二重の意味をもっていた。それは共同体の精神面の秩序を指すとともに、個人が獲得すべき一揃いの規則や価値の集まりをも指した。こうして、道徳的あるいは文化的な次元は、世界のひとつの次元（世界の物質性とは区別された、別個の概念的秩序）であり、かつ人間のなかにある場所あるいは過程（個人の身体とは区別された、彼または彼女の精神もしくは心性）でもあった。博覧会としての世界における政治の方法は、人間の見かけの二重性と世界の見かけの二重性とを、このように符合させるところに存していた。

　学校教育は人間をこの二重の方式で扱う過程であった。その監視と指導の力は、物質的なものと同様精神的なものをも監察下に置くことをもくろんでいた。「監察の性質」について論じた一八八〇年の政府の報告書の一節によれば、「教育相の目」である学校監察官の仕事は、それぞれの学校の状況を「物質的にも道徳的にも」調査することにあった。[20]これに応じて、学校教育の目的は、生徒の身体と精神の双方の形成にあるとされた。この二つの目標物は、一九〇二年に教育行政局のために、エジプトでの教育実践に関して書かれた定評ある著作でも、はっきりと区別されている。その著者は、アブドゥルアズィーズ・ジャーウィーシュという、ランカスター式で訓練され、後にこの国のナショナリズム運動の指導者となった人物だった。ジャーウィーシュの書くところでは、教育が意図するのは、児童の物理的身体の訓練とともに、その精神と性格の陶冶である。さらに彼は、後者の過程がいっそう重要であるとしているが、それというのも、人びとの性格だけが社会（ムジュタマウ）の存在を保証し、そこで起こる出来事の秩序を確保するものだからである。人間の心や性格を学校で陶冶することは、社会秩序のための手段であるとして、ジャーウィーシュは、生徒たちが「学校の規律や規則を遵守し服従することを教えられて、国家の規則、規律、法律を尊重することに慣れていく」のだと説明した。そして、この点で学校は、政府にとっておおいに助けとなるものなのだと、彼は結論づけている。さらにいえば、学校は家庭とは異なり、「競争の場であり、これによって生徒たちは自分たちの仕事である勉学において、精励と勤勉を好む精神を教え込まれる」のだった[21]。

近代の学校教育がもたらす個人への働きかけの力は、第三章で示したように、政治そのものの特質であり方法でもあった。政治は学校教育と同様の過程にしたがって認識され、同様に身体と精神に働きかけるものとなった。「政治」の新しい概念はエジプトでは一八六〇年代からさまざまな著作に現われるようになり、それは第一に新しい学校で教えられ訓練されるものだった。「政治」は学校で、リファーア・タフターウィーが「一般的統治力《ガヴァニング・パワー》」と呼ぶものをもたらすものとされた。

> 文明化された世界ではこれまで子どもたちに、たとえばイスラーム諸国では聖なるクルアーンを教え、他の国々では彼らの宗教の経典を教え、そしてそれから各人の職業に必要なことを教えるのが習慣だった。このこと自体にはまったく異論の余地はない。しかし、イスラーム諸国では、主権的統治の科学とその応用、すなわち一般的統治力の初歩を教えることが、とくに村落部の住人たちに対して軽んじられてきた[22]。

この意味での「政治」は、もちろん、これより以前には軽んじられ見過ごされてきた研究の領域などというものではない。それは、学校教育その他の多様な実践の導入——新しい学校を組織し指導した人びとの著述活動もそこに含まれる——によって生まれた、新しい概念だった。「国が統治されるための原則と指針」について、タフターウィーは次のような説明をした。

それらは主権的統治の技術（ファンヌ・アッ＝スィヤーサ・アル＝マラキーヤ）、行政の技術（ファンヌ・アル＝イダーラ）、また国政の科学（イルム・タドゥビール・アル＝マムラカ）〔字義どおりには「王国の管理の科学」〕などとして知られている。この科学を研究すること、これについて一般的に論じること、評議会や議会の場でこれについて討論し語ること、新聞がこれを検討すること、それらのすべてが「政治（ブリティーキーヤ）」、つまりは「施政（スィヤーサ）」として知られるものであり、そこから「政治的」という形容詞が、施政に属するものを意味する言葉として派生する。政治とは国家（ダウラ）ならびにその法律、条約、同盟に関わるすべてのものである。[23]

政治の新しい概念は、アラビア語のスィヤーサという語を用い、それをヨーロッパの「ポリティクス」の語に結びつけて定義された。スィヤーサという語は以前には、いろいろなもののあいだで権威や権力を行使すること、つまり「ガヴァメント」――統治する組織体ではなく統治する活動としての「ガヴァメント」――を意味した。この語をヨーロッパの「ポリティクス」の語と結びつけることによって、その意味は、統治行為を指すいくつかの単語のひとつであることから、ある限定された知識、論争、実践の分野を表わす語に変更されたのである。ただし、ヨーロッパのひとつの単語の影響力だけによって、この変化が引き起こされたのではけっしてない。特定の実践がこの時代に発展し、それがすでにスィヤーサの語をその実践を表わす表現として用いられていた。この語は「スィヤーサ・スィッハ・アル＝アブダーン」〔身体の健康の統御〕といった一九世紀的言い回しのなかで用いられていたが、当時この言い回しはフランス語の「衛生《イジエン》」という一語の翻訳であった。また、「アーリフ・ビ・ウムール・アッ＝スィヤーサ」という言い回し（文字通りには「スィヤーサのことごとについて学んだ者」を意味する）を、あるアラブの学者は、一八六四年にフランス語で「犯罪学者《クリミナリスト》」と訳している。さらにスィヤーサは、単に「取り締まること」をも意味した。[24] 同様に、タフターウィーがポリティクスの意味を定義した先の文章に二度登場するタドゥビールという語〔実際には一度しか登場していない〕は、整理や行政、管理を意味したが、「（病気の）治療」という意味でも用いられていた。[25] いいかえれば「政治」すなわちスィヤーサという考え方の出現は、単にヨーロッパからある単語を借用したということではなく、何もないところから独自の意味の場をつくりだした概念というわけでもなかったのである。政治は、人びとの健康を監督し、都市の各区域を取り締まり、街路を再編し、そして何よりも人びとに学校教育を施すことによって形成されてきたひとつの実践の分野であり、それらはすべて――ただし、全体としては一八六〇年代以降にではあるが――政府が責任をもち、その本分とすべきものであるとされたのだった。

これらの活動を展開するうえでは、その実践と思考の分野の全体を指す新しい概念を洗練することが必要だった。しかし、スィヤーサという古くから使われてきた単語を用いることで、過去との見た目の連続性が手に入れられることになり、それによって政治が指す知識と実践とは、それまで考えられたこともなかった何かの導入としてではなく、それまで「軽視されてきた」何物かをあらためて導入するにすぎないと見なされた。第二章で示したように、それ以前の時代には、国の統治とは支配者の一族が自分たちの財産や軍事力のために、ある種の財、身体、穀物、金銭などを集積する行為として実践されていた。政治的過程は断続的で不規則であり、歳入を増加するための唯一の手段としてつねに拡大させなくてはならず、集積されたものの総体にだけつねに関心を払っていた。フーコーが論じているように、近代政治は総体にではなく個人個人に関心をもつところから生まれ、そしてその個人とは、個人の秩序と安寧の増進という枠組みでもって個々に考慮され、教育を与えられ、規律訓練を施され、清潔に保たれることができる存在だった。

タフターウィーは政治の概念を紹介するに際して、それを「世界という組織が回転していくための軸」（ファ・マダール・インティザーム・アル＝アーラム・アラ・アッ＝スィヤーサ）と説明している。[26] 世界という組織とその秩序および安寧とは、いまや政治的プログラムとしてとりあげられるものとなった。[9] タフターウィーによれば、政治は大きく五つの部分に分けられる。最初の二つの部分、スィヤーサ・ナバウィーヤ（預言者のスィヤーサ）とスィヤーサ・ムルキーヤ（君主のスィヤーサ）では、スィヤーサには一般的かつ旧来のままの統率や支配といった意味が込められている。そして、第三と第四の範疇であるスィヤーサ・アーンマ（公のスィヤーサ）とスィヤーサ・ハーッサ（私のスィヤーサ）とにおいて、政治的実践の新しい意味が現われてくる。「公のスィヤーサ」とは「諸集団の統率（諸国や諸軍に対する王族たちの指揮など）、人びとの生活条件の改善のために必要な物事の組織化、適切な行政（タドゥビール）、法と秩序と財政との監督」であると定義されている。(27) 統率を指す従来の狭い意味合いから脱して、ここではそれが国家に関わることがらの規制や管理、監督までも含むように、意味を拡張して用いられている。

この語の定義は「私のスィヤーサ」、別名「家庭のスィヤーサ」でさらに拡張され、第五番目のスィヤーサ・ザーティーヤ、つまり「自己のスィヤーサ」にいたっては、政治が衛生、教育、規律訓練といった語で表現されるようになる。「自己のスィヤーサ」とは、「個人が自分の行為、状況、言葉、性格、欲望を点検し、それらを理性の手綱でもって統御する」ことである。さらにつけ加えてタフターウィーは、「人間は実際のところ、自分自身を診療する医者でもあり、これを指してスィヤーサ・バダニーヤ（身体のスィヤーサ）と呼ぶ者もいる」と述べている。(28) これらの言い方によって、スィヤーサの意味は統率や統治に限定されず、「政策」の実践、つまり個々の主体の身体、精神、性格に対する取り締まりと点検（タフターウィー自身は、軍事用語としての含意があるタファックド〔査閲〕という語を使用した）を包み込むものにまで拡大しているのである。

民族誌と怠惰な性質

学校教育の過程をモデルとして、新しい政治は個々人の身体と精神の双方とを捕捉しようとした。クローマー卿は、人の精神を捕捉することがなぜ必要なのかを、まさに植民地の権威を構築する過程そのものの言い回しを通して説明している。卿によれば、エジプトにおける英国の植民地支配にとっての問題は、支配者と支配される者とのあいだに昔から続いてきた共同体的紐帯、つまり「人種、宗教、言語と思考習癖の共同体」が存在しないことだった。したがって、政府はその代用として、「人工的紐帯」と呼ぶべきものをつくりあげなくてはならなかった。この人工的紐帯は何よりも、政府が支配される人びとについてもっている情報や了解事項、クローマー卿の言葉では「理にかなって規律のある共感」と呼ばれる種類の理解にもとづいて築かれるべきだった。卿は「エジプト人たちに対する、理にかなって規律のある共感を、英国政府のみならず、エジプトの行政に携わる英国人の一人ひとりが示すべきである」ことを強く主張している。そして、この人工的な理解の紐帯を、「理にかなって規律のある」ものとして、どのようにしてつくりあげることができるのかについて、卿は「エジプトに関する事実とエジプト的性格についての正確な情報と注意深い研究にもとづくべき」とした。(29)「エジプト的性格」という、後に文化などといった用語でもっていいかえられる概念が注意深く調査される必要があった。それというのも、規律訓練的政治は、これを対象物として基礎に置いて実行されるからである。そうした調査は、それ自身が権力の規律訓練的機構、監視下に置き不断に見張る機構の一部分であった。

身体を登録し、数を数え、点検したのと同じく、精神に対する政治は、その対象物を独自のものとして構成するために、まず記述するという過程から、ことを始めなくてはならなかった。エジプトの学校総監のひとりは、〔10〕政府が行なわなくてはならない第一の仕事は、「民衆の性格上の欠点が何に由来するかを明らかにし、その欠点を引き起こしたのとは反対の方法によってそれを治療するために、そうした欠点をひとつ残らずとりあげて記すことにある」〔11〕と書き残している。(30)そのために、この総監が一八七二年に発表したエジプトの学校教育に関する著作では、最初の五〇ページがまるまる「エジプト的性格」についての記述に充てられた。彼は最初のページで次のように述べた。「公教育について述べることは、同時に、国民の風俗と性格に関する一枚の絵を描くことでもある」。そして彼はこの作業を明瞭で政治的な言葉遣いでもって行なった。いわく、エジプト人は臆病でいながら反抗的である。彼らは熱狂した雰囲気にたやすく染まるくせに、自ら主導権を握る気概には欠けている。彼らの性格は無関心と無感動を特徴としているが、これは未来の保証を欠き、財産の保全が不安定であることから生じたものであり、そのため勤勉の精神やそれを獲得する必要が削がれてしまったのである[31]。

エジプト人の「精神」あるいは「性格」は、こうした民族誌的な記述のなかで、確固とした対象物、すなわち著者が携わっている教育実践が作用することのできるものとしてかたちを与えられた。「民族学は結果を教え、歴史学は原因を教えてくれる。しかしまた、そこから教訓を学ぼうとする者には、過ぎ去った時代が生みだした怠惰など、有害な影響を癒やす方法をも示してくれるのである」。「民族学」の記述の過程と、学校での規律訓練の実践とは、このようなやり方であいまって、植民地支配の新しい服従者＝主体《サブジェクト》、つまり個人の性格あるいは心性というものをつくりだしていった。後にこれに替わっていった、より洗練された民族誌的な概念——まず「人種」、さらにその後には「文化」——と同様に、性格という概念は、研究対象の個人と社会との双方について歴史的に形成された「性質」を表象することで、説明する力を獲得した。先の学校総監は、当時の科学の主要な分野であった、生物学や地質学との類推を意識しながら次のように述べている。「国民性とは、ひとつの民族が越えてこなくてはならなかった多くの歴史上の出来事によって、徐々にしかし着実につくりだされてきたものである。河川の氾濫のたびに新しい地層が加えられていった沖積平野にも似て、この性格は少しずつ形成され集積し、そして個々の地層が新しい自然現象が起こったことを示しているのと同じように、個々の生理学的特質は新しい性格形成の局面について教えてくれるのである[32]」。近代の教育行政は、精神あるいは性格の形成と維持にもとづいた、民族学的過程となった。

政治は個人の性格をつくりだし、治療すべきであった。さらにいえば、この性格のあるべき真の性質は、生産者であることとされた。民族誌学は一九世紀の初めころに出現したが、それは単に人間の性質を記述することだけを目的とするのではなく、人間を本来生産的な存在として記述する、より大きな過程の一部をなすものであった。中東に関して真摯な意図で書かれた最初の民族誌は、エドワード・レインの『当世エジプト人の風俗と慣習〔の記録〕』であり、この著作は英国で有用知識普及協会の助成を受けて出版された。先に触れたように、同協会はブルーアム卿が創設し、新興の工場労働者階級を対象として読書の習慣や学校教育を広め、彼らに勤勉と自己鍛錬の美徳を教えることを目的とした組織だった。レインの著作には「性格」「産業」「タバコ、コーヒー、大麻、阿片の使用」という三つの続いた章がある。これらの章で記述されているのは、次のようなことである。「厳しい手作業でもって生計を立てていかなくてはならない者たちを除いて、怠惰な性質がエジプト人のすべての階級に蔓延して」おり、「報酬に貪欲な機械修理工《メカニック》「肉体労働者」[12]たちでさえ、一日で楽にすますことのできるような仕事に、普通でも二日はかける」こと。エジプト人が「極端なまでに頑固で御しがた」く、彼らが「激しく身体を打たれるまで税を納めようとしないことで……大昔から悪名が高い」こと。「エジプト人の労働者が注文されたとおりに物を仕上げるような気になることは滅多になく、普通は雇い主の考えより自分の考えを優先させてしまうし、約束の期日までに仕事を終わらせることもほとんどない」こと。「官能に関して、リビドー的情熱への耽溺という点では、エジプト人は他の暑い気候の地域の原住民たちと同様に、北方の民族を確実に上回っている」こと。そして最後に、エジプト人がタバコやコーヒー、ハッシッシ、阿片などを過度に常用しており、その結果「彼らは昔よりもはるかに不活発になり、有益に使うことができるはずの多くの時間を……ただ無為に費やしている」こと[33]。

ヨーロッパ人以外の人びとの心性について、本質的な性格要素として怠惰さが挙げられるのは珍しいことではない。一九世紀の初頭にフランスの学者であるゲオルク・ベルンハルト・デピン[13]は、ヨーロッパ人以外の諸民族の風俗と慣習とを経験主義的に研究することの重要性を説き、それを地理学と歴史学の「道徳的部分」と位置づけ、自分で「民族誌」という新しい名称を提唱し、それが怠惰と勤勉という二つの対立する性格がもたらす結果を明らかにするであろうと強調した。彼によれば、「アジアやアフリカの諸民族をヨーロッパの諸民族と比較すれば、必ずや両者のあいだにある大きな違いに気がつくだろう。前者は怠惰な性情といったものにすっかりはまり込んでいるようにみえ、そのために偉大なことは何も成し遂げられなくなってしまっている」。ここで述べられている怠惰な性格というのは、実際のところデピンの仕事の最大の主題であった。それはさほど文明化していない諸民族に備わった性格であり、また彼らがそのような状況に甘んじている原因でもあった。そうした議論は、妥協の余地なく経験に裏打ちされていた。

デピンによれば「アメリカの野蛮人たちは、あまりにも怠惰であるために、大地を耕すよりも空腹に耐える道を選んだのであり」、一方、他の者たちは怠け心のために自分たちの同胞の肉を焼いて食べるようになったり、さらには南米のある部族のように泥土を（練ってとろ火で焼き、時に小魚やトカゲで味つけをして）食べるようになったりしてしまった。デピンは、文明化の度合いの低い人びとの風俗や道徳を研究して、明確な教訓を引き出した。「無為であることを避けなさい。……無為と無思慮が習慣的な土地で、人びとが他の土地におけるのと同じように幸せであるなどと思ってはいけない」。ある民族が衰退していくのは、「住人たちの生存を支えるのに必要な物を生産するために耕地で働くべき人びとが怠惰になってしまったためである。住人たちは、若いころから「有効に用いることのできる時を、ただの一瞬たりとも、無為に費やさないこと」を教えられなくてはならなかったのである。[34]

一八二〇年代に、フランス人の手で、勉学のためにパリに連れてこられたエジプト人の学生たちは、このデピンの著作を読ませられた。生産的労働が人間の真の性質を形成するというその主題は、フランスがエジプトを政治的・経済的に変貌させる計画の核心にあった。そして、この計画を推進するフランスの機関の長は、もっとも優秀なエジプト人学生だったリファーア・タフターウィーに、デピンの最新作である『諸国民の風俗と慣習に関する歴史の概要』をアラビア語に翻訳することを要請した。[35] 一八三一年に、タフターウィーは多くのフランス語の著作の訳稿を抱えてエジプトに帰国したが、そのなかでも最初にデピンの著作の訳稿に手を入れ出版した。[36] 同時に彼は、地理学と歴史学の「道徳的部分」を教授する学校をカイロに設立する許可を得ようと試みている。この試みは失敗したが、後に彼は翻訳学校の設立を許可され〔一八三五年〕、軍事教本の翻訳を行なう仕事をこなす合間に、それらの科目をそこで生徒たちに教えることができた。[37]

タフターウィーは、フランス語の地理学と歴史学に関する著作のすべてをアラビア語に翻訳することに、残りの人生を費やしたいと書き残している。この望みは政府の職務のためにかなわなかったが、ただ一八五〇年に政権が変わり、タフターウィーは学校開設のためにスーダンに派遣されることになり――彼自身はこれを一種の追放であると感じていた――、そこで初めて実行に移されることになった。ハルトゥームで彼は、フェヌロンの『テレマコスの冒険』の翻訳を刊行したが、これは昔ながらの教訓説話のかたちで、人びとにとって勤勉と精励が必要であることを訴えるという、デピンと同じ主題を扱った著作だった。テレマコスはギリシアを離れた旅の先々、テーバイやティルス、クレタで、人びとが「勤勉で忍耐強く、よく働き身綺麗で冷静、倹約心に富み」、「厳格な治安のよさ《ユンヌ・エグザクト・ポリース》」を享受しているのを目にする。彼はそこでまた、「勤勉な労働者の手が加えられた跡のない耕地は一片もなく、どこも鍬が深い溝を残しており、キイチゴやイバラなどのように、役立たずのくせに生い茂る植物はまったく知られていない」ことに気づくのだった(38)。

アラビア語によって近代政治について書かれた最初の主要な著作のひとつである、タフターウィーの『マナーヒジュ・アル＝アルバーブ・アル＝ミスリーヤ』〔『エジプト人の心の方法』一八六九年刊〕は、「勤勉さ《インダストゥリアスネス》＝生産性の高さ」の問題という用語でもって解釈することができる。この著作の重要性は、「一般利益（マナーフィウ・ウムーミーヤ）」という語句を拡大解釈するかたちで、生産の概念を紹介したことにある。この語句の意味を解説した後で、タフターウィーはそれが三つの部分、農業、製造業、商業に分かれるとし、それらのエジプトでの発展の様子を、もっとも古い時代から現在にいたるまで辿っている。ここで「一般利益」とは、農業、製造業、商業という物質的生産のなかで生みだされる公益だけでなく、人びとの習慣としてある、社会をつくりだす過程という生産活動をも指している。この著作のある箇所でタフターウィーは、「一般利益」の語はフランス語の「勤勉＝生産」に相当すると述べている。そして、エジプトの惨状を招き寄せた原因は、この勤勉＝生産の習性という、生産的な個人と文明化された社会とに共通の特質を欠いているためであると診断している。この欠如のためにエジプト人は怠惰になり、怠惰が彼らの「性格」の根本になってしまっている。ヨーロッパで書かれた著作をいくつも典拠として、タフターウィーはこの怠惰な特性を、あらゆる方向から古代エジプト人たちにまで辿って跡づけている(39)。勤勉という主題はこの著作の末尾にふたたび登場し、そこでタフターウィーは、どの村にも政府の派遣した教師が一人いて、「統治と一般利益の原則を教え」なくてはならないと論じている[40]。新設の官立学校は、個人のうちに適切な心性を形づくり、すべての市民を勤勉な存在にしなくてはならないとされた。

自助

学校教育の組織化に携わった著述家たちは皆、前述の総監やアリー・ムバーラクも含めて、エジプト人の心性を論じるなかで、この怠惰と勤勉という主題を展開していった。そして同じ主題を扱ったヨーロッパ人の著作が、継続的に翻訳されていたことが、彼らの活動の手助けとなった。おそらくそれらの翻訳のなかでももっとも大きな影響力を振るったのは、カイロで刊行されていた雑誌『ムクタタフ』〔選集〕の編集人であるヤアクーブ・サッルーフ〔14〕の手になる一冊だった。サッルーフはベイルートで教師の職に就いていた一八八〇年、サミュエル・スマイルズ〔英国の医者、作家〕の有名な著作である『自助論――品行と忍耐の解説を兼ねて』をアラビア語に訳して出版している[41]。

『自助論』が扱っている主題は、当時エジプトで形をなそうとしていたいくつかの実践とまさしく符合するものだった。スマイルズは「国家の価値と強さは、その諸制度の形態よりも、それをつくりあげている人びとの性格によって決定されるところがはるかに大きい。なぜなら国家とは一人ひとりの個人の状態が集合したものにすぎず、文明化とは……個々人の向上の問題にすぎないからである」と述べている[42]。同書は、「性格」（アラビア語の翻訳ではアフラークの語が充てられている）、および怠惰な性格の持ち主を「勤勉な」（ムジュタヒド）者に変える「道徳的な規律訓練」（タルビヤ）に関する著作であった。勤勉さ（イジュティハード）という習性は、国家の進歩の基となる道徳的要件だった〔15〕。「国家の進歩は個人の勤勉さ、活力、高潔さが合わさった結果であり、国家の衰退は個人の怠惰、利己心、悪徳の結果である[43]」。

この著作は、三つの論点を明らかにするために、「性格」を研究対象としているのだが、それらの論点はいずれも当時のエジプトにとって非常に役に立つはずのものだった。第一の論点は、統治する者の政治的責務として、個人の習性と道徳とを形づくることだった。ここから第二に、政府はより多くの法律を制定したり、より大きな権利を国民に与えたりしようとしてはならない、それというのもそれらは「過剰統治」につながり、結果として怠惰な人びとを勤勉な性格に変えるのに失敗するという議論が出てくる。第三点は、怠惰な人間を勤勉にするためには、教育による規律と訓練が必要であり、そして教育の目的は、それを獲得することで「より裕福」になれるような「市場で扱うことのできる商品」としての知識を提供するところにあるのではなく、忍耐と勤勉の心をもって、社会のために毎日の仕事をこなしていくべき人びとを訓練することにあるというものだった(44)。

同書の翻訳は、サッルーフが教鞭を執っていたベイルートのシリア・プロテスタント・カレッジ〔16〕（後のベイルート・アメリカ大学）で読本として用いられ、そこにみられた言葉遣いや考え方は、それから一世代ほどにわたって学生たちに影響を与えた(45)。しかし、カレッジを運営するアメリカ人たちは、サッルーフや学生たちの一部がダーウィンの進化論を擁護したことを理由に、一八八〇年代に彼らをベイルートから追放した。彼らはエジプトに移り、英国の庇護を受けて、著作などの仕事に従事することとなった。そして、この時代において、エジプトにおける英国の行政官たちほど、自助の観念を熱烈に信奉していた人びとはいなかったのである。英国人たちは、エジプトを過剰統治の悪弊から解放し、そうしてエジプトの農民に本来備わっている生産能力を十全に発揮させることこそ、自分たちの責務であると考えていた(46)。

スマイルズの著書がエジプトに与えた影響力の大きさを物語るいくつかの出来事がある。まず、一八八六年に、アレクサンドリアで自助協会が設立された(47)。一八九八年には、英国の占領に反対するナショナリスト集団の若き指導者、ムスタファー・カーミル〔国民党の創設者で、『リワー』の創刊者〕が私立学校〔ムスタファー・カーミル学校〕を興しているが、それは彼によれば自助の教義を自分なりに実践的に応用する行動だった(48)。この学校の建物の壁には、「自助」の一語をはじめとしてスマイルズの著書から取られたいくつもの標語が刻まれていた(49)。ムスタファー・カーミルの後援者であったヘディーヴはさらに一歩進んで、自らの宮殿の壁にサミュエル・スマイルズの言葉を書き付けさせていたという。[50] 自助の行動として自分たちで学校を設立した時から二年を経て、ムスタファー・カーミルはエジプトに大学を設置することを初めて公に訴えた人物となったが、彼はその設置に際して、自分自身もそうであったように、エジプト人が自分たちの力でこの事業を成し遂げようとせずに、政府に頼りすぎる習性があることを批判した。[51] 同じ時期に彼は『リワー』紙を発行したが、これは国民党の政策を代弁する新聞というべきものであった。この新聞の初期の号ではしばしば教育の話題がとりあげられ、そこでは学校が子どもの教化よりも性格の陶冶を主たる目的として設立されるべきであると論じられた。[52] 同紙は自らの役割も同様と考えており、エジプト人の「性格と習性」を論じることに毎日ひとつのコラム欄全体を割いていた。

『自助論』のような著作の翻訳とともに、エジプト人の性格あるいは心性は、問題にされるべきはっきりした対象物として扱われ、社会とその強さはこの対象物にこそかかっているといわれるようになった。英国によるエジプトの占領自体、その原因はエジプト人の性格の欠点にあり、その欠点の矯正こそ、エジプトの政治的課題であるとされた。[53] 二〇世紀初頭の数年間には、エジプトのナショナリストの著述家たちは、自分たちの国が植民地として占領されている状況を、清とロシアに相次いで戦勝を収めた日本の状況としばしば比較している。アジア最大の国に続いてヨーロッパ最大の国を打ち破った日本の成功を説明するのは、日本人と自分たちとの心性の違いであった。彼らは日本人たちが教育および指導の制度を組織化し、「性格の陶冶」に力を入れたことを長々と説明した。[54] エジプト人がのんきで怠け者で、時間を無為に費やすのを好むのに対して、日本人は「真面目で勤勉」であるとされた。[55] それ以前にも、一八八一年に『ムクタタフ』誌は、日本人が勤勉で真面目であるのに対して、エジプト人が呑気であるとして両者を比較しているが、日本人の勤勉さを示すいくつかの証拠を挙げるなかで、日本人がいかに多くのヨーロッパの著作を翻訳しているかに触れ、その一覧表を掲載した。なお、その冒頭に挙げられていたのはサミュエル・スマイルズの著書『性格論』であった。[17] またこの雑誌は一八八九年にも日本人とエジプト人の心性の違いを同じように比較しているが、そのときの着目点は、この年パリで催された万国博覧会での両国の展示を比較するというものだった[56]。『自助論』のアラビア語訳出版の後、エジプトをはじめとするアラブ世界にそれと同様の大きな衝撃を与えた書物は、エドモン・ドゥモーラン〔フランスの社会学者、教育者〕の『アングロ・サクソン人の優越は何に由来するのか』という、これもまた政治の過程を個々人の性格の問題として理解した著作の翻訳だった[57]。これは、英国が北米、インド、そしてエジプトでフランスに取って代わり、世界の残りの地域を交易と産業と政治の面で支配することで、もっとも成功した最大の植民地勢力になった理由を説明しようという著作だった[58]。同書ではアングロ・サクソン人の成功の原因を、独自の英国式教育のなかで生みだされ継承されてきた特有の道徳的性格に帰している。それに対して、フランスを含めた他の国々は、近代的な性格と生活様式とを世代から世代へと伝える手段を見いだすことに失敗し、その結果、現在それらの国で見られるような「全般的な社会的危機」の状況を招くことになったとされる[59]。

近代的な性格を形成し、それによって「混乱状態」にある世界に秩序をつくりだす手段として、同書は英国式の学校教育方法だけではなく、社会科学という新しい独特の種類の知識を教授することを推奨している。パリで『社会科学《ラ・スィアンス・ソシアル》』[18]誌の編集をしていたドゥモーランによれば、社会科学は「現時点において、そうした混乱状態によって汚されていない唯一のものである」。彼の説くところでは、社会科学的知識は正しくかつ最終的で、その分類と比較の方法こそが、世界に秩序を与える。この秩序は世界を二つに区分するという、特異な形態をとった。彼が続けて論じるには、社会科学は「それが分析し、比較し、分類するすべてのものによって、今日の世界が必然的に、またそれ自体の利益のために、新しい状態に向けて移行しつつあることを認識している。新しい状態は一時的ではなく持続的なものであって、これによって世界は過ぎ去った時代と来るべき時代とに、あたかも二つの別のものであるかのように明確に区分されるのである[60]」。

このように世界を「あたかも二つの別のものであるかのように」区分すること、それは時代の区分であるだけではなく、心性の区分でもあった。野蛮人と私たちとのあいだに大きな違いがあるように、社会科学によって精神を形成した人間とそうではない人間とのあいだには、道徳的あるいは精神的に大きな淵が口を開けているのだと、ドゥモーランは述べている(61)。そして同書の末尾で彼は、「結果として現状では、赤色人《レッド・スキン》〔北米先住民〕は東洋人に劣り、東洋人は西洋人に劣り、また西洋のなかでもラテン人とゲルマン人はアングロ・サクソン人に道徳的に劣るのである」と結論づけている(62)。

この著作をアラビア語に訳したアフマド・ファトゥヒー・ザグルール〔19〕は、自ら筆を執ったアラビア語版序文のなかで、このような道徳的優劣の諸段階に注意を促した。彼は、自分がこの本を訳そうと思い立ったのは、エジプト人の「性格」とこの国を占領している英国人の性格とを比較することで、人びとになぜ自分たちが劣っているのか考えるよう促したいと思ったからだと述べている(63)。彼は、エジプト人の性格の弱点と思えるものをひとつひとつ数えあげており、挙げられている弱点のなかには、愛情と友情の薄さ、決断力のなさ、威厳の乏しさ、喜んで善行をなそうとする意志の弱さなどが含まれている。とりわけ、本来、秩序と安全を提供し正義を実施することだけを役割とする政府に対し、何事も頼ってしまう人びとの習性が問題とされる。彼がいうには、こうした弱点に弱点が重ねられ、いまや国家の要務と富とは外国人の手に握られている。だからといって外国人を責めることはできない。なぜならば、彼らは自分たちの努力と自分たちの社会科学の知識によって利益を得ているのであるから(64)。

ドゥモーランの著書の翻訳は、エジプトで特定の社会階級の人びとに大きな反響を巻き起こし、出版されるやいなや新聞雑誌で盛んに議論が繰り広げられた(65)。数年後に、指導的立場にあるエジプトの知識人のひとりは、この本を「大衆のあいだに進歩のための科学的基礎を知らしめ、人びとがその原則を自分たちの状況に当てはめることができるようにした」数少ない書物のひとつであったと振り返っている(66)。この著作は、教育を受けたエジプト人のあいだでは、地方でも広く知られるようになっていった。上エジプトのある県の県知事は、フランス人の旅行者に向かって、自分はドゥモーランの著書を出版と同時に入手して読んだと語った。知事はすぐに、カイロの官立予備学校で学んでいた息子を、パリ近辺にドゥモーランが設立した新しい学校に送り、そこで勉学を修めさせようと決意したという(67)。

ドゥモーランはアングロ・サクソン人の優越に関する著書の成功に続いて、新しい学校、有名なエコール・ドゥ・ロシュを設立していたのである。この学校の組織のあり方を、彼は別の著作『新しい教育』（一八九八年）に記しており、同書は出版とほぼ同時に、ハサン・タウウィーク・ディジュウィーという、ファトゥヒー・ザグルールが地方裁判所《ネイティヴ・コート》〔20〕の吏員に採用した法律家の手で、アラビア語に翻訳された(68)。

新しい世代の母親たち

エジプト人の心性をめぐる政治的な議論のなかでも、とくに注目された主題は、この国の「道徳的劣等性」と女性の地位とが関連しているという議論である。当時、遅々として進まない国家の発展は、エジプトの女性の地位向上の遅れと対応させて語られていた。この主題はとくに、英国人植民地行政官たちの好むものだった。クローマー卿は「エジプトにおいて女性の地位は、ヨーロッパ文明をこの国に取り入れるのにともなうべき、思考と性格の向上を達成するうえで最大の障害となっている」と書き記した。「ヨーロッパで女性が占めている地位が計画の全体像から除外され」たままでは、その文明の導入はおぼつかない、と彼は論じている(69)。ここで英国人が「地位」という言葉で思い浮かべているのは近代的母親のそれだった。というのも、エジプトの政治と経済の変容のためには家庭の変容が必要だと考えられたからである(70)。近代的な政治的権威が人の「性格」を形成し、それに規律を学ばせることで機能しようとするのならば、個々の家庭はそのような規律訓練の場へと変えられなくてはならないことになる。そして、この目的のためには、「ハーレム」といった呼び名で神秘化され、ロマンティックなものであるかのように扱われてきた、人びととの結びつきと隔離の既存のパターンを打ち壊さなくてはならなかった。クローマー卿の東洋語担当書記官《オリエンタル・セクレタリー》〔21〕を務めたハリー・ボイル〔22〕は、「古くからのハーレム的生活の不健全で、しばしば堕落した親子の結びつきのあり方は廃され、子どもの幸福と道徳的訓練に、自分がもつ責任を明敏に自覚している新しい世代の母親たちが与える、健全で向上心あふれる影響力に取って代わられる」べきであると記している。[71] そのようにして、政治権力は「治安当局の目」に見えず「近づきがたい」空間に浸透し、前章で使った言葉をもういちど引用すれば「内から外に向けての働きかけ」を始めることを望んだのだった。

近づきがたい女性の世界を解放し、「新しい世代の母親たち」をつくりだす必要は、この時代のエジプト人の著述家たち、とくにカースィム・アミーン[23]が好んでとりあげた主題だった。彼は大土地所有者の一族の出であり、ザグルールと同じように、新しいヨーロッパ式の司法制度のなかで政府に雇用された若い検事のひとりだった。彼は、ヨーロッパですでに行なわれていたように、エジプトについても女性が置かれている状況を調査したとしたら、女性こそは「自分たちの衰退を生みだした源であり、自分たちの破滅をつくりだした原因」であることに気づくだろうと記した。[72] 彼は二〇世紀への変わり目の時期に、この大きな主題について、広範な論議を呼んだ三冊の本を世に送り出している。その一冊目『エジプト人』は、まだ彼が二〇代のうちにフランス語で書いた著作であり、エジプト人を文明化しつつあるという、英国の主張を批判するアルクール公爵[24]の著作に対する反論であった。[73] アルクールは、エジプト人の後進性は彼らが備えている精神的特質によるものであって、英国の行なった行政上の改革はそれらをみじんも改めることができなかったと述べていた。それらの特質には、従属を好む性格や苦痛への鈍感さ、習性ともなっている不正直さ、そして何よりも知的な活力の欠如が挙げられ、これらはオリエントのすべての社会を静止させ、歴史的・政治的に何らかの真の変化を成し遂げることを不可能にしてしまっているものであるとされた。このため、当時のアラブ人がもつ観念、慣習、法規は、千年前のそれらと同一のものであり続けているとしたうえで、アルクールは、この不毛さはひとつには息の詰まるような気候のためではあるが、より大きくはこの地域を一様におおっている要素、すなわちイスラームが原因となっているとした。イスラームの教えは、根本からねじれた道徳感覚をつくりだし、それは知的好奇心を破壊してしまった。この特質はあまりにも深いところまで、あまりにも長い時間にわたって人びとの心に染み着いてきたので、読者がカイロの通りを歩いていて肩を触れ合わせる人びとは、裾の流れるような長衣の、目を眩ませる色合いがフランスの人びとと異なるだけではなく、人間としての性質そのものからして異なってしまっているのである、というのが公爵の出した結論だった(74)。

こうしたものの見方に、エジプト人の著述家たちが反論するのは珍しいことではなかった。しかし、興味深いのはカースィム・アミーンの反論の仕方である。彼は、西洋を特徴づける活力と自分の国の千年にもわたる停滞という本質的な区別や、その原因を一定の精神的特質に求めるというアルクールの考え方を何ら問題にしない。それどころか、彼はさらに進んで、結果的に今日のエジプトが陥ってしまっているのは相対的な衰退などという状況ではなく、「絶対的組織崩壊《デゾルガニザスィオン・アブソリュ》」の状況であるとまで言い切った。彼がアルクールと異なるのは、この無秩序があることは認めたうえで、無秩序とそれを引き起こした道徳的特質の原因をイスラームに求めるのではなく、イスラームの放棄に求めた点だった。宗教は、今は失われてしまった秩序の原理をかつてもたらしたものだった。結果としてエジプトは、イスラームの原理に立ち戻って秩序の再建に努めるか、全面的な社会の組織化のための新しい基盤を社会科学の法則と原理に求めるかの選択を迫られることになった。現実にはエジプトは、この二、三〇年ほどにわたって同時代のヨーロッパからさまざまな発想を学んでおり、すでに後者の道を選んでしまったように思われる。ヨーロッパ文明の動きは「いたるところに浸透する性格をもって」いたので、その長所が何であれ、選択は避けられなかったし、またその選択に逆らうことはできなかったと彼は感じていた。ヨーロッパの文明は「諸文明の序列のもっとも最後に」あるのであり、それは「持続する性格、いうならば撤回不能と言える性格」をもっているのだ、と彼は述べた(75)。

なすべきは、「絶対的組織崩壊」の状態を克服することであり、それは社会科学をもって、社会を組織する新しい原理とすることで成し遂げることができるはずだった。そのためにこの国は、科学的知識を新たにもっと獲得する必要があった。では、この政治的な必要は実際にどのようにして満たすことができるだろうか。ヨーロッパに一団の学生を派遣し、科学を身につけて帰国させるという古い方式では、もはや充分とはいえないだろう。解決策のひとつはエジプトに国立の大学を設立して、教育を身につけたエリートを自国で養成することだった。しかし、カースィム・

アミーンが提唱したのは、知識階級よりはるかに大きな存在、つまり教育を身につけた母親たちを養成することから始めようというものだった。『エジプト人』のなかで彼は、「私は女性に対する教育に絶対的に賛成するものである」と宣言する。ハーレムと宦官に関するアルクールの空想的な説明を退けて、カースィム・アミーンはエジプトの家庭で権力を握っているのは男性ではなく実は女性なのだと述べる。この女性の力こそが、科学を社会の秩序原理として確立するために用いられるべきものだった。少女たちは教育を与えられなければならず、そうなれば彼女たちが母親になったときに、子どもが際限なく発する質問にも科学的な答えを与えられるだろう[76]。彼はこの後の著作でも繰り返し、近代的政治秩序をつくりだす過程はまず、母親の膝の上から始められなくてはならないと論じている。

この種の著作では、女性は国家の後進性が宿るところと位置づけられている。女性は権力の持ち主であり、国家の新しい政策は、彼女たちがこれまでもっていた権力を打ちくずし、社会的・政治的な規律訓練の手段へと変えていかなくてはならなかった。家族は規律訓練の家として組織化されるべきであり、それは学校や軍隊などといった、これまで述べてきた他の実践とあいまって、エジプト人のあるべき適切な「心性」――それにこそ社会秩序の成否がかかっていると理解されていたわけだが――をつくりだすことができるようになるはずだった。

ここで、この社会秩序の問題に立ち戻ってみたい。精神あるいは心性の概念と同じように、社会秩序というものもまたひとつの抽象概念だった。精神と同じように、それは「単なる物」からなる、目に見える世界とは別個に存在する精神的・概念的な領域、つまり秩序もしくは構造の領域を指していた。第二章と第三章で軍、モデル住宅、学校について論じた際に、いずれの場合にも新しい規律訓練と配分の方式が、物それ自体とは別個に存在する非物理的構造という効果を生みだすことを示してきた。たとえば、軍においては、兵士の調和的連係と統御によって、ひとつの軍隊は一個の機械、つまり部分の単なる寄せ集め以上のものになるように思われた。軍が一個の機械であるかのようにみえることによって、古い時代の軍隊がそうした構造を欠いていたことがにわかに目に付き、いまや旧式の軍隊は「縁日に出かけた群衆」のようにみえてしまうのだった。同様に、近代的な学校が規律訓練の方式を採用したことによって、学院モスクの「混沌」と「バカ騒ぎ」について語ることが突如として可能になった。そして、同様の調和的連係と統御の方式が都市と市民に適用されると、旧来の都市は同じようにして、群衆で満ちあふれているようにみえることになった。つまり、群衆という新しい認識の仕方によって、社会秩序の問題が突然に発見されるという同一の事態に、人びとは直面するようになったのである。

社会の問題

群衆の問題については、ヨーロッパ旅行に関するエジプト人たちの記述説明について述べるなかですでに触れた。パリやマルセイユといった都市でエジプト人たちが注目したのは、建物や商店の配置だけではなく、活気のある通りを歩いている個人個人の規律正しく勤勉な様子だった。「それぞれの人物は自分の仕事に忙しく、他の人の邪魔をしないように気をつけながら道を歩いていた」。そうした記述はエドガー・アラン・ポーの短編「群衆の人」の一節、主人公がカフェの窓から外を眺めて「通りかかる人はほとんどみな、取り澄ました満足げな様子で、家路を辿ることしか考えていないようだった。一様に眉をしかめ、目をきょろきょろとさまよわせながら、ときたま人とぶつかることがあっても、とくに気色ばむ風でもなく、着衣の乱れを直しただけでまた先を急ぐのだった」という一節を思い起こさせる[77]。実際、通りの群衆は、この時代に西洋でもエジプトでも、月並みとさえいえるほど頻繁に文章の主題にとりあげられていた。ベンヤミンは「この主題ほど、一九世紀の著述家たちの注意を引いたといえる主題はない」と述べている[78]。

市街地に集まった群衆は、一九世紀の末のエジプトで刊行されたある小説のなかでも主題としてとりあげられている。前章で検討した一連の作品と同じように、その物語は旅行記のかたちで書かれている。主人公たちは最後にはパリに辿り着くことになるのだが（彼らは一九〇〇年の〔第五回〕パリ万国博覧会を見に出かけたのだった）、エジプトの近代小説の作品としては初めて、主な出来事はヨーロッパではなくカイロを舞台に起こっている。二人の主人公、イーサー・イブン・ヒシャームという名の若い作家と、卑しからぬ身分で年輩のパシャとが道中を共にするのだが、彼らは旅の始めから群衆に巻き込まれる。二人はカイロ郊外のとある墓地で出会うのだが、五〇年前にカイロに暮らしていたパシャは、死からよみがえって自分が眠っているあいだに何が起こったかを目にし、衝撃を受け混乱する。二人は市街に出かけようとし、ロバが引く車の御者がパシャをだまして余分に料金を取ろうとしたので、口論が巻き起こる。パシャが「この、横柄な農民め！」と御者を怒鳴りつけると、御者は「俺たちは自由の時代に生きてるんだよ。ロバの御者も王子様も何の違いもないんだよ、わかったかい」と言い返す。そのときにはもう、彼らのまわりには人だかりができてしまう。到着した警官は「秩序を守ること」よりも賄賂の方にもっぱら興味があり、パシャを警察署に連れていく。そのときにも大群衆が二人の主人公を囲んでぞろぞろついていくのだと、作者はつけ加えている(79)。

これに続くいくつかの章で、二人の登場人物はカイロの近代的な市街や公的生活のための新しい空間を訪ねて回る。二人は裁判所や留置場、ホテルやレストラン、劇場、ダンス・ホール、バー、カフェ、さらには売春宿を訪ねるが、どこでも彼らは落ちつきのない騒々しい群衆につきまとわれる。ある夕べ、市の中心部を歩きながらパシャは「いったい、この大騒ぎは何なのだ？……このぞろぞろ付いてくる者ども、この群衆は？」と訊ねる。彼は、きっと何かすばらしい祭りか壮大な葬儀があるに違いないと考えたのだった。「いいえ」とイーサー・イブン・ヒシャームは答えた。「これはただ公の場に集まっているだけの人びとです。仲間と夕べを一緒に過ごそうという人びとや、一杯やって酔っぱらおうという人びとです(80)」。

手に負えない大騒ぎと、ありとあらゆる道徳的・政治的な規律訓練の欠如の組み合わせが、この小説のほとんどすべての逸話のなかに繰り返し登場する。彼らは売春宿でもカフェでも群衆に出会い、方々を経めぐったすえに辿り着いた劇場でもやはりそうした群衆に出会う。ヨーロッパの劇場は（と、パシャは彼の同行者から説明される）、劇に仕立てて自分たちの歴史や他の主題を描き出すことで、人びとの道徳が洗練される場所である。ところが、ここでは事情はまったく異なっていた。役者たちは舞台上で踊り、叫び、どんちゃん騒ぎをし、見る側もあらゆる階層の出身者がいて、ヨーロッパ人のように観客として黙って座っていることがなく、耳障りな音をたてる群衆と化して身を乗り出して大笑いし、拍手喝采するのだった(81)。

『イーサー・イブン・ヒシャームの物語』と呼ばれるこの小説を、後の著述家たちは、この時期に想像をもとに書かれた文学作品のなかでももっとも重要であると評価している(82)。この本はたいへんに広く読まれ、その要約版は後に教育省によって官立の中学校の教科書にも採用された(83)。この小説は従来、この時期の政治思想のなかに出現したリベラリズムを表明する社会批判の書であると解されてきた。しかし、リベラリズムという語は誤解を招きやすいものである。ロバの引く車の御者が口にした「自由の時代」という言葉は、エジプト人が法の前の平等という原理を学ばなくてはならないという、この小説の主題を例示したものとして引用されてきた(84)。だが、この言葉は横柄な農民の口から吐かれたことを忘れてはならない。この本の関心は権利の平等性に向けられているのではなく、社会の無秩序、すなわち一介の農民がパシャと対等な者として振る舞うなどという、町なかで生じた規律訓練の欠如のせいで、突然目に見えるようになった無秩序に向けられている。規律訓練の欠如は、通常、リベラルな思想の中核をなす関心であるとは考えられていない。とはいえ、ここではリベラリズムという用語を放棄するというのではなく、むしろ植民地の文脈でのリベラリズムというものを、これらのエジプトで書かれた著作を用いて理解してみたい。エジプトのリベラリズムは正義と法的権利について語ったが、それらの関心はより大きな問題に包摂されるものだった。権利は従順で勤勉な個人からなる社会においてのみ享受が許されるのであって、すでにみたように、これらの特性こそがいまや突如としてエジプト人に欠けているとみられるようになったものだった。つまり、リベラリズムは、社会秩序の成立を可能にする勤勉と従順の道徳的慣習の欠如に脅かされた、新興の社会階層が用いた用語だった。『イーサー・イブン・ヒシャームの物語』は、この社会階層が抱く政治的な恐れの気持ちを表明した著作だったのである。

この小説はムハンマド・ムワイリーヒー[25]という三〇歳の青年の筆になるもので、彼の父親[26]が設立し編集を行なっている『ミスバーフ・アッ＝シャルク』〔東洋の灯〕[27]誌に、一八九八年から一九〇二年にかけて掲載された。彼の父親はカイロでも有数の商家の生まれで、この家系は、元来はヒジャーズ（アラビア半島の紅海沿岸）において、織物交易を生業とする裕福な一族から分かれてエジプトに定着した。この一族が歩んだ歴史は、彼らのような商人階層の運命の浮沈を明らかにしてくれる点で、ここで述べるのに値するだろう。ムワイリーヒー家は一八世紀にエジプトの紅海交易が盛んになるとともに繁栄し、一九世紀にはエジプトを支配する一族と緊密な政治的同盟を結ぶようになった。しかし、この同盟によっても、拡大してくるヨーロッパ人の商業活動から、この国の裕福な商人の家々を守りきることはできなかった。一八七〇年代にヘディーヴ〔イスマーイール〕によって商売上の破滅的な失敗から救われて以来、ムワイリーヒーの一族は、ヨーロッパ勢力によるエジプトの通商および財政面の支配に反対するナショナリズム運動の先頭に立つようになった[85]。しかし、一八九〇年代に入ると、当主の息子ムハンマドは、一八八二年のナショナリストの蜂起を鎮圧して、この国を軍事占領した英国の支配下に置かれた政府の官吏として雇われていたのである。

ムハンマド・ムワイリーヒーが『イーサー・イブン・ヒシャームの物語』を書いたのは、彼と同世代で影響力のあった二人の友人たち、先に言及したカースィム・アミーンとアフマド・ファトゥヒー・ザグルールが、前者は絶対的な組織崩壊状態、後者は蔓延する社会的危機の一部として、自分たちの国が置かれた状況を記述した社会批判の書をそれぞれ発表したのと同じ時期だった[86]。三人はともに、ある文学と社交のサロン[28]のメンバーであり、そこで彼らは自分たちと同じような官吏や下級司法官、検事、また、この国の要職を占めるトルコ系の人びと、あるいは英国の官吏、この地を訪れたオリエンタリストたちなどと交わりをもっていた[87]。一九世紀の終わりころにそうしたサロンに集った人びとの関心は、植民地主義による占領にはなかった。というのも、たとえヨーロッパの支配自体には憤っていたとしても、大土地所有者、商人あるいは政府の官吏として彼らの一族は、その支配から利益を得るようになっていたからである。話題となっていたのは、まるで彼らを圧迫するかのようにサロンの外の通りやカフェにたむろっている群衆だった。

騒音と混乱

カイロにあるカフェ、バー、賭博場の数は、一九世紀の最後の一〇年間のあいだに、二三一六軒から七四七五軒へと三倍以上にふえている(88)。カフェの様子の描写は、この時期の文学、とくにこの国の無秩序な実態を記述しようとする作品のなかに頻繁に登場した。そのような記述によって、著述家たちは閉塞的な内部の空間における群衆のあり方を書き留めていったのである。

カイロのカフェは卑しい者たちが集まる場所である……空間は非常に狭く、ストーブから立ち上る煙やキセルとナルギーラ〔水ギセル〕からの紫煙によって、なかにいる者はほとほとまいってしまう。そのために、そこに足を踏み入れた者は、自分が燃えさかる炎の中か、刑務所の窮屈な監房のなかに迷い込んだのかと感じずにはおられない。カフェは数々の病気、伝染病が生じる元凶であり、失業者と怠け者の避難所であって、とくにハッシシの吸引で知られたカフェはひどい状況にある。なかに入ると、聞こえてくるのは耳に不快で人の本性に逆らうような言葉ばかりである。そこでは口論と喧嘩が絶えることがない(89)。

カフェ、あるいはバーや売春宿に注目することで、群衆のもたらす「無秩序」の原因を究明することができると著述家たちは考えたが、そのなかでも第一の原因とされ、またもっとも広く知られていたのが、怠惰と失業とであった。一九〇二年にムハンマド・ウマルは、アラビア語で発表した著作『エジプト人の現況とその退化の原因』でかなりの紙数を割いて、怠惰な性格と失業という新しい社会生活の形がさらにもたらす結果のいくつか、アルコール依存症や薬物依存症、無差別の性交、疾病、不衛生などをとりあげて論じている[90]。同書によれば、これらはみな、とくに貧困層を中心に危険なほどの広がりをみせていた。

学校教育の普及は貧困層のあいだではまだ不充分であり、たとえ字が読めたとしても、彼らが読むことのできる本は文章よりも挿し絵が多く、「ファッラーフと三人の女たち」のような不道徳な話が載っているものばかりで、そのくせ、そうした本のうちのある一冊などは、刊行されて一カ月もしないうちに六回も版を重ねるほどだった[91]。家庭生活は顧みられなかった。男たちは昼のあいだじゅう、あるいは夜更けまでも評判の芳しくないカフェで過ごしており、そこでは女たちが接客し、芸人たちがドン・ファンのような放蕩物語を語って聞かせるのだった。

狂気もまた診断対象とすることができ、無秩序を示すもうひとつの兆候だった。ウマルの著書は、英国が最近設立したばかりの施設であるアッバースィーヤの精神病院〔29〕が、早くも下層階級の者たちで満杯になり、そのためまだ病の癒えていない何百人もの患者たちが、もっと重症の者を収容するために街中へ放たれている事態に注意を促し、警告を発している。同書には、エジプト政府の精神異常問題局長であるウォーノック氏〔30〕の年次報告から引用して、一八九九年の時点で認められていた精神異常の原因の一覧表が掲載されている。その分類の仕方の注意深さは、少なくともある種の秩序の感覚がそこにあることを示している。

ハッシッシ	二〇五	栄養失調	一三	結核	二
出血	七	老化	一〇	悲嘆、貧困および窮境	三四
性的放縦	一三	癲癇	三九	遺伝	一九
アルコール	一六	白痴および精神薄弱	一〇	精神的弱さ	二四
腸チフス	三	梅毒	一七		

アルコールおよび薬物の常用癖は、著者のまとめによれば、一般的な意志の弱さのひとつの結果であり、それは貧しい者たちのあいだにおいて、貧困それ自体よりも社会生活に大きな痛手を与えていた(92)。

著者自身が属している階層は、商業、農業、製造業によって共同体の繁栄のために働く人びとの階層であって（彼によれば、その階層は資産、利殖、遺産などから得た収入で暮らしていたかつての貴族層とは異なる）、彼らは学者や著述家として働く人びとととともに、自分たちのもつ「秩序」の感覚によって、これまで述べてきたようなすべての兆候からは無縁だった。彼らは貧しい人びとのあいだや極端に裕福な人びとのあいだに見られる、怠惰の悪癖に蝕まれるということがなかった。同書の強調するところでは、これは、英国がこの国に導入した秩序の賜物であり、それによって彼らは自分に自信を持ち、主導権を握って、自分のなすべき仕事にあたることができるようになったのである。この秩序は、英国がこの国を占領するに先立って起きた、ウラービー大佐の革命がもたらした混沌と好対照をなしていた(93)。

「騒音と混乱」というのは、この階層に属する人びとが、自分たちの周囲の状況を記述する際に好んで用いた種類の表現だった。この語は、著述家のアブドゥルハミード・ザフラーウィーが、この国の一般的状況を叙述するのに用いた語でもある〔31〕。ザフラーウィーは、この時期にエジプトに暮らしていたシリア人で、後にはパリで開催された第一回アラブ会議の議長を務めた。彼は第一次世界大戦中〔一九一六年〕にトルコ政府〔正しくはオスマン帝国政府〕の手で「反逆」の罪によって絞首刑に処せられた何十人かの著名なアラブ・ナショナリストのひとりである。彼は、騒音と混乱は共同体のいたるところで発生する社会的疾病であると論じた。学問の世界の人びと、近代科学の訓練を受けた人びと、古くからのよい家柄の人びと、大規模な農業と商業に携わる人びと、これらのなかに見いだすことのできる知的な者たちは、この無秩序、この騒音と混乱によって沈黙させられ、破滅の危険にさらされているのだと彼は訴えた(94)。

「秩序」に対する脅威として、この階層の人びとの著作がまた別にとりあげているのは、カイロの若者たちである。若者たちは充分な教育を受けておらず、職のない者も多く、娯楽の場も足りず、そのために破壊につながる可能性を秘めた独自の社会問題となっていた。彼らは教育による規律訓練をまったく欠いていたが、それというのもふえ続ける人口のペースに学校教育が追いつくことができず、キリスト教徒たちを除くと、この国の教育は実質的には衰退傾向にあったためだった。[95] 若者たちは夕方になると通りに出てきて、群れをなしてうろつきまわった。彼らのあいだでの最新の流行（ビドゥア）[32]は、人びとを冗談でからかうことだった。『エジプト人の現況』の著者は、自分がよく出入りするクラブで、三人の見知らぬ人物――しかも、そのうち二人は女装していた――に話しかけられ、からかわれた体験を記している。彼らの正体は、著者が働いている政府の部局に勤めている若者たちで、いずれも裕福な家の出であり、そのときはおそらく酒に酔っていた。[96] 昼のあいだ、学校の授業や職場の仕事にいそしむかわりに、若者たちは貧しい人びとと同じようにカフェで無為に時間をつぶした。とりわけ、午後も遅くなって日刊紙が発行される時刻になると、彼らはカフェに陣取ってはロイターの最新の記事をめぐって、目的も論点もはっきりしない論争にうつつを抜かし、その様子はまったくもって目に余るものだった。文明国では政治学は他の社会科学と同様に一個の科学であって、カフェでの暇つぶしの論争の話題ではないことを、若者たちは理解しなくてはならないと、ウマルは記している。[97]

社会秩序

一九世紀後半のカイロで、カフェやカフェで若者たちが読む新聞、新興地主の一族や政府の官吏たちが集まるサロン、士官詰め所、あるいは路上などから生まれてきたナショナリズムは、ひとつの「覚醒」として理解されることがこれまでは多かった。それは、突然、たいていの場合はヨーロッパ人に促されて、自分たちの現状にようやく気づいた共同体というイメージで描かれてきた。この覚醒はしだいにはっきりとしたかたちをとるようになっていき、やがて第一次世界大戦末の反植民地闘争へと結実していったといわれる。だが、国民の覚醒という、このイメージには、それによって覚醒以前には人びとが目覚めてもおらず気づいてもいなかったと（実際にはカイロで、活発で反抗的な政治活動というものがそれまでなかったわけではない）いうだけではなく、実現されることを待っている、国民についての唯一の真実として、ナショナリズムがつねに存在してきたといった含意が導かれてしまう点で問題がある。それは発明されたのではなく、発見されたのだというわけである[98]。

ナショナリズムは唯一の真実などではないし、社会集団が異なればおのずと異なってくる。ここで関心を向けるのは、英国の統治下で新たに富と政治権力を手にし、英国の撤退後にもそれを維持した人びとである。これらの人びとが残した政治的著作は、彼らの脅威となるエジプトの労働者および失業者の群れの存在に関心を払っている。それら脅威となる存在は、たいていの場合には群衆のかたちをとって立ち現われた。ゆえに、群衆は、どうにかして秩序を与えられ、従順で勤勉な存在に変えられるべきであり、群衆を構成する個人個人は、組織された規律正しい一個の全体へと編成されなければならなかった。この従順で統制された全体こそが、「国民」の名のもとに想起されるべき対象であり、また、エジプトの「社会」として組織されるべき対象だった。そして、教育こそが、この規律訓練と編成の政治的過程に与えられた呼び名であった[99]。

「社会」や「社会形態」という観念は、一八七〇年代に、教育について論じる諸々の著作のなかで初めてエジプトに導入された。タフターウィーは「（男女を問わず）個人の教育のあるべき状態とその普及によって、集合的形態、つまり共同体の全体としての教育のあるべき状態は組織化される」と述べた[100]。個人を形成することは「集合形態」を編成する手段となるべきであった。個人に対する規律訓練と、指導によって組織化されるべきこの集合体に対して、何か特別の言い方や単語を当てはめようという試みが、いくつかなされた。インティザーム・ウムラーニー（社会組織）[101]やジャムイーヤ・ムンタズィマ（組織化された団体）[102]といった言い方も用いられたが、もっとも広範に用いられるようになったのはハイア・ムジュタマイーヤという言い方だった。ここでハイアは目に見える形あるいは状態としての「形態」を意味しており、それがムジュタマウ、つまり「集合」という語の形容詞形によって修飾されている。

タフターウィーは、ハイア・ムジュタマイーヤ（集合的形態、すなわち社会）という、あまり目にしたことがないぎこちない表現に対して、それが「共同体の全体」を表わすという説明をこじつけている。

『イーサー・イブン・ヒシャームの物語』のなかで、パシャは群衆に遭遇している最中に、この新しい表現に出会う。ロバ車の御者と口論して留置場で一晩を明かした後、「訴訟人たちの群」のなかで、パシャは中央政府の検事の前に連れていかれた。「この若い役人は誰かね？ それにこの群衆はいったい何なのかね？」パシャが訊ねると、パシャの連れは、農村出身のこの若者は検事であり、新しい秩序にしたがって「社会（ハイア・イジュティマーイーヤ）」を代表して、犯罪者を訴追する責任があるのだと説明した。その「社会」とは何かね、とパシャが続けて問うと、返ってきた答えは、それが共同体の全体（マジュムーア・アル＝ウンマ[33]）であるというものだった。[103]

新語の意味は説明されたが、それでも新しい秩序というものについてのパシャの混乱は一向に解消されずに残った。「農民が人びとを支配するのだと！ 犂の口とりをしているような子どもが共同体を代表するだと！[104]」彼が混乱したのは、社会というこの新しい対象物がどんなものか、パシャには思い浮かべるのがきわめてむずかしかったためである。それはいくつかの点で新奇なものだった。第一に、農民がれっきとした紳士と同等の成員であるとされており、その秩序はそれぞれの身分にしたがった序列を欠いていた。その成員権は、自分とのつながりを通して、いかに遠くまでも広がっていく、親族関係のパターンにもとづいて得られるものとも異なっていた。「社会」は何よりも、群衆というかたちを通して遭遇する何ものかであった。いずれにせよ、法廷に群れている見知らぬ人びととは、たとえその群衆とパシャとをつなぐものが、たまたま同じときに同じ場所に居合わせたこと以外には何もなかったとしても、実は自分の属している社会的全体の一部であると考えられるべきなのであった。こうしたつながりのあり方を思い描き、それによって社会的全体を心のなかに構築するというのは、必ずしも自分の心の地平を広げ、想像力をたくましくするということではなかった。それはむしろ、新しい一群の前提事項をもたらす、新しい政治的・社会的な実践を採用するということだった。そこでは、本書でこれまで記述してきたような種類の、自己と空間、秩序と時間、身体と精神といったものを含む特定の実践が採用され、その結果、空間、時間、精神といった次元が、概念的構造あるいは全体として、別個に存在するものとして現われるのであった。そして同時に、それらは見かけにすぎないことが忘れ去られる必要があった。

この時代にはヨーロッパでも、人びと自身とは別個に存在する政治的・概念的な構造として「社会」を捉えようとする同様の試みが進行しており、またそれを同様に学校教育の過程に結びつけたり、群衆に対する同様の恐れを論じたりすることが行なわれていた。そこで、群衆、学校教育、そして社会と呼ばれた対象物と概念とのつながりがもつ特異な性質を明らかにするために、この時代のヨーロッパで大きな力をもった社会理論家の著作を思い出してみることが有益だろう。エミール・デュルケムは、一八八〇年代のパリで学校教師としての訓練を受け、後にそこで教育と社会理論について講義を行なったが、彼の著作によって新しい対象物、すなわち社会に関する二〇世紀の科学的研究の大きな部分を築き上げる基礎ができあがった。デュルケムの社会科学に対する貢献の重要さは、彼が社会を「客体的」存在を備えた何ものかとして、個人の精神から独立して存在する精神的秩序として確立し、この想像された対象物がいかにすれば研究できるかを示したことにあった。

デュルケムは、社会的領域が、個々に特殊である個人の精神から独立して存在していることを、第一に群衆に加わる個人の行動に言及することで示した。「群衆にみられる熱狂、憤り、哀れみの念の大きなうねりは、誰か特定の個人の意識に源をもつわけではない」と、デュルケムは一八九五年に出版された『社会学的方法の規準』のなかで述べている。「それはどこか外から私たち一人ひとりのところにやってきて、自分たちの意志にかかわらず私たちを衝き動かすことができる。……このために諸個人からなる集団は、それを構成する大多数の者はけっして攻撃的ではないのに、それが集まって群衆となると、えてして残虐な行為にも走ることになる」(105)。この一節の調子にはすでに、社会科学の対象を確立するうえで、政治的に問題になりそうな点が示されている。群衆の潜在的に抑えきれない暴力の問題は、抑えきれない個人的性質の問題に結びつけられる。私たちの一人ひとりが「自分たちの意志にかかわらず」やってしまうかもしれないことに対して、近代のリベラリズムがその最初から抱いていた恐れはまさに、リベラルな社会科学の中核に位置する恐れだった[106]。抑制と規律訓練とを欠いた主体に対する恐れから、社会の客観的存在というものを知って、それを強化する必要が出てきたのである。

　リベラルな社会理論の例にもれず、デュルケムの著作において社会の客体的性質に対応するのは、教育の必要性とその普遍的性質だった。デュルケムは、教育とは「社会が自己の存結のための条件を恒久的に繰り返しつくりだす手段である」と書いている[107]。もし社会が、集合的意識《コンスイヤンス・コレクティヴ》として、個人とは別個に存在する対象物であるならば、それは個々人のうちにその集合的道徳性を繰り返してつくりだしてやる機構を必要とするはずである。この道徳性は「規則性と権威」にもとづいた規律訓練の体系であって、そうした規律訓練こそ近代国家の学校教育が教えるべきものとされた。「子どもは自分の行為をうまく調整し、それを規則的なものにすることを学ばなくてはならない。……彼は自己統御、自己抑制、自己支配、自己決定のすべを学び、行動の際に規律訓練と秩序を好む癖を身につけなくてはならない」。個人がたがいに連係して国民国家を形成できるかどうかは、この規律訓練の共有にかかっていた。「初等学校での道徳性の教授」と題した一連の講義でデュルケムは、国家が行なう世俗的普通教育の目的は、子どもが「自分が生まれた国と時代を理解し、国が自分に求めているものを自覚し、そこでの生活の手ほどきを受け、そうして将来彼を待ち受けている集団的任務に自分が加わるための準備を整えさせること」にあると説明した[108]。

　ソルボンヌで行なわれていた教育と社会理論に関するデュルケムの講義には、エジプト人もかなりの数が出席しており、そのなかには作家であり、後には教育相を務めたターハー・フサイン〔34〕などの姿もあった。しかし、ターハー・フサインたちが後にアラビア語に翻訳しようと選んだ教育と社会理論に関する著作は、デュルケムのものではなかった。彼らは代わりに、その時代にはデュルケムよりはるかによく知られていたある人物の著作を選んだ。その人物は一八九五年、デュルケムの『社会学的方法の規準』が出版されたのと同じ年に、『群衆』と題した著名な本を出版している。

すぐれた人びとからなるエリート層

「私はかつて、他のどんな人間社会にも感じたことのないほどの憤りを、エジプトに対して感じていた」と一九一〇年に記したのは、エジプトの新聞『ムアイヤド』[35]〔守護者〕のコラムニストだった。「私はエジプト人がもつ特質と条件のために、エジプトが奇妙な例外になっているとほとんど信じるところだった――この本を読むまでは[36]」。この本というのは『ルーフ・アル＝イジュティマーウ』〔集団の魂〕という題名の著作であり、ギュスターヴ・ル・ボンの群衆に関する科学的研究の書である『群集心理』の翻訳として、一年前にカイロで出版されていた。コラムニストはさらに続けて次のように述べる。「この本は東洋、西洋の双方にわたって、社会というもの一般の性質を説明してくれる。そして変数も例外もまったくなく、すべての社会に当てはまるたったひとつの法則を導いている。私はこの本から、エジプトの民衆と他の国々の民衆とのあいだには何の違いもないことを学んだ[109]」。法則を確立したというこの本をアラビア語に翻訳したのは、ドゥモーランの著書の訳者でもあったアフマド・ファトゥヒー・ザグルールだった。彼はまた、関係は疎遠だったが、後にエジプトのナショナリズム運動の指導者となるサアド・ザグルール[37]の弟でもあった。アフマド・ファトゥヒー・ザグルールはまた、一般のエジプト人のあいだでは、ナイル・デルタのディンシャワーイという村に政府が設置した法廷の判事のひとりとして知られていた。この法廷は、占領軍の英国人一士官が殺害された、同村での衝突事件を裁くために開設され、植民地当局に反抗する民衆の暴力という脅威に対して、六名の村人を絞首刑に処するという判決を下した。ザグルールはその後、エジプト法務省の次官になっていた[110]。彼が翻訳したル・ボンの著書は、少なくとも民衆の無秩序の脅威に同じように恐れを抱いていた人びとのあいだでは、広く読まれたようである。二年もしないうちに、後にエジプト大学の学長となった人物〔アフマド・ルトゥフィー・サイード〕は、この本に盛られた諸々の観念が、「新聞雑誌の書き手たちの言葉遣いに見られるように、エジプト人の精神にとってもすっかり当たり前のものになった」と書いている。ル・ボンのような社会科学者たち（ウラマー・アル＝イジュティマーウ）の研究成果を取り込んでいくことで、社会に関するエジプト人の観念の変更はさらに促進されつつあった。こうした研究が明らかにする法則は、この国を前進させる道案内として用いられなくてはならないと、この人物は述べている。[111]こうした研究成果を

そうした努力の一環として、ギュスターヴ・ル・ボンの他の著作もアラビア語に訳された。彼の『諸国民進化の心理学的法則』はアフマド・ファトゥヒー・ザグルールの手でアラビア語になり、学校制度についての科学的研究である『教育心理学』は、ターハー・フサインによって翻訳された。なお、後にターハー・フサインは、先に触れたエジプト大学の学長となる人物によって保護されることになり、後には同大学の学部長を自身が務め、やがてはこの国の教育文化相になっている。[112]オリエンタリストとしてのル・ボンの著作もまた、これからみるように重要で、そのうちの二冊、つまり『アラブ文明』および『原始文明』の第三部の二冊がアラビア語に訳された。[113]これらの著作は、翻訳者たちが属する階層の著述家たちがつくりだそうとしていた、ナショナリズムの立場に立つ新しい歴史記述に深く影響を及ぼした。一言でいえば、ル・ボンは世紀の変わり目のカイロにおいて、当時のエジプトに出現しつつあったブルジョワジーの政治思想に、個人としてはもっとも大きな影響を与えたヨーロッパ人であるといえるだろう。

ル・ボンの社会理論がこれほどの影響力をもったのは、何もエジプトに限られた珍しい現象ではない。群衆に関する彼の著作には、「社会心理学の分野でこれまでに書かれたなかでもっとも大きな影響力を振るった本」という評価がなされてきた。[114]彼の著作はたとえば、ムッソリーニ（しばしばル・ボンの群衆に関する著作を参考にしていたという）やセオドア・ローズヴェルトといった政治指導者にも影響を与えた。アメリカの前大統領であった後者の人物が一九一〇年にカイロを訪れ、新しくできた国立エジプト大学で、エジプト人は自治を許されるほどには充分に進化していないと演説して物議をかもしたときには、彼は聖書とともに、諸民族の進化の心理学的法則に関するル・ボンの著作〔『諸国民進化の心理学的法則』〕を携えてきていた。[115]

一般の人びとにも知られた社会科学者であり、オリエンタリストでもあったル・ボンの著作は、二つの主要な問題、

すなわち、進んだ社会と遅れた社会との違いをどのように説明するかという問題と、ひとつの社会の内部で大衆とエリートとの違いをどのように説明するかという問題を扱っていた。彼は初期の著作で、人種の進歩の水準と緊密な相関関係にある変数として知性を研究するという、新しい分野の開拓に貢献した。頭骨の容積と直径は脳がその大きさと複雑さとを増すにつれて増大することが知られているので、知性はこの二つの指標で測定された（ル・ボンのこれらの発見を、デュルケムは初期の著作『社会分業論』で利用している）[116]。ル・ボンは、自分は携帯用頭骨測定器《セファロメーター》[38]の発明者であり、このノギスのような器具を使って旅行者は人びとの頭の大きさを記録し、彼らの進歩の度合いを測定することができるのだと主張した[117]。この基準によれば、黒色人種、黄色人種、そしてコーカサス人種はそれぞれ、進化の梯子の三つの異なる段階にあるとして明確に区別できるとされた。

　こうした解剖学的な変数は、しかしながら、コーカサス人種のなかの二つの分枝、北のヨーロッパ人と中東のセム人とのあいだの格差という、文化的・政治的な発展の度合いにおける大きな違いを説明することができなかった。ル・ボンは、新たな変数として言語や制度を用いることはせず、そのかわりにアラブについて書く際には、人びとのプシケ、つまり魂、あるいは集団もしくは人種の集合精神という観念を持ち出した。すべての国民はそれぞれ、感情や観念、信仰などからなり、ゆっくりと世代から世代に受け継がれ蓄積されて形成される「精神の構成」をもっている。この変数は明らかに脳の解剖学的変数に対応するのだが、科学はいまだそれを探知するほどには精密になっていないとされた[118]。この集合精神もしくは精神の構成という発想こそ、ル・ボンの影響のもとで、デュルケムが社会という近代的概念に発展させたものだった[119]。

　国民の精神は「一個の民族のあらゆる過去の総合」であり、多くの世代を経て進化してきたものであるとル・ボンは説明している。したがって、ヨーロッパが教育だけに頼って近代文明を世界の他の地域に広めることは、しばしば提案されるにもかかわらず、実際は不可能である。アラビア語に訳されたある著作のなかでル・ボンは、「黒人《ニグロ》や日本人が大学の学位を取得したり、法律家になったりすることは比較的たやすいかもしれない。しかし、彼らが手に入れたそのような見せかけの資格はまったくうわべだけにすぎず、その精神の構成には何の影響も与えない」と述べている。ヨーロッパは、近代化してやりたいと望む国民を、その当時一般に考えられていたように知性のレヴェルだけではなく、その魂のレヴェルから変えてやらなくてはならない。「ヨーロッパがその文明を他の国民に伝えてやるためには、その魂を伝えてやることが必要なのである」[120]。

ル・ボンはまた、一個の国民の観念と文化は、国民のうちの大衆ではなく、大部分がエリートの手で発展するのだと指摘している。したがって、エジプトのような国の大衆とヨーロッパ各国の大衆とのあいだには、発展のレヴェルにそれほどの違いは見られない。「ヨーロッパ人が東洋人ともっとも異なっているのは、前者がすぐれた人びとからなるエリート層をもつ点である」と彼は説明する。高度に文明化された民族に見いだされる、傑出した人間たちの堅固な小集団《ファランクス》こそ、「その人種の力を真に具現しているものである」。科学、芸術、産業、一言でいえば文明のあらゆる分野において実現される進歩は、その集団に拠っている。この時代の民族誌的記述の多くが示しているように、あまり文明化されていない人びとの共同体では、人びとのあいだにきわめて高い平等性が見いだされた。そこから、彼の理論の重要な結論が導き出され、ル・ボンがエジプトの特定の階層の著述家たちのあいだで人気を博した理由も説明できる。それはすなわち、近代的な進歩とは、不平等の増大に向かう運動として理解されなくてはならないという結論である[121]。

進歩とは、エリート層の着実な成長と、彼らが長期にわたり世代を超えて蓄積し、その文明のために達成してきたことからなる。蓄積は脳細胞を通して受け継がれていくが、しかし、ごく簡単に、また急速に失われてしまうこともあると、ル・ボンは警告した。これらの脳細胞は他の身体器官と同じように、生理学の法則にしたがうものであり、その機能を充分に発揮するよう用いられなくなると、脳は急速に萎縮してしまう。進んだ民族が何世紀にもわたって蓄積してきた性格面での特質、「勇気、独創力、活力、進取の気性」などは、たちまちのうちに消滅してしまいうるものなのである[122]。

ル・ボンはここまで述べてきたような考え方を、アラブ文明史に関する著作でも展開しており、それはベイルートでアラビア語に訳されて、エジプトでも政治的エリートのあいだで広く読まれた(123)（この著書を高く評価している者のなかには、エジプトの学者であり教育者であって、イスラームの歴史と教義の再解釈によって大きな影響力をもつことになったムハンマド・アブドゥフが含まれている。アブドゥフの考えた改革されたイスラームは、社会的な規律訓練と指導の体系であり、それによって知的・政治的なエリートはこの国の「政治教育」を組織化し、その安定と進化とを確実にすることができるとされており、彼はこのような見解をル・ボンや他のフランスの社会科学者の著作を読むことによって得ていた。実際、彼はフランスに旅した際に、ル・ボンの家を訪れてさえいる(124)）。ファトゥヒー・ザグルールによって訳されて、アラビア語になったル・ボンの著作の二冊目である『諸国民進化の心理学的法則』では、同じ説がより包括的に提示された。そこでは一国民の進歩は、国民のあいだのエリートの力の成長にかかっているとされた。

その直後に書かれた群衆に関する著作では、同一の原理が異なる社会のあいだの問題ではなく、ひとつの社会内部での問題に適用されている。個人がある社会集団に加わるとき、その者は何らかの精神的変化を遂げて、知性や道徳的抑制のいくばくかを失ってしまうようにみえるが、いったいこれはどういうことなのだろうか、とル・ボンは問題を提起する。焦眉の急ともいえるこの政治的な問いに対して、ル・ボンは新しい答えを用意した。集団とは一個の有機体であり、その個々の細胞はたがいに結びついて一個の生きている身体をつくりだし、意識されることのない集合精神を備えた「かりそめの実在」となる、とル・ボンは書いた。こうして合体することで、ル・ボンによればすべてのすぐれたものの生まれる源である、個々人の心理学的な差異は失われ、残るのは心理学的・人種的な無意識の残滓とでもいった、人びとに共通のものだけである。かくして群衆は、子どもや狂人、女性といった知性の程度の低い存在のようになってしまうのである、とル・ボンは述べ、自身が属する世代や階級がもつ恐れを、比喩を用いて表現した。[125] 群衆は衝動的で、激しやすく、寛容さと残酷さのあいだでくるくると変わり、だまされやすく、力に屈しやすく、つねに支配され命令されることを望むものだった。またそれは、子どもや狂人、女性に似ているだけではなく、知性の劣った別の形態、すなわち後進的な国民や人種とも似ていた。より原始的な諸状態との類比は、単なる比喩としてだけではなく、個人が群衆に加わったときに起きる心理学的な変化に関する事実の記述として提示されている。フロイトがル・ボンの主要な学問的寄与と評価した文章の一節で、ル・ボンは「人は何らかの組織された集団に加わったというその事実だけで、文明の階段を何段か転落してしまうのである」と述べている。[126] 個人と集団のあいだの違いは、進んだ国民と遅れた国民とのあいだの違いと同一であった。二つの劣った社会的状態はともに、エリートの個人的な優越というものを欠いているために引き起こされた、心理学的進化段階の低さを表わしていた。

そこで、群衆に対する恐れは、社会をつくりだすという緊急の必要に結びつけられることになり、そのために一方ではエリート層の形成、他方では、ル・ボン自身が他の著作で説いているように、近代的学校教育制度による規律訓練の体系の普及が必要とされた。ル・ボンの発想は、主としてその生物学的な基盤の脆弱さから、やがて時代遅れのものとなっていったが、それに比べると、同じ論題を扱ったデュルケムの試みの方は、はるかに長いあいだ持ちこたえてきた。その主たる理由は、デュルケムが社会的秩序の存在を、本書であれば社会現象の表象的性質と呼ぶものによって説明したところにある。こうして、デュルケムの社会理論は、ますます「博覧会的」になりつつあった近代的状況の性質と合致するものとなっていった。この章を締めくくるにあたり、彼の社会理論における表象の役割を指摘しておこう。

デュルケムの説明によれば、群衆の行動は社会が一個の物、つまり「客体的」存在としての何ものかであることを示している。この客体は共有された観念もしくは信仰から成っていた。群衆といったような現象においては、これらの集合的信仰は「一個の身体、触知可能で手に取ることのできるひとつの形」を獲得するのだ、と彼は記した。物理的形態の獲得は、共有された信仰が「それ自体として一個の実在を構成する」ことを示していた。そして、独立した実在、いいかえれば社会的なるものが対象物であることとは、この観念的対象物が、つねにそれ自身を非観念的・物質的な形相として目に見えるかたちに表わすことのできる、ひとつの実在であるということだった。そうした具現化のひとつの例としては、統計のなかに見られる共有された観念の表象が挙げられる。デュルケムは、統計の数字によって「実際に、意見の趨勢が……かなりの正確さでもって表象されるのである」と述べ、さらに、統計の平均値が「集団の精神の特定の状態」に対する物質的表象なのだと書き記した。ほかの例でも、共有された社会秩序のいくつかの側面、法的、道徳的、あるいは認知的な側面に客観的性格を付与するものは、物質的な表象による具現化であった。社会的領域の全体は、表象を介することで初めて、その存在を認められたのである。「法は法典のなかに具象化され、日々の暮らしの動向は統計の数字と歴史的記念建造物に記録され、流行は衣装に、美に対する嗜好は芸術作品に表わされる」とした一文に続けて、デュルケムはひとつの結論を下す。社会的事実は「その本来の性質からして、……独立した存在となろうとする傾向をもつ[127]」。社会的なるものの実在性または客観性は、その表象的性質のうちに存するのであった。

こうして、社会は一個の物となった。それはつまり、社会が表象として見いだされる何ものかであるということだった。何であれ「物質的」客体と私たちが呼んでいるものが非物質的な観念の領域を表象するように調整されている限りにおいて、それらの客体は共有された概念的秩序の存在を指示したり展示したりするのである。それはたとえば、流行をつくりだす近代的機械装置とそれにともなう消費産業、博覧会や博覧会で展示される工芸や芸術の作品（もちろん、博物館、さらに動物園で公開される対象物も含まれる）、歴史的記念建造物の組織化および、その他の領域での近代観光産業の活動、さらには法の成文化と一般的な行動の規準化、また、統計資料の編纂および社会科学的機械装置の全体のいずれについても変わることはなかった。第一章で示したように、博覧会としての世界では、これらの表象化の過程が秩序それ自体の過程と見なされた。近代的状況においてはこの過程こそ、概念的領域、すなわち意味または秩序の独自の領域の見かけ上の存在が可能になるための手段なのであった。

エジプトを植民地化するということ、秩序と権力の技術の新しい原則が浸透するという、広い意味において植民地化するということは、単に新しい物理的＝身体的な規律訓練や新しい物質的秩序をエジプトに導入するだけの問題ではなかった。第一に、規律訓練的な権力はそれ自体が、その対象物を二面性のあるものとして構築することによって初めて機能した。それは、数え、取り締まり、監督することができ、さらに勤勉なものにすることができる物理的身体と、それらに対応する従順さと勤勉さの習慣を教え込まれた肉体の内にある精神の場という、二つのものの区別を通して作用するものだった。しかし、さらに重要なことは、この分割された新しい人のあり方――その概念の新奇さについては、第六章でまた検討することになるだろう――が、分割された世界に対応するものであったということだった。世界は物理的な「物」と、それに対応する非物質的構造との区分にしたがって構築され、秩序化されるものだった。政治的な見地からは、そうした構造のなかでもっとも重要だったのは「社会」それ自体であり、社会を構成する単なる個人や実践とはいまや絶対的に区別されて概念化される社会秩序であった。

デュルケムの文章が示しているように、植民地主義の時代には、抽象的な社会領域というこの効果が、ますます深く物のなかに埋め込まれていった。記念建造物、建物、商品、流行、博覧会としての世界の体験、それらはみな、それ自体を単なる「物」として提示しつつ、物によってさらなる別個の領域、社会的なるものと同義であると考えられるようになった意味の領域を表象するとつねに主張する機構として、理解されることとなった。そうした社会秩序および真実の機械装置《マシーナリー》は、植民地の都市の建造物のあり方、指導の方法、商業活動といったものに宿る政治的原則となったばかりではない。エジプトの植民地化過程においては、そのような機械装置が、土地にもっとも根づいた意味の機構、つまり書くという過程そのものをも変容させていったのを目にすることができる。

第5章――真実の機械装置

アレクサンドリア砲撃は、エジプトの占領と植民地化の始まりを告げる事件だった。これを海上に浮かんだ船から目撃した、ある英国人によれば、

それは一八八二年の七月一一日の朝七時に開始された。タンジョア号〔1〕が投錨した地点からは、望遠鏡を使って、ことの全体が非常にはっきりと見えた。それまでに戦争を見たことのない民間人である私の目には、その見物《スペクタクル》はたいした壮観と映った[1]。

アレクサンドリア市の大半は二日のうちに灰塵に帰した。破壊のどこまでが英国の砲撃によるものか、またどこまでが現地の人びとがこれに対抗して、市内にあるヨーロッパ人の資産に火を放った結果によるものかは、はっきりしなかった。在留のヨーロッパ人がそのような損害を被る原因を英国がつくったことは、すでに彼らが自らの身は自ら守るよう要請されていたこともあって、ほとんど問題とならなかったようである。そのときにはすでに「英国の民衆の……忍耐は切れかかって」おり、早急に何らかの「効果的な手だて」を講じることが必要な事態にいたっていた[2]。海

図版10　1882年の英国による砲撃後のアレクサンドリア［撮影：L. フィオリロ。英国連邦協会《ロイヤル・コモンウェルス・ソサイアティ》所蔵］

上からの砲撃に続いて海兵隊が上陸し、その際彼らは一八六〇年代に開発された新兵器であるガトリング砲[2]を持ち込んでいる。この、速射可能な機関銃を用いて、英国は一週間にわたる市街戦のすえに、アレクサンドリア市の奪取に成功した。

機関銃はさらに、英国のより大きな目的、つまりエジプトの新しいナショナリスト政権を打倒するという目的のために、彼らの軍が進軍する先々へ持っていかれた。一年ほど前に、エジプト軍の下士官たちが政権を掌握し、革命とは言わないまでも、少なくともトルコ系エリートとヨーロッパ人債権者たちの絶対的な権力に終止符を打ち、農民たちが負わされた悲惨なまでの負債を帳消しにする約束をしていたのである〔ウラービー運動を指す〕。彼らエジプトの軍人たちは、およそ八週間のうちに英国によって叩きのめされた。タッル・アル＝カビールでの最後の戦い[3]では、新型の機関銃は「もっとも効果的な軍事的支援であり、その前に身をさらした敵に対して容赦なく審判の業火を降らせた」と記録されている[3]。侵攻の機械的ともいえる効率のよさは、英国の軍事力を誇示するものとなった。「九月三〇日にはヘディーヴの臨席のもと、（英国軍）全部隊のパレードが催され、そのために全軍が順次カイロに集結した。それは単なるショーでも休日の見世物でもなかった。エジプトの運命をこれほどの短期間のうちに決定した、小規模の軍隊の多様な兵器を見せつけることは、これ以外の方法を想像することのできないほど、東洋の人びとに強い印象を与えるように計算しつくされた光景だった[4]」。単なる見世物以上のものとして、兵器を見せつけることは、「東洋の人びと」に英国の軍事的占領の有効性と権威を誇示した。そこで人びとに示された、新型の機関銃に凝縮された速度と効率性とは、英国の植民地的権威を印づけるものだった。

ロンドンの陸軍省が発行した、この侵攻についての公式記録を読むと、英国が作戦を準備し実行した際の自己《セルフ・》確《サーティ》信《ンティ》の驚くべき高さに目を見張る。この自己確信は、さまざまな新しい兵器をはじめとして大英帝国が抱える巨大な資源によって可能になった。その自信はとくに、近代的な輸送と通信手段を用いて、これらの資源を連係させることで生じた。公式記録は「以下の記述は、当時解決されなくてはならなかった諸問題に対してとられた一連の解決策を示したものである」として、自己確信に満ちた調子で、アレクサンドリアの砲撃前日の様子を次のように記述している。

二万名の兵員が六〇日間活動するための天幕と燃料用の材木をキプロス島から持ち込み、必要なラバを購入できるよう手はずが整えられた。鉄道の敷設を行なう工兵中隊の組織、憲兵部隊の編制、そして新聞社の特派員たちを統制する方法が決定された。マルタのゴゾ島とキプロス島に軍病院を開設し、水や銃器の補給、荷車の準備、兵員が軍務に就く期間を六年から七年に延長することなどが検討されなくてはならなかった。……郵便隊の編制が決定され、その活動計画が策定された。インド政庁と話し合って、インドから部隊を派遣することも決定された。これらの点すべてが確定され、詳細は各部局で処理されて、七月一〇日までにはすべてが完了した[5]。

交通通信の統御によって、帝国はすべての軍事的資源を統合して、戦闘の場に集約させた。部隊を、ひとつの戦場から次の戦場へと移動させるために、鉄道が建設された。電信線と郵便局の網の目が鉄道に平行して伸びていき、兵士たちの私的な手紙とともに、新聞社の戦場特派員たちが毎日書く記事を送り続け、それらをしきりに待ち望んでいる「英国の民衆」、つまり彼らのためにこの戦争が戦われる人びとのいる場へと届けた。

　命令の伝達、兵員や物資の輸送、特派員報告や、さらには私的な通信まで含めて、すべての動きは連係して英国の軍事的な実効性を高めるように働いた。いいかえれば、それらはすべて、これまでの章で本書が検討してきた秩序と規律訓練の方式のもつ効果を示す、さらなる事例となったのである。しかしまた、そうした連係は、疑いもなく自己《セルフ・》確実性《サーティンティ》の効果を発揮するためにも、おおいに役に立つものだった。一八九五年のマルコーニによる無線電信の公開実験の成功を頂点として、一九世紀の最後の三分の一の期間に、交通通信の技術が思いもかけず急速に発展を遂げたことによって、植民地的秩序の持続的な浸透、ならびにその秩序の真実性とでも呼ぶべきものの浸透も可能になった。それらによって、地球大の規模の政治権力は、細部にまでわたる実践性だけではなく、事実性までも与えられた。観光客が砲撃を見物したり、兵器を人びとに見せつけたりすることから始まって、電信で伝えられた特派員の報告や故郷に送られた個人の絵葉書にいたるまで、地球大の規模の植民地秩序はいまや、個人の精神と肉体に働きかける一地域の秩序の方式としてばかりではなく、それ自体を恒常的に報告し、描写し、表象する過程となった。第一章で論じた壮大な博覧会は、この継続的な表象過程のなかでもとくに脚光を浴びたものであるにすぎない。そうした表象の世界のなかで、一般大衆という好奇心をもつ身体が形成され、彼らを楽しませることができるようになり、また近代的な政治的確実性を産出することが可能になったのである。第一章と第二章で提起されたこの確実性の問題に、ここで立ち帰ろう。

　そうした地球大の確実性を、長く多様な歴史的発展の最終的な帰結にすぎないものとして研究することもできるだろう。そうした観点に立てば、しだいに拡大していく交通通信の範囲、速度、確実性は、拡大していく破壊の範囲、速度、確実性と対をなしており、それは近代的な政治権力がもつ、いうならば真実と権威のしだいに拡大していく範囲、速度、確実性に対応し、それをいっそう高めるものである。しかし、そうしたアプローチは、この種の権力と権威の性格を所与のものとして受けいれ、その特殊な性質を研究するよりも、その成長にもっぱら目を向けることになってしまう。いいかえれば、そうした研究は、私がこれまで博覧会としての世界という言葉で言い表わしてきた方法によってさらにいっそう機能していく、この権力の表象作用の次元を探求することなく終わってしまうのである。本書がここで述べたいのは、この種の権力と真実を他から区別するその特殊性である。それは、電信と機関銃の時代の真実、表象と博覧会の時代の真実であり、そうした機構のイメージのなかに想念され産出される権威である。この権威に関する私たちの思考は、しかし、それ自体が機械装置と交通通信のための言語、すなわち表象の言語のなかで生起している。自身が内部に含まれてしまうために、そうした政治的権威の真実が産出される特異な方法について私たちが考察することは、一般的に制約されているのである。

この権威の特殊性をみていくためには、その起源を調べるよりも、エジプトの場合について、植民地権力がそれに取って代わろうとした、権威と真実を実現するかつての様式と、この植民地権力とを比較するというやり方を提起したい。とくに、著述の問題を検討することで、その比較を行ないたいと思う。言葉の用法を通して政治的権威について検討するのには二つの理由がある。そのひとつは、先にアズハルの学院モスクについてみたように、法学などの学問的なテクストについて権威のある解釈を施すことが、古い政治的権威が機能するやり方の重要な一側面であったということである。第二は、一九世紀後半のエジプトで、著述について起こったことは、より広い政治的な変化と平行しているということである。著述の性質に起こった変容は、政治的権威の性質に起こった変容に対応しており、著述と政治とはともに、本質的に機械的なものであると考えられるようになったということを、以下で論じる。どちらの場合にも、その本質は交通通信の過程であると考えられるようになった。それら交通通信と機械装置は、中立的で事実のみに関わる概念として立ち現われた。しかし、これらの外見上は無害と思われる過程、すなわち博覧会としての世界の機構こそ、近代的で神秘的な政治の形而上学を導入するのにおおいに役に立ったものであった。

八つの言葉

一八八一年の一〇月、ナショナリズム運動の指導者アフマド・ウラービーがヘディーヴの宮殿の前に軍を並べて、彼のいう人民の要求を受諾することを政府に迫り、後にヘディーヴの権力を回復しようとする英国の侵攻を招くことになった事件から一カ月が経過したこの時期に、『八つの言葉に関する小論（リサーラ・アル＝カリム・アッ＝サマーン）』と題した一冊の本がカイロで出版された。それは「今日の若い世代の口に上っている」八つの言葉、すなわち国民、故国、政府、正義、圧政、政治、自由、そして教育の意味を論じる著作だった。作者はフサイン・マルサフィーといい、新しい官立学校の教師を養成するために一〇年ほど前にカイロに創立された師範学校《エコール・ノルマル》、ダール・アル＝ウルームの上級教授であり、同時代の著名な学者、教師のなかでももっとも秀でた人物のひとりだった。また、注目すべきことだが、彼は短命に終わったナショナリズム政権の翌年に首相に就任することになる、軍人にして詩人のマフムード・サーミー・パシャ・バルーディー[5]の師でもあった[6]。

『八つの言葉に関する小論』には、ナショナリズム運動を指導する人びとが用いる語彙と彼らの思考法とが反映している。政治的な危機を、言葉の誤った理解と用法とに由来する危機であると位置づけて、この書物は、国民教育体系の権威と規律訓練が必要であると訴えることを主たる狙いとしていた。ウラービー大佐は、「政治的なことがら」に関する考え方を最初、フランス軍の教練教科書を読んで、その軍が「訓練され組織される」仕方を学ぶことを通して形成しており、一八八一年に彼らナショナリストの指導者たちが発した宣言では、エジプトの民衆の目標が「自分たちの国民教育を完成する」ことにあると謳われていた。彼らはこれを議会、新聞および学校教育の普及などを通して達成しようとしており、同じ宣言で「これらの教育手段は、いずれも国家の指導者の確固たる姿勢なくしては確立されえない」という一文を補っている。[7] 一八八一年一〇月〔九月の誤り〕にナショナリストたちが政権を掌握したのは革命の名においてではなく、むしろ「国民教育」の名においてであった。ウラービー大佐は、自分が指揮する連隊をカイロの兵営から連れ出すと、列車でナイル・デルタにある生まれ故郷の村に近いザカーズィークの町に連れ出した。そこで彼は「よい教育の有用性と必要性」を首肯する演説を行なった。そして、国家の指導者として彼が最初にとった行動は、新しい学校を創立する礎石を据えることだった。[8]

『八つの言葉に関する小論』は、ナショナリストの青年士官たちが抱えている不満に同情を示しつつも、彼らが愛国主義を党派主義と取り違えるという過ちを犯さないようにと警告を発している。同書で論じられている八つの言葉は、近代的なナショナリズムが生みだした新しい語彙であり、それらを正しく活用するには、学校を中心とした国民国家の権威が必要とされた。マルサフィーは、学校教育が広く普及することには賛成していたが、それは教室の場で教師が繰り返し「愛国主義」といった言葉を口にして、その語の本来の意味を教えられるからであった。同書で彼は、旧来の学者たちが倫理的・政治的な権威を失ってしまったとして批判し、彼らに取って代わって、官立学校での教師のもつ、生徒に対する権威のあり方を唱道した。一方、それにもかかわらず同書には、これとは別の、古い権威の概念にいまだ捕らわれている面もあった。ナショナリズムの指導者層とは異なり、エジプトで印刷が無制限に普及することには、マルサフィーは反対の立場をとっていた。著述の誤用を防ぐために、正しく教育された一団の学者たちが、印刷される本や雑誌を、責任をもって監督することが必要であると彼は論じている。しかし、いずれにせよ彼は、「今日の若い世代の口に上っている」言葉が無闇にふえていることから明らかになったような、テクスト的権威の失墜というかたちで、政治的危機の全体像を理解していたのである。

豊かな才能に恵まれた学者として、マルサフィーは新しい国家の教育行政の問題に大きな関心を払っていたが、多くの点で彼は、それとは異なる古い学問と権威の伝統に属する人物だった。彼はナイル・デルタの小さな村〔ベンハーに近いマルサファ村〕の出身で、アズハルで教育を受け、生来盲目だった。彼は、都市が農村を支配するのではなくむしろ農村に依存しており、特定の村々がカイロで学者となる者たちを何世代にもわたって送り出すという、知的・政治的な伝統のなかで成長した人物だった。それはすなわち、印刷技術を拒否し、まったく同じ理由で盲目であることを受けいれる（アズハルには目が不自由な者のための専門の学寮があった）伝統だった。そこでは、テクストを読んで、その確実とはいえない権威を保つ唯一の方法は、すでにそのテクストに精通した人間が一節一節声に出してテクストを読むのに耳を傾け、それを反復し、それについて師匠と議論することであった。

言葉とその伝達に関するこの種の伝統は、英国で起こっていた電信や新聞報道、あるいは私的な手紙のやり取りといったことの普及とはきわめて対照的だった。マルサフィーは非凡な学者で、アズハルの多くの同窓たちと異なり、ヨーロッパ流の学校教育の革新を受けいれ、盲目であるにもかかわらずフランス語を読む能力さえ身につけたほどだった。そうしてみると、彼のような人物が、深刻な政治的危機の時代に、言葉の正しい使い方の問題や新しい語彙の無制限の流布がもたらす脅威について、これほどに心を砕いたのは、非常に奇妙なことと思われるかもしれない。マルサフィーの危機に対する反応は、これ以前に同国がヨーロッパの軍隊によって占領されそうな事態に陥ったときに、一人のエジプト人学者、歴史家ジャバルティーが著書のなかに記したそれと符丁する。一八八二年の英国軍と同じように、一七九八年にエジプトに侵攻したフランス軍は、さまざまに革新的な交通通信手段を採用していた。第二章で引用したように、ジャバルティーは「フランス軍はたがいのあいだで合図や信号を取り交わし、兵は一人として逸脱することなくそれにしたがって行動する」と書き残している。そしてさらに、ヨーロッパの権力の特異な性質を如実に示しているのは、そのフランス軍が印刷機を持ってエジプトの征服にやってきたという事実だったのである。

アレクサンドリアに上陸してカイロに進軍する際に、ナポレオンがまずとった行動は、エジプトの民衆に宛てて、フランス人のオリエンタリストたちに書かせたアラビア語の宣言文を、印刷配布することだった。この危機のさなかに書き残した年代記のなかで、ジャバルティーがこの物珍しい革新的な技術に示した反応は、たいへんに興味深い。彼はまず宣言の全文を書き写し、それから数ページにわたってその文章に見られる文法上の誤りを書き連ねている。

一節一節、彼は、フランス人オリエンタリストの犯した口語的表現の採用、綴りの誤り、省略語法の不適切、表現の不統一、語形変化の不正確、構文上の誤りなどを挙げつらい、これらの誤った語法を指摘することによって、フランスの権威というものが腐敗し、欺瞞や誤解、無知に満ちているという印象を描き出した。(9)

アラビア語の印刷機を導入することにムスリムの学者たちが向けた、批判的で、ときとして敵対的な反応は、フランス軍に随行した学者たちの効率的で進歩した技術と対比され、近代西洋に対するエジプトの関わりようの歴史を例証するとされることが多い。それによれば、ナポレオンの占領が中東に最初のアラビア語印刷機を導入し、これに先立つ何世紀にもわたって印刷という活動が見られなかったことが、アラブ世界の後進性と孤立の証左としてとりあげられ、これをフランスの占領が打ち破ったのである。フランス軍がエジプトを離れた後に、エジプト政府は独自の力で印刷所を設立したが、印刷機は本質的に国家の新しい軍備の一部とされ、この世紀の前半にエジプトで発行された印刷物の大半は軍事的指令関係のものだった。(10) ごく少数の者たちが、軍事的な企画以外の目的のために印刷技術を応用しようとしたが、彼らは罷免され、ときとして国外に追放されるという憂き目にあった。エジプトがその軍事的野心をくじかれる一八五〇年代になると、国立印刷所の設備は改修されることなく破損荒廃し、一八六一年には正式に閉鎖されるにいたった。(11) 政府が印刷物の刊行を再開したのはイスマーイールの治世であり、ナショナリストたちの蜂起が行なわれるまでには定期刊行物が発行されるようになっていた。だが、一方で政府は監督下にない印刷物はいかなるものであれその発行を厳しく取り締まり、マルサフィーのような体制側の学者が、政治的危機を生じさせるひとつの原因は印刷物の無闇な普及であるとして、印刷技術に反対する論陣を張っていた。(12) かくして、エジプトにおける印刷の歴史は、アラブ世界の後進性、変化に対する抵抗、ムスリムの学者たちの近代的な学識に対する非合理的な敵意を証するものとされた。しかしながら、他者の後進性や抵抗、非合理性を証明するものと見なすよりも、このような彼らの印刷技術に対する姿勢は、逆に私たちの側が書くということの性質について抱いている奇妙な観念のいくつかと、それに応じた政治的諸前提こそをあらわにしてくれる。この点を理解するために、マルサフィーがどのような目的で『八つの言葉に関する小論』を著わしたのかを検討してみよう。

イブン・ハルドゥーン

マルサフィーの目的を理解するための最初の鍵は、その著書の題名にある。「八つの言葉」は、それが論じようとする八つの政治的な用語を指しているが、同時にそれはまた、政治それ自体を指している。というのも、この題名はいわゆる「八つの言葉の環」という、それまでにも世間的な知恵を説く書物や政治的な著作のなかで、政治的なものの性質を表現するのに常用されてきた言い回しを意識していると思われるからである。たとえば、マルサフィーのテクストの一〇年ほど前に出版された、リファーア・タフターウィーの主著『マナーヒジュ・アル゠アルバーブ・アル゠ミスリーヤ』の冒頭は、八つの言葉の環を用いて政治の意味を解釈することから始められている。そこでは、八つの言葉が政治的世界の八つの部分を指し、それぞれが次にくる言葉でもって意味を解釈されるようになっている。すなわち、「……主権とは兵士たちによって支えられる秩序であり、兵士たちは国富によって養われる助力者であり、国富とは臣民の財産を集めた滋養物であって」という具合であり、「それぞれの語は次の語に結びつけられ、最後の語は最初に戻り、それらをつなげて終わりのない環をつくりだす」と述べられている。[13] この言葉の環という発想はアリストテレスの黄金八角形のそれと同じ起源に由来しているが、[6] 一九世紀のアラブの学者たちは、一四世紀北アフリカの偉大な著述家イブン・ハルドゥーンの著作を発想の典拠としていた。[14] 人間の社会的生活の諸条件とその歴史とを研究したイブン・ハルドゥーンの七巻にわたる著作、『キターブ・アル゠イバル』は、一八六〇年代にカイロに設立された新しい印刷所で発行された最初の文献のひとつであり、それがこの著作の完本の、印刷された最初の版となった。[15] 最初、それは学生や知識人のあいだで読まれ、とくにマルサフィーとムハンマド・アブドゥフが二人ともにイブン・ハルドゥーンについて講義していた新しい師範学校で広く読まれていた。[16]

イブン・ハルドゥーンのこの著作の第一巻は、『歴史序説《ムカッディマ》』の名でもって知られており、そこでは人類社会に関する彼の理論、すなわち彼が自分の生きた時代の政治的危機に向けて書かれた理論が示されていた。彼によれば、人類の諸共同体の統治に関する理論は、充分に注意を払って研究されたなら、全体として八つの言葉の環に対する注釈として理解することができる[17]〔実際には八語であるとは明言していない〕。おそらくこの一節に依拠して、自分の著書のタイトルを決めたのであろうマルサフィーは、同じように政治的危機にさらされた時代に筆を走らせていたのである。もちろん、マルサフィーの時代の危機はいくつもの点で特異なものとなっていた。というのも、本書がその性質を記述しようとしているような種類の土着の権威は、ヨーロッパの資本の浸透によって、かつてないほどに弱まっていたのであるから。しかし、この種の権威の弱さ自体はそれに本来備わったものであり、それは何よりもイブン・ハルドゥーンの著作において明確に記述されている。先の各章で述べてきたように、この権威は第一に不安定であることが当たり前と思われるものだった。それには、持続的に拡張していき、やがてはその強さが失われるところまで達すると、自己分裂し拡散してしまうという傾向があった。権威の効力は周辺部にいくほどにうすれ、都市よりも農村地帯では弱く、農村地帯が砂漠に接するところでもっとも弱くなった。権威の強さは、支配する者たちの強さと彼らのあいだの絆の強さとに依拠していた。第二にそれは、テクストに対する権威ある解釈をとくに活用する権威だった。テクストにはそれ自体の権威があり、それは時を経るにしたがって堕落し腐敗していく傾向がある点で、政治的権威をそのまま反映した権威だった。著述の権威を正しく守りそれを説くことは、この意味において、政治権力の本質的な源泉だった。それは逆にいえば、政治権力の危機と崩壊とが、イブン・ハルドゥーンによって学問の堕落と崩壊として語られることにも通じていた。

　マルサフィー自身の知的な経歴は、教育行政に携わることになった他のアズハル出身の学者たちと同様に、教育の復活によってエジプトに政治的権威を広げ、それを確実なものにしようとする試みの一部をなしていた。マルサフィーは、学問に関するイブン・ハルドゥーンの議論を引くことで、作者性と著述の力とに関する既存の概念にもとづき、文芸を介して作用する政治的権威というものを復活させようと努めた。彼の試みは失敗に終わった。だが、失敗はまさにこの時代に起ころうとしていた、著述と政治との性質に関する変化に光を当ててくれる。

マルサフィーの講義の主題は、アラビア語を正しく書く作法であったが、彼はそれを、アラビア語の文芸作品研究を通して教えていった。彼の講義に先立つ五〇年間ほどの激動の時代に、ほとんどのアズハルの学者たちは知的に内向する姿勢をとり、詩と散文の双方について広範囲にアラビア語の文献を研究することを怠ってきたが、マルサフィーは自分の講義のなかでこのような研究を復活させた[18]。この研究の目的は「文芸」という語で私たちが予期するものよりかなり政治的なものだった。教授された文芸作品は全体としてアダブと呼ばれたが、この単語は作法や上品さ、あるいは礼儀正しさを意味していた。「純文学＝上品な文章《ポライト・レターズ》」とは、危機にさらされている社会秩序がもつ作法流儀や、存在を脅かされている社会階級の価値観を体現するような文学のことだった。各々の社会的な地位には、暮らしのなかでそれぞれの適切で礼儀正しい行動の型を確立してくれる、地位にふさわしいアダブがあった[19]。純文学の研究はしたがって、人びとのあいだに境界線と社会的行為のパターンとを設定するものだった。マルサフィーは「アダブの本当の意味は、各人が己れの分を知り、それを踏み超えないということである」と説いている[20]。

適切で礼儀正しい教育が政治的権威にどのように寄与するかについては、『八つの言葉に関する小論』のなかに明示されている。この書物はシャルフ、つまり、重要な単語の真の意味を解釈するテクスト批評のかたちで展開されている[21]。本文中には非常に多くの原典《テクスト》への言及がみられ、それらはさらにその原典へと遡られており、クルアーンや預言者の言行、広範囲にわたるアラビア語文献、さらには若干のフランス語文献すらも参照されている[22]。しかし、これらだけがテクストだったのではない。政治的活動それ自体もまた、一種の読解作業、つまり批評を必要とする言葉の解釈だった。

マルサフィーは、自分がそのなかに身を置いて著作を著わすことになった政治的危機を、特定の集団が「自由」や「不正」といった言葉に、特定の意味を当てはめようとすることとして理解した[23]。これらの言葉には誤って使われたり、まちがった解釈をされたりしやすいという問題があった。あらゆる単語と同様に、それらの言葉には文脈を離れて使われ、誤った意味で語られる危険があった。言葉がもつ避けることのできない問題は、横行する政治的無秩序の結果ではなく、その危機を示す兆候であり、その性質だった。こうしたアプローチの仕方では、著述と政治とのあいだ、あるいは理論と実践とのあいだには何らの分析的区別も存在しなかった。政治的行為のひとつひとつが言葉を解釈する行為であり、テクスト行為、ひとつの読解の試みであった。マルサフィー自身の目的は、自分が扱う言葉のひとつひとつの「本当の意味（ハキーカ）」を解釈し、それを基に、政治活動のなかで「実現（ハッカカ、タハッカ）」されているその意味合いを知ることにあった。政治の世界は提示された対象物、すなわち書かれた言葉から独立して存在しているものではなかった。言葉は、政治的観念や対象物に名前をつけ、表象するだけのラベルなどではなく、現実化される力を秘めた解釈としてあった。[24] それゆえにこそ、学者たちは一八八一年から翌年にかけての一連の事件にみられるような社会的・政治的な危機に際して、言葉の適切な解釈を提出することで対応しようとしたのだった。

イブン・ハルドゥーンの著作を用い、それに校訂を施しながら、マルサフィーはそれぞれの職業に応じて必要となる専門化した知識とは別に、すべての個人が獲得しなくてはならない一群の了解事項（ウムーム・アル＝マアーリフ）〔諸知識の全体〕があると述べている。共同体の存続と安寧は、この共有すべき了解事項を成員が獲得できるかどうかにかかっている。というのも、このような了解事項の共有によって、それぞれ別個の社会集団は、自分たちの多彩で多様な仕事を行ないながら、それらを全体として単一の人間がなす労働として考えることができるようになるからである。共有された了解事項が産出する単一体といった概念を欠いては、「共同体の実現（タハックク・アル＝ウンマ）」はまったく不可能だった。また、共同体が他の種類の集団から区別されるのも、成員間に共有される共通の教育を通してであった。こうした共有されるべき意味を実現することに失敗した共同体に忍び寄る危険は、それがばらばらに多数の党派に分裂し、自らを外国人の手に渡してしまうことだった。[25] マルサフィーは、まさにこのような危機に対抗するために著述を行なったのである。

『八つの言葉に関する小論』の結論でマルサフィーは、共同体の知識人が、これらの共有された了解事項のなかでも人びとの習慣と性格に関わるものにとくに注目し、善いものと悪いものとを見分けなくてはならないと述べ、新設の学校で教職に就く人びとは、愛国心（ワタニーヤ）を教育の基礎に置くべきであると主張している。どのような種類の商売であれ職業であれ、その仕事が共同体に奉仕するものであることが明らかになるように教えられなければならない。教室で「愛国心」という言葉を頻繁に用いることによって、教師はその言葉の意味を実現するのに貢献でき、そして共同体はその名にふさわしいものとなり、現実に一体となることであろう。(26)

これまでのところをまとめれば、マルサフィーの著書は印刷には懐疑的である一方、イブン・ハルドゥーンをつねに念頭に置いているということになる。印刷活動は、「言葉を普及させる」という一般的な問題の一部であり、それは政治的危機の性質に通じていると彼は考えた。翻っていえば、政治的な権威は著述の権威と結びついていたのである。学校などでの適切な教育を通して、著述の権威を拡大することは、政治的権威を回復し確立する手段だった。イブン・ハルドゥーンが重要なのは、彼が権威一般の問題を作者性の問題として語り、それによって政治的危機を著述の問題に直接結びつけた点にあった。この結びつきを理解するために、イブン・ハルドゥーンあるいはフサイン・マルサフィーにとって著述が何を意味していたかを、言葉の働きについての私たちの理解と比較してみたい。まずは私たちの側が前提としてもつ、奇妙な思い込みから手を着けることにしよう。

この観念的なる存在

一八八〇年から八二年にかけての出来事に際して、アフマド・ウラービーをはじめとする政治的指導者たちは、自分たちをヒズブ・ワタニー〔7〕と呼んでいる。ヒズブとは政党もしくは党派を意味する単語であるから、この呼び名は愛国主義もしくはナショナリズムの党派として、エジプトがトルコ人やヨーロッパ人などの外国人に支配されることに反対する人びとを指していた。ところが、『八つの言葉に関する小論』のなかでフサイン・マルサフィーは、ヒズブの語が想起させる他の意味合いに注意を促して、ナショナリストたちに対し、たがいに敵対する民族集団に国を分裂させないようにと警告を発している。共同体あるいは国家を意味するウンマの語に含意される一体性と対比すると、ヒズブの語には利己主義や党派主義（タハッズブ）の意味合いがあるとマルサフィーは論じた。この語がそうしたものを連想させるために、それを使用する人びとが行なう政治に対する信頼は失われてしまうのだった。政治に関する議論はつねに、こうした言語のもつ力を通して戦われ、単語のあいだの矛盾や、単語が別の意味を想起させる力を求めて展開された。ウラービー大佐の側もまた、同じ単語を別の観念連合の方へもっていこうとした。ナショナリズム運動が英国によって頓挫させられ、彼が法廷に引き出されたとき、審問官たちは彼に対し、なぜ自分が「ヒズブ・ワタニーの指導者」と呼ばれることを許したのかと問いただした。ウラービー大佐はこれに答えて、ヒズブの語を国中に走るひび割れによって砕けてしまったかけらに結びつけ、国土の外国人による支配を難じてみせた。大佐は、エジプトに暮らす人びとが別々の種族に分けられることを指摘し、それらのひとつひとつをヒズブと考えることができるとした。そして、判事たちを前にして「この国に生まれついたすべての人びと（アフル・アル＝ビラード）は、それ自体がひとつのヒズブなのである」と語り、さらに「彼らはその存在を貶めるために『農民』と呼ばれている」とつけ加えた[27]。

　法廷でのウラービー大佐の発言は、『イスラーム百科事典《エンサイクロペディア・オヴ・イスラーム》』〔8〕のなかで、近代的用語としての「ヒズブ」を説明する項目に引用されており、そこでは言語に対するまったく異なったアプローチが示されている。この項目が書かれた目的はそこで、ヒズブという語がどのようにして「ゆっくりと、意識されることなく、またためらいがちにではあるが、……その意味を固定され、明確に政党を意味するようにいたったか」を説明することにあるとされている。ナショナリズム運動の指導者たちとエジプトの民衆との双方を、ともにヒズブと呼ぶことができるというウラービー大佐の力強い主張は、この語のもっていたもともと「曖昧で流動的な」意味の実例として引用されている。『イスラーム百科事典』は、この語が「ウラービー大佐の頭のなかでは二つの異なる意味をもっており、それを彼ははっきりとは区別することができなかった」と述べている。そこで示されているのは、ウラービー大佐の時代以降、この語はゆっくりとではあるが混乱した状態から明確な状態に進化してきたということである。いいかえれば、躊躇から確信に、曖昧さから明晰さに、不安定から安定に、そして無意識から政治的な覚醒へという動きがあったということだった。ここで『イスラーム百科事典』が跡づけているその動きは、単にひとつの単語が歩んだ歴史というだけではない。その単語が人びとの心のなかでひとつの意味をもち、語の歴史的展開に沿って意味がしだいに発展していったことは、政治的精神の発達を表象しているとされているのである(28)。

こうした言葉へのアプローチを支配しているのは、次の二つの前提であり、それらはウラービー大佐と彼の同時代の人びとには完全には共有されてはいないものだった。ひとつは、言葉の本来の意味は明確で安定して一義的であり、単語はその観念的状態に近づくほどに力を獲得するという前提である。もうひとつは、言葉の研究はそれが表わしているより大きな抽象概念である共同体がもつ政治的精神、文化、意味の研究なのだという考え方である。

電信信号

ウラービー大佐の審問が行なわれていた時代、エジプトの北にあるヨーロッパの国々では、植民地主義の権力が全世界に向けて広がっていこうとしており、言語に関する理論はそこで、「オリエンタリスト」と呼ばれる人びとの著作によって支配されるようになってきていた。エドワード・サイードが述べたように、オリエントに関する学問がその重要性を獲得したのは、一九世紀にヨーロッパがオリエントに対する通商ならびに植民地主義の利害関心を増大させたのと平行していた。オリエントへの関心の広がりが、ヨーロッパがその力を拡大するなかで、オリエントの占めるべき位置を定めることによって達成されたのだとすれば、オリエント研究の隆盛も、一九世紀ヨーロッパの知の構図のなかに、オリエントが占めるべき位置によって実現された。前世紀の終わりころから、何かを知るということには、そのものの内的な発展の諸段階、つまり言葉の新しい意味でのその「歴史」を知るということが含まれるようになった。これは、一九世紀に開拓された二つの新しい科学、地球が生みだした生命史《ライフ・ヒストリー》を解き明かす地質学と、有機体の歩む生活史《ライフ・ヒストリー》を解き明かす生物学に当てはまった[29]。そして、それは人間精神の歩んだ生の歴史《ライフ・ヒストリー》を解き明かす学問、つまりオリエンタリズムについてもまた当てはまったのである。オックスフォード大学のマックス・ミューラー教授は「石化し層をなして積み重なった古代文書であろうと、いま現在生きている言語や方言の無限とも言える多様性であろうと、……私たちは言語について手の届く限りのすべての事実を収拾し整理し分類するのである」と述べて、オリエンタリズムが地質学や生物学と平行関係にあることを一言で表現している[30]。

自らの身体や自らが住む星との類推から、いまや人類というものは、それがもつ理性の力を測る心理の探究によってではなく、比較的新しく特異な研究対象である、人間精神の発展に照らして理解されることになった。フランスの偉大なオリエンタリスト、エルネスト・ルナンによれば、オリエンタリズムは「実験的な科学」であり、それは「人間精神の発生を明らかにする」学問だった[31]。この「精神」の経験科学が扱う素材は、オリエントの諸言語によって提供された。地質学が岩石のつくりなす地層を読み解いてその意味を見いだし、生物学が、化石が何を意味するかを解読するのと同じように、オリエンタリズムは、発見されたオリエントのテクストに見られる古代の単語に、人類の「漸進する精神の状態と知識の状況について、他の方法では手に入れることのできない理解」をもたらす特異な手段という位置づけを与えたのだった[32]。

言語は、自然の歴史的法則にしたがって進化する一個の有機体であると考えられた。それを構成する細胞は、意味で満たされた実体であるひとつひとつの単語であり、その発展のあり方はその発生学的起源にまで辿りうるものとされた。個々の単語の誕生とその成長の諸段階のなかに、人間精神の進化の諸段階が見いだされた。第九回国際オリエンタリスト会議〔ロンドン〕の開会の辞は、「新しい単語のひとつひとつは……われわれの種の発展の歴史において、きわめて画期的な事件が生起したことを、表わしているのである」と宣言している(33)。

さまざまな言語を研究することは政治的にも有用だったが、それというのも、オリエンタリズムが一九世紀の科学に共通の特質を備えていたからであった。この学問は、隣接する学問分野の研究から「残存」という基本的な観念を取り入れた。生物学者にとっての化石と同じように、ヨーロッパ以外の地域で当時使われていた言語は残存物、つまり人間（すなわちヨーロッパ人）の精神の過去の残滓であって、「後進性」のさまざまな段階のまま保存されていたものだった。それは、次のルナンの言葉でもって言い表わされている。「人間性の歩みは、それを構成するすべての部分において、一様であるというわけにはいかない。……その歩みの不平等性のおかげで、ある特定の時点で人類が示す大きな多様性のなかに、人類の歴史のなかで区分されるべき別々の時代を見てとることができるのである」(34)。オリエンタリズムは異邦の言葉に関する何か深遠な研究であって、ヨーロッパの地理的拡大がもたらした政治的要請によって、やがて植民地権力を支える制度として繁栄するようになったというだけでは不充分である。それは、人類についてなされなくてはならない研究であり、人類は、人間精神の歴史というかたちで研究されるべきものであった。人間精神という新しい研究対象の発展の諸段階については、過去からの垂直方向の変化を直接みることはできなくなってしまったが、時の流れのなかに歩みを止められるなどして、地理的・植民地的な空間に広く散らばったものとして、オリエンタリズムのおかげで捕捉されるようになったのだった。

オリエンタリズムには、しかし、これもまた一九世紀の人間を対象とする科学すべてに共通している限界があった。オリエンタリズムによって、植民地の行政官たちは「オリエント的精神」について話すことができ、その「後進性」を考えることができた。だが、オリエンタリズムの言語理論は、個々の単語それ自体に意味が満ちていると考えていたために、その研究はテクストの詳細な分析に捕らわれざるをえないという傾向があった。そうした経験科学的な個別の事項をできるだけ速やかに離れて、オリエント的精神を抽象的に取り出してやる方法がさらに必要とされた。そこでは、個々の単語を実質性のない対象物、単なる標識と見なすことによって、オリエント的精神がよりはっきりと実体性のある構造となり、オリエント（あるいは中東）の「文化」もしくは「社会」といった新しい形の抽象概念に道を譲ってやらなくてはならなかった。

この問題は、言語が本質的に有機体などではなく、通信の手段であると考えることによって一気に打開された。突破口は、近代的な通信手段の到来とともにうがたれた。一八九五年には、マルコーニが初めて無線電信の装置を披露し、以来の一連の出来事によって、言語の性質を新しいかたちで説明することが可能になった。「単語とは記号であり、……無線電信の信号以上の何らかの存在を、単語が宿しているわけではない」といまや高らかに宣言されるようになったのである。これはコレージュ・ド・フランスの比較文法学の教授、ミシェル・ブレアルが、一八九七年に残した言葉である(35)。単語が記号であって、電信の信号のようにそれ自体では空虚なものであると論じることには、言語が個々の単語とは別個に存在する、単語以上のものであると考えられるようになるという重要な意味があった。言葉がもつ意味は、それ自体では無意味な恣意的標識であるにすぎない単語を満たす何かとして存在するのではなく、その外に、意味論的な「構造」として存在するとされた。この構造が別個に存在することを示すために、ブレアルは単語がもつ効果を、展示された絵を見るときに生じる「錯覚」になぞらえて説明している。彼によれば、私たちが一枚の絵の前に立つとき、

私たちの目は、同一の光源によって全体が照明された一枚のカンバスの上に光と陰の対照を認めるように思う。また、目は一様な平面の上に、深さの存在を認める。何歩か前に進み出てみれば、線と思っていたものが途切れていたり消えていたりし、違ったように彩色されていると考えていた対象物が、実はカンバスの上に固まった色の層にすぎなかったり、明るく色づけられた点がいくつも連なっているだけで、それらが別段結ばれてはいない

ことに気づかされるだろう。ところが、また数歩を戻ってみると途端に、長年の習慣に負けて私たちの目はふたたび色彩を混ぜ合わせ、光を配分し、形をふたたびまとめあげて芸術家の作品を再構成するのである(36)。

単語は生きている有機体などではなく、表象を構成する部分であった。それらは、まとめられて何物かのイメージ、符号化された通信文、電文を形成した。それらは、それ自体では無意味な標識から作られ、近くに寄ってよく検分すると、ばらばらの点に解消してしまうのであった。さらに、表象を形成する際には、単語群は絵を前にした鑑賞者や博覧会の見物人のように、別個に存在する主体を想定することになる。「すべてのものは彼から発し、彼に語りかけるのである(37)」。言語的表象の目指すものは、語り手としての主体と別の主体とのあいだのこのコミュニケーションにあった。

したがって、言語がもつ意味は、単語という素材のなかにも見いだせないし、個人の精神のなかにも単純には見いだすことのできないものだった。それは両者の外に、「観念的存在」である「構造」として存在した（ブレアルが言語の「構造」を発見したのと同じ時期に、デュルケムは社会構造を発見しているが、それはすでにみてきたように、表象を構成する物質的領域とそれらが表象する観念的領域とを区別するという発想にもとづいていた(38)）。「言語にそうした観念としての存在だけを認めることは、けっして言語の重要性を減じるものではない。反対に、宗教や法、慣習といったこうした観念的存在は、人間の生活にかたちを与えるものなのだから、言語はそうしたものとともに、世界のなかでもっとも重要な位置を占め、最大の影響力を行使する位置を与えられることになるのである」とブレアルは述べている(39)。

言語は、法や慣習（後にはまた文化や社会構造）と同様に、観念的領域の一部分であると見なされ、この領域が人びとの日常生活に「かたち」を与えるとされた。そのかたちは、民族により千差万別だった。そうした形態もしくは構造を、一九世紀のオリエンタリストたちは見いだすことができなかった。彼らは、特定の民族の持つ概念世界を、語彙のなかに見いだされる単語の問題に限定して論じるという誤りを犯していたからである。ブレアルにとって、概念世界は単語を超えたものだった。「ひとつの民族が、かたちとなって表象される観念以外にも観念をもつと認めないならば、おそらく彼らの知性にとってもっとも重大で本源的なものを無視してしまう危険を冒すことになるだろう。……ある言語の構造を説明するためには、文法を分析したり単語の語源を遡って調べたりするだけではまったく不充分である。その言葉を話す人びとがどのように考え、どのように感じるかにまで踏み入らなくてはならない」と彼は述べている(40)。単語がコミュニケーションの単なる道具であり、別の何物かの表象にすぎないということになって初めて、単語それ自体を離れて、この別の何ものか、すなわちより高度の抽象物である民族心性や民族の考え方と感じ方、あるいは文化といったものに立ち向かうことが可能になったのだった。

ここでもういちど議論をまとめておこう。ヨーロッパでは、言語を構成する単語はそれ自体では意味をもたず、何らかの種類の形而上的な抽象物である精神や心性といったものを示す形而下的な糸口であると考えられるようになった。一九世紀の末から、心性とは日常生活に秩序を与える意味の抽象領域として、単なる個人や単なる単語とは別個にそれ自体として存在する実体であると定式化された。言語に対するこの見方は単独で生じてきたわけではない。デュルケムが「社会」という形而上的な存在について論じたのをすでにみてきたが、博覧会としての世界においては、人が遭遇するすべてのものが、何らかの抽象的なものの形而下的表象にすぎないかのごとく、秩序化され把握されるようになってきていた。植民地時代の政治それ自体も、本章の冒頭でみたように、この見かけの意味の領域をつくりだす表象を、継続的に秩序だてる方向に進みはじめた。その一方で、フサイン・マルサフィーのような人びとは、印刷活動の普及にすら反対し、そうした形而上的な領域が存在しないという信条を有していた。彼らが単語を用いる方法は、したがって、意味の性質に関してヨーロッパの人びとと同じ前提に立ってはいなかった。そこで、以下に彼らが単語を用いる方法とその諸前提の問題に取り組むことにしよう。

『八つの言葉に関する小論』のような著作を読んで最初に気づくのは、それが通常私たちが思うようなかたちでのテクスト、とくに、差し迫った政治的危機に向けて書かれたテクストとしては「組織され」ていないということである。この著作には目次というものがない。つまりテクスト自体から離れて、その外部に立つようにみえる構造を欠いている。そして著作が扱ういくつかの単語についての、直截で権威のある定義というものもみられない。かわりに、文章はそれぞれの単語が想起させるありとあらゆる観念連合の間をさまよい、まったく組織だっておらず、それはいっそ悪文と思えるほどである。このテクストを分析したある研究者は、「それらの観念について著者が語ろうとしていることは、意図的な無秩序とでもいうべきもののなかで説かれており、おもしろい逸話、人間の習慣と動物の習性の比較、クルアーンとハディースからの引用、作者個人の経験から引かれた話などが縦横にちりばめられている」と述べている。分析者は何とかしてこの難点を解消しようとして、結局は「著作の気まぐれの配列にしたがうのではなく、それが扱う主要な主題を順序だててみていく」ことで同書を説明しようとしている。(41)

「気まぐれの配列」あるいは「意図的な無秩序」とさえ思われるものをどのように理解するかは、中東を研究する学問につきものの問題であるかのようにみえる。それはテクストの研究についていえるだけではなく、すでにみたように都市の建設の仕方や政治制度の欠如というかたちでも見いだされた問題だった。この見かけ上の秩序の欠如について、さらにもういちど詳細に検討を加えてみよう。マルサフィーの著作から数行を選んで細かく調べてみることで、無秩序と考えられたものが、単語の働き方に関する私たち自身の奇妙な前提にしたがった読み取りの結果であることを、ここでは示すつもりである。

『八つの言葉に関する小論』のなかで最初に扱われているのは、ウンマという語であり、英語ではさしずめ共同体《コミュニティ》あるいは国民《ネーション》とでも訳すべき語である。この語はまずジュムラトゥン・ミナン＝ナース・タジュマウフム・ジャーミアン（jumlatun minan-nās tajmaʿuhum jāmiʿan）と解釈されているが、これは「共通の要因によって結びつけられた人びとの集団」とでも訳しうるだろう。その場合の共通の要因としては言語と場所と宗教とが挙げられている[42]。しかし、このようなこなれた訳文には、この一文の細やかな意味合いをうまく伝えられないうらみがある。第一に、ジュムラトゥンという単語には、集団や人の集まりを指すだけではなく、単語を組み合わせた節や文を指す意味がある。また動詞を形成しているジーム、ミーム、アイン（j-m-ʿ）の三音からなる語根[9]には集めること、結びつけることだけではなく、作文すること、文書を編纂すること、書くことという意味もある。これらの意味論的なこだまにしたがえば、共同体とは、単語が組み合わされて文書を形成するのと同じようにしてまとまるものとなるのである。

それだけではない。この一文がもつ力は、それぞれ別々の単語が指示するさまざまなものが集まることによって発揮されるだけではなく、文を構成するそれぞれの部分のもつ異なる音がひとつの文としてつながることによってつくりだす音の響き合いによっても引き出されるからである。冒頭の単語の語根ジーム、ミーム、ラーム（j-m-l）は総計、あるいは全体を指しており、それはこの文の末尾の単語の語根で結合、集合、群を指すジーム、ミーム、アイン（j-m-ʿ）の音に反響している。そしてよく似た二つの音であるミーム（m）とヌーン（n）が、ミナン＝ナースというかたちで文の中ほどに位置している。そして、これらの音は、潜在的な可能性のあるいくつもの音の組み合わせを想起させる。たとえば、ジーム、ミーム、ミーム（j-m-m）すなわち集まること、多数であること、ジーム、ミーム、ダール（j-m-d）すなわち固まること、ジーム、ミーム、ハー、ラー（j-m-h-r）すなわち多数が群れること、ジーム、ラーム、スィーン（j-l-s）もしくはミーム、ジーム、ラーム、スィーン（m-j-l-s）すなわち共に座ること、一堂に会すること、あるいはミーム、ラーム、ハムザ（m-l-ʾ）すなわちいっぱいであること、群れ集うこと、集合すること、などである。これらすべての音の組み合わせは、先の一文の意味、すなわち力として組み込まれているのである。それぞれの音の組み合わせは、新しい別の音と結びついたりそれを喚起したりするので、ひとつの音の組み合わせから別の組み合わせへと、可能性としては無限に意味の連鎖がつくられることになり、それによってひとつの文の運びのなかでも、かすかにではあってもそれらはたがいに響きあうことができる。

　このようなやり方で書くことは、単語がもつ力を独特で一義的な意味として発見し実現していこうとする行為ではなく、ひとつの単語のもつ音や含意がその周辺の単語のもつそれらと混じりあい、増殖していくのを認めてやることだった。この種の増殖は、英語でなら詩的または文学的と呼ばれることだろう。「文学的」な言葉遣いとは「単語が意味と同化するよりも、単語として（また音として）まずあり」、そこでは単語が「指示するものは複雑で混乱し不明確である」ような種類の書き方と定義されてきた[43]。この種の説明では、文学的もしくは詩的言葉遣いは普通の言葉遣い、つまり言葉の平明で通常の用い方と対立するものとして定義されている。しかし、『八つの言葉に関する小論』の著者にとって、そのように平明な言葉遣いなどというものは存在しなかった。著述とはすべからく、単語が「単語としてある」ようにすることであり、それはつまりひとつの単語／音が、次の単語／音と異なっていながら、そこにたがいの反響と類似を喚起する行為にほかならなかったのである。

　ブレアルの例にみたように、いわゆる平明な言葉遣いにおいて私たちは、単語が記号として働くと理解している。言語学におけるブレアルの後継者であり、近代言語理論の創設者であるソシュールは、言語の本質がコミュニケーションにあることを前提としていた。ソシュールによれば、単語もしくは言語記号は、音像（意味するもの《スィニフィアン》）と意味（意味されるもの《スィニフィエ》）からなる二面的な存在である。ブレアルの示した例で、カンバスに置かれた色の点が絵画を表象したように、音像は意味を表象し、示すのである。したがってソシュールによれば、単語とは「物質的」像と非物質的思考から構成されているということになる。その二つの側面は、一枚の紙の裏表のように分かちがたくある、物質的なものと概念的なものなのである[44]。

　記号の二つの側面は不可分ではあるが、対等な関係にあるのではない。単語の物質的要素は意味を表象するにすぎないのである。音像は観念を表わし、観念は別のところ、話者や作者の心から生じてくる。このように、物質的要素は地位としても継起の順番としても二次的なものである。それは、意味を伝達するために、意味に物質的形態を与えて表象するにすぎない。概念的要素は一次的であり、伝達されるべき本来の思考により近く、したがって作者に、つまり起源により近い。ジャック・デリダが指摘しているように、この序列づけは、別の段階では、話すことと書くこととのあいだの関係についての私たちの理解のあり方にも見てとることができる。つまり、書かれた言葉は話された言葉の表象であるという考え方である。書くことは直接話すことの代替物であり、作者が物理的・身体的に不在の状況で、作者の言葉が読者の前に与えられるようにするというものである。話された言葉における物質的要素が概念的要素に対して二次的であるのと同じように、書くことは話すことに対して二次的であることになる。それは作者の心、伝達されるべき本来の意図からはさらに遠く離れている。つまり意味それ自体からいっそう遠ざかっているのである。(45)

本源的な意味と二次的な表象とのあいだのこの序列こそが、私たちがコミュニケーションを目的とする普通の言葉遣いと文学的・詩的な言葉遣いとを区別する際に働いており、いま問題とされているものである。「単語として(また音としてさえ)まずある」単語とは、この序列のなかでの適切な位置を占めることのない単語なのである。いわゆる文学的な著述においては、単語は作者の意図に忠実な表象ではない。それらは、不在の作者の心のなかの、単純で本来的な意味を機械的にそこに現前させているのではない。マルサフィーのテクストの一行にみたように、そうした単語は強引により大きな力を手に入れ、他の単語との連合によってさらに大きな力を結集し、意味的にも音的にもほとんど無限とも言える響きあいに幕を開けてやるのである。

この言葉の不法な使用を詩的あるいは文学的な効果と名づけ、「普通の」ものと対立させることによって、言語の秩序は守られる。詩的言葉遣いを例外として扱えば、コミュニケーションの通常の過程の正当さが立証されるのである。物質的な音と非物質的な意味の本質的な対置は保たれ、二つの要素のあいだの序列ある関係もまた保持される。ここで問題になっているのは言語学の理論だけではない。意味の形而上学、もっとも広い意味での政治的重要性の形而上学の全体が、この序列ある対置に依拠しているのである。

同じだがどこか違うもの

記号という奇妙な、裏表のある一枚の紙は、正確にはいったい何なのだろうか。デリダが提起したように、もし私たちが記号を構成するとされる観念と物質との（またしたがってテクストと世界との）対立、ならびに両者のあいだの序列的関係の両者を自明のものと見なすことを拒否したならばどうだろうか。そのとき、記号とはどのような種類の物であり、どのような種類の出来事であるのだろうか。デリダがこの問いに対して導き出した答えは、記号とは正確には、独自で独立しており、経験的に個別のものとして捉えられないという点において、物でも出来事でもないということだった。単語はそのようには働かない。第一に、ソシュール自身も他のところで認めていることだが、特定の単語はつねに、類似した音構成を持つ他の単語との関連において存在する。単語は、先ほどいくつかのアラビア語の単語についてみたように、音の似た他の単語とどのように異なるかというかたちでのみ特定される。たとえば、英単語の bit は、それが bet や big といった単語と区別されることによってのみ、独自性を獲得するのである。big はまたそれが dig や pig と異なることによって、単語として成立する。同じことは、単語の意味と私たちが呼ぶものについても言える。たとえば pig の意味は他の単語、つまり英語では豚が食物として供されたときにそれを pork と呼ぶ単語などが存在することにより決定される。記号の本質であるとされる単語とその意味の結びつきそのものは、まさにこの差異化の過程で生じる一例として示されるのである。ある単語の意味を知るのに、（テリー・イーグルトンの示した例を借りれば）私たちは辞書にあたる。そこでは単語の定義が別のいくつかの単語によって説明される。それらの単語は、さらに別のいくつかの単語によって定義され、そしてそれらの単語もまた、という具合である。ある単語はその意味を他の単語によって獲得するのであり、それがどのぐらい正確に「表象して」いるかによって意味が決まるわけではない。したがって単語とその意味は、二面性のある独自の対象物として現われるのではない。ひとつの

「要素」が別の「要素」との関係において存在し、縁や外部といったもののない織物の目のなかで、たがいに編みあわされた差異の関係によってつくりだされるのである[46]。

もし意味というものが辞書のなかで接することのできる、単なる抽象的領域ではないとしたなら、それでも単語が何かを意味するというのは、いったいどのようにしてなのだろうか。デリダが示したように、単語が単語として働くためにもっとも本質的なのは、それらが反復可能だという点であるといえる。この意味において、真に独自というような記号は、たった一度しか用いられない記号であって、それはもはや記号と呼べるものではないということになってしまう。したがって、「同じ単語」といった言い方で私たちが何かの同一性を主張するときですら、実際には単語は異なる機会に異なる文脈で反復されていることになる。単語のもっとも単純なアイデンティティである、この意味についての自己同一性は、したがって差異から、反復される際の差異から形成される。この反復には何か逆説的なところがある。一方では、ある単語の発現は毎回異なっている。その単語が現われる時も場所も異なるであろうし、話されるかわりに書かれるといった場合のように、経験的な特質の多様性によっても、いくぶんかは変化がある。言語は、単語間の差異に依拠しているのと同じように、同じ単語の多様で異なる繰り返しの可能性にも依拠している。単語はそうした少しずつ異なる繰り返しとしてのみ生起するのである。他方で、反復されるものは同一の単語であり続けなくてはならない。たがいに異なる反復のなかで、個々の場合のすべての変更を通して、何らかの同一であると認識できる痕跡が保持されなくてはならない。この同一性の痕跡こそが、私たちがその単語の「意味」として体験するものである。

したがって意味は、単語がつねに二重の意味で反復であることから生じる。それは本源的ではない何ものか、つまり別の何かを変形し、その何かとは異なることによって生起する何ものかであるという意味での反復である。またそれは、同一のものの再起という意味での反復でもある。意味とはこの同一性と差異性のもつ逆説的な性質がつくりだす効果であり、そこでは、ひとつの単語はいつでもまさに同じだがどこか違うものとして生じるのである[47]。

デリダによれば、反復の逆説は言語のもたらす奇妙な性質として、解消されるべき類いのものではない。むしろ逆に、言語はそうした反復と差異化の運動によって可能となる何ものかなのである。差異のなかに不可分に埋め込まれた同一性がもたらす逆説的な効果は、これまで公に認められることなく巧みに避けられてきた。たとえばソシュールの場合には、単語が物質的と概念的の二つの対立する側面からなる対象物であると仮定することでそれは避けられている。それらはそれぞれ二つの別個の領域、ひとつは形而下的で、もうひとつはどのようにしてか形而上的な領域に属しており、それらが語の一体性のうちに神秘的に接合されているという前提がそこでは受けいれられている。二つの領域のこの神秘的な区別こそが、デリダが根本的なものではないと述べ、「神学」的な効果であることを示したものである。「それは全面的に反復行為の可能性に依拠している。それはこの可能性から構成されているのである」(48)という理解から出発して、ここでアラビア語の問題に立ち戻り、意味という一個の「領域」をつくりだす神学的効果がそこでは産出されていなかったこと、あるいは、そのような効果が産出されていたにしても、それは神学的な何ものかとして認知され、それにふさわしく扱われていたことを明らかにしよう。

母音の欠如

先にフサイン・マルサフィーの『八つの言葉に関する小論』の一節を検討した際に、そこでは、「単語が単語として、また音としてさえある」ような、文学的言葉遣いと呼ばれるものが、通常の著述にとって例外などではなく、むしろそれ以外の著述はありえない唯一の用法であると指摘した。単語間の差異の働きを、単語が意味を喚起する通常のやり方に追加された補助的なものと見なすような、デリダが「白人の神話」と呼んだものはここにはない。さらにいえば、白人の神話を単純に逆転して、アラビア語をそのような神話が通用しないひとつの例とするだけでは充分ではなく、意味および差異の働きの問題は、『八つの言葉に関する小論』のような著作の著述においては重要な論点と見なされていた。そこではたしかに、著者の意図する一義的な意味を表象するよりも、単語はたがいのあいだの差異の働きから力をつくりだし、その差異は概念的なものと物質的なものとのあいだの区別に解消されることのできないものとなっていた。しかし、アラビア語での著述が持つ性質に関しては、さらにいくつかの特質が議論されなくてはならないだろう。

第一に挙げられるのは、アラビア語を文字化する際の刻銘《インスクリプション》的な特質である。ソシュールは、語のもつ物質的形態は恣意的なものであって、音声的な便宜によってのみ、その意味に付加されたものにすぎないと論じた。デリダは、この物質的形態と意味との分離が、書くことの非音声的側面をまったく無視していると指摘している。そのような側面は、「物質」的ではあるが意味的効果を創出するのであり、たとえば句読点の打ち方や語間行間のとり方、異なるテクストの併置などがそれである。アラビア語では句読点を打ったり、単語と単語のあいだに間隔を開けたりせずに著述を進めることが一般的であり、しばしば複数のテクストが同じページに置かれて、たがいにさまざまな意味合いをもつ関係を取り結び、異なった書体のあいだに細心かつ意味深い区別をつくりだしてやり、それによって文字を刻み込む技術はもっとも洗練された精妙な形式にまで発展していったのである。

第二の一群の特質も、デリダが問題としてとりあげたもので、それはたとえば、書物などのまとまった著述を「内部」として、すなわち外部の「現実世界」から切り離された、意味の内的な場のように思わせる特質の不在である。タイトル・ページ、緒言、目次といったものがその例であり、それらはテクストとは別個にあるようにみえ、ある都市の地図のように、テクストに形式と外枠とを与える。アラビア語の文章では、またしてもこうした仕掛けは一般には用いられなかった。そのかわりに、それぞれの作品はかなりの長さの祈禱文（ヒターブ）で始まっており、実際そのヒターブをテクストの残りの部分（ファスル・アル＝ヒターブ）に移行させていく方法論が、重要な理論的論争の的となっているほどである。このほかにも、触れておくべき特質はいくつもある。たとえば、be動詞という、アラビア語では「過去」[10]についてだけ見られる動詞の重要性（be動詞という空白の装置は、「being」という概念がどんな

図版 11　アッ＝サギールの名で知られるサアドゥッラーの「ジュルジャーニーの『百の文法要素』の注釈」の 1 ページ。1808 年，アフマド・アブドゥッラッビフによるナスフ体の手写本で，行間と欄外に注解が施されている［プリンストン大学ギャレット・コレクション所蔵］〔アブドゥルカーディル・ジュルジャーニーは，11 世紀のイラン系アラビア語学者で，『百の要素《アワーミル・ミア》』ほか多数の著作がある。ナスフ体は，標準的なアラビア語の書体。注釈者と写本した人物については不詳。〕

に大きな問題をはらんでいるかをわれわれに気づかなくさせてしまうので、デリダはハイデッガーにならい、be動詞の現在形を書くと同時に線で消すというやり方で、この動詞を「消去しながら」使わなくてはならなかった）。ほかにも、文法構造として、単語それ自体とは別個に存在する記号体系としての言語という考え方（アラブの文法学者たちは記号体系の規則性の研究をすることなく、言語における同一性（ナフウ）と差異性（サルフ）のあり方を研究したが、それらは今日ではそれぞれ「統語論」、「形態論」と訳されている）、それにオリエンタリストたちがアラビア語における「母音の欠如」と呼んだ特質がある。ここではこの最後の特質について少しみてみたい。

　アラビア語の文章では、通常母音は記されないといわれている。このため、英文字によるアラビア語の文章の転記には、私がこの章の前の方で示したマルサフィーの一節のように、欠けている母音を補ってやらなくてはならない。しかし、このような理解の仕方には実は誤りがある。母音は特殊ヨーロッパ的な発明品であって、アラビア語に「欠けている」ものではないからである。アラビア語の単語は、アラブの文法学者たちが文字の連なりの「動き」と呼ぶものによって形成される。それぞれの文字は「開く」「裂く」「すぼめる」[11]などといった（口と声帯の）特定の動きでもって発音することができ、同じ文字の異なる動きが意味の違いを生みだすのである。たとえば、カーフ、ター、バー（k-t-b）の文字の取り合わせは、それぞれの文字が動かされる仕方によって「彼は書いた」「それは書かれた」「書物」〔それぞれ、カティバ、クティバ、クトゥブ〕などを意味する。この異なる種類の動きを、オリエンタリストたちは母音と翻訳したのだった。

　しかし、この動きは母音とまったく同等のものではない。チュニジアの言語学者であるムンスィフ・シッリーが指摘しているように、この動きは文字から独立してはつくりだされないし、文字はこの動きなくして成立しないのに対して、母音と子音はたがいに独立して存在しているようにみえる[49]。シッリーによれば、この独立性によって、アラビア語の単語の動きと対比してみた場合に、ヨーロッパ諸語の単語は固定性という特殊な見かけを与えられるのである。単語を文字の動きの組み合わせとして扱うことで、アラビア語での著述は、意味を産出する差異の働きに近いところにとどまり続けている。

このように考えるならば、母音とはアラビア語に欠けている何ものかではけっしてない。母音は奇妙だが巧みな「仕掛け」であって、ヨーロッパ諸語での著述ではこの仕掛けのために、単語のあいだの差異の関係は覆い隠され、それぞれの単語は記号としての外見上の独立性を獲得するのである。さらにシッリーは、この外見上の独立性によって、単語が対象物としての性質を備えることになると論を進めている。記号対象物としての単語は、それらが発話されるということから独立して存在するかのようにみえる。つまり、その存在は単語の物質的な反復とは別個にある何ものかであるように現われ、そうした反復に先立って存在するかのようにみえるのである。この、別個に先立って存在する領域が「概念的」領域と名づけられ、意味の独立した領域とされる。

ここでアラビア語での著述について論じてきた目的は、意味を産出する差異の働きに対し、さまざまなやり方でアラビア語はヨーロッパの諸言語よりもきわめて親密な関係にあることを示すとともに、「言語」あるいは「真実」、「精神」、「文化」といった神学的な名称のもとに、言葉それ自体とはまったく別個に存在すると信じられた「意味」の領域、つまり概念的領域の形而上的な効果を産出することに対しては、アラビア語はヨーロッパ諸語よりもきわめて疎遠な関係にあることを示すことにあった。その際、特定のテクストを読解するにあたって、こうした意味効果がいかにたやすく崩壊させられうるものであるかを実証するのに、本書はデリダの著作を頻繁に参照してきた。だが、そのこと自体は本書の関心事ではない。そうした脱構築が容易に達成されるにもかかわらず、なぜ意味が崩壊するのかではなく、なぜ崩壊しないのかということこそが説明されなくてはならない。政治的に重要なのは、テクストの外側、あるいは博覧会の外側に、さらなるテクスト、さらなる博覧会があるのだと示すことだけではない。そのような状況で、世界がまるで本物の博覧会、実物の博覧会であるかのように、私たちがますます生きるようになってきたのはなぜか、と考えてみることこそが重要である。一九世紀のエジプトに関する本書の研究を、私は世界がどのようにして博覧会のように秩序化され体験されるようになってきたかの研究と考えており、それによって世界は物の領域とそれらとは分離されたそれらの意味、すなわち真実の領域の二つに区分されるようになったと主張しているのである。

本書のこれまでの章では、一九世紀にエジプトが概念的領域の効果をつくりだすように組織化されていったやり方のいくつかが記されてきた。ひとつの例は規則的な街路の配置と外貌《ファサード》をもつようにされた建物からなる都市への改造であり、別の例は国民国家の構造を表象するように配置された、学校の地理的序列化だった。さらに一般的にいえば、本書が枠づけと呼んだ秩序の技術は、軍の機動性、時間割、教室や病院のつくり、町や村の改造といった個々の事例で、先行する概念的な何ものかとして、別個に存在するかのようにみえる構造という効果を産出する方向に向いていたのだった。

しかしながら、意味は概念性の効果というだけではなく、また意図が生みだす効果でもある。英語の mean という動詞には、意味すると同時に、意図する、企てるという含意がある。もし何らかの著述、もしくはその他の表象の過程が意味をつくりだすとすれば、そうすることによって、作者の意図またはその意志といった印象も産出される。意味が一個の領域として別個にあるかのように働くという効果がよく発揮されればされるほど、そのような意図といったものの印象もいっそうの効果を発揮するだろう。

本章の冒頭で提起した近代政治の確実性の問題に戻るために、別個の概念的領域の存在という見せかけを生む効果の方法が、いかにして同時に、意図、確実性、作者《オーサー》の意志、より一般化して言えば、権威《オーソリティ》それ自体という見せかけの効果をつくりだす方法であるかをここでみておきたい。

作者と権威

私たちは、著述をコミュニケーションの手段として、時を超え場所を超えて作者の言葉を、そしてそのなかにその観念を乗せて語を運ぶ乗り物であると理解している。言語の意味作用の機械的な効率の高さのおかげで、作者が物理的にその場にいなくても、彼または彼女の意図や意味は読み手にとってそこにあるものとなる。こうして著述において、作者の不在は克服される。この理解にしたがえば、たとえば印刷は、作者の不在を克服するより効果的な手段にすぎなくなる。それは作者の意図した意味の、より広範でより持続的な表象を提供する。[50]

著述に関するこのような通常の理解では、言葉がもつ機械的性質はけっして疑われることがない。もし著述が、その場にいない作者の精神や作者の意図した意味を表象することができ、不在の作者が読者にとってその場に現前させられることが可能であるならば、それは単語が単一の意味を表象する記号として働くという性質のためである。そして、そのような意味の機構は通常のものであり、問題視されるものではないと見なされる。言葉が多義的であり、曖昧に働き、作者の本来の意図からずれていき、誤読される可能性を秘めているときには、しかし、ちょうどいまみてきたように、このような言葉は例外的なものであると考えられ、著述が機能するときの本質的な何ものかとはされない。曖昧さは、些細な誤りか、さもなければ詩的な効果の問題にすぎないと宣言される。そうすれば、著述の信頼性は作者の意図が支配する範囲にとどまり続け、作者はその著述が詩的なものであるか否かを決定し、語にわずかな気ままさを与えてやることができる。

印刷技術が導入される以前に、アラブの著述家たちが、こうした前提を当然のこととして受けいれていたなどとはとうてい考えられない。著述は、作者の意図した意味の機械論的な表象などではなく、したがってこの意味でテクストのなかに作者が単純に「現前する」ことなどはなかった。作者であること《オーサーシップ》と権威《オーソリティ》の関係は、非常に大きな問題を提起する関心事だった。著述が、作者が意図した曖昧なところのない意味を、いっさいの曖昧なところなく表象することなどありえなかったから、由緒正しいアラブの学者は印刷機のもつ力などに関心を抱かなかった。著述のなかに作者が現前するという問題はさらに、社会における政治的権威の存在の問題に対応していた。この点を検証すべく、イブン・ハルドゥーンの著作に戻り、そこで、このような作者と権威の不在がまさに決定的な論点であったことをみてみよう。

イブン・ハルドゥーンは、著述が作者の存在を広げようと試みる行為であるという点に関しては、私たちと前提を共有している。著述の技術は「魂のもっとも内奥の思いを、遠く離れたその場にいない人に伝えてくれる。それによって思索と学問の成果が、書物のなかで永続的になる」と彼は述べている[51]。しかし、著述に関して、彼が私たちと前提を共有しているのはここまでである。それというのも、イブン・ハルドゥーンは、書かれた表象による機械論的な実践というかたちで、作者の不在が克服されるなどとは考えておらず、むしろそれこそ人間の社会生活の中核となる問題であると理解していた。

イブン・ハルドゥーンによれば、著述することは誤読され誤解される危険を冒すことである[52]。作者の存在を超えて生き残る言葉は、ばらばらに断ち切られていく。それは漂い、変更され、文脈に無関係に読まれ、新しい意味を発生させる傾向をもつ。当たり前のこととして、そこには曖昧さがつきまとう[53]。したがって、単語が機械的にひとつの意味だけをもつなどということはない。テクストを読むことはいつでも、テクストを解釈する作業である。彼は「観念を学ぶ者はその観念を表現する言葉（音）からそれを抽出しなくてはならない」と言う[54]。すでにみたように、意味はただ、文字がもつ差異化する動きから立ち現われる。読者によって朗唱されたときに初めて、文字は動かされ、それによって差異化され、そうして意味をもつのである。このためにイブン・ハルドゥーンの著作では、学者というものは「書物から直接に注釈を書き写すのではなく、必ずそれを声に出して読んでみる者」とされている[55]。テクストは、黙読されるものではけっしてなく、それが意味を持つためには、声に出して読まれなくてはならなかった。

というのも、紙に書かれた、ただの文字は曖昧であるからである。したがって、テクストを読むためにはそれを朗唱しなくてはならない。本式には、一人の教師について、ひとつのテクストを三回声に出して読むべきである。最初に読むときには、教師は中心となる論題のあらましについて短い注釈を示してくれるだろう。二度目には、師はひとつの節ごとに詳細な解釈を施し、異なる学派のあいだでの解釈の違いも教えてくれるだろう。そして三度目になって、師はもっともはっきりしない曖昧な用語についてすら解き明かしてくれるだろう[56]。この場合、師はテクストを書いた本人であるか、それが無理ならば作者に直接テクストを読み聞かされた者、さらにそれらの人びとのもとでテクストを読んだ者でなくてはならず、このようにして朗唱の連鎖が途切れることなく、もともとの作者のところまで辿られる必要があった。

たとえば、イランの都市であるニーシャープールで、[12] 預言者の言行録のうちでももっとも権威のあるもののひとつであるブハーリー〔九世紀、ブハラ出身のハディース学者〕の『サヒーフ集』[13]〔真正集〕を学んで人に教えようとする者は、そこから「二〇〇マイルほど離れたクシュマイハーンというメルヴに近い町に旅した。というのもそこに、ブハーリー本人の口述から起こされた写本の、そのまた写本を使ってテクストを朗唱する者がいたからである」。また別の例として、アブー＝サフル・ムハンマド・ハフスィー[14]なる学者は、「ブハーリーの『サヒーフ集』をクシュマイハーニー[15]のもとで学び、後者はムハンマド・ブン・ユースフ・フィーラブリー[16]のもとで学び、その者はブハーリーその人のもとで学んだ。師であるクシュマイハーニーの死後七五年たって、アブー＝サフル・ムハンマド・ハフスィーは……自分が師のもとで学んだことのある学者のなかで、唯一存命であることを知った」。このため、彼は二〇〇マイルを旅してニーシャープールに連れてこられ、時の支配者から敬意をもって迎えられた。「そして、彼はニザーミーヤ・マドラサ〔学院〕で講義をすることとなり、多くの聴衆を前にして『サヒーフ集』を口述した」[57]。

この種の実践は、書かれたものに比べて声に出されたものや記憶されたものの方が重要であった、というかたちで説明されるべきではない。それはむしろ、書くことと作者であることとの性質そのものを示している、と受けとめるべきである。朗唱の連鎖だけが、テクストのなかにおける作者の不在という、避けようのない事態を克服するすべだった。著述にともなう曖昧な性質を、特定のテクストに見られる欠陥としてではなく、先にみてきたように、言葉が力を得るうえでの本質的な何ものかであると見なすならば、私的な黙読によっては、作者の意図した意味を回復することはけっしてできないし、作者の存在を取り戻すこともけっしてできないことになる。アラブの学問活動は全体として、著述において、作者の意図した曖昧なところのない意味の不在をどうやって克服するかという問題をめぐって展開していた。

イブン・ハルドゥーンがその著作を残したのは、アラブ世界が政治的危機にさらされていた時代であり、またそれはすでに述べたように、作者の不在の問題が危機となって現われていた時代でもあった。イブン・ハルドゥーンにとって、政治の脆弱さと文字をもって書かれる学問の脆弱さとは、けっして偶然に同じ時代に起こったことではなかった。両者が結びついているという認識は、『イバルの書』という彼の著作の表題にも現われている。ムフスィン・マフディーによれば、イバルという単語は曖昧であり、それは言葉がもつ曖昧さを指すと同時に、その曖昧さを示す具体例となっている。この語は歴史に関するテクストから学ばれるべき「教訓」を意味しうるが、より広い意味では、それは何らかの意味を表わし、またそれを隠すことの双方を指した[58]。さらに、この書の副題にも、著述と歴史との深い結びつきが示唆されている。というのも、同書はそこでは、アラブと他の者たちの、歴史における「主語と述語の記録[17]」と題されているからである。このため、このテクストの最初の六、七〇ページは著述の問題に何度となく触れており、そこではテクストがどのように勝手に手を入れられ誤読されてしまうか、師弟関係を取り結ぶすべがどのように崩壊し、権威の鎖がどのように断ち切られてしまうかが論じられている。この著作が書かれた目的は、著述のこのような崩壊を克服することによって、この時代の政治的危機に対する治療薬を処方することにあった。イブン・ハルドゥーンが提示した治療薬は、まったく新しいものだった。それは一四世紀以来今日にいたるまで、書くことにつきまとう本質的な脆弱さを克服する独特な試みとして傑出している。しかし、その治療薬は、表象化の理論が提供するものではなかった。

彼が提起した解決策は、将来におけるテクストの読解を統御する原則として、解釈の基盤を定めておくという初の試みだった。この基盤は、人の社会生活にとって本質的な「文脈」または「状況」（アフワール）というかたちをとる。彼は『歴史序説《ムカッディマ》』のなかで、共同体が形成され、成長し繁栄してやがて衰えていく過程を説明することによって、人間の共同体が通常もつ限界についてきわめて精緻な説明を展開している。共同体の文脈に一定の限界があることは、すべての書かれた著作が解釈される可能性の範囲を定め、テクストの改竄や著述の常態としての曖昧さを前提として、歴史の読み取りを一定の歴史的蓋然性の範囲内に収める。彼の著作は、過去の作者の不在を克服する手助けになる解釈上の制限範囲を示し、それによって歴史記録を通して有用だった物事を見習うことを可能にしようとする、偉大な努力の成果である。

おそらくこのことが、一九世紀のエジプトで彼の著作に大きな関心が寄せられた理由を説明するだろう。この時代のエジプトで学者たちは、同じような危機に直面しており、マルサフィーのような人びとはその危機をまさに言葉の使い方の危機であると理解し、著述に関する正しい理解を教えることによって、それが解決されうると考えていた。しかし、マルサフィーの時代あたりから、著述の実践は全体として変化を遂げはじめていた。言葉は力を失うようになった。それは、意味を増殖させる能力を失い、ほかの語に反響し響きあわせることによって類似と差異の働きを作動させなくなっていったのである。少なくとも言葉のもつそうした響きあいは否定すべきものとされ、例外的なものとして限定され、詩的といった名のもとに封じ込められた。言葉の本質は、コミュニケーションのための機械論的過程にあるとされた。イブン・ハルドゥーンが取り組んだ権威の問題の全体は、表象化の近代的な方法によって可能になった見かけの確実性、つまり曖昧さのない意味というものが生みだす効果の陰に隠れて、書くことにつきものの不確実さを忘れ去ってしまうことで、克服されることになった。どのようにしてこの変容は起こったのだろうか。本書が論じることのできる範囲では、ひとつの答えしか示すことができない。印刷技術の導入とその普及がもっとも明瞭な要因であるが、変化は新しい種類の著述、とくに政府が後援する大量の教育用の文芸作品や、「電信」的文体で書かれた新しいジャーナリズムの登場というかたちでもみることができる。

電信と印刷機は、近代的な通信と交通を導入するために、この時代のエジプトに現われた何種類かの新しい装置と技術に含まれるものだった（一八八一年の夏から秋にかけて、エジプトでナショナリストの立場から最初の大衆紙〔18〕を発行したアブドゥッラー・ナーディムは、もとはヨーロッパの電信会社のエジプト人従業員だった）(59)。エジプトの軍隊が、一九世紀に巨大な近代的軍隊を集合させ指揮することを可能にした新しい信号技術を導入したことはすでにみた。新しいエジプトの鉄道は、この時代には先に述べたように、国土の広さと人口の規模からすれば世界でももっとも長い総延長距離を誇っていたが、それが無事に稼働できるのも信号と符号の精密な体系のおかげだった。英国の全般的な目標は、「通信、交通、通商一般の向上」にあった[60]。官立の学校がしだいに普及して、新しい教育技術と教室で生徒を服従させるための新しい方法が広められていった。一九世紀の後半の数十年間に起こったこの種の発展は等しく、言語が、先に検討したような「増殖する」方式で用いられるのではなく、正確な記号体系として、すなわち語があたかもたったひとつの意味に対する曖昧なところのない表象であるかのように扱われることを求めた。その目的は、第二章でみたパリの通りを行く人びとについて観察されたような、ヨーロッパの人びとにとっての、普通のやり方でもって言葉を使うこと、つまり「仕事をするのに必要な」限りで言葉を用いることにあった。

　言語の変容は、軍隊や学校、建築や鉄道、灌漑計画や統計の作成など、万国博覧会と同様に物それ自体とは別個に存在する構造、あるいは別個の秩序と意味の領域とみえるものを産出する一連の秩序化の過程の一部をなしていた。この新しい領域を、著述との平行性から議論しようと本書は提案しているのだが、それというのも、これが単に意味の領域であるばかりではなく、同時に意図性の領域、権威もしくは政治的確実性の領域でもあるからである。イブン・ハルドゥーンの例にみたような、古い種類の著述においては、テクストの言葉に込められた作者の意図や意味といったものの存在は、本質的に蓋然的なものであった。著述における作者の存在という問題は、政治という独立した分野における権威の存在の問題に重なっていく。著述とコミュニケーションの新しいあり方は、作者が意図した意味を再現《リ・プリゼント》させることが、本質的に必然の機械論的過程であるかのようにした。そして、著述のうちに作者がまったく問題視されずに存在するようになったということは、いまや博覧会としての世界を特徴づける秩序化の著述以外のすべての領域に、政治というものの権威が本質的に何ら問題視されることなく機械論的に産出されるということに重なるのである。

　近代のテクストが、曖昧なところのない効果として作者を産出するのと同じ仕方で、政治的権威は近代国家の内部に産出されたものであり、継続して機械論的に存在するものとして出現する。同時に、作者の意図した意味と同様に、この権威は何らかの神秘的な方法で別個に存在するものである。意味が単語の「物質的素材」そのもののなかにはなく、単語によって再現されるだけの、分離された精神的あるいは概念的な領域に属しているとみえるのと同じように、政治的権威はいまや何らかの形而上的なものとして別個に存在するようになり、物質的世界において再現されるだけのものとなったのだった。権威はいまや、機械的であると同時に神秘的な何ものかになった。それは意味化の過程において確実で直截でありながら、また形而上的でもあるものとなったのである。

この章を締めくくるのに、権威の性質に起こったこの変容について、それが作者というものの性質、すなわちテクストのなかで作者が意図した意味というものの性質の変容と平行した仕方で起こったことを例証したい。ここで提示しようと思う例は、権威の性質とその場所についての一般に広がったイメージ、つまり身体としての共同体のイメージである。実際には、それを三つの異なった側面で平行して起こった変容、すなわち、著述、身体、そして政治それぞれの観念のなかで生じた変容として示していきたいと思う。

統治の機械装置

政治的共同体を一個の身体として記述することは、アラブの文芸の歴史を通じてごく一般的に行なわれてきた。一八六〇年代や七〇年代に記された新しい政治的な著述においても、社会生活の調和や序列を説明するときには、たとえ話がそこからナショナリズムや教育といった新しい主題に向かう場合にも、著述家はこのもっとも一般的なイメージに訴えるのが当たり前だった。タフターウィーは『マナーヒジュ・アル゠アルバーブ・アル゠ミスリーヤ』の最初のページで「疑いもなく、一個の国民とは一個の身体のようなものである」と述べ、個人や集団はその手足もしくは諸器官であるとしている[61]。マルサフィーも、『八つの言葉に関する小論』のなかで共同体が相互に作用する諸部分からどのようにして構成されるかを説明しようとするくだりではつねに、同じように身体のイメージに頼っている。たとえば彼は、教育の目的は生徒に「自分の属している共同体が一個の身体であり、自分がその器官や四肢の一部である」と教えることにあるとしている[62]。

イラン生まれの学者であり政治活動家であったジャマールッディーン・アフガーニーは、マルサフィーと同じ時代にエジプト〔一八七一年から七八年までアズハル学院〕で教鞭を執っていたが、彼もまた社会生活の性質を表現するのに、生きている身体を引き合いに出した。身体の四肢や器官のそれぞれは、すべての個人がそのいずれかに属する、社会的集団の区分である職業のひとつひとつに対応する。統治はそうした職業のひとつとして脳にあたると考えられ、鍛冶屋の仕事は上腕に、農業は肝臓に、漁業は脚にあたるといった具合だった[63]。これによって、社会的世界の秩序およびその内部にある異なる集団の上に立つ権威は強力な表現を与えられ、その表現のもつ力は政治的な論争の場で頻繁に振るわれた。一八七〇年にアフガーニーは、招かれてイスタンブルの新しい大学[19]の開校式で講演を行なった際に、社会のなかで哲学的思考の営みがいかに重要であるかを論じた。彼によれば、ひとつの職業としての哲学は、神からの預言と並び、身体のなかでも魂の位置を占めるものである。彼が、身体の部分という表現を用いて、哲学的実践に社会的秩序における特権的地位を与えようとしたことは、イスタンブルの体制派の学者と宗教者たちのあいだに大きな騒ぎを巻き起こし、結局アフガーニーはこの国を追放されることになった[64]。

身体のイメージは、人間世界を構成するばらばらの要素のあいだに、意味のある関係がみえるようにして、それらをたやすく理解できるものとしてくれるために、非常に大きな力を発揮した。生きている身体は、人間という存在に自然の性質として与えられている物の秩序を表現し、社会的世界がどのように構成されているかを辿ることのできるイメージとなった。それは、さまざまな集団を切れ目のない全体にまとめあげる結合の仕方を示すことで、仕事や地位の序列を明示した。「身体について、四肢の一本一本、器官のひとつひとつが自然に果たすべき役割を与えられ、自分の仕事を誇ることもなく卑下することもなく、ただ自分が創造された由縁の仕事をただ着々と果たすのとちょうど同じように、……共同体を構成する個人個人にもまた、おのが果たすべき職務があるのだ」[65]。先に触れた八つの言葉の環と同様に、この切れ目のない全体というものは、今日私たちにとっては当たり前の、内部と外部、物質世界とその構造、物理的な身体と「心」と呼ばれる精神的実体といった対立のイメージで概念化される秩序ではない。そこでは支配者たちは身体の特定の器官に対応するにすぎない存在だった。形而下的なテクストのなかに、作者が意図した意味が形而上的な存在としてあるといった単純なかたちで著述が捉えられてはいなかったのと同じように、身体のイメージのなかには抽象的な権威の存在などなく、形而下的な外部を統治する、不可視の内部的権力の源などというものもなかった。

一八七〇年代の著述家たちのあいだでは、しかし、隠喩としての身体にはひずみの兆しが見えはじめていた。相変わらず身体は引き合いに出されたが、それは往々にして生命維持に必要な何らかの器官が欠けているといわれたり[66]、四肢の一本が病み、切除されなくてはならないといった言い方をされたりするようになってきていた[67]。新しい官立の学校で教師たちは、生徒たちがひとつの体の四肢であり器官であると教えることになっていたが、もし生徒たちがそのようになりえなかったならば体全体は調子を狂わせ、共同体の本当の実現もなされなくなってしまうはずだった[68]。しかし、新しい政治的実践によって、この身体のイメージは不適切なものとなった。学校教育の組織化、軍隊秩序の拡大、国家の首都や町、村の改造といった、本書でこれまで論じてきた新しい秩序の方法はもれなく、身体についての新しいイメージのあり方を導入し、そして同時に新しい政治的権威の効果を持ち込んだ。一九世紀の最後の数十年になると、身体についての古いイメージは、政治的な著述のなかで滅多に用いられることがなくなってしまった。身体が登場するときには、それは全体としてまったく新しい意味で用いられるようになっていったのである。

目に見えないが、にもかかわらず実在するもの

新しい身体のイメージはたとえば、ムハンマド・マジュディー〔20〕がトマス・クックの蒸気船に乗って一八九二年にナイルを遡った旅行の記録である『上エジプトでの一八日間』に現われる。彼がその旅行をすることになった状況は、当時エジプトで起こりつつあった変化を物語るものだった。彼は、エジプト〔世俗裁判所〕控訴院の吏員であり、郵便物や植民地官僚たち、占領軍の士官たちを運ぶ船に観光客として乗り込んで旅をした。マジュディーにとって一八九二年という年は、一八八〇年から八二年にかけてのナショナリストの蜂起以後では初めて、上エジプトに旅をする機会であった。英国軍が地方の反乱を鎮圧して占領を完成するには一〇年の歳月がかかったのである[69]。彼は蒸気船に乗り組んでカイロを離れるとすぐ、自分の国をひとつの身体に例え、その心臓にあたるものが首都であるとして記述を残している。

> カイロを離れるときに私はいつも、ここが私たちの国の心臓であり、自分たちは一個一個の血球のようなものだと考える。私たちはそこに集められ、列をなして流れ出ていき、生命の流れそのもののように進んでいく。それはまるで、肉体の生命を支える規則正しい鼓動によって、私たちが押し出されていくかのようである[70]。

このような一個の身体としての社会のイメージは、以前の用法とは非常に異なっている。身体はもはや、その四肢や器官となるさまざまに異なる社会集団から構成される何かではない。それは一個の機械装置として、人びととは別個に存在するものである。その器官のひとつとして言及された心臓は、新しい植民地時代の首都に対応し、機械を動かすポンプだった。一人ひとりの人間は身体の一部分ではなく、身体の内部を流れる均一な粒子だった。身体を構成す

る機械的な部分は、それらの流れていく粒子の流路を定め、統制し、動かしてやるのに役立っていた。

二つめの例は、一九〇〇年三月に当時のエジプトで新たに発行された日刊紙のひとつ、『リワー』に発表され、組織化された教育が政治上必要であることを論じた記事にみることができる。その記事は、一国の学校教育の体系を身体内部の神経系に例えている。それによれば、個々の学校は末梢神経のさらに末端部にあたると考えることができ、その末梢神経は身体の中枢神経系に接続している。この体系を支配し統御するのは、脳にあたる器官である教育省である。指令は脳に発して神経末端にあたる各学校に送られ、各学校は外部に接した結果の反応の記録を信号として送り返す。このイメージのなかでは、身体はまだその構成部分が相互に連結されたものとされているが、その連結の仕方はまったく異なっている。そこで述べられている連結とは、全体を構成する別々の成員による相互作用のことではなく、外側の内側に対する関係のあり方を指すものである。身体の各部分に関するかつてのイメージでは、このような仕方で外部に目が向けられることはなく、したがって身体は内部などではありえなかった。身体はいまや機械的な対象物であるだけではなく、外に向いた境界面をもつ対象物となった。外側に対する関係のあり方によって、身体それ自体はひとつの内側となったのである。この内側はひとつの政治的な装置を構成し、その末端が学校であった。「外部」の世界とは別個に存在するようにみえることで、政治の装置と学校教育は、外側の世界と接し、それに関する情報を中枢に送り返し、外部に働きかけなくてはならなかった。身体に関する古いイメージのあり方では、この種の考え方が表現されることなどまったく思いもよらないことだった。

これらの事例は、身体に関する政治的なイメージが、新しい政治の実践と歩調を合わせて変化していった様子を教えてくれる。相互に作用するさまざまな部分が調和して構成されたものとしての身体は、政治、学校教育、政府、あるいは国家として知られるひとつの装置としての身体に置き換えられた。それは内部で粒子が動き回っている構造として、もしくは内に対する外、すなわち民衆やエジプト社会といった外的世界に働きかける内的な機構として考えられるようになった。著述の過程と同じように、いまや政治の過程もこの種の機械的で、内部と外部とをもつ装置として考えられるようになったのである。意味の性質を理解するうえで、機械論的な表象過程ほど直截な考え方がないと思われるのとまったく同じように、一個の機械という観念ほど、直截かつ非形而上的な観念はおそらくないだろう。しかし、実際の機械はけっしてそれだけで存在することはない。機械装置という考え方があたかも欺くかのようであるのは、何かを一台の機械と考えることがつねに、機械とは別の何ものかを意味するという点にある。それはちょうど、本書が第一章で示したように、博覧会が人を欺くのは、それが外部の現実世界、表象化の過程を超えたある場所を産出するかのような効果をもつためであるのと同様である。機械のイメージは政治的世界の理解にあたって、ある基本的で一見明白な分離をつくりだす。すなわち、機械装置対「原料」としての外部、そしてまた、機構とその操作者という分離である。この分離こそ、気づかれないままにやりすごされてはいるが、問題とされるべきものである。最後の事例を用いて、この点を例証しよう。

この章の最初でみたが、英国がエジプトを植民地化し占領するのに、戦争と交通通信のための新しい機械装置がまさしく必須のものであったように、機械は英国の植民地官僚が好んで用いる隠喩であった。クローマーの『近代エジプト』のなかでは、植民地権力の体系が、まさに「これまで世界に知られている限りでもっとも複雑な政治的・行政的な機械のひとつ」などと、繰り返し繰り返し一台の機械として記述されている。クローマーのこの著書の各章は、「その機械装置の性質」を明らかにすることを目的に、「その機械を構成する部品」の記述に割かれている。植民地政府の理想を説明するのに、彼ははっきりしたかたちでそれを「ひとつひとつの動輪の動きが非常に正確に調整された」蒸気機関と比較している。安全弁などの「多種多様な点検、再点検の仕組み」が「事故に対する備え」として必要とされる。そうして全体として、機械装置の各部分は「完璧な制御」のもとに置かれて操作されるべきものであった。[71]クローマーの著作は、近代政治学の最初の主要な著作のひとつと見なすことができ、そこで用いられている言葉遣いは、政治学が発展させるべき用語法を予告していた。政治は、均衡と制御、入力と出力、あるいはクローマーの用語では原料と完成品といった用語でもって、機械論的に認識された。クローマーによれば、植民地官僚は「自分が型にはめてやって、本当に役に立つものにつくりあげていきたいと思っているエジプト人が……原料のなかでももっとも未加工のものであることに、ただちに気がつくだろう」。そして、官僚がその仕事をするのに使う道具が、「完成品の出来映え」を決定するであろう(72)。政治的なるものは一個の機械装置であり、外部世界、すなわちエジプト人の生活が「原料」として存在する世界に向かって働きかけるのである。

政治過程に関するこのイメージは、身体に関する機械論的イメージと著述に関する新しい理解との双方に対応する。著述もまた、身体と同じように、したがって政治の機械装置とも同じように、単なる装置あるいは器具として理解されるようになり、自分の外部にある世界に反応し働きかけるコミュニケーション装置であるとされた。テクストについてのこのような理解と同様に、博覧会としての世界における政治は、外部にあって巨大な指示対象となる生《なま》の世界という外部が存在することを、自明の前提とするようになった。しかも、著述と身体、政治過程はいまやそれぞれ機械論的に理解されるようになっただけではなく、それらは似たような形而上・形而下的な性質を共有していた。身体の機械論的理解の前提に、「心」という非機械的（非物理的）な操作者としての意識があって、その指令と意図を機械的に身体へと伝達する元となるのと同じように、著述の前提にもまた操作者としての意識が置かれるようになった。私たちが慣れ親しんだ近代的な意味で、テクストは作者の表象となり、単に彼の意図や意味を運ぶ機械にすぎなくなった。いまや身体は、心が世界と通信するための乗り物として理解されるようになり、それと同じように、著述はそれ以降、作者の心や真実を世界のなかに現前させるコミュニケーションの単なる乗り物として考えられるようになった。一方で政治は、権威の観念的領域、すなわち国家を、社会という物質的世界のうちに現前させる神秘的機械として理解されるようになった。

『近代エジプト』で四章にわたって政治機械のさまざまな部品について記述した後、クローマーは自分自身、つまりエジプト総領事についての記述に進む。彼が自分のことを紹介するくだりは、権威に関する新しい考え方をよく示している。彼によれば、総領事がもつ権力は植民地を支える装置のほかの部品がもつ力と同じように機械的であるが、しかし、以下にみるように目に見えないものである。それは実在であるが不可視であり、機械を通して作用しながらそれとは別個に存在するものである。この奇妙な観念を表現するのに、クローマーは、本文中のある箇所で機械から身体に隠喩を切り替える。「これまでの四つの章ではエジプトにおける統治の機械装置について理解してもらうよう、努力を傾けてきた」として、クローマーは問題の一文を始めている。

> 記述はいまだ不完全である。否、いくつかの点では誤解を招く恐れさえある。というのも、これまで触れてきたのは国家の機械装置のなかでもある程度の正確さでその機能を記述することのできる部分にすぎないからである。この機械装置には、機能を明確には定義することができないが、にもかかわらず実際に存在しているほかの部分がある。事実は、表面を見るだけの観察者には、機械装置が効率よく稼働するのに有害とまではいわなくとも不必要にみえるそれらの部品の作動にこそ、機械の全体がうまく動くかどうかは少なからずかかっている。エジプトという政治的統一体《ボディ・ポリティック》において、目に見えないことはしばしば見えることよりも重要である。とりわけ、近年には、漠然としていながら非常に強力な権力が英国総領事の手に委ねられるようになってきており……(73)

クローマーは政治的装置の個々の部品の力と機能を数章にわたって記述するのに、この一節にいたるまでに、一度しか身体のイメージを用いていない。権力そのもの、すなわち植民地的権威を「表象《リプリゼント》」する「英国の代表《リプレゼンタティヴ》」がもつ、漠然としていながら不可視で非常に強力な力を論じる段になって、機械の隠喩は唐突にも身体と結びつけられる。そこでは、「政治的統一体」という用語が使われ、「目に見えない」ものについて語ることができるようになる。身体という物理的装置に、別個の実体、非物理的で不可視の権威の領域そのものがつけ加えられることが可能になり、植民地的権威はこのようにして目に見えないが「にもかかわらず実在の」形而上的権力として現われる。隠喩は機械から物理的身体に切り替えられているが、そこには矛盾はない。身体はいまや一個の機械のように考えられ、機械はひとつの物理的身体のように、それ自体とは別個の非機械的な力をつねに含意するものとなっていた。機械にはいつも、それとは別に操作者が、クローマーの言葉で言えば「原動力」が、あるいは目に見えない意志の働きが存在しているのである。

このような言葉遣いについて問題となるのは、それが植民地的権威の働きをどれほど巧みに表象しているかといった点ではない。興味深いのは、『近代エジプト』のような著述が植民地権力の及ぼす奇妙な効果を反映し、それに対応するために、頼りにしなくてはならなかったイメージ作用の種類についてである。問われるべき問題は、もし、植民地的あるいは近代的な権力が機械というかたちで描かれなくてはならなかったとしたら、その権力はいったいどのような種類のものであるのかということである。著述が作者の意図した意味と区別され、物理的身体がその精神と区別されるのとまったく同様に、機械はそれ自体とは別個の操作者の存在をつねに含意する。どの場合にも、目に見える物質的な装置と、その内部から絶えず立ち現われてくる意図や意味あるいは真実とのあいだは絶対的に分離されている。これまで本書が記述してきた二つの領域に区分された世界、そこでは政治権力がその方法においては微視物理的＝身体的でありながら、確実で形而上的な権威を効果として生みだして、現実世界から別個に設定された何ものかとして出現するようにつねに働いているのである。

第6章　物の哲学

リヨテ元帥は、二〇世紀の初頭にフランスに占領されたモロッコの植民地総督〔正しくは統監 Resident general〕だった。その任期も終わり近くなったときに、リヨテは一団のフランス人技術者とジャーナリストをしたがえて、カサブランカ＝ラバト標準軌鉄道[1]の開通式に出席するために、新しくつくられた植民地の首都であるラバト[2]に出かけていった。招待客のひとりに作家のアンドレ・モーロワがおり、この旅の際の元帥の言葉、本書がこの最終章で導き出したいと考えている結論へとうまくつながっていく言葉を記録に残している。

一行がラバトで列車から降りて、新しい首都に入ると、リヨテは「皆さんに物の哲学を説明いたしたい」と切り出した。「ここの建物群は、全体としてひとつの扇のかたちをとっています。扇の中心、要の部分にくるのは行政府の中枢です。その向こう、扇が広がっていく先には、政府の各省が論理的な序列にしたがって位置します。おわかりですか。たとえば、ここに公共事業〔省〕がきます。その隣にくるのは道路、橋梁、それに鉱山です。農業の隣には、森林がきます。ここにある空き地は財務のための場所です。建物はいまだ建設されてはおりません。しかし、それは論理的にしかるべきところに設置されることになっているのです」。ここで、招待客のひとりが質問をして彼の話をさえぎった。「元帥閣下、それではこの売店《キオスク》は何のためのものでしょうか」。それに対するリヨテの答えは、「それで

すか。それは地図を売るためのものです」という一言だった。(1)

この植民地都市は、曖昧なところの一切ない高い表現性を有していた。都市の設計《レイアウト》とそれを構成する建物群とは、ラバトを建設した建築家の言葉を借りれば、フランスという国家の「秩序、均整と明晰な論理を尊ぶ天賦の才」を表象するものだった。(2) 政治的表現のシステムとして、市内にあるそれぞれの建物は、それ自体を超えた何ものかを表現していた。「ここに公共事業がきます。その隣にくるのは道路、橋梁、……」と、建物の名をあげるリヨテの語り口は、その建物自体を超えた何ものかに実際に名前をつけてやるものだった。建物を建て、それを名づけてやる方法は、都市を訪れる者に植民地当局の権威がもつ秩序と諸制度を提示した。開通式の後で一行が「森林」の建物に入ったときに、空気中に「ほんのかすかにヒマラヤスギの香りが」漂っているように思われたというが、それほど完璧に建物はそれが表わす、より大きな抽象観念を表象していた。それはいわば、植民地総督を案内人に仕立て、万国博覧会の会場へと入っていくようなものだった。

万国博覧会と中東および北アフリカにつくられた新しい諸都市との類似は偶然ではなかったし、地元の著述家たちがその類似に気づかないわけはなかった。博覧会も都市もともに、政治の表現としてつくられ、教訓を示すようなスタイルをとっており、そして両者はともに人びとに対して、畏怖しつつも好奇心に捕らわれた見物人、政治的な案内人と地図とを必要とするツーリストとなることを求めた。両者のあいだには多くの特異な類似点がある。〔3〕中東の国の首都として初めて、大規模にヨーロッパ化された一画を建造したイスタンブルの場合、新市街はオスマン朝世界内の他の地域の「モデル」となるべく、はっきりと意図をもってつくられた。そして、その建設を監督したサダトゥル・カーミル・ベイは、パリ万国博覧会でオスマン帝国の展示場作成を監督することによって経験を積んだ人物だった。(3)

ラバトのような都市と万国博覧会との類似は、フランス植民地政府のつくった建物に限ってみられたわけではない。それというのも、展示されるものは植民地の権力だけではなかったのである。たとえば、カサブランカにあるドイツ領事館で人びとが目にしたのは、「驚くほどの商業組織を構成する諸々の要素だった。そこには、ドイツ帝国《ライヒ》が生産することのできるあらゆるものの見本があり、それらを領事館が責任をもってモロッコ人商人に提供していた。またモロッコ側が希望する諸種の産品の見本も展示され、それらはドイツ国内で然るべき生産能力のある製造業者のもとへ送られていった」。さらに、こうした公的な建築物のほかにも、ヨーロッパ風のカフェ、ヨーロッパ製品を陳列した小売業者の店、それらが打っている広告、それらが販売している「アラブ都市」の絵葉書といったものがあった。それは、世紀の変わり目のころに、あるエジプト人著述家が、ヨーロッパは東洋の全体をヨーロッパ製のありとあらゆる種類の商業製品を展示した「博覧会」に変えつつあると不満をもらしたほどだった(4)。リヨテも「保護領の主席巡回販売員」と自ら名乗っており、また、ドイツ領事館が行なっていたことをみた後には、一九一五年にカサブランカで商品博覧会を開催し、翌年にはフェズで商品見本市を催している。そうした商業的な展示が現地の人びとに与えた効果は、きわめて特異なものであったことが知られている。

アンリ将軍を相手に頑強な抵抗を続けていた北方前線の叛徒たち(4)の族長のひとりが、博覧会の様子を話に聞いて抑えがたい好奇心に捕らわれた。彼は休戦を申し込み、博覧会を見てから戦闘を再開することの許しを求めてきた。そのような申し出は奇妙でまったく受けいれがたいようにも思われたが、結局は認められた。彼は暖かく迎え入れられ、博覧会を訪れた後で彼と彼の部族は帰順した(5)。

帰順してそのような博覧会的世界の市民となるということは、消費者となること、商品と意味の消費者となることだった。

オリエント的なるものの必要

リヨテのラバトのように、博覧会的世界の秩序のなかにあっては、ひとつひとつの建物、ひとつひとつの対象物は、それ自体を超えた意味または価値を表わすものとして現われ、そしてそれらの意味は、秩序と制度の領域、すなわちまさしく政治的なるものの領域として別個に立ち現われた。しかし、前章での言語に関する議論から予想がつくように、意味の効果は実際には、個々の建物や対象物そのものから自然に生じてくるわけではなく、それらの建物や対象物のひとつひとつが置かれて織りなされる、切れ目のない織物から生じてくるのである。これによって、「財務」はまだ実際には建設されていなくても、それは設置の過程のなかの、「論理的に然るべきところ」としてすでに存在しているのだった。意味の領域の効果をつくりだすために、この差異化の過程はすべての空間、すべての空隙を印づけなければならなかった。それは規律訓練的な権力の体系と同じように継続的に、都市の全体を超えて広がり、ヨーロッパの絵葉書に描かれる「現地人の市街」までも含み込んでいった。

一見すると、都市のなかでより古い、現地の人びとの居住区は、新しい植民地的秩序から除外されていたようにみえる。リヨテの招待客たちはカサブランカの目抜き通りに案内されたが、それは一方に低い不規則な家並が連なり、他方に高いビルが連なるアンバランスなものにみえた。「まさにそのとおり!」とリヨテは答える。「左にあるのは現地人の市街の町並み《ファサード》であり、……右にあるのはヨーロッパ人の市街の町並み《ファサード》、フランス流儀の巨大な財産なのです」(6)。植民地時代のカイロでも、近代的な街区の美学を論じたフランス人の専門家が同様に、都市のなかのより古い部分を別物扱いすることを主張している。そうした古い部分の再編はありえず、もしそこに再建すべきものがあるとすれば、「それはオリエント的なものでなくてはならない」。その説明によれば、アラブの町は、昔のカリフたちの都市がどのようなものであったかを未来の世代に見せるために、保存されなくてはならない。保存は、傍らに現地人の街区から完全に分離された、重要でコスモポリタンな植民都市区域が建設される以前に実行されなくてはならない。……カイロには二つの区域がある。ひとつは近代的で無限の魅力にあふれた区域であり、もうひとつはひたすらに続く苦悶のなかにあって、けっしてその繁栄を取り戻すことのないように運命づけられていると思える区域、進歩とそれが必然的にもたらす諸々の結果に抗う力もない古くからの区域である。一方は芸術家のカイロであり、他方は衛生学者と近代主義者のカイロである。(7)

このようにして新しい秩序は、一見アラブの町を除外するようにみえて、より大きな意味ではそれを含み込んでいた。植民地主義は都市のどのような部分も見逃さず、ただそれを二つの部分、すなわち博覧会になりつつある部分と、そして同じ精神にもとづいて博物館になりつつある部分とに分けてやったのである。(8)

ここで注意しなくてはならないのは、絵のように美しい「芸術家のカイロ」の「保存」が唱えられるようになったのは、植民地支配が始まってから二五年ほどの間に、都市の人口が七〇パーセントほども増加してからのことだったという点である。この増加分の三分の二ほどは市外からの流入によっており、そこには地方の町や村からカイロへ向かった貧困層の流入分が含まれている。カイロの人口増加率は国全体のそれの二倍近くに達していた。(9)都市の内部でも人口の移動がみられた。多くのヨーロッパ人がやってきて定着するとともに、彼らが土地を購入してヨーロッパ化した区域では家賃が高騰し、貧しい人びとはいわゆる「旧市街」の混雑した通りへと追いやられていった。貧困と栄養不良、失業の増加により、貧しい人びとがそのすみかを見つけることのできたこの「オリエント的な」区域や他の裏通りは、急速に狭苦しい老朽化した場所へと変わっていった。「貧困層は最悪の種類の『スラム』のなかにいっそう群がりつつある」と、『エジプシャン・ガゼット』紙〔一八八〇年創刊のエジプト最初の英字紙〕は一九〇二年二月の社説で述べている。「これらの人びとに便宜を図るために、新しい住宅を建設することは行なわれず、上昇し続ける賃貸料は彼らにとって手の届く住宅の数をつねに限りあるものにしている。この結果、郊外はもちろん、市内のあらゆる街区の脇道や裏通りでは、劣悪な環境のもとにたくさんの家族が固まって住む家屋がますますふえており、その結果これらの場所は、ヨーロッパやアメリカのスラムとまったく同じものとなっていった[10]」。こうした状況下では、現地人の市街は「オリエント的な」ものであり続けなくてはならないという議論は、植民地秩序の与える衝撃から、その市街地を守ることを意味してはいなかった。オリエント的なるものは植民地の秩序によってつくりだされ、その秩序が存続するために必要とされたものだった。経済的にも、また、より大きな意味においても、植民地秩序は自らの対極を創出すると同時に排除することに依拠して成立していたのである。

フランツ・ファノンは『地に呪われた者』のなかのよく知られた一節で、植民地世界を「区画に分けられた世界……、二つに切り分けられた世界」と記述している。植民地都市がヨーロッパ人の市街と現地人の市街との二つに区分されていることに関するファノンの記述は、植民地的なるものがその対極としてのオリエント的なるものに依拠することの、より大きな意味合いを明らかにしてくれる。

> 入植者の町は強固につくられた町であり、すべてが石と鉄でできている。それは明るく照明された町である。道路はアスファルトで舗装され、ごみ箱はありとあらゆる残り物を飲み込み、それらを見えず、知られず、ほとんど気づきもされないものにしている。入植者の足は海水浴のときでもなければけっして見ることができず、そのときにも充分に見られるほど近寄ることはできない。彼らの町の通りは清潔で平らで、穴も開いていなければ石も転がっていないのに、彼らの足は頑丈な靴で守られている。入植者の町は食物の豊富な町、のんきであくせくしない町である。その腹はいつでもよいものでいっぱいになっている。入植者の町は白人の町、外国人の町である。
>
> 植民地化された人びとに属する町、少なくとも現地人の市街や黒人の村、メディナ[5]や居留区は、悪い噂の場所、

よこしまな評判の人びとの住む場所である。彼らはそこで生まれるが、どこでどのようにしてかはほとんど問題にならない。彼らはそこで死ぬが、どこでどのようにしてかは問題にならない。それは空間の広がりというものを欠いた世界である。人はたがいに積み重なってそこで生き、小屋はたがいに積み重なってそこに建てられている。現地人の町は空腹の町である。それはパンに、肉に、靴に、石炭に、光に飢えている。現地人の町はしゃがみこんだ村であり、ひざまずいた町であり、ぬかるみのなかではいずりまわる町である。それはニガーたちと汚いアラブの町である。現地人たちが入植者の町に向ける視線は、情欲の視線、羨望の視線である。そこには所有の夢想、あらゆる種類の所有の夢想が現われている。それはたとえば、入植者のテーブルに座り、入植者のベッドに転がって、しかも可能ならば入植者の妻と寝るという夢想である。(11)

ファノンの著述は、二つの語彙群、二つのものの見方のあいだを移動して、植民地的隔離が生みだす効果を捉えている。それぞれの区画は、その外部に立つ者の言葉と視点から記述される。植民者の町は植民地化された人びとの視線でもって捉えられており、彼らにとって入植者とはその素足をけっして見ることのない人間である。現地人の市街は植民者たちの恐怖と偏見でもって記述されており、彼らは自分たちの自画像の陰画として、自分たちが除外した特性をもつ人びとをそこに表象する。現地人たちは動物のように群れ、奴隷のようにしゃがみこんだりひざまずいたりし、性的な抑制が欠如しているという具合である。排除の過程を、排除を行なう者の目を通して記述することは、まさに著述の様式そのものにおいて、排除という行為の性質を模倣している。近代都市のアイデンティティは、それが締め出したものによって創出される。その近代性とは、自己の対極的存在の排除を条件としている何ものかなのである。自らを秩序、合理性、礼儀正しさ、清潔、文明、そして権力の場と定めるためには、自身の外部に非合理で無秩序で不潔で肉欲に捕らわれ、野蛮でおどおどしたものを表象してやらねばならなかった。都市は自らを現出させるために、つまり、その類例のない純正なアイデンティティを構成するために、このような「外部」というものを必要とした。

自己のアイデンティティを他者の上に、そして他者を介して確立するこの技術こそ、エドワード・サイードがより大きな知的・政治的な文脈のなかで「オリエンタリズム」として分析したものである。この、より大きな意味において、現地人の市街は「オリエント的なものでなくては」ならなかった。

自らを近代的なものとして表象するために都市は、他者を締め出す隔壁の維持に頼ることになる。この依存によって外部すなわちオリエント的なるものは、逆説的に近代都市の不可欠の一部となった。リヨテの招待客たちが導かれたような都市の秩序が、近代的な市街地の境界線上で終わってしまうという考え方は、実は誤っている。そうした境界線は、秩序づけられた自らのアイデンティティの源となる継続的な秩序化の作用によって、都市が自らのうちに維持するものである。それでいて、それはあたかも秩序自体の境界であるかのように現われる。ここでの分析からいえば、都市とは、すべての近代的政治秩序、すべての近代的自己アイデンティティの維持にあたって働いているこの逆説を、ひとつの例証として示すことのできるものなのである。

大きな定義

分割された植民地の首都が建設されたのと時期を同じくして、同様の分割が全世界的な規模で行なわれた。それは秩序と合理性と力の場である近代西洋を、それが植民地化し統御しようとしているその外部の世界から分離する、文化的・歴史的な「断絶」というかたちで進められた(12)。一八九二年にロンドンで開催された国際オリエンタリスト会議では、会長が「私たちが知る限りの歴史と呼びうるものに照らして、その断絶はつねに存在してきた」と明言している(13)。同じ会議で、新設された人類学部門の部会長を務めたタイラー教授(6)は、会議冒頭の講演でより厳密に「本会議が採用した大きな定義から言えば、オリエント世界はその最大の範囲でもって捉えられます。それはアジア大陸を包摂し、エジプトからアフリカへと伸び、また、トルコとギリシアを経てヨーロッパにまでも及ぶ地域であり……」と説明した[14]。会議の経過はエジプトでも国内向けの定期刊行紙に報道された。タイラー教授のオリエントの定義の全体がそこにも完全なかたちで再録され、その内容に驚いたエジプト人の編集者は「まるで世界は二つに分割されているかのようだ」とコメントしている[15]。

世界を二つに分割することは、それをヨーロッパの世界経済とヨーロッパの政治秩序に組み込む、より大きな過程の不可欠の一部だった。オリエンタリスト会議会長の講演の場に同席した何人かの副会長のなかには、会長が親愛の念を込めて「かくも多くの実務家のみなさん、かくも多くの政治家のみなさん、それに東方諸国の統治者、行政官の方々」と呼びかけたように、エジプトへ侵攻し占領した政府の首班であったウィリアム・グラッドストンや、エジプトに対する英国の植民地政策の最初の設計者であったダファリン卿〔7〕など、多くのその方面の人びとがいた[16]。これら植民地行政官と政策立案者とに向けて、オリエンタリズムの秩序化は語られたのだった。会長は「わずか数千人ほどの英国人が、インド、アフリカ、アメリカ、オーストラリアの数百万の人間を統治しているのだと考えるのは、ただただ驚嘆すべきことです」と言う。この会議のために資金援助をしてくれた、九人のインドのラージャとマハーラージャに感謝の意を表明してから、彼はオリエントを研究する人びとと統治する人びととの、より緊密な協力関係の確立を訴えた。彼によれば、東洋の国々を征服することは、それはそれでひとつの偉業だが、「東洋を理解することは、それとはまったく別のこと」だった。最後に彼は、オリエントをより深く理解することによって「英国の通商面での卓越」が確固たるものとなり、また「毎年毎年東洋に派遣される若い統治者や行政官」にとっても、「自分たちが統治すべき人びととのあいだに親密な関係を築く」ことが可能になるのだとして話を締めくくっている[17]。

オリエンタリズムがもたらしたのは、オリエントの言語、宗教信仰、統治の方式に関する専門的な知識だけではなかった。それは、オリエント的なるものがヨーロッパ的なるものの陰画として理解されうるような、一連の絶対的な差異をも人びとに提供したのである。それらの差異は、自分のなかにあって、いつでもいくつかに分けられたアイデンティティとして理解されるような差異ではなかった。それは、自己とその対極とのあいだの差異であり、そのような対極を設定することによって、分割されない想像上の自己が成立したのである。オリエントは遅れており、合理的でなく、秩序を欠き、それゆえにヨーロッパの秩序《オーダー》=命令と権威とを必要としていた。西洋が非西洋世界を支配することは、このようにしてひとつの「西洋」、一元化された西洋の自己アイデンティティを創出するというやり方に依拠していた。「アラブの町」と同じように、オリエントの全体は西洋の外部にあるようにみえるものとしてつくりだされた。そこでは、植民地の都市と同じように、外部にあるものが逆説的に西洋とは何であるのかを決定しており、排除された部分は、排除した側のアイデンティティと力との不可分の一部となっているのだった。

このような、秩序の逆説的な方式について、さらにいくつもの例を示すことができる。それはたとえば、個々の国民国家のアイデンティティと権威を産出するのにも用いられる。その場合、ある国家の存在が、自己自身とその外部にある諸国家のアイデンティティとのあいだの根源的な差異の維持を条件にしている、という現代の中東における特定の事例を思い浮かべることができるだろう。そこでは、内部における意味と秩序を維持する方策として、外部は否定的で脅威となるものとして表象されなくてはならない。この意味では、外部は内部のひとつの側面である。さらに緻密に検討してみるならば、同一の対立は国家の内部においても、外部に属する者と内部に属する者とのあいだの対立として働いている。国民国家の権威と自己アイデンティティは、都市と植民地世界のそれと同様に、安定し明確に範囲が確定した概念ではなく、恒常的な取り締まりを必要とする、序列化された分離の内的境界なのである。

これまで論じてきた逆説は、植民地的ないし近代的な政治に特有というわけではない。逆に、第二章で記述しようと試みた、土着的な秩序形態にも同一の逆説は示されている。ピエール・ブルデューのカビールの家屋に関する民族誌のなかには、間断なく逆転し自壊しがちな性質をもった内側と外側、男と女といった対立が見いだされた。分節的政治体系といわれるもの[8]も、同じ種類の逆説によって説明することが可能である。そこでは個々の政治集団のアイデンティティは、その内部にある者たちを包含する厳密な境界としては固定されない。内側は外側を指定することによって成立し、それは特定の外側との関連においてのみ存在する。したがって、政治的アイデンティティは絶対的な内的自己、あるいは共同体というかたちではけっして存在せず、いかなる場合でもすでに分割された自己／他者関係としてある。その意味するところは、政治的アイデンティティは、著述の体系における単語のアイデンティティと同程度にしか、特異的でも絶対的でもないということだ。すでにみたように、個々の単語の特異性が、言語を生じさせる差異がつくりだす効果であるのとまったく同じく、差異こそが政治的なアイデンティティと存在を生みだすのである(18)。政治的な単位というもの、原子的で分割されない自己などというものはない。差異が生みだす関係、もしくは力の働きだけがあり、アイデンティティはそこから、つねに内的に分割され、かつ条件しだいのさまざまなかたちをとって生成されるのである。

それでは、植民地主義が持ち込んだ差異は、どこが違うのだろうか。植民地主義的な近代的政治秩序を他から分かつものは何だろうか。その答えは明らかに、自己と他者との区別そのものではない。それは、絶対的に二つに分割された世界のなかで、他者を自己から絶対的に排除しているかのように見せかける効果にこそ求められる。この見せかけの絶対的差異の確立は、事実上、差異の克服、あるいは見逃しである。植民地都市の例にみたように、厳密にオリエント的なるものという他者を自己から排除する境界を確立することで、そのような自己はその外見上の清潔さ、純粋さ、純正で分割されないアイデンティティを獲得する。アイデンティティはもはや自己分割的ではなく、条件しだいで変わることもなく、差異から整えられる何ものかとしては現われてこない。代わって、自己が自己を形成し、独自なものとして現われる。この近代的な秩序の効果を産出することによって、その種のアイデンティティが実はそれが排除したものに依拠して成立していることは見逃されてしまう。これまでみてきたように、外部との境界が不可欠の部分であり、実は内部にある何ものかであることは忘れ去られてしまうのである。植民地秩序におけるそのような見逃し、忘却は、いったいどのようにして達成されるのだろうか。

その答えの第一は、近代植民地主義が、広範囲に強化されつつあった表象の力、前例のないほどに境界を固定し取り締まることを可能にする力、すなわち前例のないほどに「外部」にあるものを描き出す力の上に構築されていたということである。第五章でみたように、一八八二年にエジプトが植民地として占領されたとき、鉄道、蒸気船、電信、新聞特派員、公式報告書、写真家、芸術家、絵葉書といったすべてのものがたがいに連係させられた。その連係によって、大英帝国の力に対する継続的なイメージと、また、秩序を欠いて遅れたエジプト人という同様に効果的なイメージが生産され、ヨーロッパへ送り返されることができるようになったのである。このようにして植民地主義の巨大な真実は、その記述も正当化も含めてまとめあげられ、流通され、消費されることが可能になった。植民地主義の真実は、東洋の現実についての当時のイメージに適合しており、そのイメージは本書の第一章で紹介した、一九世紀のオリエンタリズムが生みだした数々の一般的・学術的な読み物のなかで洗練されてきた。他方で、それらのイメージは、以前にナポレオンによってエジプトがヨーロッパに占領された時代の産物である、かの偉大な『エジプト誌』へと遡って照会されるものだった。サイードが示しているように、一九世紀の終わりまでにはオリエントの知識は、植民地の行政府、本国の諸官庁、大学のなかで制度化された専門知識となった。これらの専門知識は、大衆向けの読み物、娯楽、新聞、政府の報告書、ガイドブック、旅行記や植民地官僚の回想録に描かれたオリエントの諸々のイメージとあいまって、広大な言説の場、現実なるものを見せる巨大な劇場ないし博覧会を形成するようになった。この劇場的装置の内部で、植民地の権威の「対象物」に対する洗練された表象が産出されたのである。

近代政治の秩序と自己アイデンティティとを特徴づけるものは何かという、本書が提起した問題をさらに追及する前に、エジプト国内での政治的な議論に際して、オリエンタリズムの真実が英国の手でどの程度に再生産されたかという点を思い起こして、現実化の機構の浸透に関していくらか触れておく方がよいだろう。すでに第四章で、エジプト人の性格、イスラームにおける女性の地位、慣習と迷信の力といったオリエンタリスト的表象が、どのようにしてエジプト人の著作や近代学校制度の戦略のなかで、根本的な政治的問題としてとりあげられたかを論じた。本書はまた、ギュスターヴ・ル・ボンのような、より一般受けのする人種主義的ヨーロッパ人オリエンタリストの著作が、エジプト人の政治分野での活動のなかに取り込まれていった過程にも言及した。英国人たちは自身で、そうしたオリエンタリストの観念をエジプトに広めることを奨励し資金的に援助していた。彼らはとくに、レバノンのキリスト教徒の共同体出身の著述家たちと協力して活動したが、ベイルートにあったアメリカの宣教施設で学んだ彼らの多くは、西洋に対抗する唯一の方法は西洋から学ぶことであると信じる傾向があり、そのほかの理由もあってヨーロッパの植民地主義を域内でのトルコの支配よりは望ましいものであると考えた。英国人たちは、これらの著述家たちがエジプトで編集していたアラビア語の日刊紙や月刊誌に秘かに資金を援助し、また、新しい官立学校向けの教科書の作成をも組織した。結果として、以下に簡単にみるように、オリエンタリズムの諸々の主題が中東で書かれる著作のなかに着実に浸透していったのである。

私たちの今日の後進性

「いったいどのようにして、私たちはオリエントの一部とみられるようになったのでしょうか」。一八八八年、エジプトの『ムクタタフ』誌の一読者は投書のなかでそう問うている。「私たちは中国や北アフリカよりもヨーロッパに近いのではないでしょうか」。この問いに対して、同誌の編集者は、私たちを研究する人びとが「自分たちのことをオリエンタリストと呼ぶ」ために、そうなってしまったのですと答えている。[19] しかし、この編集者の懐疑的な態度は長続きしなかった。五年後、当時の指導的なオリエンタリストの何人かを個人的に知るようになった同じ編集者は、すすんでオリエントを自己イメージとして受けいれている。「私たちをその位置に立たせたのは私たち自身である。オリエントに住む私たちを結びつけるものがひとつある。それは私たちの過去の偉大さと今日の後進性である」。[20]

この種の東洋人としての自己認識がどのようにして広まったかは、英国の占領時代にエジプトに暮らしていたレバノン系キリスト教徒である、ジュルジー・ザイダーン[9]という著述家の例に見てとれる。彼は新しい官立中学校で使う二冊の教科書の執筆を依頼されて、『エジプト近代史』(一八八九年)と『万国史』(一八九〇年)を執筆している。[21]

彼はまた五巻本の『イスラーム文明史』の著者でもあるが、執筆にあたって近代以前のアラブの歴史家の著作を広範に読み込むほかに、彼自身の記述によればギュスターヴ・ル・ボンの『アラブ文明』を筆頭に、半ダースほどのヨーロッパ人のイスラーム研究書に記述の基礎を置いている。これらの文献に依拠して、ザイダーンは「イスラーム文明の歴史は、……中世に文明化された世界の歴史である」と説明した[22]。最初の四代の正統カリフの時代をイスラーム文明の最盛期として、ザイダーンはウマイヤ朝からアッバース朝を経てそれに続いていく時代を、継続的な衰亡の各段階として表象している。この著作の目的は、各段階について衰亡の「政治的」理由とその文化的な帰結を示すことにあった。

　歴史を単線的な展開であると見なし、中世に形成されたイスラームを、西洋という対象物への単なる「連結部」と捉えるこの見方は、直接に政治的な含意をもつものだった。自ら創刊した『ヒラール』〔新月〕誌〔一八六二年創刊〕のなかでザイダーンは、一八五七年のインドの反英大反乱について述べ、西洋がその諸段階を先例として示した発展の着実な道筋を辿らない場合には、社会的な分裂状態が生じるとエジプト人たちに警告している。植民地主義に対するインドの反乱が失敗したのは、インドがその発展の過程において、独立した政治という生活分野を可能にするような歴史的段階にいまだに達していなかったためであるとされた。インドの民衆は、いまだに「科学と統治」の知識を身に着けておらず、国家に対する自分たちの義務を理解していなかったというのである。同様に、一八八〇年から一八八二年にかけてのエジプトのナショナリズム革命について論じる際には、社会発展の法則を正しく守らなかった人びとの「未熟な」変革への要求の結果として、国内の政治的無秩序が生じたのだとザイダーンは述べている[23]。

　ザイダーンによるオリエンタリスト的歴史記述は、エジプト国内のいくつかの知識人集団から激しい批判を浴びせられた[24]。しかし、自身はキリスト教徒であったにもかかわらず、後にザイダーンは請われて、エジプトの新設の国立大学〔エジプト大学〕でイスラーム史を担当する最初のエジプト人教授となった。彼をもっとも熱烈に支持したのはヨーロッパ人のオリエンタリストたちであり、その多くはザイダーンの個人的な知己や友人であった[25]。そうした友人のひとりであり、オックスフォードのロード記念講座のアラビア語教授であったD・S・マーゴリアス(10)は、ザイダーンのイスラーム文明史の第四巻を英語に訳している。この巻はウマイヤ朝からアッバース朝にいたる時期を扱っており、その時代については当時、英語で書かれた学問的著作はまだ存在していなかった(26)。このようにして、英語での研究は、ギユスターヴ・ル・ボンのような人びとのつくりだした諸々の観念を、アラビア語を介して反復することになったのである。

エジプトでの学問的活動にオリエンタリズムが与えた影響は、西洋史の一部としてエジプトの政治史が書かれるようになったというにとどまらない。いまやアラブ文芸の総体も単線的な歴史の発展の原則にしたがうものとして、同じような方法で組織され研究されるようになった。すでに一八九〇年代にはフサイン・マルサフィーの弟子であったハサン・タウフィーク(11)が、ドイツでの留学から、オリエンタリストのブロッケルマン(12)の影響を携えて帰国し、最初の『アラブ文学史』を発表している(27)。ザイダーン自身も、大学からアラブ文学を教授するための新しい教科書の執筆を要請されたのに応えて、この主題に新たに取り組んでいる。彼はアラブの知的活動のあらゆる側面を網羅した四巻本の『タアリーフ・アーダーブ・アッ＝ルガ・アル＝アラビーヤ』〔アラブ文学史〕（一九一〇〜一九一四年）を著わし、そこでもふたたび、知的活動の歴史をイスラームの興隆と長期にわたる衰亡という見方のなかに当てはめて説明している(28)。

オリエンタリズムはエジプトで、広範な受け手を獲得した。大学や学校教科書を通じて普及されるほかにも、ザイダーンの月刊誌『ヒラール』などの雑誌類によって、それは広められた。さらにザイダーンは一八九一年から、イスラーム文明史を一連の大衆向け歴史小説として書くことで、自分の考え方を新聞を購読する層の人びとに広めることに大きな努力を傾けるようになった。二〇年以上の歳月をかけて、彼は草創期からマムルーク朝期までのイスラーム史を辿る、連続した一七の小説を書きあげた。その小説は、当時中東の定期刊行物のなかで最大の講読者数を誇っていた『ヒラール』誌の定期購読者に無料で配布されたので、非常に広範囲に頒布されることになった。これによって大衆性と娯楽性との双方をもつ、歴史の新しい理解の仕方が生みだされた。ターハー・フサインはそれらの小説に心を奪われ、それらを読んでいるとアズハル学院での勉学がおろそかになって困ったと述べ、それらを近代アラブ文学にもっとも大きな影響を与えた作品としている[29]。

ザイダーンの著作は、植民地的権威を築く元となった歴史的表象が、いかに広範囲にわたるものであったかを示すすぐれた事例である。近代西洋の秩序と、東洋の後進性や無秩序とを絶対的なものとして対置することは、ヨーロッパにおいてみられただけではなく、植民地都市において複製され、さらにはエジプトの学問や大衆文学のなかでも反復された。教科書、学校教師、大学、新聞、小説、雑誌を通して、植民地秩序は地元の人びとの言説のなかに浸透し、それを植民地化することができるようになった[30]。ただし、この植民地化の過程に対しては、抵抗する領域や拒否する声がつねに残っていたから、それが完全に成功することはなかった。さらに、ちょうど兵営がそうであったように、学校、大学、印刷物は、植民者の側の規律訓練と指示という方式を、組織化された反抗の手段に転換することで、つねにある種の反乱の中心ともなりえたのである（その結果が、エジプトのムスリム同胞団のように、第一次世界大戦後にヨーロッパの占領に反対して起こった規律訓練的な政治運動の興隆であり、その指導者たちはほとんどいつでも学校の教師たちだった）。それでも植民地主義の権力は、それ自体が植民地化することを求める力、すなわち地域に浸透し、都市と兵営というかたちだけではなく、教室や雑誌類や学問的著作のかたちでも、その領分を拡大し確立しようとする力だった。植民地主義および近代政治一般とは、この植民地化する力という点において他から区別される。それはもっとも末端の地域のレヴェルにおいても、その秩序と真実の劇場を再生産することができるものであった。

植民地主義はその表象化の力においてきわだっており、そのパラダイムは植民地都市の設計構造に求められるが、またその効果はあらゆる水準に及ぶものだった。それは単に表象化の程度においてきわだっていただけではなく、表象化の技術それ自体においてきわだつものであった。植民地主義の秩序とその確実性は、博覧会の秩序であり、表象それ自体の確実性であった。他の種類の秩序は、どんなに調和のとれたものであっても動的で不確定な傾向をもち、すでにイブン・ハルドゥーンの著作において理解されていたように、逆転し自壊しうるものだった。そうした秩序は、対立的な諸々の差異の働きから生じた。ここで、どのようにして新しい秩序は内的な差異を克服し、異なるものを外部にある何ものかとして設定するようになったのだろうか、という最初に設定した問題に辿り着く。それは、どのようにして西洋と非西洋、近代とそれ以前、秩序と無秩序、自己と他者とのあいだに、絶対的な境界を確立したかのごとくみえるようになったのだろうか。私見によればその答えは、世界がいまや二つに分けられたかのように見せる、多種多様なやり方がたがいに関連づけられている点を思い浮かべることで得ることができる。近代政治は、現実性を生みだすという効果のうちにあり、また確実性と秩序と真実の技術のうちに存するのであり、それによって世界は自己と他者、物自体とその図面、肉体と精神、物質的なものと概念的なものとに絶対的に区分されるかのようにみえるのである。それらのさまざまな区分がたがいに結びついていることこそが、本書が結論で指摘したい点である。

物の哲学

「皆さんに物の哲学を説明いたしたい」という言葉で、リヨテに率いられたラバトの市内周遊は始められ、それは地図を売る売店を終着点として終わりを告げた。参加者の眼前には、いかなる都市の場合でも同様だが、面や空間の一定の分配以外には何もなかった。しかし、その分配の規則性、およびそれらの面と視点とのあいだに保たれた距離によって、分配行為は観察者にとって二つの別々の実体とみえるものに変容した。ひとつは空間的・物質的であり、もうひとつは非空間的・概念的な存在、あるいは一方は建造物それ自体、他方はその図面である。観察者の目の前にあったものは、「物」とその「哲学」とに、都市とその地図とに分けられて現われた。そこではまるで、都市と地図とが二つの相異なる存在の範疇であるかのようだった。

世界が物質的なものと概念的なものとに分かれることは、明白で理にかなうことであるように思える。実際、世界の性質は人間の性質とともに、つねに物質的なものと非物質的なものとのあいだの何らかの区別を通して理解されてきた、とこれからも言われることだろう。おそらくそれは誤りではない。しかし、物自体とその図面との区別のどこが新奇なことであったかを理解するためには、万国博覧会との遭遇を思い起こさなくてはならない。それらの博覧会を特徴づけていたのは、表象の正確さやその程度だけでなく、表象と「現実」との絶対的な区別だった。エジプトの通りの展示、パリの市街の展示、産業の進歩の展示、それらはいつでも単なる展示であって、それらが参照している実物の通りや本物の都市、実際の産業の進歩からははっきり識別できる、もしくは識別できるようにみえるものだった。表象とそれが参照するオリジナルの対象物または観念とのあいだのこの識別可能性は、博覧会が存在する基盤となる原則だった。それは、私たちがオリジナルの「現実」という効果を手に入れるための方式である。

同一の原則はさらに、博覧会の外部でも働いていた。それは博物館や動物園、オリエンタリスト会議や図書館、統計や法典のなか、芸術作品やアルプスの景観のなか、百貨店の経営や都市の設計構造のなかにも働いていた。近代世界のどこに行っても、「物」はますますそれを超えた何物かの「記号」として、建設され配置され取り扱われ消費されていった。ある通り、ある景色、一冊の本、一本の広告、一個の商品はみな、博覧会におけるのと同様に、何らかのオリジナルにより近い観念や体験を、いつでも何らかの方法で表わす単なる対象物あるいは配置として現われた。建造物の配置は政治権力の制度や権威を表現するようにみえ、アルプスの景観は自然の体験となり、博物館に飾られた展示品は歴史と文化の存在を伝え、オリエント諸語はエキゾチックな過去を表象し、動物園の動物たちはエキゾチックな現在を表象した。世界それ自体が博覧会、すなわちエキゾチックなもの、体験、実物、本物の展示であるかのようなな生を、人はますます生きるようになっていった。これは、博覧会の原則である絶対的識別可能性が、博覧会を超えた世界の原則ともなったことを意味していた。博覧会におけるのと同様に、建造物、景色、陳列物、体験といったものを個人の周囲に注意深く秩序づけて配置することは、すべてのものを、それを超えたより本当の何ものか、外部にあるオリジナルの何ものかの単なる表象に化してしまおうとすることだった。西洋において現実をつくりだす効果は、西洋人のいう単なる「物それ自体」と、それが表わす「本当の」意味、目的あるいは図面とのあいだのこの絶対的区別を生みだす効果としてあった。

しかし、博覧会の外にある世界がこの意味で、単なる実物でも現実それ自体でもなく、表象のさらなる連なりであったとしたら、展示品と本物のあいだの区別は結局のところ絶対的な何ものかなどではなかったことになる。博覧会が約束する、表象と実物とのあいだの明確な識別可能性は、実際には表象を表わす表象だけからできあがっていた。博覧会生は、あたかも世界が現実を展示する博覧会であるかのように生きられるべきものだったが、その博覧会場からの出口は現実それ自体には通じず、ただ、さらなる博覧会へと通じているだけで、本物の「外部」にはけっして到達することはなかった。それはただいつも表象されるだけだったのである。

博覧会は、その神秘的で人を欺く性質を忘れられたままに、自然であり常識的であると考えられてしまうような種類の秩序とその確実性を示す、格好の題材になると思われる。この題材のおかげで、そうした秩序を、もはや何らかの自然なものではなく、私たちがいまだに捕らわれている特異な歴史的実践としてみることが可能になる。本書の目的は、中東の歴史を記述することにあったわけではなく、中東との関わりに限ってではあるが、そうした歴史的実践を分離して取り出し、その特異性とそれが振るう力とを理解することにあった。その分離を手助けする目的で、本書は第二章で、中東あるいは地中海世界において博覧会的秩序が取って代わろうとした、別種の秩序がどのようなものとしてあったのかを提示しようとした。その際、この種の分析の結果として、そうした別種の秩序が私たち自身の秩序の単なる対極とみえてしまい、そのようなものとして全体性と自己完結性を備えているようにみえてしまうことの危険性に注意を促した。そこでも述べたように、こうした帰結は本書が意図したところではまったくない。

ピエール・ブルデューの著作からいくつかの例を借りて、本書は、秩序が物質的な対象物とそれが表象する概念とのあいだ、つまり、物それ自体の領域とその意味あるいは図面とのあいだの固定された対応関係として現われはしない世界を論じた。そうした世界には、象徴的なものは、私たちがその語を使う際の奇妙な意味では、一切存在しない。

その秩序はしたがって、画像やテクスト、展示品などに類比することのできるものではない。それは観察し読解する主体の前に置かれ、この主体に対して「意味」を表象する、ひとつの枠づけされた全体性を形成したりはしない。秩序はこの意味で、外部それ自体に位置する観察者（または読解者）の理念化された位置づけとの関連で生起するものでもない。秩序はむしろ、物と物とのあいだの、というよりは力と力とのあいだの対応と差異の働きとして生じ、そしてつねに、そのときどきに個別の秩序として、この働きから形成される点もしくは人しだいで決まるのである。

博覧会についてと同様に、本書は、ブルデューが研究したカビールの村を、それが帰属するより大きな世界を私たちが考えるための例として用いた。そうすることはもちろん、北アフリカの一村落と、たとえばカイロのような都市とのあいだにある大きな違い、さらにはそうした都市の内部での異なる社会集団のあいだの大きな違い（教育を受けた人びとと受けていない人びととの違いを含む）、また、歴史上の異なる時代のあいだの同じように大きな違いを見逃すことになる。とりわけそれは、カイロのような都市で一八世紀かそれ以前に始まっていた、大きな経済的・社会的な変容を見逃してしまう。それでもなお、カビールの村落の例が博覧会の秩序とは異なる種類の秩序を思い描くことを可能にし、しかもそれを、ありがちな呪術、宗教、文化といった概念を頼りにせずに行なえるようにしてくれる限りにおいて、それは有用なのである。

この例によって考えられるような種類の秩序は、構造、テクスト、記号体系のそれではない。そうした世界では、何ものも不活性の空間的あるいは概念的な枠組みとして、別個に存在すると装ったりはしない。したがって、たとえば都市とその「構造」といったもののあいだ、さらに都市内部とその外部といったもののあいだにも、単純で絶対的な区別は存在しないのである。第二章の後の方で示したように、植民地化以前のカイロのような都市は、外側の公的な部分と内側の私的な枠づけされた部分とに分けられてはいなかった。それは、多かれ少なかれ開かれている、一連の囲われた空間によってできており、その開放と閉鎖は一日のなかの時間帯やそこに入っていくものと、そのなかにあるものとの関係などに左右されていた。こうした空間や人間の関係の動態によって、家屋や都市の秩序だけではなく、より広い地理的・政治的な秩序の概念も構成されており、それらはいずれも固定された別個の枠組みとしては捉えられていなかった。ただし、枠組みあるいは構造としての秩序が、単にそこに欠如していたというだけでは充分ではない。というのも、植民地都市という対照的な事例における枠組みや構造の「存在」が、いまや問題視されるべきものとして私たちの目に映ってくるからである。たとえば、植民地都市のアイデンティティをまさに形成するようにみえる、近代的な市街とそのオリエント的な外側とのあいだの絶対的な区分が、実は単なる構造的な見せかけの効果にすぎないことが明らかになる。さらに綿密に検討してみるならば、都市のアイデンティティは、それが排除した外側を含んでいることが理解される。したがって、植民地化以前の都市が欠いていたのは、外側と内側という区分を確立する実際の枠組みなのではなく、むしろそうした枠組みがもつ神秘的で人を欺く効果なのだった。

一九世紀のエジプトにおいて、概念的な枠組みとそれによって枠づけされる物質的なものとのあいだの外見上の区別を創出する方式は、権力の新しい技術をもたらした。本書は第二章、第三章、第四章でそうした技術について論じ、それらがいかにして個人の身体に直接に働きかけようとしたかを明らかにした。まず、ミシェル・フーコーが「規律訓練的権力」と呼んだこの権力を、最初にエジプトの軍の「新秩序」を打ち立てた試みについて、また農村部に同類の規律訓練と監視の体系をつくりだそうとした試みについて検討した。それから、同じ種類の規律訓練的な秩序、つまりニザームが国家によって組織された学校教育プログラムというかたちで、民間のすべての人びとに向けどのように構想されたかも示した。動作や、身振り、音、姿勢、清潔さといったものを注意深く統御することで、教育はもはや師匠の個人的指導に集中した権威ではなく、「学校全体に体系的に行き渡り、……いささかも減じることなく分け与えられることになる」権威を生み、生徒のうちに「絶対的服従」の習性をつくりだしたのだった。

一個人の指揮下に集中し、周囲に向けてつねに拡散し減少しがちであった権力を、近代国家の政治は、体系的で斉一に行き渡る権力と差し替えるこの方式を範としていた。統御を行き渡らせるためには、空間を監督し管理して、過剰であるよりは正確に計測され、散発的であるよりは継続的に機能するような機構が必要だった。学校教育と軍のほかにも、これらの機構に含まれる文明化のための革新には、公衆衛生の監督、軍隊様式をとる恒常的な農村の取り締まりの体制、新しい個人所有の農場につくられるモデル村落の建設、商品やナイル川の水や観光客の流れに筋道をつけ統御するネットワークの構築、灌漑事業や鉄道や工場労働者の監視、開けた直線路を通し街路に灯りを点し警察力によって継続的に監視下に置かれる町や都市の開発、刑事裁判所、監獄、精神病院の組織などがあった[31]。「いまやナイル川の水は知的なやり方でもって利用されるようになった。……兵士は自分たちが身につける制服になにがしかの誇りを感じるようになった。彼はかつて行なったことのないようなやり方で戦うようになった。病人は良好に管理された病院で看護を受けることができる。狂人はもはや野獣のようには扱われていない。最悪の犯罪者に与えられる罰ももはや野蛮なものではない。そして最後になるが、それらすべてを導く学校教師は国外におり、彼がもたらす成果はまだ不確かではあるが、必ずや重要なものとなるであろう」と、クローマー卿は英国の占領の成果をまとめている[32]。そうした改善と文明とを語る言葉のうちに、かつてなかったやり方で個人の身体を捕捉する秩序の戦略が存在していた。

それらの戦略は、広範囲に適用されるようになるとともに、しだいに気づかれないものになっていった。植民地支配を継続的な「教導」の過程に例えることを好んだクローマー卿は、理想的な植民地官僚を絶大の権能をもつが寡黙な教師として心に描いた。「彼はその生徒たちに対して至高の権威を行使した、そして同時に……彼の権威はけっして感じ取られはしなかったのである[33]」。しかし、秩序の新しい方式が、権力の機構をしだいに気づかれないものにしていった一方で、同時に政治権力の真実はしだいに確実な何ものかとなっていった。これは枠組みや構造の効果をつくりだす新しい方式が、個人という主体の物理的身体を捕捉し連係させるように働いたためというだけではなかった。それは非物理的な内側、個人の心にも働きかけたのである。

学校教育は、この心への働きかけがもっとも早いうちに構想され実行に移された活動分野だった。学校教育における規律訓練と連係は身体の暗黙裡の服従をつくりだしただけではなく、陶冶された性格をもつくった。この性格のもっとも重要な特色は、第四章でみたように、その勤勉さにあった。個人はつくりだされるべき者であり、彼は本質的に生産者となるようつくりだされた。性格とは検討され、改善され、どのようにして支配し統御するかを知られるべき何ものかだった。そうした検討は、クローマー卿のような人びとが明らかにしたように、政治的統制の本質的な一部となるべきものだった。

心の問題は、さらにそれ以上の重要性を有した。政治的主体を外的身体と精神的内部とに区分することは、これまで検討してきた別の区分、つまり表象と現実、物とその構造とのあいだの区分に対応し、それらはいずれも同じ内的／外的、物質的／概念的という二重性の効果を生みだす方式だった。この対応関係によって、本書が第二章、第三章、第四章で検討してきた規律訓練の機構と、第一章と第五章でとりあげた表象の問題とは結びつけられることになる。一見したところでは、そこにあるのは対応というよりも矛盾であるかもしれない。というのも、表象について論じる際に本書は、政治的な権威もしくは主権が目にみえるようにされる方法を検討し、その一方で規律訓練的権力について論じるにあたっては、フーコーの議論にしたがって、そうした権力がますます感知できないようになっていったことを強調したからである。事実フーコーは、新しい規律訓練的権力が、国家の権威あるいは主権の概念とは「絶対的に相容れない」と論じた。彼によれば、主権の理論は単なるイデオロギーとしてのみ保持され、それは「規律訓練の機構の上に実際の手続きを隠蔽するようにして重ねあわされている」にすぎない[34]。

この一見したところの矛盾に対して、規律訓練と表象はともに、同一の新しい権力が展開する戦略の二つの側面であり、枠づけの概念によって結ばれていると本書は考えた。規律訓練的権力は、個人を留置し、隔離し、そしてたがいに結びつけて、監視のもとに置くような秩序もしくは構造を創出し、分配と区分の方法によって、前例のないほどの身体の捕捉を実現する。この「秩序」は実質的には秩序化される実際の個人や対象物に先立って、別個に存在するようにみえる枠組みである。この枠組みはあらかじめ存在し、非物質的で非空間的なものとして現われ、別個の形而上的な領域、つまり概念的なるものの領域を構成するかのようにみえる。そうした「秩序」こそが、近代国家であり植民地化された国家として、エジプトという土地に導入されたものであり、この秩序とともに、世界を物質的なものと概念的なものとの二つの領域に区分するという効果も広く用いられていった。世界を区分するのと同じやり方で、この区分はまた、人間を身体と精神という二つの別個の部分に分離させた。表象の力は、世界の区分と人の区分との、この対応を通して機能したのである。リヨテが、ここでもまた、この対応を例証してくれる。

リヨテ元帥に率いられた植民地の首都の周遊が終わった後には、新しい官邸でジャーナリストと技術者たちを招いての晩餐会が開かれた。食後のスピーチで、リヨテは自分自身の政治的観念の諸々がいかにして形成されたかを、若いころに出会ったデカルトの著作を思い起こしながら論じた。「私が哲学を学びはじめたのは、ディジョンにある高等学校《リセ》の生徒〔13〕であったときでした。その朝私どもは、低学年の生徒向けに編纂された『方法序説』を与えられたのです。私はその本を多年にわたって手もとに置いてまいりました。……ともかく、その晩、私はベッドでこの新しい本を読みはじめたのです。そう、私は完全に魅了されてしまいました。その整然としていること、その秩序正しさにです[35]」。リヨテは、デカルトが人間主体の性質を考えるのと同様のやり方で、植民地の秩序を考えたといえるかもしれない。植民地の都市は万国博覧会と同じように、観察する主体の精神の前に置かれた表象として、構築されるべきものだった。そして、デカルト哲学における精神は、外的現実に対する表象を内なる目によって点検する内的な場であり、ここでもまた、世界は観察者の前に置かれた博覧会のように捉えられていた。

リヨテが植民地化しようとしていた国で生まれ育った学者たちは、このような人間のあり方の概念を彼と共有してはいなかった。彼らは人というものが前述のような意味での精神を所有するとは考えず、したがって表象化の「精神的過程」が内部で生じるような別個の非空間的な実体という奇妙な神話を信じてはいなかった[36]。彼らはアリストテレスにまで遡って、地中海世界を通じて一般的であった人のあり方に関する学問的な概念を、他の地域のムスリムの学者たちと共有していた。彼らにとって人とは、理性という力もしくは能力を所有するものだった。そして、理性とは個別の事象のなかに普遍なるものを、さまざまな差異のただ中に不変の同一性を把握する力のことだった。[37] それは人間がもつ多くの能力のひとつにすぎなかったが、またもっとも重要な能力でもあった。なぜならそれは、人間を普遍にして不変なるものへとつないでくれる、人間のうちにある印であり、普遍にして不変なるものとの類似点だったからである。ムスリムの学者にとって、知識とはこの理性の力を増し、普遍なるものに対する把握を深めることだった。その一方、デカルトにとって知識は確実性の追求であり、その確実性とは精神内部に展示されるものとして「外部の現実」の正確な模型を作ることと理解された。

したがって、ムスリムの学者にとって、デカルトのそれに相当する精神と身体の二分法は存在しなかった。概念的なものと物質的なものとの区別は、人を構成する異なる部分のあいだの区別などではなく、せいぜいが、人間がもつ異なる能力のあいだの区別であった。理性の力は、物質的なものから概念的なものを区別するというよりも、特殊のなかに潜む普遍の痕跡を識別することに関わっていた。デカルトの思想において、また中東の場合には一九世紀の政治の場において、初めて人は、一方で外的な物理的装置と他方で内的な表象機構という二つの部分に区分されたものとして扱われるようになったのである。

博覧会という題材は、デカルト哲学における精神の概念と植民地秩序の政治とのつながりを示してくれる。万国博覧会に縮約された種類の政治秩序は、現実が表象化可能な対象にすぎないことを学ぶよう、政治的な主体に向けて呼びかけ、また要求する。植民地的あるいは近代的な政治はそうした主体のために、確実性を不断に上演する舞台という、植民地化以前の政治には知られていなかったものを生みだそうとする。そうした確実性は、これまでみてきたように、単なる表象と表象化の働きの彼方にある「外部の現実」との区別、モデル、テクスト、コピーと、それらが参照する絶対的な「オリジナル」との区別、一般化して言えば、概念的なものの領域とその外部の「現実世界」とのあいだの、本質的な区別を受けいれることの上に成立する。デカルト哲学の主体の概念をもって、これらの区別は人のあり方の性質そのもののなかに、自明で議論の余地のない何ものかとして宿るのである。

リヨテが『方法序説』に示した情熱は、さして驚くべきものではない。ヨーロッパの哲学が、イスラーム世界と共有していた学問の方法から袂を分かったのは、まさにこの『方法序説』においてであったからである。それまでのヨーロッパの学問では、アズハル学院での学習についてみたように、学ぶことはテクストからテクストへと移っていくことであり、それは近代以前の都市の建物のように、解釈の上に解釈を重ねて構築し、ひとつの読解の上にもうひとつの読解を積み上げていく過程だと理解されていた。「書物の上だけの知識」とデカルトが呼ぶそうした学習の問題点は、近代以前の都市がもっていた問題点でもあった。デカルトは、そうした学問の伝統を「建築家が設計《レイアウト》した規則的なパターンをもつ町に比べて、非常にまずい設計しかされていないのが常」である「古い都市」に見立て、西洋はそれを拒否すると宣言した。彼によれば、そうした古い都市の建物からは設計家の姿が見えてこず、それらの都市を計画する精神や意図が示されてこない。「それらの配置を見れば、ここに大きな建物、あそこには小さな建物という具合であり、通りもくねくねと折れ曲がって不規則である。それらの建物がいまの場所に置かれたのは偶然であって、理性を行使する人間の意志ではないといえる(38)」。人が精神と物質的身体とから成り立っていると理解されるようになったとの同じく、物質的世界はその精神、つまりあらかじめ存在する図面や枠組み、意図や意志を示すようなやり方で配置されるべきものとなった。植民地の政治の実践もまた、あらかじめ存在する図面、政治的権威、「意味」、また真実を示すように、すべてのものを配置し秩序づける同様の戦略に基礎を置いていた。

いいかえれば、植民地的秩序においては、枠組みがつくりだす効果はいつでも、それが私たちのいう「概念的構造」であるかのように現われるということである。すなわち、それはいまや単なる「物自体」として考えられるようになった何かよりも以前に、あるいはその背後に何らかの方法で存在する、意味もしくは真実の秩序として出現するのである。政治的権威自体もいまやますます、事前に存在して秩序づける真実というものが生みだす、この効果のうちに存するものとなる。市街地の再組織化、新しい植民地区域の設計、経済的・政治的な実践に対するあらゆる規制、国家レヴェルで行なわれる新しい灌漑用運河体系の敷設、ナイル川の水量の統御、兵営と警察署と学校の建設、鉄道網の完成などといった、驚くほど広範囲にわたる「秩序」の過程は、単なる社会の改善あるいは「再編成《リフォーム》」という以上のものとして理解されなくてはならない。それらの事業はすべて、枠づけの行為として企てられ、そうすることによって概念的なるものの領域を表象する効果をもって、進歩、理性、法、規律訓練、歴史、植民地的権威、秩序といったあらかじめ用意されていた抽象観念を初めて召喚したのである。

これらの抽象観念は、見かけの効果にすぎなかったが、そうした効果がもつ可能性と力とはまったく新しいものだった。それらはいまや、世界を二つの領域、すなわち単なる物の領域と秩序の領域とに分けるようになった技術によってつくりだされた。秩序の領域、あるいは意味されるもの《スィニフィエ》の領域は、新しい権威の領域、政治権力の確実性の領域であった。そうした政治的権威は、一見したところではあらかじめ存在し優越するものとして君臨する。しかし、それは一度として現前することなく君臨しているのである。白人の神話のなかではそれこそが、物自体が表象する意味として、世界それ自体とは別個に存在するものなのである。この政治的な方式こそが、近代国家の、また博覧会としての世界の本質である。政治秩序の確実性は、あらゆる場所に展示されながら、どんな場所でもけっしてそれに接近することはできず、また触れることができないものである。博覧会の場における現実と同様に、世界の政治的真実はけっして現前されることなく、ただいつも表象されるのみに終わる。しかし、私たちは今日もなお、それが存在することを確実だと見なしたままでいるのである。

訳者あとがき

本書は、Timothy Mitchell, *Colonising Egypt*（Cambridge: Cambridge University Press, 1988）の全訳である。冒頭の凡例にもあるが、ハードカバー版出版の三年後である一九九一年にペーパーバック版（Berkelery: University of California Press）が刊行されており、本書は後者を底本としている。両版を比較すると、本文については若干の誤りの修正がなされている以外には大きな変更はなく、大きく変更されたのは、ハードカバー版の序文が、ペーパーバック版の序文と謝辞に分割され、序文が大幅に書き加えられた点である。ペーパーバック版の序文は、きわめて読みやすいとは言いがたい本書の全体に対する解説の役割を果たすことが意図されていると考えてよく、本訳書でもそちらの序文を採用した。

冒頭のパリ万国博覧会を舞台とした印象的な書き出しからわかるように、博覧会ないし博覧会的なものがいかに植民地主義や帝国主義と結びついていたかを論ずる一九八〇年代以降の研究の流れが、本書には大きく影響している。しかし、本書はこれをヨーロッパにおける博覧会の問題に限定するのではなく、植民地化される側、本書の場合にはエジプトをはじめとする中東の各地において、世界と人間に対する見方が「塗り替えられる過程」までを含んで注目し、それをさらに世界全体の近代化の問題へとつなげ、翻ってはヨーロッパ近代を相対化して、その特殊性を浮き彫りとすることを意図している。単純化していえば、本書は、今なお世界中に広まりつつあるヨーロッパ近代が、いかに特殊な世界と人間との理解の仕方に基礎を置いているかを、「博覧会」「規律訓練」「表象」「見かけ（見せかけ）」といった諸種の概念を駆使して明らかにしているのである。

この目的と深く関連しているのが、本書の参照する史資料の多彩さである。イブン・ハルドゥーンをはじめとする前近代のアラビア語史料、一九世紀から二〇世紀初頭にかけてエジプト他のアラブの知識人がエジプトや中東に関して著した文献、また同時期に彼らがヨーロッパについて記述した文献、ヨーロッパ諸語からアラビア語に翻訳された文献などの一連の史資料に加え、同時期のエジプトや中東に関するヨーロッパ人の記述、中東に関する現代の人類学や歴史学その他のさまざまな研究などが渉猟され、それらは本書に歴史学やエジプト研究としての、しっかりした基盤を提供してくれている。それと同時に、本書のもうひとつの特徴は、デリダ、ハイデッガー、フーコーなどの思想家たちの著作を広範に参照し、それらを批判しつつも導きの糸として、多くの史資料と結びつけ、植民地化と近代化を読み解こうとしている点にある。これによって、エジプト近代史の研究としては、単に史実を追うにとどまらない深みが歴史記述に与えられ、表象や規律訓練的権力をめぐる思索としては、これまでに論じられなかった事例による着実な例証を提供する広がりがもたらされている。今日では、このようなかたちのアプローチは歴史学および歴史人類学の分野においてしばしばみられるようになったが、本書がその嚆矢となる重要な著作であることは間違いがなく、それは、出版から四半世紀を経てなお絶版となることなく、本書が読み継がれていることにも、また、アラビア語、ドイツ語、トルコ語、ポーランド語での翻訳がすでに刊行されていることにも、現われている。

著者のティモシー・ミッチェルは英国生まれで、歴史学を専門としてケンブリッジ大学のクイーンズ・カレッジに学んでいる。同大学を卒業した一九七七年に米国に渡り、プリンストン大学大学院に学び、一九八四年には政治学および近東研究の分野で博士号を取得した。本書もその三分の一ほどが、その際の博士論文にもとづいている。当初、同大学での政治学の教授内容にミッチェルは時代遅れとの不満をもっていたようだが、その後フーコーの著作を皮切りに、デリダやハイデッガーの思想に親しむ一方で、中東史の研究にも大きな関心を示し、博士号取得までの七年間のうち三年近くをカイロでの調査研究に費やして、本書執筆につながる自己の研究を磨き上げていった。

博士号取得と同年にミッチェルはニューヨーク大学に職を得、その後二四年間にわたり政治学科と近東研究センターに所属して教鞭を執った。本書はその間、一九八六年に故国のオックスフォード大学に研究員として滞在していた期間に書かれている。二〇〇八年にはコロンビア大学に籍を移し、中東・南アジア・アフリカ研究学科の教員となって現在に至っている。

ミッチェルは比較的寡作の研究者であり、現在までに以下の著書および編著を著わしている。

・*Carbon Democracy: Political Power in the Age of Oil*（London: Verso, 2011）
・*Rule of Experts: Egypt, Techno-Politics, Modernity*（Berkeley: University of California Press, 2002）
・*Questions of Modernity*（ed., Minneapolis: University of Minnesota Press, 2000）

これらの著作や、その他の論集所収論文などを概観する限りでは、ミッチェルの関心は当初の中東史の色合いの濃いものから、しだいに政治学に寄りつつあり、また対象とする時代も一九世紀から現代に移りつつある。同時に、二〇〇〇年ころからパレスティナ問題やイランの民主化問題など、現代の中東に関する政治問題について積極的な発言を行なうようになってきた。他方では、上エジプトのルクソール近郊の農村に住まいを持ち、長年連れ添った妻であり、同じコロンビア大学で人類学、ジェンダー研究を講じるライラ・アブー＝ルゴド（一部の研究者にとっては、歴史家であるイブラーヒーム・ジャネットのアブー＝ルゴド夫妻の娘としての方が知られているかもしれない）と、ニューヨークでの授業のない季節をそこで過ごし、二人してそこでの体験を活かしつつ、異なる角度から研究を行なっていることも知られている。

本書を訳出しようとの最初の試みがなされたのは、実はすでに二〇年以上も遡る一九九〇年代前半のことだった。大塚和夫が中心となって企画が立てられ、まずペーパーバック版の序文が大塚の手で訳出され、第一章から第三章の訳出を赤堀が担当し、後にはさらに第四章以降も赤堀が訳すこととなって、一通りの翻訳が完了したのは一九九六年年末のことだった。両名にとって本書の主題は自身の研究に深く関わるものではあったが、ともにエジプト近現代史の専門家でもなく、また、デリダ、フーコー、ハイデッガーらの思想に本当の意味で詳しいわけでもなかったところから、いったん訳出が完了した後は、大塚からそれらの分野の専門家にお願いして訳稿に目を通してもらい、その意見を反映しながら訳稿を手直しする作業が続けられた。

ところがそうこうするうちに、刊行を引き受けてくれる予定であった出版社の事情もあって、一度は刊行の目処が立たなくなってしまった。今回、本書の編集を担当してくれた勝康裕氏の尽力もあって、なお刊行の道を探る努力は続けられたが、大塚、赤堀の多忙さも増すばかりとなり、二〇〇五年四月に大塚が東京外国語大学アジア・アフリカ言語文化研究所に移り、翌年度に所長に就任すると、その仕事量は尋常ならざる水準に達し、作業は中断された。

こうした状況のなかで本書刊行は適わないかと思われたこともあったが、周囲がなお出版を心待ちにしていると応援の声をかけてくれ、幸いにして法政大学出版局が刊行を快諾してくれたおかげで、再度全体の訳を見直し、訳註を付けるなどの作業に入ったまさに二〇〇八年、大塚は病に倒れ、半年あまりの闘病生活の後、二〇〇九年四月二九日に亡くなってしまった。残された赤堀にとって、大塚の死は本書の刊行にとどまらない大きな痛手であったが、周囲の暖かい支えもあって、このたびついに本訳書は刊行にこぎ着けることができ、大塚の残した宿題をひとつは片づけることができたことを喜びたいと思う。訳出の事情を細々と書くことはあまりふさわしいことではないかとも思われたが、本書が長らく日本の人類学と中東研究を主導してきた大塚の未発表の業績をようやく公にすることができた作品でもあることから、若干の紙数を費やしたことをお許しいただきたい。

一九九〇年代前半に刊行がなされていれば、当時の最新の研究動向を示す一冊となっていただろう本書であるが、その後も価値を失うことなく、半ば古典として受け入れられつつあることも、これだけの長期間を経ながら、本訳書刊行が頓挫せずにすんだ大きな理由である。大塚の仕事の全体像にとっての意味からも、ミッチェルに深く感謝したい。

結局、序文を大塚、以外の部分を赤堀が担当し、全体を大塚が見直して手を入れ、最終段階での若干の手直し、訳註などを赤堀が行なうかたちとなった。日本語書名など最終的に大塚とのあいだで詰め切れていなかった部分もあり、不充分な訳や誤訳もあろうかと思われるが、それらの責任は最終稿を決定した赤堀にある。不備についてはあらかじめ読者諸氏にお詫び申し上げたい。また、英語圏の研究者にはありがちであるが、仏独語などの著作の引用にあたって、原書に当たらず英訳に頼っている場合がしばしばあるため、これに対応して本訳書では引用文献の原書と邦訳の双方を示したことから、原註と参照文献一覧がかなり煩瑣になった。この点もお詫びしておきたい。

本書の訳出と刊行にあたりお世話になった方々の名前はとても挙げきれないが、先に触れたとおり勝康裕氏の粘り強い助力は不可欠であった。記して謝したい。原註および引用文献一覧の補足に関しては、高橋圭氏、茂木明石氏に助力をいただいた。深く感謝する。また、本書は、二〇一三年度上智大学研究成果公開支援事業「学術図書出版支援プログラム」の助成を受けて刊行した。上智大学にも感謝する。それ以外にも、大塚を介して本書訳稿に目を通し、ご意見をくださった研究者の方々は多数おられるはずだが、今となってはその方々のお名前を大塚に訊ねることもかなわない。それらの方々が、また他の読者の方々が本書に目を通して、さらにご意見をくださることを期待する。そして何よりも、大塚和夫先生が本書をご自身の業績のひとつにふさわしい出来であるとお認めくださることを祈るばかりである。

二〇一四年一月三日

赤堀　雅幸

索　引

［カ　行］

主要参考文献

〔書誌の提示に際しては，原則として著者の採用した形式にしたがいつつ，明らかな誤りや形式の不統一は修正し補足した。英語訳の著作が使用されている場合は可能な限り原著を示し，また邦訳がある場合は，より新しい訳でかつ入手しやすいものを優先してそれも示した。アラビア語の著作についてはローマ字への転写をより正確にした。〕

‘Abd al-Karīm, Aḥmad ‘Izzat, *Ta’rīkh al-ta‘līm fī ‘aṣr Muḥammad ‘Alī*（Cairo: Maṭba‘at al-Nahḍa al-Miṣrīya, 1938）.

Ta’rīkh al-ta‘līm fī Miṣr min nihāyat ḥukm Muḥammad ‘Alī ilā ‘awā’il ḥukm Tawfīq, 1848-1882（Cairo: Maṭba‘at al-Naṣr, 1945）.

Abdel-Malek, Anouar, *Idéologie et renaissance nationale: l’Egypte moderne*（Paris: Anthropos, 1969）.

‘Abduh, Ibrāhīm, *Taṭawwur al-ṣaḥāfa al-Miṣrīya, 1798-1951*（Cairo: Maktabat al-Ādāb, n.d.）.

Abu-Lughod, Ibrahim, *Arab Rediscovery of Europe: A Study in Cultural Encounters*（Princeton: Princeton University Press, 1963）.

Abu-Lughod, Janet, *Cairo: 1001 Years of the City Victorious*（Princeton: Princeton University Press, 1971）.

Abu-Lughod, Lila, *Veiled Sentiments: Honor and Poetry in a Bedouin Society*（Berkeley: University of California Press, 1986）〔L. アブー＝ルゴド「ヴェールにおおわれた感情」抄訳，竹村和子訳『現代思想』第 17 巻第 14 号，1989 年，112-33 頁〕.

Ahmed, Leila, *Edward W. Lane: A Study of His Life and Work, and of British Ideas of the Middle East in the Nineteenth Century*（London: Longmans, 1978）.

Alloula, Malek, *The Colonial Harem*, trans. Myrna Godzich and Wlad Godzich, with an Introduction by Barbara Harlow, Theory and History of Literature, vol. 21（Minneapolis: University of Minnesota Press, 1986）〔*Le harem colonial: images d’un sous-érotisme*（Geneva and Paris: Editions Slakine, 1986）〕.

’Amīn, Qāsim, *Les égyptiens: réponse à M. le duc d’Harcourt*（Cairo: Jules Barbier, 1894）.

Arminjon, Pierre, *L’Enseignement, la doctrine et la vie dans les universités musulmanes d’Egypte*（Paris: Félix Alcan, 1907）.

D’Arnaud, ‘Reconstruction des villages de l’Egypte’, *Bulletin de la Société de Géographie* 3（52/53）（April/May 1848）: 278-81.

Baer, Gabriel, *Studies in the Social History of Modern Egypt*（Chicago: University of Chicago Press, 1969）.

Baudrillard, Jean, *The Mirror of Production*, trans. Mark Poster（St. Louis: Telos Press, 1975）〔*Le miroir de la production, ou, l’illusion critique du matérialisme historique*（Paris: Casterman, 1973）; J. ボードリヤール『生産の鏡』宇波彰・今村仁司訳（法政大学出版局，1981 年）〕.

Bendiner, Kenneth P., ‘The portrayal of the Middle East in British painting, 1825-1860’（Ph.D. dissertation, Columbia University, 1979）.

Benjamin, Walter, ‘Paris, capital of the nineteenth century’, in *Reflections: Essays, Aphorisms, Autobiographical Writings*, ed. Peter Demetz（New York: Harcourt, Brace, Jovanovich, 1978）〔*Paris, die Hauptstadt des XIX Jahrhunderts*（Paris 1935）; W. ベンヤミン「パリ――19 世紀の首都」『ボードレール』川村二郎訳（晶文社，1970 年）〕.

Bentham, Jeremy, ‘Panopticon’, in *The Works of Jeremy Bentham*, ed. John Bowring, 11 vols.（Edinburgh and London: Tait, 1838-42）〔*Panopticon, or the Inspection-House, Containing the Idea of a New Principle of Construction Applicable to Any Sort of Establishment, in Which Persons of Any Description Are to Be Kept under Inspection, etc.*（Dublin: Thomas Byrne, 1791）〕.

Berardi, Roberto, ‘Espace et ville en pays d’Islam’, in *L’Espace sociale de la ville arabe*, ed. D. Chevalier（Paris: Maisonneuve et Larose, 1979）.

Berque, Jacques, *Egypt: Imperialism and Revolution*, trans. Jean Stewart（London: Faber and Faber, 1972）〔*L’Égypte: impérialisme et révolution*（Paris: Gallimard, 1967）〕.

Bowring, John, ‘Report on Egypt and Canada’, in Great Britain, House of Commons, *Sessional Papers*（1840）, vol. 21, pp. 1-227.

Bourdieu, Pierre, ‘The Kabyle house or the world reversed’, in *Algeria 1960: Essays*, trans. Richard Nice（Cambridge: Cambridge University Press, 1979）, pp. 133-53〔‘La maison kabyle ou le monde renversé’, in J. Pouillon and P. Maranda eds., *Echanges et communications: mélanges offerts à Claude Lévi-Strauss à l’occasion de son 60e anniversaire*（The Hague and Paris: Mouton, 1970）〕.

Bréal, Michel, *Essai des sémantiques; science des significations*（Paris: Hachettes, 1897）; 2nd ed. 1899〔「意味論」抄訳，工藤進訳『明治学院論叢』第 282 号，1979 年，1-42 頁〕.

‘Les idées latentes du langage’（1868）, in *Mélanges de mythologie et de linguistique*（Paris: Hachette, 1877）, pp. 295-322.

Brockelman, Carl, *Geschichte der arabischen Literatur*, 2 vols., den Supplement-banden angepasste Auflage（Leiden: E. J. Brill, 1937-49; 1st ed. 1898-1902）.

Carré, J. M., *Voyageurs et écrivains français en Egypte*, 2 vols., 2nd ed.（Cairo: Institut Français d’Archéologie Orientale, 1956; 1st ed. 1932）.

Chelli, Moncef, *La parole arabe: une théorie de la relativité de cultures*（Paris: Sindbad, 1980）.

Crecelius, Daniel, *The Roots of Modern Egypt: A Study of the Regimes of Ali Bey al-Kabir and Muhammad Bey Abu al-Dhahab, 1760-1775*（Minneapolis and Chicago: Bibliotheca Islamica, 1981）.

Cromer, The Earl of, *Modern Egypt*, 2 vols.（New York: MacMillan, 1908）〔クローマー卿『最近埃及』安田勝吉・古谷頼綱訳（大日本文明協會，1911 年）〕.

Delanoue, Gilbert, *Moralistes et politiques musulmans dans l’Egypte du XIXe siècle（1798-1882）*, 2 vols.（Paris: Institut Français d’Archéologie Orientale, 1982）.

Derrida, Jacques, ‘The double session’, in *Dissemination*, trans. Barbara Johnson（Chicago: University of Chicago Press, 1981）, pp. 173-285〔‘La double séance’, in *La dissémination*（Paris: Editions du Seuil, 1972）; J. デリダ「二重の会」『散種』藤本一勇ほか訳（法政大学出版局，2013 年）〕.

Margins of Philosophy, trans. Alan Bass (Chicago: University of Chicago Press, 1982)〔*Marges de la philosophie* (Paris: Editions de Minuit, 1972); J. デリダ『哲学の余白』2 巻, 第 1 巻, 高橋允昭・藤本一勇訳（法政大学出版局, 2007 年); 第 2 巻, 藤本一勇訳（法政大学出版局, 2008 年)〕.

Speech and Phenomena, and other Essays on Husserl's Theory of Signs, trans. David B. Allison, Northwestern Studies in Phenomenology and Existential Philosophy (Evanston: Northwestern University Press, 1973)〔*La voix et le phénomène: introduction au problème du signe dans la phénoménologie de Husserl* (Paris: Presses Universitaires de France, 1967); J. デリダ『声と現象』林好雄訳（筑摩書房, 2005 年)〕.

Dor, V.-Edouard, *L'Instruction publique en Egypte* (Paris: A. Lacroix, Verboeckhoven et cie, 1872).

Douin, Georges, *Histoire du règne du Khédive Ismail*, 2 vols. (Rome: Royal Egyptian Geographical Society, 1934).

Durkheim, Emile, *The Rules of Sociological Method*, 8th ed., trans. Sarah A. Solovay and John H. Mueller, ed. George E. G. Gatlin (New York: The Free Press, 1938)〔*Les règles de la méthode sociologique* (Paris: Félix Alcan, 1895); E. デュルケーム『社会学的方法の規準』宮島喬訳（岩波書店, 1978 年)〕.

Eagleton, Terry, *Literary Theory: An Introduction* (Oxford: Basil Blackwell, 1983)〔T. イーグルトン『文学とは何か——現代批評理論への招待』新版, 大橋洋一訳（岩波書店, 1997 年)〕.

Farag, Nadia, 'al-Muqtataf 1876-1900: a study of the influence of Victorian thought on modern Arabic thought' (Ph.D. thesis, Oxford University, 1969).

Fikrī, Muḥammad 'Amīn, *Irshād al-alibbā' ilā maḥāsin Urubbā* (Cairo: Maṭba'at al-Muqtaṭaf, 1892).

Flaubert, Gustave, *Flaubert in Egypt: A Sensibility on Tour*, trans. and ed. Francis Steegmuller (London: Michael Haag, 1983)〔同書は, *Les Lettres d'Egypte de Gustave Flaubert, d'après les manuscrits autographe*, ed. Antoine Youssef Naaman (Paris: A. G. Nizet, 1965) ほかから書簡等を抜粋して再構成している。「東方紀行」のエジプト部分については現在, 手稿から起こされた新しい版とその日本語訳がある。*Voyage en Egypte*, édition intégrale du manuscrit original établie et présentée par Pierre-Marc de Biasi (Paris: B. Grasset, 1991); G. フロベール『フロベールのエジプト』斎藤昌三訳（法政大学出版局, 1998 年)〕.

Foucault, Michel, *Discipline and Punish: The Birth of the Prison*, trans. Alan Sheridan (New York: Pantheon, 1977)〔*Surveiller et punir: naissance de la prison* (Paris: Gallimard, 1975); M. フーコー『監獄の誕生——監視と処罰』田村俶訳（新潮社, 1977 年)〕.

The Order of Things: An Archaeology of the Human Sciences (New York: Random House, 1970)〔*Les mots et les choses: une archéologie des sciences humaines* (Paris: Gallimard, 1966); M. フーコー『言葉と物——人文科学の考古学』渡辺一民・佐々木明訳（新潮社, 1974 年)〕.

'Two lectures', in *Power/Knowledge: Selected Interviews and Other Writings 1972-1977*, ed. Colin Gordon (New York: Random House, 1981), pp. 78-108〔英訳の発表時点でフランス語での出版はなされていなかったため, 'Corso del 7 gennaio 1976' and 'Corso del 14 gennaio 1976', *Microfisica del potere: interventi politici*, ed. Allessandro Fontana

and Pasquale Pasquino（Turin: Einaudi, 1977）からの翻訳。その後，以下の仏語版とその日英訳が出版された。‘Cours du 7 janvier, 1976’ and ‘Cours du 14 janvier, 1976’, *Il faut défendre la société: cours au Collège de France 1975-1976*, ed. Mauro Bertani and Alessandro Fontana（Paris: Gallimard, 1997）;「1976 年 1 月 7 日」「1976 年 1 月 14 日」『社会は防衛しなければならない――コレージュ・ドゥ・フランス講義 1975-1976 年度』石田英敬・小野正嗣訳（筑摩書房，2007 年）; ‘7 January 1976’ and ‘14 January 1976’, in *Society Must Be Defended: Lectures at the Collège de France, 1975-76*, trans. David Macey（New York: Picador, 2003）〕.

Gautier, Théophile, *Œuvres complètes*, 26 vols.（Paris: Charpentier, 1880-1903; vol. 20: *L'Orient*, 1884）; 1st published as *L'Orient* in 2 vols.（1877）.

Gérard de Nerval, *Œuvres*, ed. Albert Beguin and Jean Richer, 2 vols., vol. 1: *Voyage en Orient*（1851）, ed. Michel Jeanneret（Paris: Gallimard, 1952）〔1851 年の版は『東方紀行』が現在の形にまとめられたものの初版。*Voyage en Orient*, 2 vols., 3rd ed.（Paris: Charpentier, 1851）; G. ネルヴァル「東方紀行」野崎歓・橋本綱訳『東方の幻』ネルヴァル全集第 3 巻（筑摩書房，1998 年）〕.

Gilsenan, Michael, *Recognizing Islam: Religion and Society in the Modern Arab World*（New York: Pantheon, 1982）.

Gran, Peter, *Islamic Roots of Capitalism, 1869-1840*（Austin: University of Texas Press, 1979）.

Heidegger, Martin, ‘The age of the world picture’, in *The Question Concerning Technology and Other Essays*, trans. William Lovitt（New York: Harper and Row, 1977）, pp. 115-54〔‘Die Zeit des Weltbildes’, *Zweite, unveränderte Auflage*（Frankfurt am Main: Vittorio Klostermann, 1950）; M. ハイデッガー「芸術作品の紀源――世界像の時代」『杣径』茅野良男・H. ブロッカルト訳（創文社，2002 年）〕.

Heyworth-Dunne, James, *An Introduction to the History of Education in Modern Egypt*（London: Luzac and Co., 1939）.

Hourani, Albert, *Arabic Thought in the Liberal Age, 1798-1939*, 3rd ed.（Cambridge: Cambridge University Press, 1983）.

‘Ottoman reform and the politics of notables’, in *Beginnings of Modernization in the Middle East: The Nineteenth Century*, ed. William R. Polk and Richard L. Chambers（Chicago: University of Chicago Press, 1968）, pp. 41-68.

and S. M. Stern, eds., *The Islamic City*（Oxford: Bruno Cassirer, and Philadelphia: University of Pennsylvania Press, 1970）.

Hunter, F. Robert, *Egypt under the Khedives, 1805-1874: From Household Government to Modern Bureaucracy*（Pittsburgh: University of Pittsburgh Press, 1984）.

Ibn Khaldun, Abd al-Rahman, *Muqaddimat Ibn Khaldun*, ed. E. M. Quatremère, 3 vols.（Paris: Institut Impérial de France, 1858; reprint ed., Beirut: Maktabat Lubnān, 1970）. English trans., *The Muqaddimah: An Introduction to History*, trans. Franz Rosenthal, 2nd ed., 3 vols.（Princeton: Princeton University Press, 1967）〔イブン＝ハルドゥーン『歴史序説』4 巻，森本公誠訳・解説（岩波書店，2001 年）〕.

Ilyās, Idwār Bey, *Mashāhid Urūbā wa Amīrkā*（Cairo: Maṭba‘at al-Muqtaṭaf, 1900）.

International Congress of Orientalists, *Transactions of the Ninth Congress*（London, 5-12 September 1892）, ed. E. Delmar Morgan, 2 vols.（London, International Congress of Orien-

talists, 1893).
Ismā'īl, 'Abd al-Raḥmān, *Ṭibb al-rukka*, 2 vols.（Cairo, 1892, 1894）. 抄訳として John Walker, *Folk Medicine in Modern Egypt, Being the Relevant Parts of the Tibb al Rukka or Old Wives' Medicine of 'Abd al-Rahman Isma'il*（London: Luzac and Co., 1934）.
Issawi, Charles, *An Economic History of the Middle East and North Africa*（New York: Columbia University Press, 1982）.
Jabartī, 'Abd al-Raḥmān al-, *Ta'rīkh muddat al-faransīs bi Miṣr*, ed. S. Moreh and published with a translation as *Al-Jabarti's Chronicle of the First Seven Months of the French Occuaption of Egypt, Muharram-Rajab 1213 (15 June-December 1798)*（Leiden: E. J. Brill, 1975）〔ジャバルティの年代記*'Ajā'ib al-āthār fīl-tarājim wal-akhbār*（『伝記と歴史における事蹟の驚異』）の抄訳。日本語にも抄訳がある。ジャバルティー『ボナパルトのエジプト侵略』後藤三男訳註（ごとう書房，1989年）〕.
Jāwīsh, 'Abd al-'Azīz, *Ghunyat al-mu'addibīn fī ṭuruq al-ḥadīth lil-tarbiya wal-ta'līm*（Cairo: Maṭba'at al-Sha'b, 1903）.
Kaestle, Carl F., ed., *Joseph Lancaster and the Monitorial School Movement: A Documentary History*（New York: Columbia University Teachers College Press, 1973）.
Lamarre, Clovis, and Charles Fliniaux, *L'Egypte, la Tunisie, le Maroc et l'exposition de 1878*, in the series, Les pays étrangers et l'exposition de 1878, 20 vols.（Paris: Libraire Ch. Delagrave, 1878）.
Lane, Edward, *An Account of the Manners and Customs of the Modern Egyptians, Written in Egypt during the Years 1833-34 and 35*, 2 vols.（London: Charles Knight, 1835; Everyman Edition, London: J. M. Dent, 1908）〔W. レイン『エジプト風俗誌——古代と近代の奇妙な混淆』抄訳，大場正史訳（桃源社，1977年）〕.
Le Bon, Gustave, *Les premières civilisations*（Paris: Marpon et Flammarion, 1889）. 第3部のアラビア語訳として Muḥammad Ṣādiq Rustum, *al-Ḥaḍāra al-Miṣrīya*（Cairo: al-Maṭba'a al-'Aṣrīya, n.d.）.
Lois psychologiques de l'évolution des peuples, 12th ed.（Paris: Félix Alcan, 1916）. English trans., *The Psychology of Peoples*（New York: Macmillan, 1898）〔G. ル・ボン『民族發展の心理』前田長太訳（大日本文明協會，1910年）〕.
Psychologie des foules（Paris: Félix Alcan, 1895）. English trans., *The Crowd: A Study of the Popular Mind*（New York: Macmillan, 1896）〔G. ル・ボン『群集心理』櫻井成夫訳（講談社，1993年）; 日本での初訳は『群衆心理』訳者不詳（大日本文明協會，1910年）〕.
Louca, Anouar, *Voyageurs et écrivains égyptiens en France au XIXe siècle*（Paris: Didier, 1970）.
Marṣafī, Ḥusayn al-, *Risālat al-kalim al-thamān*（Cairo: Maṭba'at al-Jumhūr, 1903; 1st ed. 1881）.
al-Wasīla al-'adabīya ilal-'ulūm al-'arabīya, 2 vols., vol. 1（Cairo: Maṭba'at al-Madāris al-Malikīya, 1872-75）; vol. 2（Cairo: Maṭba'at Wādī al-Nīl, 1875-79）.
Marsot, Afaf Lutfi al-Sayyid, *Egypt in the Reign of Muhammad Ali*（Cambridge: Cambridge University Press, 1984）.
Marx, Karl, *Capital: A Critique of Political Economy*, trans. Ben Fowkes, 3 vols.（Harmondsworth: Penguin, 1976-81）〔*Das Kapital: Kritik der politischen Ökonomie*; K. マルクス

『資本論』2 巻，今村仁司ほか訳（筑摩書房，2005 年）〕.
Maurois, André, *Lyautey*（Paris: Plon, 1931）.
Mubārak, ʿAlī, *ʿAlam al-dīn*（Alexandria: Maṭbaʿat al-Jarīda al-Maḥrūsa, 1882）.
al-Khiṭaṭ al-tawfīqīya al-jadīda li Miṣr al-qāhira wa mudunihā wa bilādihā al-qadīma wal-shahīra, 20 vols. Būlāq, 1307h（1889/90）; 1st ed. 1305h（1887/8）.
Mumford, Lewis, *Technics and Civilization*（New York: Harcourt Brace and Co., 1934）〔L. マンフォード『技術と文明』新版（美術出版社，1972 年）〕.
Mustafa Reshīd Celebi Effendi, 'An explanation of the nizam-y-gedid', in William Wilkinson, *An Account of the Principalities of Wallachia and Moldavia Including Various Political Observations Relating to Them*（London: Longman et al., 1820）, appendix 5.
Muwayliḥī, Muḥammad al-, *Ḥadīth ʿĪsā ibn Ḥishām, aw fatra minal-zaman*, 2nd ed.（Cairo: al-Maktaba al-Azharīya, 1911; 1st ed. 1907）.
Owen, Roger, *The Middle East in the World Economy 1800-1914*（London: Methuen, 1981）.
Pieron, Henri, 'Le Caire: son esthétique dans la ville arabe et dans la ville moderne', *L'Egypte contemporaine* 5（January 1911）: 511-28.
Raḍwān, Abū al-Futūḥ, *Taʾrīkh Maṭbaʿat Būlāq wa lawḥa fī taʾrīkh ṭabāʿa fī buldān al-Sharq al-Awsaṭ*（Cairo: al-Maṭbaʿa al-Amīrīya, 1953）.
Rāfiʿī, ʿAbd al-Raḥmān al-, *ʿAṣr Ismāʿīl*, 2nd ed., 2 vols.（Cairo: Maktabat al-Nahḍa al-Miṣrīya, 1948）.
Raymond, André, *Artisans et commerçants au Caire au XVIIIe siècle*, 2 vols.（Damascus: Institut Français de Damas, 1973）.
Grandes villes arabes à l'époque ottomane（Paris: Sindbad, 1985）.
Renan, Ernest, 'De l'origine du langage（1848）', in *Œuvres complètes*, ed. Henriette Psichari, 10 vols.（Paris: Calmann-Lévy, 1947-61）.
Riḍā, Rashīd, *Taʾrīkh al-ustādh al-imām Muḥammad ʿAbduh*, 3 vols.（Cairo: Maṭbaʿat al-Manār, 1324-50h [1906-31]）.
Rivlin, Helen, *The Agricultural Policy of Muhammad Ali in Egypt*（Cambridge: Harvard University Press, 1961）.
Rorty, Richard, *Philosophy and the Mirror of Nature*（Princeton: Princeton University Press, 1979）〔R. ローティ『哲学と自然の鏡』野家啓一監訳，伊藤春樹ほか訳（産業図書，1993 年）〕.
Said, Edward, *Orientalism*（New York: Pantheon, 1978）〔E. W. サイード『オリエンタリズム』上下，板垣雄三・杉田英明監修，今沢紀子訳（平凡社，1993 年）〕.
St John, Bayle, *Village Life in Egypt*, 2 vols.（London: Chapman and Hall, 1852; reprint ed., New York: Arno Press, 1973）.
Sāmī, Amīn, *al-Taʿlīm fī Miṣr fī sanatay 1914-1915, wa bayān tafṣīlī li nashr al-taʿlīm al-awwalī wal-ibtidāʾī bi anhāʾ al-diyār al-Miṣrīya*（Cairo: Maṭbaʿat al-Maʿārif, 1916）.
Taqwīm al-Nīl, wa asmāʾ man tawallaw amr Miṣr maʿa muddat ḥukumihim ʿalayhā wa mulāḥazāt taʾrīkhīya ʿan aḥwāl al-khilāfa al-ʿāmma wa shuʾūn Miṣr al-khāṣṣa（Cairo: Maṭbaʿat Dār al-Kutub al-Miṣrīya, 1936）.
Sammarco, Angelo, *Histoire de l'Egypte moderne depuis Mohammad Ali jusqu'à l'occupation britannique (1801-1882)*, vol. 3: *Le règne du khédive Ismaïl de 1863 à 1875*（Cairo: Société Royale de Géographie d'Egypte, 1937）.

Sanūsī al-Tūnisī, Muḥammad al-, *al-Istiṭlā'āt al-bārīsīya fī ma'raḍ sanat 1889*（Tunis, 1309h）.
Ṣarrūf, Ya'qūb, *Sirr al-najāh*（Beirut, 1880）. 原著 Samuel Smiles, *Self-Help, with Illustrations of Conduct and Perseverence*, 72nd impression, with an Introduction by Asa Briggs（London: John Murray, 1958; 1st ed. 1859）〔S. スマイルズ『セルフヘルプ――天は自ら助くる者を助く』下谷和幸訳（野間教育研究所，2000 年）; 日本での初訳は，斯邁爾斯『西国立志編　原名　自助論』中村正直訳（1870 年）〕。
Saussure, Ferdinand de, *Course in General Linguistics*, ed. by Charles Bally and Albert Sechehaye in collaboration with Albert Riedlinger, trans. Wade Baskin（New York: Philosophical Library, 1959）〔*Cours de linguistique générale*（Lausanne: Payot, 1916）; F. ド・ソシュール『一般言語学講義』改版，小林英夫訳（岩波書店，1972 年）〕.
Schölch, Alexander, *Egypt for the Egyptians: The Socio-Political Crisis in Egypt 1878-1882*（London: Ithaca, 1981）. 原著 *Ägypten der Ägyptern! Die politische und gesellschaftliche Krise der Jahre 1878-1882 in Ägyptern*（Freiburg: Atlantis, 1972）。
Ṭāhā Ḥusayn, *Rūḥ al-tarbiya*（Cairo: Dar al-Hilāl, 1922）. 原著 Gustave Le Bon, *Psychologie de l'education*, 1st ed. 1904; 2nd ed., 'augmenté de plusieurs chapitres sur les méthodes d'éducation en Amérique et sur l'enseignement donné aux indigènes des colonies'（Paris: Flammarion, 1912）。
Ṭahṭāwī, Rifā'a Rāfi' al-, *al-'Amal al-kāmila*, 4 vols., vol. 1: *al-Tamaddun wal-haḍāra wal-'umrān*; vol. 2: *al-Siyāsa wal-waṭanīya wal-tarbiya*（Beirut: al-Mu'assasa al-'Arabīya lil-Dirāsāt wal-Nashr, 1973）.
Manāhij al-albāb al-Miṣrīya, fī mabāhij al-ādāb al-'aṣrīya, 2nd printing（Cairo: Maṭba'at Shirkat al-Raghā'ib, 1912; 1st ed. 1869）.
Mawāqi' al-aflāk fī waqā'i' Tilimāk（Beirut: al-Maṭba'a al-Sūrīya, 1867）.
al-Murshid al-amīn lil-banāt wal-banīn（Cairo: 1289h［1872/3］）.
Qalā'id al-mafākhir fī gharīb aw 'awā'id al-awā'il wal-awākhir（Būlāq: Dār al-Ṭabā'a, 1833）. 原著 Georg Bernhard Depping, *Aperçu historique sur les mœurs et coutumes des nations: contenant le tableau comparé chez les divers peuples anciens et modernes, des usages et des cérémonies, concernant l'habitation, la nourriture, l'habillement, les mariages, les funérailles, les jeux, les fêtes, les guerres, les superstitions, les castes, etc., etc.*（Paris: L'Encyclopédie Portative, 1826）。
Tocqueville, Alexis de, 'Notes du voyage en Algérie de 1841', *Œuvres complètes: œuvres, papiers et correspondances*, gen. ed. J. P. Mayer, vol. 5, part 2, *Voyages en Angleterre, Irlande, Suisse, et Algérie*, ed. J. P. Mayer and André Jardin（Paris: Gallimard, 1958）.
Tucker, Judith E., *Women in Nineteenth-Century Egypt*（Cambridge: Cambridge University Press, 1985）.
Tusūn, 'Umar, *al-Baḥthāt al-'ilmīya fī 'ahd Muḥammad 'Alī thumma fī 'ahday 'Abbās al-awwal wa Sa'īd*（Alexandria: Maṭba'at Ṣalāḥ al-Dīn, 1934）.
'Umar, Muḥammad, *Ḥāḍir al-Miṣrīyīn aw sirr ta'akhkhurihim*（Cairo: Maṭba'at al-Muqtaṭaf, 1902）.
Weber, Max, '"Objectivity" in social science and social policy', in *On the Methodology of the Social Sciences*, trans. and ed. Edward A. Shils and Henry A. Finch（New York: The Free Press, 1949）, pp. 49-112〔'Die "Objektivität" sozialwissenschaftlicher und sozialpolitischer Erkenntnis', *Archiv für Sozialwissenschaft und Sozialpolitik* 19（1）

(1904): 22-87; M. ヴェーバー『社会科学と社会政策にかかわる認識の「客観性」』富永祐治・立野保男訳，折原浩補訳（岩波書店，1998 年）〕.

Zaghlūl, Aḥmad Fathī, *Rūḥ al-ijtimā‘*（Cairo: Maṭba‘a al-Sha‘b, 1909）. 原著 Gustave Le Bon, *Psychologie des foules*, Paris: Félix Alcan, 1895〔G. ル・ボン『群集心理』櫻井成夫訳，（講談社，1993 年）〕。

Sirr taqaddum al-inklīz al-Saksūnīyīn（Cairo: Maṭba‘at al-Ma‘ārif, 1899）. 原著 Edmond Demolins, *A quoi tient la supériorité des Anglo-Saxons*（Paris: Libraire de Paris, 1897）〔『ドモラン氏安具魯遡孫論』高田早苗訳解説（東京専門学校出版部，1901 年）〕。

Sirr taṭawwur al-umam（Cairo: Maṭba‘at al-Ma‘ārif, 1913）. 原著 Gustave Le Bon, *Lois psychologiques de l'évolution des peuples*, 12th ed.（Paris: Félix Alcan, 1916; 1st ed. 1895）〔G. ル・ボン『民族發展の心理』前田長太訳（大日本文明協會，1910 年）〕。

Zawāhirī, Aḥmad al-, *al-‘Ilm wal-‘ulamā’ wa niẓām al-ta‘līm*（Ṭanṭā: al-Maṭba‘a al-Umūmīya, 1904）.

Zaydān, Jurjī, *Ta’rīkh ādāb al-lugha al-‘arabīya*, 4 vols.（Cairo: Dār al-Hilāl, 1914）.

Ta’rīkh al-tamaddun al-islāmī, 5 vols.（Cairo: Dār al-Hilāl, 1901-6; reprint ed. 1958）.

原　　註

〔書誌の提示に際しては，原則として著者の採用した形式にしたがいつつ，明らかな誤りや形式の不統一は修正し補足した。英語訳の著作が使用されている場合は可能な限り原著を示し，また邦訳がある場合は，より新しい訳でかつ入手しやすいものを優先してそれも示した。アラビア語の著作についてはローマ字への転写をより正確にした。〕

第 1 章　博覧会のエジプト

（1） Muḥammad Amīn Fikrī, *Irshād al-alibbā' ilā maḥāsin Urubbā*（Cairo, 1892）, p. 128.

（2） *Ibid.,* pp. 128-36.

（3） R. N. Crust, 'The International Congresses of Orientalists', *Hellas* 6（1897）: 351.

（4） *Ibid.,* p. 359.

（5） Rifā' Rāfi' al-Ṭahṭāwī, *al-'Amal al-kāmila*, 4 vols., vol. 2: *al-Siyāsa wal-waṭanīya wal-tarbiya*（Beirut: al-Mu'assasa al-'Arabīya lil-Dirāsāt wal-Nashr, 1973）, p. 76.

（6） Rifā' Rāfi' al-Ṭahṭāwī, *Qalā'id al-mafākhir fī gharīb aw 'awā'id al-awākhir*（Būlāq: Dār al-Ṭabā'a, 1833）, p. 86.

（7） Bernard Lewis, *The Muslim Discovery of Europe*（London: Weidenfeld and Nicolson, 1982）, p. 299〔バーナード・ルイス『ムスリムのヨーロッパ発見』上下，尾高晋己訳（春風社，2000-2001 年）〕.

（8） Ṭahṭāwī, *al-'Amal al-kāmila*, 2: 119-20, 177; Alan Silvera, 'The first Egyptian student mission to France under Muhammad Ali', in Elie Kedourie and Sylvia G. Haim, eds., *Modern Egypt: Studies in Politics and Society*（London: Frank Cass, 1980）, p. 13.

（9） Georges Douin, *Histoire du règne du Khédive Ismaïl*, 2 vols.（Rome: Royal Egyptian Geograhical Society, 1934）, 2: 4-5.

（10） *The Times*, 16th June 1846; Aimé Vingtrinier, *Soliman-Pacha, colonel Sève, généralissime des armées égyptiennes; ou, histoire des guerres de l'Egypte de 1820 à 1860*（Paris: Didot, 1886）, pp. 500-1.

（11） 'Alī Mubārak, *'Alam al-dīn*（Alexandria: Maṭba'at al-Jarīda al-Maḥrūsa, 1882）, p. 816.

（12） Lewis, *Muslim Discovery*, pp. 299-301.

（13） Ṭahṭāwī, *al-'Amal al-kāmila*, 2: 121.

（14） 19 世紀の最後の 10 年間にカイロで発行され，ヨーロッパの国々の様子やヨーロッパ的な観念について記述した 8 冊の著作のうち，5 冊はオリエンタリスト会議もしくは万国博覧会を訪問した際の旅行記である。Dīmitrī ibn Ni'mat Allāh Khallāt, *Sifr al-safar ilā ma'raḍ al-ḥaḍar*（Cairo: Maṭba'at al-Muqtaṭaf, 1891）は 1889 年のパリ万国博覧会の記録であり，Maḥmūd 'Umar al-Bajurī, *al-Durar al-bahiya fī al-riḥla al-urubbawīya*（Cairo, 1891）と Fikrī, *Irshād* もパリ万国博覧会と同じ年の第 8 回国際オリエンタリスト会議を扱っている。Aḥmad Zakī, *al-Safar ilal-mu'tamar, wa hiya al-rasā'il allatī katabahā 'alā Urubbā'*（Cairo, 1893）は 1892 年にロンドンで開催され

た第 9 回国際オリエンタリスト会議の記録であり，同じ作者の *al-Dunya fī Bārīs*（Cairo, 1900）はパリの万国博覧会を主題としている。この時期に先立つ 1880 年代には，Muḥammad Bayram, *Ṣafwa al-i'tibār bi-mustawda' al-'amṣār wa-l-'aqṭār,* 5 vols.（Cairo, 1302-1311 h, 1884/5-1893/4），3: 54, 73-81 に，とくに 1878 年のパリ博覧会と 1881 年のミラノ博覧会についての記述がみられ，Mubārak, *'Alam al-dīn*, pp. 1153-79 には架空のオリエンタリスト会議がパリで開かれた様子を描いた記述がある。ヨーロッパに関して 19 世紀のエジプトで発行された著作については，Ibrahim Abu-Lughod, *Arab Rediscovery of Europe*（Princeton: Princeton University Press, 1963）と Anouar Louca, *Voyageurs et écrivains égyptiens en France au XIXe siècle*（Paris: Dider, 1970）を参照のこと。

（15） Asa Briggs, *The Age of Improvement, 1783-1867*, rev. ed.（London: Longmans, 1979），p. 398.

（16） International Congress of Orientalists, *Transactions of the Ninth Congress, London, 5-12 September 1892,* ed. E. Delmar Morgan, 2 vols.（London, International Congress of Orientalists, 1893），1: 34.

（17） Edward W. Said, *Orientalism*（New York: Pantheon, 1978），p. 165〔E. W. サイード『オリエンタリズム』上下，板垣雄三・杉田英明監修，今沢紀子訳（平凡社，1993 年）〕より引用。

（18） Theodor Adorno, *Minima Moralia: Reflections from a Damaged Life*, trans. E. F. N. Jephcott（London: Verso, 1978），p. 116〔T. W. アドルノ『ミニマ・モラリア――傷ついた生活裡の省察』三光長治訳（法政大学出版局，1979 年）〕. 劇場については，Muḥammad al-Muwailīḥī, *Ḥadīth 'Īsā ibn Hishām, aw fatra minal-zaman*, 2nd ed.（Cairo: al-Maktaba al-Azharīya, 1911）p. 434 を参照のこと。公園については，Muḥammad al-Sanūsī al-Tūnisī, *al-Istiṭlā'āt al-bārīsīya fī ma'raḍ sanat 1889*（Tunis, 1309 h），p. 37 を参照。

（19） International Congress of Orientalists, *Transactions*, 1: 35.

（20） Martin Heidegger, 'The age of the world picture', in *The Question concerning Technology and Other Essays*, trans. William Lovitt（New York: Harper and Row, 1977），p. 127〔'Die Zeit des Weltbildes', *Zweite, unveranderte Auflage*（Frankfurt am Main: Vittorio Klostermann, 1950）; M. ハイデッガー「芸術作品の紀源――世界像の時代」『杣径』茅野良男・H. ブロッカルト訳（創文社，2002 年）〕.

（21） al-Sanūsī, *al-Istiṭlā'āt*, pp. 243-4.

（22） Clovis Lamarre and Charles Fliniaux, *L'Egypte, la Tunisie, le Maroc et l'exposition de 1878*, in the series, *Les pays étrangers et l'exposition de 1878*, 20 vols.（Paris: Libraire Ch. Delagrave, 1878），p. 123.

（23） al-Sanūsī, *al-Istiṭlā'āt*, p. 242.

（24） Lamarre and Fliniaux, *L'Egypte, la Tunisie, le Maroc et l'exposition de 1878*, p. 133.

（25） Edmond About, *Le fellah: souvenirs d'Egypte*（Paris: Hachette, 1869），pp. 47-8.

（26） この迷宮については Jacques Derrida, *Speech and Phenomena, and other Essays on Husserl's Theory of Signs*, trans. David B. Allison, Northwestern Studies in Phenomenology and Existential Philosophy（Evanston: Northwestern University Press, 1973），p. 104〔*La voix et le phenomene: introduction au problème du signe dans la phénoménologie de Husserl*（Paris: Presses Universitaires de France, 1967）; J. デリダ『声と現象』林好雄

訳（筑摩書房，2005年）〕とそれ以降のデリダの著作を参照のこと。デリダ自身，それらの著作はすべて「迷宮に関する文章へのコメントである」と述べている。'Imprication: Interview with Henri Ronse', in *Positions*, trans. Alan Bass（Chicago: University of Chicago Press, 1981）〔'Implications. entretien avec Henri Ronse', in *Positions: entretiens avec Henri Ronse, Julia Kristeva, Jean-Louis Houdebine, Guy Scarpetta*（Paris: Editions de Minuit, 1972）; J. デリダ「含蓄的からみあい――アンリ・ロスとの対談」『ポジシオン』新装版，高橋允昭訳（青土社，2000年）〕.

（27） Susan Lee Yeager, 'The Ottoman Empire on exhibition: The Ottoman Empire at international exhibitions 1851-1867, and the sergi-i umumi osmani, 1863'（Ph.D. dissertation, Columbia University, 1981）, p. 168.

（28） David Harvey, *Consciousness and the Urban Experience: Studies in the History and Theory of Capitalist Urbanization*（Baltimore: The Johns Hopkins University Press, 1985）, p. 118.

（29） Walter Benjamin, 'Paris, capital of the nineteenth century', in *Reflections: Essays, Aphorisms, Autobio-graphical Writings*, ed. Peter Demetz（New York: Harcourt, Brace Jovanovich, 1978）, pp. 146-7〔*Paris, die Hauptstadt des XIX Jahrhunderts*（Paris 1935）; W. ベンヤミン「パリ――19世紀の首都」『ボードレール』川村二郎訳（昌文社，1970年）〕より引用。

（30） Mubārak, *'Alam al-dīn*, p. 818.

（31） Idwār Bey Ilyās, *Mashāhid Urūbā' wa Amīrka*（Cairo: Maṭba'at al-Muqtaṭaf, 1900）, p. 268.

（32） Mubārak, *'Alam al-dīn*, pp. 829-30.

（33） Ṭahṭāwī, *al-'Amal al-kāmila*, 2: 55-6. 同様の事例については Mubārak, *'Alam al-dīn*, p. 817を参照。

（34）「視界の組織化」という表現は Mubārak, *'Alam al-dīn*, p. 817に見られる。動物園については al-Sanūsī, *al-Istiṭlā'āt*, p. 37, 劇場については Ṭahṭāwī, *al-'Amal al-kāmila*, 2: 119-20, パリ郊外のモデル農場については Mubārak, *'Alam al-dīn*, pp. 1008-42, 新しい通りが与える視覚的効果については *ibid.*, pp. 448, 964と Ilyās, *Mashāhid*, p. 268, ルツェルン〔スイス中部の自治州〕の新しいケーブルカーと当時のヨーロッパがパノラマに対して示した熱狂については Fikrī, *Irshād*, p. 98に記述が見られる。

（35） Heidegger, 'The age of the world picture'を参照。

（36） 19世紀のエジプトをもっとも明快に記述している著作としては，Jacque Berque, *Egypt: Imperialism and Revolution,* trans. Jean Stewart（London: Faber and Faber, 1972）〔*L'Égypte: impérialisme et révolution*（Paris: Gallimard, 1967）〕; Albert Hourani, *Arabic Thought in the Liberal Age, 1798-1939*, 3rd ed.（Cambridge: Cambridge University Press, 1983）と Roger Owen, *The Middle East in the World Economy 1800-1914*（London: Methuen, 1981）がある。19世紀前半に関しては，Afaf Lutfi al-Sayyid Marsot, *Egypt in the Reign of Muhammad Ali*（Cambridge: Cambridge University Press, 1984）に詳しい。

（37） Benjamin, 'Paris, capital of the nineteenth century', pp. 146, 152; Ṭahṭāwī, *al-'Amal al-kāmila*, 2: 76. これらの変化が当時のヨーロッパおよびアメリカの著述作品に及ぼした影響については，Rachel Bowlby, *Just Looking; Consumer Culture in Dreiser, Gissing and Zola*（New York: Methuen, 1985）〔R. ボウルビー『ちょっと見るだけ

――世紀末消費文化と文学テクスト』高山宏訳（ありな書房，1989年)〕で詳細に検討されている。

(38) André Raymond, *Artisans et commerçants au Caire au XVIIIe siècle*, 2 vols.（Damascus: Institut Français de Damas, 1973), 1: 173-202; Owen, *The Middle East in the World Economy 1800-1914*; Charles Issawi, *An Economic History of the Middle East and North Africa*（New York: Columbia University Press, 1982）を参照のこと。

(39) Roger Owen, *Cotton and the Egyptian Economy*（Oxford: Oxford University Press, 1969), p. 307.

(40) エジプトで活動したサン＝シモン派についてはAnouar Abdel-Malek, *Idéologie et renaissance nationale: l'Egypte moderne*（Paris: Anthropos, 1969), pp. 191-7を，シュヴァリエについてはJ. M. Carré, *Voyageurs et écrivains français en Egypte*, 2 vols., 2nd ed.（Cairo: Institut Français d'Archéologie Orientale, 1956), 2: 326とBenjamin, 'Paris, capital of the nineteenth century', p. 152を参照のこと。

(41) *The Times*, 13th October 1851.

(42) Benjamin, 'Paris, capital of the nineteenth century', p. 151より引用。

(43) Sulaymān al-Harayrī, *'Arḍ al-baḍā'i' al-'āmm*（Paris, 1867).

(44) Yeager, 'Ottoman Empire on exhibition', pp. 120-2.

(45) Mary Rowlatt, *A Family in Egypt*（London: Robert Hale, 1956), p. 42. カイロの改造については，Janet Abu-Lughod, *Cairo: 1001 Years of the City Victorious*（Princeton: Princeton University Press, 1971), pp. 98-113を参照。イスタンブルの同種の事業については，Zeynep Celik, *The Remaking of Istanbul: Portrait of an Ottoman City in the Nineteenth Century*（Seattle: University of Washington Press, 1986）がある。

(46) Benjamin, 'Paris, capital of the nineteenth century', pp. 151-2.

(47) Karl Marx, *Capital: A Critique of Political Economy*, trans. Ben Fowkes, 3 vols.（Harmondsworth: Penguin, 1976), 1: 163-77〔*Das Kapital: Kritik der politischen Ökonomie*; K. マルクス『資本論』2巻，今村仁司ほか訳，筑摩書房，2005年〕.

(48) Benjamin, 'Paris, capital of the nineteenth century', p. 152.

(49) Marx, *Capital* 1: 173.

(50) *Ibid.*, pp. 173, 283; Karl Marx, *Selected Writings*, ed. David McLellan（Oxford: Oxford University Press, 1977), p. 455〔Marx, *MEW*, vols. 23-25の抄訳で，剰余価値の生産を扱った部分〕.

(51) Jean Baudrillard, *The Mirror of Production*, trans. Mark Poster（St. Louis: Telos Press, 1975), pp. 21-51〔*Le miroir de la production: l'illusion critique du matérialisme historique*（Paris: Editions Galilée, 1985); J. ボードリヤール『生産の鏡』宇波彰・今村仁司訳（法政大学出版局，1981年)〕.

(52) Marx, *Selected Writings*, pp. 455-6.

(53) Yeager, 'Ottoman Empire on exhibition', p. 39より引用。

(54) *The Times*, 13th October 1851. Yeager, 'Ottoman Empire on exhibition', p. 8より引用。

(55) Charles Edmond, *L'Egypte a l'exposition universelle de 1867*（Paris: Dentu, 1867).

(56) Marx, *Selected Writings*, p. 456. 以下の議論については，Stefania Pandolfo, 'The voyeur in the old city: two postcards from French Morocco', paper presented at the Department of Anthropology, Princeton University, October 1983を参照のこと。

(57) 観光産業の起源としての博覧会については，C. R. Fay, *Palace of Industry, 1851: A*

Study of the Great Exhibition and Its Fruits（Cambridge: Cambridge University Press, 1951）, pp. 76, 94 を参照のこと。

(58) Gustave Flaubert, *Flaubert in Egypt: A Sensibility on Tour*, trans. and ed. Francis Steegmuler（London: Michael Laag, 1983）, p. 79〔同書は，*Les Lettres d'Egypte de Gustave Flaubert, d'après les manuscrits autographe*, ed. Antoine Youssef Naaman（Paris: A. G. Nizet, 1965）ほかから書簡等を抜粋して再構成している。「東方紀行」については現在，手稿から起こされた新しい版とその日本語訳がある。*Voyage en Egypte*, édition intégrale du manuscrit original établie et présentée par Pierre-Marc de Biasi（Paris: B. Grasset, 1991）; G. フロベール『フロベールのエジプト』斎藤昌三訳（法政大学出版局，1998 年）〕.

(59) Mubārak, *'Alam al-dīn*, p. 308.

(60) Gérard de Nerval, *Œuvres,* ed. Albert Beguin and Jean Richer, 2 vols., vol. 1: *Voyage en Orient*（1851）, ed. Michel Jeanneret（Paris: Gallimard, 1952）, p. 400, n. 104〔1851 年の版は『東方紀行』が現在の形にまとめられたものの初版。*Voyage en Orient*, 2 vols., 3rd ed.（Paris: Cahrpentier, 1851）; G. ネルヴァル「東方紀行」野崎歓・橋本綱訳『東方の幻』ネルヴァル全集第 3 巻（筑摩書房，1998 年）〕.

(61) Flaubert, *Flaubert in Egypt*, p. 23〔'Maxime du Camp, Notes de voyage: papiers et correspondance de Maxime du Camp, Egypte-Grèce-Italie'（ms., Bibliothèque de l'Institute de France, n.d.）〕.

(62) Kenneth P. Bendiner, 'The portrayal of the Middle East in British painting, 1825-1860'（Ph.D. dissertation, Columbia University, 1979）, p. 314 より引用。

(63) この一節はエリオット・ウォーバートン〔アイルランド人の旅行家で，その著作はキングレイクと当時の人気を二分した〕の言葉である。その著書 Eliot Warburton, *The Crescent and the Cross, or Romance and Realities of Eastern Travel*, 2 vols.（London: Henry Colburn, 1845）に，Alexander Kinglake, *Eōthen, or Traces of Travel Brought Home from the East*（London, 1844; reprint ed., London: J. M. Dent, 1908）についての記述が見られる。*Oxford Companion to English Literature*, 5th ed.（Oxford: Oxford University Press, 1985）を参照のこと。

(64) Edward Lane, *An Account of the Manners and Customs of the Modern Egyptians*（London: Charles Knight, 1835; Everyman Edition, London: J. M. Dent, 1908）, pp. vii, xvii〔W. レイン『エジプト風俗誌――古代と近代の奇妙な混淆』抄訳，大場正史訳（桃源社，1977 年）〕; Stanley Lane-Poole, 'Memoir', in Edward Lane, *An Arabic-English Lexicon, Derived from the Best and Most Copious Eastern Sources*, 8 vols.（London: William and Norgate, 1875; reprint ed., Beirut: Libraire du Liban, 1980）, 5: xii.

(65) Leila Ahmed, *Edward W. Lane: A Study of His Life and Work, and of British Ideas of the Middle East in the Nineteenth Century*（London: Longmans, 1978）; John D. Wortham, *The Genesis of British Egyptology, 1549-1906*（Norman, Oklahoma: University of Oklahoma Press, 1971）, p. 65. カメラ・ルーシダはエドワード・レインの友人であった〔ウィリアム・〕ウォラストン博士の発明だった（Lane, *Arabic-English Lexicon*, 5: xii）。

(66) Bendiner, 'The Middle East in British painting', pp. 13-18.

(67) Dolf Sternberger, *Panorama of the Nineteenth Century*, trans. Joachim Neugroschel（New York: Urizen Books, 1977）, pp. 188-9〔*Panorama, oder, Ansichten vom 19. Jahr-*

hundert（Hamburg: H. Gouverts Verlag, 1938)〕; Benjamin, 'Paris, capital of the nineteenth century', p. 150.

(68) Ahmed, *Edward Lane*, p. 26. より引用。

(69) Gérard de Nerval, *Œuvres,* 1: 281-90.

(70) al-Muwayliḥī, *Ḥadīth ʿĪsā ibn Ḥishām*, pp. 405-17.

(71) Jeremy Bentham, 'Panopticon', in *The Works of Jeremy Bentham*, ed. John Bowring, 11 vols.（Edinburgh and London: Tait, 1843), 4: 65-6〔*Panopticon, or the Inspection-House, Containing the Idea of a New Principle of Construction Applicable to Any Sort of Establishment, in Which Persons of Any Description Are to Be Kept under Inspection, etc*.（Dublin: Thomas Byrne, 1791)〕.

(72) マーリク・アールーラーはその著書，Malek Alloula, *The Colonial Harem*, trans. Myrna Godzich and Wlad Godzich, with an Introduction by Barbara Harlow, Theory and History of Literature, vol. 21（Minneapolis: University of Minnesota Press, 1986）〔*Le harem colonial: images d'un sous-erotisme*（Geneva and Paris: Editions Slakine, 1986)〕において，植民地主義的存在の一様態としての，ヨーロッパの写真家の病的な覗き趣味について検討している。

(73) *Handbook for Travellers in Lower and Upper Egypt, Including Descriptions of the Course of the Nile through Egypt and Nubia, Alexandria, Cairo, the Pyramids, Thebes, the Suez Canal, the Peninsula of Mount Sinai, the Oases, the Fayoom, &c*., 7th ed.（London: John Murray, 1888; 1st ed. 1847), p. 12〔ジョン・ウィルキンソンによる1847年発行の手引書を，ジョン・マレイ社が改稿しつつ版を重ねたもので，1890年代までもっとも一般的な旅行案内だった〕.

(74) Carré, *Voyageurs et écrivains*, 1: 272.

(75) Ibrāhīm ʿAbduh, *Taṭawwur al-ṣaḥāfa al-Miṣrīya, 1798-1951*（Cairo: Maktabat al-Ādāb, n.d.), pp. 242-4.

(76) Carré, *Voyageurs et écrivains*, 2: 191 より引用。Said, *Orientalism,* pp. 160-1, 168, 239 を参照のこと。

(77) Lane, *Arabic-English Lexicon*, 5: vii より引用。

(78) Gérard de Nerval, *Œuvres,* 1: 172-4.

(79) Said, *Orientalism,* pp. 160-4.

(80) Pierre Bourdieu, *Outline of a Theory of Practice*, trans. Richard Nice（Cambridge: Cambridge University Press, 1977), pp. 2, 96〔*Esquisse d'une théorie de la pratique, précédé de trois études d'ethnologie kabyle*（Genève: Librairie Droz, 1972)〕. 人類学の「視覚主義《ヴィジュアリズム》」に対する批判については，Johannes Fabian, *Time and the Other: How Anthropology Makes Its Object*（New York: Columbia University Press, 1983), pp. 105-41 や James Clifford, 'Partial truths', in *Writing Culture: The Poetics and Politics of Ethnography*, ed. James Clifford and George E. Marcus（Berkeley: University of California Press, 1986), pp. 11-12〔J. クリフォード，G. マーカス編『文化を書く』春日直樹ほか訳（紀伊國屋書店，1996年)〕を見よ。

(81) Carré, *Voyageurs et écrivains*, 2: 200.

(82) Ahmed, *Edward Lane*, p. 9; Bendiner, 'The Middle East in British painting', pp. 35-48.

(83) Gérard de Nerval, *Œuvres*, 1: 878-9, 882, 883〔G. ネルヴァル「記事　わが友テオフィル・ゴーチエへ」丸山義博訳『東方の幻』〕.

(84) Kinglake, *Eōthen,* p. 280; Théophile Gautier, *Œuvres complètes*, 26 vols.（Paris: Charpentier, 1880-1903; vol. 20: *L'Orient,* 1884; 1st published as *L'Orient* in 2 vols., 1877）, 2: 187; Flaubert, *Flaubert in Egypt*, p. 81.

(85) Bendiner, 'The Middle East in British painting', p. 6 より引用。

(86) Gautier, *L'Orient*, 2: 91-122.

(87) Gérard de Nerval, *Œuvres*, 1: 862, 867〔1843 年 3 月 18 日付けおよび 5 月 2 日付けの書簡。G. ネルヴァル「書簡 1840 年 10 月—1843 年 5 月」丸山義博ほか訳『東方の幻』〕.

(88) Said, *Orientalism*, pp. 176-7.

(89) Robert Graves, *Goodbye to All That*（Harmondsworth: Penguin Books, 1960）, p. 265〔R. グレーヴズ『さらば古きものよ』2 巻，工藤政司訳（岩波書店，1996, 1999 年）〕.

(90) この点については，James Clifford, 'Review of Orientalism', *History and Theory* 19（1980）: 204-23 を参照のこと。

(91) Herman Melville, *Journal of a Visit to the Levant, October 11 1856-May 1857*, ed. Howard C. Horsford（Princeton: Princeton University Press, 1955）, pp. 79, 114.

(92) Stefania Pandolfo, 'The voyeur in the old city' を参照のこと。

(93) Gérard de Nerval, *Œuvres*, 1: 1276〔1843 年 5 月 2 日付けの書簡への註〕.

(94) Alain Silvera, 'Edme-François Jomard and the Egyptian reforms of 1839', *Middle East Studies* 7（1971）: 314 より引用。ランベールについては，Carré, *Voyageurs et écrivains*, 1: 264-73 を参照のこと。

(95) 'J. B. au Pacha', 16th April 1828. Bentham archives, University College, London.

第 2 章　枠づけ

(1) Bayle St John, *Village Life in Egypt*, 2 vols.（London: Chapman and Hall, 1852; repreint ed., New York: Arno Press, 1973）, 1: 35; Helen Rivlin, *The Agricultural Policy of Muhammad Ali in Egypt*（Cambridge: Harvard University Press, 1961）, pp. 89-101; この時期のエジプトの政策一般に関しては，Marsot, *Muhammad Ali*, pp. 100-61 を参照のこと。

(2) Jean Deny, *Sommaire des archives turques du Caire*（Cairo: l'Institut Francçais d'Archéologie Orientale du Caire, 1930）, pp. 126-9; Rivlin, *Agricultural Policy*, pp. 79, 89-101.

(3) Daniel Crecelius, *The Roots of Modern Egypt: A Study of the Regimes of Ali Bey al-Kabir and Muhammad Bey Abu al-Dhahab, 1760-1775*（Minneapolis: Bibliotheca Islamica, 1981）; この比較的早い時期の知的な面での変化については，Peter Gran, *Islamic Roots of Capitalism: Egypt 1769-1840*（Austin: University of Texas Press, 1979）を参照のこと。本書のいくつかの章の初期の草稿に与えてくれたコメントについて，ピーター・グランに感謝したい。

(4) アルバート・ハウラーニーは論文，Albert Hourani, 'Ottoman reform and the politics of notables' in *Beginnings of Modernizaiton in the Middle East: The Nineteenth Century*, ed. William R. Polk and Richard L. Chambers（Chicago: University of Chicago Press, 1968）, pp. 41-68 において，これらの一族の性格と権力，その 19 世紀における変容について分析している。

(5) Michel Foucault, 'Two lectures', in *Power/Knowledge: Selected Interviews and Other*

Writings 1972-1977, ed. Colin Gordon (New York: Random House, 1981), pp. 78-108〔英訳の発表時点でフランス語での出版はなされていなかったため，'Corso del 7 gennaio 1976' and 'Corso del 14 gennaio 1976', *Microfisica del potere: interventi politici*, ed. Allessandro Fontana and Pasquale Pasquino (Turin: Einaudi, 1977) からの翻訳。その後，以下の仏語版とその日英訳が出版された。'Cours du 7 janvier, 1976' and 'Cours du 14 janvier, 1976', *Il faut défendre la société: cours au Collège de France 1975-1976*, ed. Mauro Bertani and Alessandro Fontana (Paris: Gallimard, 1997);「1976年1月7日」「1976年1月14日」『社会は防衛しなければならない――コレージュ・ドゥ・フランス講義1975-1976年度』(石田英敬・小野正嗣訳，筑摩書房，2007年); '7 January 1976' and '14 January 1976', *Society Must Be Defended: Lectures at the Collège de France, 1975-76*, trans. David Macey (New York: Picador, 2003)〕，また，*Discipline and Punish: The Birth of the Prison*, trans. Alan Sheridan (New York: Pantheon, 1977)〔*Surveiller et punir: naissance de la prison* (Paris: Gallimard, 1975); M. フーコー『監獄の誕生――監視と処罰』田村俶訳，新潮社，1977年〕。以下の議論はフーコーによって打ち立てられた問いと解答の筋道に多くを負っている。「生産力」という用語は，ジェレミー・ベンサムの友人であり，エジプト政府の顧問を務めたジョン・バウリングの英国下院宛て書簡，John Bowring, 'Report on Egypt and Canada', in Great Britain, House of Commons, *Sessional Papers*, 1840, vol. 21, pp. 1-227 の中に出てくる。

(6) ジェレミー・ベンサムの一望監視方式《パノプティック》は，ベンサムの兄サミュエルが経営する工場で最初に採用された。この工場は1768年から1774年にかけての戦い〔第一次露土戦争〕でオスマン帝国が敗退した結果，ロシアによって開発，植民されたポチョムキンの農場〔グレゴリー・ポチョムキンはロシアの軍人，政治家。その所領は，現在のベラルーシ東部クリチェフ近郊〕にあった。Mathew S. Anderson, 'Samuel Bentham in Russia', *The American Slavic and East European Review* 15 (1956): 157-72 を参照のこと。

(7) この大土地所有者階級の成立については，F. Robert Hunter, *Egypt under the Khedives, 1805-1879: From Household Government to Modern Bureaucracy* (Pittsburg: University of Pittsburg Press, 1984), pp. 109-21 を参照のこと。

(8) D. Farhi, 'Nizam-i cedid: military reform in Egypt under Mehmed Ali', *Asian and African Studies* 8 (1972): 153.

(9) André Raymond, *Grandes villes arabes à l'époque ottomane* (Paris: Sindbad, 1985), pp. 69-78; Crecelius, *Roots of Modern Egypt*, pp. 15-24.

(10) Justin McCarthy, 'Nineteenth-century Egyptaian population', *Middle Eastern Studies* 12 (October 1978): 37, n. 77. 1840年代初頭の国境警備隊までを含めるならば，エジプト軍の総数はさらに多かったと言えるだろう。Rivlin, *Agriclutural Policy*, p. 351, n. 28 を参照のこと。

(11) Amīn Sāmī, *al-Taʻlīm fī Miṣr fī sanatay 1914-1915, wa bayān tafṣīlī li nashr al-taʻlīm al-awwalī wal-ibtidāʼī bi anhāʼ al-diyār al-Miṣrīya* (Cairo: Maṭbaʻat al-Maʻārif, 1916), p. 8.

(12) Judith, E. Tucker, *Women in Nineteenth-Century Egypt* (Cambridge: Cambridge University Press, 1985), pp. 135-7.

(13) Stanford J. Shaw, *Between Old and New: The Ottoman Empire under Selim III, 1789-1807* (Cambridge: Harvard University Press, 1971), pp. 86-179.

(14) Bernard Lewis, *The Emergence of Modern Turkey*, 2nd ed.(London: Oxford University Press, 1968; 1st ed. 1961), p. 57.

(15) Rivlin, *Agricultural* Policy, P. 251. チュニジアではニザーム・ジャディードの導入はおよそ10年遅れて始まった。Carl Brown, *The Tunisia of Ahmed Bey, 1837-55*(Princeton: Princeton University Press, 1974), pp. 261-321を参照のこと。モロッコではニザームという革新について文章が書かれはじめるのは, 1830年代に入ってからのことである。Abdallah Laroui, *Les origines sociales et culturelles du nationalisme marocain, 1830-1912*(Paris: Maspero, 1977), pp. 272-84.

(16) Sāmī, *al-Ta'līm*, p. 8.

(17) Mustafa Reshid Celebi Effendi, 'An explanation of the nizam-y-gedid', in William Wilkinson, *An Account of the Principalities of Wallachia and Moldavia Including Various Political Observations Relating to Them*(London: Longmand et al., 1820), appendix 5, p. 234. バッカールとは青果商のことである。

(18) Reshid, 'Nizam-y-gedid', pp. 236-7.

(19) アヤロンの記述するマムルーク朝のフルースィーヤ〔騎士道〕と比較せよ。フルースィーヤにおける軍の訓練とはパレードであり, 一種の遊びであり, 人びとの娯楽であり, 個人の名誉を誇示する場であった。そこで騎兵たちは自分の武勇や男らしさ, 馬や槍を扱う手並み, その騎士道の精華を鍛え披露した。David Ayalon, 'Notes on the furusiyya exercises and games in the Mamluk Sultanate', in *The Mamlūk Military Society*(London: Variorum Reprints, 1979), ch. 2を参照のこと。エジプトでは1770年代にすでにヨーロッパ人の砲術専門家が雇われていたが, それが軍の戦略に与えた影響は小さく, 騎兵が個々に突撃する戦法が変わらず好まれ, 重く用いられていた。Crecelius, *Roots of Modern Egypt*, pp. 77-8, 175を参照のこと。

(20) *Military Instructions of the Late King of Prussia to His Generals, Illustrated with Plates, to Which Is Added by the Same Author, Particular Instructions to the Officers of His Army, and Especially Those of the Cavalry*, 5th English ed., trans. from French by Lieut.-Colonel Foster(Sherborne: J. Cruttwell, 1818)〔ここでの「亡き王」とはフリードリヒ2世〕. これはJ. F. C. Fuller, *The Decisive Battles of the Western World and Their Influence upon History*, 3 vols.(London: Eyre Spottiswoode, 1955), vol. 2: *From the Spanish Armada to the Battle of Waterloo*, p. 196より引用した。

(21) Fuller, *Decisive Battles*, 2: 192-215. 他方, V. J. パリーは, ニザーム・ジャディードが範として採用しようとしたヨーロッパの方式は, ヨーロッパでは「まったく新しい発想というわけではなく, すでに一般に用いられており, むしろ『伝統的』と言える方式を洗練したものにすぎなかった」と述べている。V. J. Parry, 'La manière de combattre', in V. J. Parry and M. E. Yapp, eds., *War, Technology and Society in the Middle East*(London: Oxford University Press, 1975), p. 240. オラニエ公マウリッツ〔16世紀から17世紀にかけてのオランダ総督で, 公による軍事教練の組織化, 教本の発行, 士官学校の創設, 陸戦術の改良, 新兵器の開発などは「軍事革命」と呼ばれた〕の発案以来, 200年以上にわたってヨーロッパの軍隊では教練が体系化され日常的に実施されていたのは事実である。しかし, 軍の訓練, 通信, 指揮について新たな突破口が同時にうがたれたのはあくまで18世紀の後半であり, それらの改革は軍とは何であるべきか, どのようにつくりだされるべきかについての新しい思想を具体化し, 部隊の機動速度を倍加させ, 発砲の効率を3倍化し, 制御できる

部隊の規模を 4 倍化した。

（22） ‘Abd al-Raḥmān al-Jabartī, *Ta'rīkh muddat al-faransīs bi Miṣr*, ed. S. Moreh and published with a translation as *Al-Jabarti's Chronicle of the First Seven Months of the French Occuaption of Egypt, Muharram-Rajab 1213 (15 June-December 1798)*（Leiden: E. J. Brill, 1975）, p. 21〔ジャバルティーの年代記 *‘Ajā'ib al-āthār fīl-tarājim wal-akhbār*（『伝記と歴史における事蹟の驚異』）の抄訳。日本語でも抄訳がある。ジャバルティー『ボナパルトのエジプト侵略』後藤三男訳註（ごとう書房，1989 年）〕.

（23） Mustafa Reshid, ‘Nizam-y-gedid', pp. 268-9. これらの技術が 18 世紀と 19 世紀のヨーロッパで発達した過程とその意味合いについては，Foucault, *Discipline and Punish*, pp. 135-69 で論じられている。

（24） Fuller, *Decisive Battles*, 2: 192-215; Foucault, *Discipline and Punish*, pp. 162-3.

（25） Mustafa Reshid, ‘Nizam-y-gedid', p. 268. フランス軍と戦ったトルコ軍に随行した英国人の軍事顧問は，トルコ軍が装備，補給共にすぐれており，新しい規律訓練の体系だけを欠いていると考えている。「彼らにはすぐれた兵士，よい馬，強力な銃砲，豊富な弾薬と物資，食料があり，総じて強力な軍を構成するのに必要なものは，物質的な側面ではすべて揃っている。ただ欠けているのは秩序と体系である」と彼は述べている（オスマン正規軍に随行した英国軍事顧問コーラー将軍〔ジョージ・フレドリック・コーラー准将。1799 年から 1800 年の死亡まで，70 名余りからなる軍事顧問団を率いた〕の 1800 年 1 月 29 日付けロンドン宛て報告，General Koehler, FO 78/28. Shaw, *Between Old and New*, p. 136 より引用）。

（26） Mustafa Reshid, ‘Nizam-y-gedid', p. 269; cf. Foucault, *Discipline and Punish*, p. 163.

（27） Mustafa Reshid, ‘Nizam-y-gedid', p. 242.

（28） *Ibid.*, pp. 166-7.

（29） Aḥmad ‘Izzat ‘Abd al-Karīm, *Ta'rīkh al-ta‘līm fī ‘aṣr Muḥammad ‘Alī*（Cairo: Maṭba‘at al-Nahḍa al-Miṣrīya, 1938）, pp. 82-92; James Heyworth-Dunne, *An Introduction to the History of Education in Modern Egypt*（London: Luzac and Co., 1939）, pp. 115-80.

（30） A.-B. Clot Bey, *Mémoires,* ed. Jacques Tagher（Cairo: Institut Français d'Archéologie Orientale, 1949）, p. 325.

（31） Heyworth-Dunne, *Education in Modern Egypt*, pp. 185, 195. クルバージュとは革製の鞭である。

（32） *Ibid.,* p. 197.

（33） Bowring, ‘Report on Egypt and Canada', p. 49.

（34） 英国総領事パトリック・キャンベル大佐〔1833 年から 1841 年まで総領事。1823 年の退役時に少将であり，ここで「大佐」とされている理由は不明〕の外務省宛て報告（FO 78/ 4086）にある。Rivlin, *Agricultural Policy*, p. 211 より引用。

（35） Deny, *Sommaire des archives turques du Caire*, pp. 150-3.

（36） Rivlin, *Agricultural Policy*, pp. 89, 102-3.

（37） この部分は『カーヌーン・アルフィラーハ（農業法）』という題名の小冊子の発行後，1 カ月を経て追加発行された。Hiroshi Kato〔加藤博〕, ‘Egyptian village community under Muhammad Ali's rule: an annotation of Qanun al-filaha', *Orient* 16（1980）: 183.

（38） Rivlin, *Agricultural Policy*, pp. 78, 89-98.

（39） *Ibid.,* pp. 105-36, 200-12.

（40） Bowring, ‘Report on Egypt and Canada', p. 49; Marsot, *Muhammad Ali*, pp. 132-6; こ

の種の暴動の政治的性格については，Fred Lawson, 'Rural revolt and provincial society in Egypt, 1820-24', *International Journal of Middle East Studies* 13（1981）: 131-53を参照のこと。

（41） Bowring, 'Report on Egypt and Canada', pp. 5-6.

（42） Tucker, *Women in Nineteenth-Century Egypt*, p. 135; 英国の干渉とそれが軍需に基礎を置いたエジプトの初期産業革命に与えた効果については，Marsot, *Muhammad Ali*, pp. 232-57 を参照のこと。

（43） Rivlin, *Agricultural Policy*, appendix 3, p. 271 に掲載された英国外務省記録（FO 78/502, 24th May 1844）中の翻訳より引用。

（44） Rivlin, *Agricultural Policy*, pp. 276-7 に掲載された英国外務省記録（FO 78/231, 16th March 1833）中の翻訳より引用。

（45） 同時代にヨーロッパで採用されていた方法との比較については，Marsot, *Muhammad Ali*, p. 129 を参照のこと。

（46） Moustafa Fahmy, *La révolution de l'industrie en Egypte et ses conséquences sociales au 19e siècle (1800-1850)*（Leiden: E. J. Brill, 1954）, p. 19.

（47） Rivlin, *Agricultural* Policy, pp. 65-70; Marsot, *Muhammad Ali*, pp. 157-60, 250-1.

（48） ケネス・クーノはその論文，Kenneth Cuno, 'The origins of private ownership of land in Egypt: a reappraisal', *International Journal of Middle East Studies* 12（1980）: 245-75 で，この体系の起源とこれに先行する諸形態とのつながりを跡づけている。

（49） D'Arnaud, 'Reconstruction des villages de l'Egypte', *Bulletin de la Société de Géographie* 3(52/53)（April/May 1848）, p. 280; 'Alī Mubārak, *al-Khiṭaṭ al-tawfīqīya al-jadīda li Miṣr al-qāhira wa mudunihā wa bilādihā al-qadīma wal-shahīra*, 20 vols.（Būlāq, 1307h（1889/90）; 1st ed. 1305h（1887/8））, 15: 7.

（50） St John, *Village Life*, 1: 104.

（51） 正確な寸法からなる体系としての空間と「秩序の中立性」については，Lewis Mumford, *Technics and Civilizaiton*（New York: Harcourt Brace and Co., 1934）, pp. 20, 326〔L. マンフォード『技術と文明』新装版，生田勉訳（美術出版社，1972年）〕を参照のこと。「枠づけ」という用語自体は，Martin Heidegger, *The Question Concerning Technology*, trans. William Lovitt（New York: Harper and Row, 1977）, pp. 20-1〔*Die Technik und die Kehre*（Pfullingen: Verlag Günther Neske, 1962）; M. ハイデッガー『技術論』小島威彦・アルムブルスター訳，理想社，1965年〕から借用〔原語は Ge-stell〕した。

（52） Pierre Bourdieu and Abdelmalek Sayad, *Le déracinement: la crise de l'agriculture traditionnelle en Algérie*（Paris: Editions de Minuit, 1964）.「空間の規律化」についてのさらに詳しい議論は，Michael Gilsenan, *Recognizing Islam: Religion and Society in the Modern Arab World*（New York: Pantheon, 1982）を参照のこと。

（53） Bowring, 'Report on Egypt and Canada', p. 3.

（54） P. S. Girard, 'Mémoire sur l'agriculture, l'industrie, et le commerce de l'Egypte', *Description de l'Egypte, ou, recueil des observations et des recherches qui ont été faites en Egypte pendant l'expédition de l'armée française, publié par les ordres de Sa Majesté l'Empereur Napoléon le Grand*, 23 vols.（Paris, 1809-22）, *État moderne*, 3 vols.（1809, 1822）, 1: 688〔『ナポレオン　エジプト誌——完全版』（タッシェン・ジャパン，2002年）図版のみ収録〕. これは Charles Issawi ed., *The Economic History of the Middle*

East 1800-1914: A Book of Readings（Chicago: University of Chicago Press, 1966), p. 376より引用。

（55） Bowring, 'Report on Egypt and Canada', pp. 3-4.

（56） D'Arnaud, 'Reconstruction des villages', p. 279.

（57） ブルデューの論文，Pierre Bourdieu, 'The Kabyle house or the world reversed', in *Algeria 1960: Essays,* trans. Richard Nice（Cambridge: Cambridge University Press, 1979）〔'La maison kabyle ou le monde renversé', in J. Pouillon and P. Maranda eds., *Echanges et communications: mélanges offerts à Claude Lévi-Strauss à l'occasion de son 60e anniversaire*（The Hague and Paris: Mouton, 1970)〕は構造主義の解釈を提示しているが，後の *Outline* は同じ素材を用いて，ポスト構造主義的な解読を示している。エジプトの植民地化以前の時期の村落生活を記述する試みとしては，Jacques Berque, *Histoire sociale d'un village égyptien au XXe siècle*（Paris: Mouton, 1957）と *Egypt: Imperialism and Revolution*, pp. 45-59, 65-9を見よ。

（58） Michael Taussig, *The Devil and Commodity Fetishism in South America*（Chapel Hill: University of North Carolina Press, 1980), p. 7.

（59） Bourdieu, *Outline*, p. 90; 'Kabyle house', pp. 135-6.

（60） Bourdieu, *Outline*, pp. 90-1.

（61） Bourdieu, 'Kabyle house', p. 138; *Outline*, p. 116.

（62） Bourdieu, 'Kabyle house', p. 139.

（63） Brinkley Messick, 'Subordinate discourse: women, weaving and gender relations in North Africa', *American Ethnologist* 14:（2)（1987): 20-35.

（64） Muhsin Mahdi, *Ibn Khaldun's Philosophy of History*（Chicago: University of Chicago Press, 1957; Phoenix ed. 1964), pp. 184-7を参照のこと。

（65） これは19世紀以前の（多くの場合，新しく建国された王朝の首都として築かれた）アラブ都市に，規則的で注意深く秩序化された建造物が存在していたことを否定するものではない。それらは，カビールの家屋が注意深く秩序化された構成をもっていると理解できるのと同じように解読されうる。問題はそれ自体としては何ら新奇なものではない近代都市の規則性ではなく，そこにある都市の実体性と非実体的な都市構造の区分である。この点については762年に時の〔アッバース朝第2代〕カリフ，マンスールが建設した環状に配置された〔バグダードの〕宮殿群について，ジャーヒズ〔アブー＝ウスマーン・アムル・イブン・バフル・ジャーヒズ。9世紀に活躍した著述家〕が記している（ジャーヒズは誤って宮殿群を一つの円形宮殿としているが）「それはまるで鋳型から出してそこに置かれたかのようだった」という記述が興味深い。建築物の規則性はここで，都市の実体とその「構造」との区別にもとづいて語られるのではなく，建物を構築する過程に言及することでイメージされている。J. Lassner, 'The Caliph's personal domain: the city plan of Baghdad re-examined', in Albert Hourani and S. M. Stern, eds., *The Islamic City: A Colloquium*（Oxford: Bruno Cassirer, and Philadelphia: University of Pennsylvania Press, 1970), p. 103.

（66） Bourdieu, 'Kabyle house', p. 145; *Outline*, pp. 111, 126.

（67） S. D. Goitein, *A Mediterranean Society: The Jewish Communities of the Arab World as Portrayed in the Documents of the Cairo Gezira*, 4 vols.（Berkeley: University of California Press, 1967-85), 4: 64-74; David King, 'Architecture and astronomy: the ventila-

tors of Cairo and their secrets', *Journal of the American Oriental Society* 104（1984）: 97-133.

（68） King, 'Architecture and astronomy'.

（69） Raymond, *Grandes villes arabes*, p. 186.

（70） Roberto Berardi, 'Espace et ville en pays d'Islam', in D. Chevallier ed, *L'Espace sociale de la ville arabe*（Paris: Maisonneuve et Larose, 1979）, p. 106.

（71） Alexis de Tocqueville, 'Notes du voyage en Algérie de 1841', *Œuvres complètes*, gen. ed. J. P. Mayer, vol. 5: *Voyages en Angleterre, Irlande, Suisse et Algérie*, ed. J. P. Mayer and André Jardin（Paris: Gallimard, 1958）, part 2, p. 192〔原著の本文ではフランス語のまま。この註で英語訳が示されているが，ここでは本文に日本語訳を示した〕.

（72） Melvin Richter, 'Tocqueville on Algeria', *Review of Politics* 25（1963）: 369-98; 水上ホテルについては，William B. Quandt, *Revolution and Political Leadership: Algeria 1954-68*（Cambridge: MIT Press 1969）, p. 3 に引用された Charles-Henri Favrod, *La révolution algérienne*（Paris: Editions Plon, 1959）の記述を参照のこと。

（73） P. M. Holt, Ann K. S. Lambton, and Bernard Lewis, eds., *The Cambridge History of Islam*, 2 vols.（Cambridge: Cambridge University Press, 1970）, 2: 256-7.

（74） 「私が扱おうとしているのはイスラーム都市の物質的，位相学的な側面ではなく，その内的な構造である。その点でイスラーム都市にもっとも本質的な特徴は，構造のゆるやかさであり，はっきりとした公共の制度の欠如であると私は示唆したい」。S. M. Stern, 'The constitution of the Islamic city', in Hourani and Stern, eds., *The Islamic City*, p. 26.

（75） Oleg Grabar, 'The Illustrated maqamat of the thirteenth century: the bourgeoisie and the arts', in Hourani and Stern, eds., *The Islamic City*, p. 213; Goitein, *Mediterranean Society*, 4: 34.

（76） al-Sanūsī, *al-Istiṭlā'āt*, p. 242.

（77） Jacques Derrida, 'The double session', in *Dissemination*, trans. Barbara Johnson（Chicago: University of Chicago Press, 1981）, p. 191〔'La double séance', in *La dissémination*（Paris: Editions du Seuil, 1972）; J. デリダ「二重の会」『散種』藤本一勇ほか訳（法政大学出版局，2013 年）〕を参照のこと。

（78） Bourdieu, *Outline*, pp. 109-58; cf. Michel Foucault, *The Order of Things: An Archaeology of the Human Sciences*（New York: Random House, 1970）, pp. 17-30〔*Les mots et les choses: une archéologie des sciences humaines*（Paris: Gallimard, 1966）; M. フーコー『言葉と物――人文科学の考古学』渡辺一民・佐々木明訳，新潮社，1974 年〕; Baudrillard, *The Mirror of Productions*, pp. 53-67. 同様に調理用の穀物を入れる瓶の場合，中に入っている穀物の量がわかるように，側面にいくつか穴が上下方向に開けられている。これにより穀物がそれ自身の量を示すのであり，他の測定器具を必要とせず，また，ある量を「表わす」ように恣意的に決めた刻み目を入れて抽象的な測定基準を定め，穀物の量を表象してやる必要がないことになる。この意味で何物も恣意的ではないのである。穀物はその量を直接的な指示，再現によって示している。

（79） Derrida, 'The double session', p. 191.

（80） Max Weber, '"Objectivity" in social science and social policy', in *On the Methodology of the Social Sciences*, trans. and ed. Edward A. Shils and Henry A. Finch（New

York: The Free Press, 1949), p. 81〔'Die "Objektivität" sozialwissenschaftlicher und sozialpolitischer Erkenntnis', *Archiv für Sozialwissenschaft und Sozialpolitik* 19 (1) (1904): 22-87; M. ヴェーバー『社会科学と社会政策に関わる認識の「客観性」』富永祐治ほか訳（岩波書店，1998 年）〕. 強調は原文中にあり。訳文は一部手直ししてある。

(81) Max Weber, 'Science as a vocation', in *From Max Weber: Essays in Sociology*, trans. H. H. Gerth and C. Wright Mills (New York: Oxford University Press, 1946), p. 139〔*Wissenschaft als Beruf* (München and Leipzig: Verlag von Duncker & Humblot, 1919); M. ヴェーバー『職業としての政治　職業としての学問』中山元訳（日経 BP 社，2009 年）〕.

第 3 章　秩序の見かけ

(1) Mubārak, *al-Khiṭaṭ*, 9: 49-50.

(2) Mubārak, *'Alam al-dīn*, pp. 446-7.

(3) *Ibid.*, pp. 816-18, 962-3, 447.

(4) これらの宮殿が政府の資産として接収されたことは，同時にエジプトがイスタンブルの権威から独立するのにいよいよ成功したことを意味していた。これ以前には宮殿はヘディーヴ〔イスマーイール〕の異母弟であったムスタファー・ファーディルの住居に用いられていた。この人物はオスマン朝スルターンの財務相〔教育相の誤りと思われる〕を務め，イスマーイールの後継者とイスタンブルからは目されていた。この予定は覆され〔一度は皇太子となったが，従来の兄弟間の継承から父子間の継承に優先順位が変更された〕，ムスタファー・ファーディルはパリに逃れて，イスマーイールと彼の直系の子孫たちが将来的にエジプトの支配者となることが確定した。Serif Mardin, *The Genesis of Young Ottoman Thought* (Princeton: Princeton University Press, 1962), pp. 42-8, 276.

(5) Mubārak, *al-Khiṭaṭ,* 9: 50.

(6) Janet Abu-Lughod, *Cairo*, pp. 98-113; Berque, *Egypt: Imperialism and Revolution*, pp. 91-2, 94.

(7) Abbate-Bey, 'Questions hygiéniques sur la ville du Caire', *Bulletin de l'Institut égyptien*, 2nd series, 1 (1880): 69.

(8) Abu-Lughod, *Cairo*, p. 113.

(9) Edwin de Leon, *The Khedive's Egypt: The Old House of Bondage under New Masters* (London: Sampson Low & Co., 1877), p. 139.

(10) William H. McNeill, *Plagues and Peoples* (New York: Doubleday, 1976), pp. 266-78〔ウィリアム・H. マクニール『疫病と世界史』上下，佐々木昭夫訳（中央公論新社，2007 年）〕.

(11) Abbate-Bey, 'Questions hygiéniques', pp. 59, 61, 64.

(12) Muḥammad Amīn Fikrī, *Jughrāfīya Miṣr* (Cairo: Maṭba'at Wādī al-Nīl, 1879), p. 53.

(13) 当時存在していた官立の学校は，陸軍学校，海軍学校，医学校の 3 校だった。陸軍学校は 1862 年に開校されて 1864 年には閉校され，カスル・アル＝アイニーにあった医学校はほとんど機能しなかった。このほかにこの時代にあった一群の新しい種類の学校としては，エジプト在住の外国人コミュニティやヨーロッパとアメリカの伝道団によって設立されたものがあった。それらの多くはサイード・パシャの時

代（1854-63 年）に創立されている。Heyworth-Dunne, *Education in Modern Egypt*, pp. 323, 340.

(14) Amīn Sāmī, *Taqwīm al-Nīl, wa-asmā' man tawallaw amr Miṣr ma'a muddat ḥukumi-him 'alayhā wa mulāḥazāt ta'rīkhīya 'an aḥwāl al-khilāfa al-'āmma wa shu'ūn Miṣr al-khāṣṣa,* 3 vols.（Cairo: Maṭba'at Dār al-Kutub al-Miṣrīya, 1936), 3: 16-17; Heyworth-Dunne, *Education in Modern Egypt*, pp. 185, 225, 347.

(15) ヒジュラ歴 1284 年ジュマーダー・アーヒラ月第 13 日〔1867 年 10 月 11 日〕に下されたヘディーヴの命令。Sāmī, *Taqwīm al-Nīl*, 3: 722.

(16) 'Abd al-Karīm, *Ta'rīkh al-ta'līm fī 'aṣr Muḥammad 'Alī*, pp. 200-5.

(17) Joseph Lancaster, 'The Lancasterian system of education'（1821), in Carl F. Kaestle, ed., *Joseph Lancaster and the Monitorial School Movement: A Documentary History*（New York: Columbia University Teachers College Press, 1973), pp. 92-3〔原著は *The Lancasterian System of Education with Improvements*（Baltimore: Wm. Ogden Niles, 1821)〕.

(18) Joseph Lancaster, 'Improvements in education as it respects the industrious classes of the community...'（1805), in Kaestle ed., *Joseph Lancaster*, p. 66〔原著は *Improvements in Education as It Respects the Industrious Classes of the Community: Containing, among Other Important Particulars, an Account of the Institute for the Education, Borough Road, Southwark; and of the New System of Education on Which It Is Conducted*（New York: Collins and Perkins, 1805)〕.

(19) R. R. Tronchot, 'L'enseignement mutuel en France'〔Ph.D. dissertation, l'Université de Paris I, 1972〕. これは Foucault, *Discipline and Punish*, p. 315, n. 5 より一部訳を改変して引用した。互恵学校は 1814 年に英国からフランスに導入された。エジプト人がフランスに出かけて，その学校教育の方法を観察する 1820 年代には，フランス国内に 1,200 校のランカスター式の学校があった（Kaestle ed., *Joseph Lancaster*, pp. 30-1)。

(20) Lancaster, 'The Lancasterian system of education', p. 91.

(21) *Ibid.*, pp. 94, 95-6.

(22) 'Abd al-Karīm, *Ta'rīkh al-ta'līm fī 'aṣr Muḥammad 'Alī*, pp. 201-3.

(23) Kaestle, ed., *Joseph Lancaster*, pp. 29-34. ランカスター式のモデル学校は，同じ時期にイスタンブルにも導入されている。Niyazi Berkes, *The Development of Secularism in Turkey*（Montreal: McGill University Press, 1964), pp. 102-6.

(24) 'Abd al-Karīm, *Ta'rīkh al-ta'līm fī 'aṣr Muḥammad 'Alī*, p. 209.

(25) 66 名の生徒がこの学校で学ぶためにフランスに渡った。そのなかにはイスマーイールとアリー・ムバーラクのほかに，つぎのような人物が含まれていた。アリー・イブラーヒーム：後にイスマーイールのもとで官立小学校長，タウフィークのもとで教育相と法相を務めた。ムハンマド・シャリーフ：サイードのもとで外相，イスマーイールのもとで立法議会議長と教育相，タウフィークのもとで数度にわたり首相を務めた。スライマーン・ナッジャーティー：サイードのもとで軍学校長を務め，イスマーイールのもとでは各種軍学校を統括し，後に混合裁判所判事の職に就いた。ウスマーン・サブリー：タウフィークが創設した王族のための学校〔クッバ学校。カイロの北東農村地帯（現在のカイロ市内ザイトゥーン地区）にあるクッバ宮殿に 1878 年に設けられた。実際には王族以外の貴顕の子弟も入学した〕の校

長から，混合裁判所判事を歴任して混合裁判所控訴院長。シャッハータ・イーサー：イスマーイールのもとで軍参謀学校長。ムハンマド・アーリフ：政府の要職を歴任した後，有用図書出版知識協会（ジャムイーヤ・アル＝マアーリフ・リ・ナシュル・アル＝クトゥブ・アン＝ナーフィア），その印刷所としてマトゥバア・アル＝マアーリフを創設（後述〔第4章〕）。ヌーバール・アルマーニー：イスマーイールのもとで建設相と外相，タウフィークのもとで3度にわたり首相を務めた。サイード・ナスル：イスマーイールのもとでいくつか教育関連の行政職に就いたうえで，1881年混合裁判所判事，1903年には混合裁判所名誉長官に任命。ムスタファー・ムフタール：上エジプト監察官，後に下エジプト監察官。サーディク・サリーム・シャナーン：官立小学校長，後に官立中学校長，官立工学校長ほか。Heyworth-Dunne, *Education in Modern Egypt*, pp. 253-9; ʻUmar Tusūn, *al-Baḥthāt al-ʻilmīya fī ʻahd Muḥammad ʻAlī thumma fī ʻahday ʻAbbās al-awwal wa Saʻīd*（Alexandria: Maṭbaʻat Ṣalāḥ al-Dīn, 1934）, pp. 226-366.

（26） Tusūn, *al-Baḥthāt al-ʻilmīya*, pp. 176-9.

（27） Heyworth-Dunne, *Education in Modern Egypt*, p. 246.

（28） *Ibid.*

（29） Foucault, *Discipline and Punish*, pp. 135-228.

（30） ʻAbd al-Karīm, *Taʼrīkh al-taʻlīm fī ʻaṣr Muḥammad ʻAlī*, p. 210.

（31） Aḥmad ʻIzzat ʻAbd al-Karīm, *Taʼrīkh al-taʻlīm fī Miṣr min nihāyat ḥukm Muḥammad ʻAlī ilā ʻawāʼil ḥukm Tawfīq, 1848-1882*（Cairo: Maṭbaʻat al-Naṣr, 1945）, 1: 177-81, 3: 1-14; Fritz Steppat, ʻNational education projects in Egypt before the British occupationʼ, in William R. Polk and Richard L. Chambers, eds., *Beginning of Modernization in the Middle East: The Nineteenth Century*（Chicago: University of Chicago Press: 1968）, p. 282; Gilbert Delanoue, *Moralistes et politiques musulmans dans lʼEgypte du XIXe siècle (1798-1882)*, 2 vols., vol. 2（Paris: Institut Français dʼArchéologie Orientale, 1982）, pp. 405-8.

（32） Mubārak, *al-Khiṭaṭ*, 9: 48.

（33） ヌーバール・パシャの1866年10月8日付けの書簡。Angelo Sammarco, *Histoire de lʼEgypte moderne depuis Mohammad Ali jusquʼà lʼoccupation britannique*（*1801-1882*）, 3 vols., vol. 3: *Le règne du khédive Ismaïl de 1863 à 1875*（Cairo: Société Royale de Géographie dʼEgypte, 1937）, p. 137より引用。

（34） François de Salignac de la Mothe-Fénelon, *Les aventures de Télémaque*（1699）〔フェヌロン「テレマコスの冒険」抄訳，二宮フサ訳『哲学者の国またはアジャオ人物語　テレマコスの冒険　未開人との対話』ユートピア旅行記叢書第4巻（ヨーロッパの精神の危機の時代第2巻）（岩波書店，1998年）。日本での初訳としては，閉擺論『歐洲小説　哲烈禍福譚』8巻，宮島春松訳（太盛堂，1879-80年）〕．これはIsrael Altman, ʻThe political thought of Rifaah Rafi al-Tahtawiʼ（Ph.D. dissertation, University of California, Los Angeles, 1976）, p. 152より引用。

（35） Rifāʻa Rāfiʻ al-Ṭahṭāwī, *Mawāqiʻ al-aflāk fī waqāʼiʻ Tilimāk*（Beirut: al-Maṭbaʻa al-Sūrīya, 1867）．この時期のタフターウィーの他の著作は明らかにこの作品の影響を受けている（Delanoue, *Moralistes et politiques*, 2: 405を参照のこと）。

（36） Hunter, *Egypt under the Khedives*, p. 53.

（37） ヌーバール・パシャの1866年10月8日付けの書簡。Sammarco, *Histoire de lʼE-*

gypte moderne, 3: 137 より引用。

(38) ʻAbd al-Raḥmān al-Rāfiʻī, *ʻAṣr Ismāʻīl*, 2 vols. (Cairo: Maktabat al-Nahḍa al-Miṣrīya, 1948), 2: 93.

(39) Sāmī, *Taqwīm al-Nīl*, 2: 732-3; *al-Taʻlīm*, p. 21.

(40) Sāmī, *al-Taʻlīm*, pp. 21-2; Heyworth-Dunne, *Education in Modern Egypt*, pp. 362-69.

(41) Sāmī, *al-Taʻlīm*, p. 40.

(42) V.-Edouard Dor, *L'Instruction publique en Egypte* (Paris: A. Lacroix, Verboeckhoven et cie, 1872), p. 216.

(43) Ṭahṭāwī, *al-ʻAmal al-kāmila*, 2: 387-8.

(44) Rifāʻa Rāfiʻ al-Ṭahṭāwī, *al-Murshid al-amīn lil-banāt wal-banīn* (Cairo, 1289h [1872/3], p. 45.

(45) Ṭahṭāwī, *al-ʻAmal al-kāmila*, 2: 388-9.

(46) Dor, *Instruction publique*, pp. 245, 359, 368.

(47) *Ibid.*, p. 235.

(48) *Ibid.*, pp. 231-2, 268.

(49) Sāmī, *al-Taʻlīm*, pp. 23-32, and appendix 4 (p. 193).

(50) Dor, *Instruction publique*, pp. 231-2.

(51) Foucault, *Discipline and Punish*, pp. 141-9 を参照のこと。

(52) Dor, *Instruction publique*, p. 235.

(53) *Ibid.*, p. 240.

(54) *Ibid.*, p. 166, 170.

(55) Aḥmad al-Zawāhirī, *al-ʻIlm wal-ʻulamāʼ wa niẓām al-taʻlīm* (Ṭanṭā: al-Maṭbaʻa al-Umūmīya, 1904), pp. 90-3.

(56) Pierre Arminjon, *L'Enseignement, la doctrine et la vie dans les universités musulmanes d'Egypte* (Paris: Félix Alcan, 1907), p. 85.

(57) Dor, *Instruction publique*, p. 170; Arminjon, *Enseignement*, p. 81.

(58) Dor, *Instruction publique*, pp. 166-7.

(59) *Ibid.*, pp. 77, 83.

(60) Foucault, *Discipline and Punish*, p. 147 を参照のこと。

(61) Ibn Khaldun, *The Muqaddimah: An Introduction to History*, trans. Franz Rosenthal, 2nd ed., 3 vols. (Princeton: Princeton University Press, 1967)〔イブン・ハルドゥーン『歴史序説』4巻，森本公誠訳・解説（岩波書店，2001年）〕中，スィナーアの実践としてのモスクでの学習については 2: 426-35, テクストの相互の連関については 2: 436-3: 103 を参照のこと。法学の中心としての学院モスクについては，Richard W. Bulliet, *The Patricians of Nishapur: A Study in Medieval Islamic Social History* (Cambridge, Mass.: Harvard University Press, 1972), pp. 47-60 を参照のこと。George Makdisi, *The Rise of the Colleges: Institutions of Learning in Islam and the West* (Edinburgh: Edinburgh University Press, 1981), p. 113 では，中世の文献中でモスクでの学習と教授に関連した一般的な用語（マドラサ，ダルス，ダッラサ，タドリース，ムダッリスなど〔学校，授業，教える，教授，教員〕）への言及が，常に同時に法学（フィクフ）への言及をともなうことが示されている。

(62) Arminjon, *Enseignement*, pp. 253-4.

(63) Musṭafā Bayram, *Taʼrīkh al-ʼAzhar* (Cairo, n.d., c.1902), pp. 35-8 と（より早い時期

については）Makdisi, *Rise of the Colleges*, pp. 13-9を参照のこと。

（64） Michael M. J. Fischer, *Iran: From Religious Dispute to Revolution*, Harvard Studies in Cultural Anthropology, no. 3（Cambridge: Harvard University Press, 1980）, pp. 61-76を参照のこと。

（65） Mubārak, *al-Khiṭaṭ*, 9: 37-8と*'Alam al-dīn*, pp. 242ff.; Berque, *Egypt: Imperialism and Revolution*, pp. 76-83; Afaf Lutfi al-Sayyid Marsot, 'The 'ulama' of Cairo in the eighteenth and nineteenth centuries', in Nikki R. Keddie, ed., *Scholars, Saints, and Sufis: Muslim Religious Institutions in the Middle East since 1500*（Berkeley: University of California Press, 1972）; Daniel Crecelius, 'Nonideological responses of the Egyptian ulama to modernization', in Keddie, ed., *Scholars, Saints and Sufis*; Haim Shaked, 'The biographies of ulama' in Mubarak's *Khitat* as a source for the history of the ulama' in the nineteenth century', *Asian and African Studies* 7（1971）: 59-67を参照のこと。Dale F. Eickelman, *Knowledge and Power in Morocco: The Education of a Twentieth-Century Notable*（Princeton: Princeton University Press, 1985）では，あるモロッコ人学者の生涯と研究のための遍歴，植民地時代の政治的・社会的な変化がそれに与えた影響が論じられている。

（66） 露出をめぐる語りと，それが名誉と慎みとに関わること，それらの概念が社会的実践と権力関係にどのように反映していくかの分析として，Lila Abu-Lughod, *Veiled Sentiments: Honor and Poetry in a Bedouin Society*（Berkeley: University of California Press, 1986）〔L. アブー＝ルゴド「ヴェールにおおわれた感情」抄訳，竹村和子訳『現代思想』第17巻第14号，1989年，112-33頁〕がある。この著作はエジプトのベドウィンの共同体での生活を分析しているが，そこから導かれた理論的な考察はエジプト全体，さらには地中海世界の全体に広く応用できる重要性をもっている。

（67） Gilsenan, *Recognizing Islam*, p. 16.

（68） Aḥmad Amīn, *Qāmūs al-'ādāt wal-taqālīd wal-ta'bīr al-Miṣrīya*（Cairo, 1953）, p. 308; Heyworth-Dunne, *History of Education*, pp. 5-6.

（69） Winifred S. Blackman, *The Fellahin of Upper Egypt*（London: Frank Cass, 1968）, pp. 109-17, 256, 259を参照のこと。

（70） Ṭahṭāwī, *al-'Amal al-kāmila*, 2: 387.

（71） *Ibid.*, 1: 298.

（72） Sāmī, *Taqwīm al-Nīl*, 3: 779.

（73） Ṭahṭāwī, *al-'Amal al-kāmila*, 2: 169. 同時期にタフターウィーはゲオルク・デピンの著作を訳して出版している。そのなかで原文の「（古代ギリシアの人びとにとって）les exercices du corps ... faisaient partie chez lui de l'éducation nationale〔肉体の鍛錬は，彼の中で国民教育の一部をなしていた〕」に対して，タフターウィーはnationという語に訳語を付けるのには成功しているが，éducationについては意訳を余儀なくさせられている．訳文は 'Riyāḍat al-budūn... hiya maslaḥa qad ya'ūdu naf'uhā 'alā sā'ir al-waṭan（肉体の鍛錬は……よいことであり，その利益は翻って国家の〔他の部分〕にももたらされる）' となった〔nationはwaṭanと訳されているが，éducationに相当する語はない〕。Ṭahṭāwī, *Qalā'id al-mafākhir*, p. 52; Georg Bernhard Depping, *Aperçu historique sur les mœurs et coutumes des nations, contenant le tableau comparé chez les divers peuples anciens et modernes, des usages et des cérémonies, concernant*

l'habitation, la nourriture, l'habillement, les mariages, les funérailles, les jeux, les fêtes, les guerres, les superstitions, les castes, etc., etc. (Paris: L'Encyclopédie Portative, 1826), p. 107.

(74) Ṭahṭāwī, *al-'Amal al-kāmila*, 2: 18.

(75) *Ibid.,* 2: 159, 770.

(76) ドーズィーは1881年に出版した語彙学の著作のなかで，タルビヤの意味として「育てる」，「生み出す」といった語を挙げているが，一方でこの語の別義として 'On emploie ce mot dans le sens d'*ordre*, *arrangement*, *disposition*, et dans les phrases où l'on s'attendrait plutôt à trouver le mot *tartib*（この語は「秩序」「整理」「配置」といった意味や，元来はむしろタルティーブの語を用いていたような場面で使用されている）' と述べている。そこで引かれている例文は，いずれも出版年から50年以内にカイロで書かれたか出版された著作から取られている。R. Dozy, *Supplément aux dictionnaire arabes* (Leiden: E. J. Brill, 1881), 1: 5-6.

(77) Ṭahṭāwī, *al-Murshid al-amīn*, p. 33.

(78) *Ibid.,* pp. 28-9.

(79) 'Abd al-'Azīz Jāwīsh, *Ghunyat al-mu'addibīn fī ṭuruq al-ḥadīth lil-tarbiya wal-ta'līm* (Cairo: Maṭba'at al-Sha'b, 1903), p. 4; Anwar al-Jindī, *'Abd al-'Azīz Jāwīsh* (Cairo: al-Dār al-Miṣrīya lil-Ta'līf wal-Tarjama, 1965), pp. 43-165.

(80) Ḥusayn al-Marṣafī, *Risālat al-kalim al-thamān* (Cairo: Maṭba'at al-Jumhūr, 1903; 1st ed. 1881), pp. 30-1.

(81) 同様の考え方はアブドゥフの師であったアフガーニーと，アブドゥフの弟子であったラシード・リダーの思想の中核にもある。Rashīd Riḍā, 'al-Jarā'id: wa zā'if aṣ-ḥābihā', *al-Manār* 1 (1898): 755.

(82) Rāfi'ī, *'Aṣr Ismā'īl*, 1: 242-4.

(83) Ibrāhīm 'Abduh, *Ta'rīkh al-waqā'i' al-Miṣrīya, 1828-1942* (Cairo: al-Maṭba'a al-Amīrīya, 1942), p. 29.

(84) Sāmī, *Taqwīm al-Nīl*, 3: 454 より引用。

(85) Heyworth-Dunne, *Education in Modern Egypt*, p. 345.

(86) Henry Habib Ayrout, *The Egyptian Peasant*, rev. ed., trans. John Alden Williams (Boston: Beacon Press, 1963), pp. 114-5〔*Mœurs et coutumes des fellahs* (Paris: Payot, 1938)〕.

(87) ブルデューはかなりの紙数を割いて，屋内で行なわれるひとつひとつの行為や，それと結びついた身体の動きのいちいちが，この種の極性化によって，毎日の生活が展開される実践的な原則の再現となり，したがって明示されない植えつけとなる過程を論じている。Bourdieu, *Outline*, pp. 87-95.

(88) Ayrout, *The Egyptian Peasant*, p. 130.

第4章　私たちが彼らの体を捕らえた後

(1) Gilsenan, *Recognizing Islam*, p. 142 に引用された Charles Richard, *Etude sur l'insurrection du Dahra (1845-1846)* (Alger: Typographie A. Besancenez, 1846) よりの記述。ギルズナンはこれを，Bourdieu and Sayad, *Le déracinement*, p. 15 から引用している。

(2) Great Britain, Foreign Office, *Further Correspondence Respecting the Affairs of Egypt*, no. 34, July-September 1890 (London: Foreign Office, 1890), pp. 19-20.

（3） Baron de Kusel, *An Englishman's Recollections of Egypt, 1863-1887*（London: John Lane, The Bodley Head, 1915）, pp. 19-20.

（4） Great Britain, *Further Correspondence*, no. 38, Januray-June 1892（1893）, p. 72.

（5） The Earl of Cromer, *Modern Egypt*, 2 vols.（New York: Macmmillan）, 2: 311, 313〔クローマー卿『最近埃及』安田勝吉・古谷頼綱訳（大日本文明協會, 1911年）〕; Issawi, *An Economic History of the Middle East and North Africa*, pp. 54-5; Zachary Lockman, 'Class and nation: the emergence of the Egyptian workers' movement'（Ph.D. dissertation, Harvard University, 1983）, p. 19.

（6） Cromer, *Modern Egypt*, 2: 482.

（7） Berque, *Egypt: Imperialism and Revolution*, pp. 127-35; Great Britain, *Further Correspondence*, no. 31, October-December 1889（1890）, p. 42; and no. 32, January-March 1890（1890）, p. 19.

（8） Cromer, *Modern Egypt*, 2: 87; cf. M. E. Howard, 'The armed forces', in *The New Cambridge Modern History*, vol. 11: F. H. Hinsley, ed., *Material Progress and World-wide Problems, 1879-1898*（Cambridge: Cambridge University Press, 1962）, p. 225.

（9） Great Britain, *Further Correspondence*, no. 37, July-December 1891（1892）, pp. 7-8; no. 38, January-June 1892（1893）, p. 72; and no. 42, January-June 1894（1895）; Robert Tignor, *Modernization and British Colonial Rule in Egypt, 1882-1914*（Princeton: Princeton University Press, 1966）, pp. 184-5, 207; Berque, *Egypt: Imperialism and Revolution*, p. 135.

（10） Cf. Foucault, *Discipline and Punish*.

（11） Gabriel Baer, *Studies in the Social History of Modern Egypt*（Chicago: University of Chicago Press）, p. 138.

（12） Mubārak, *'Alam al-dīn*, pp. 160-2.

（13） Baer, *Social History of Modern Egypt*, p. 138.

（14） 1830年代の初めまで，官立の軍病院で通訳を務めていたリファーア・タフターウィーは，ヨーロッパでの医療についてアラビア語で数冊の書物を発表している。アラビア語を印刷する新しい出版社からタフターウィーが最初に発表した一般向けの書籍は，さまざまな国の「風俗と習慣」について書かれた，子どものためのフランス語図書の翻訳だった。この書籍中には「誤った信仰と異端，迷信」という節があり，「それは都市におけるよりも村落部で著しい」ことが強調されている。Ṭahṭāwī, *Qalā'id al-mafākhir*, p. 85; cf. Ṣāliḥ Majdī, *Ḥilyat al-zaman bi manāqib khādim al-waṭan: sīra Rifā'a al-Ṭahṭāwī*（Cairo, n.d., c.1874）, pp. 33, 35.

（15） 'Abd al-Raḥmān Ismā'īl, *Ṭibb al-rukka*, 2 vols.（Cairo, 1892, 1894）. 当初は『アーダーブ』〔文学〕誌に連載された。英語への抄訳は *Folk Medicine in Modern Egypt, Being the Relevant Parts of the Tibb al-Rukka or Old Wives' Medicine of Abd al-Rahman Ismail*, trans. John Walker（London: Luzac and Co., 1934）, pp. 7, 9. 第2巻は1894年の9月にジェノヴァで開催された第10回国際オリエンタリスト会議が発行者となった。

（16） 'Abd al-Raḥmān Ismā'īl, *al-Taqwīmāt al-ṣiḥḥīya 'an al-'awā'id al-Miṣrīya*（Cairo: n.p., 1895）; *al-Tarbiya wal-'ādāb al-shar'īya lil-makātib al-Miṣrīya*（Cairo: n.p., 1896）. 教育省の援助については *al-Muqtaṭaf* 20（April 1896）: 269, 著者については Ismail, *Folk Medicine*, p. 32を見よ。

(17) Ismail, *Folk Medicine*, p. 16.

(18) *Ibid.,* pp. 79, 112.

(19) Sammarco, *Histoire de l'Egypte moderne*, p. 256 より引用。

(20) Sāmī, *al-Ta'līm*, pp. 47-8.

(21) Jāwīsh, *Ghunyat al-mu'addibīn*, pp. 17-19, 42; cf. Anwar al-Jindī, *'Abd al-'Azīz Jāwīsh*.

(22) Ṭahṭāwī, *al-'Amal al-kāmila*, 1: 517.

(23) *Ibid*.

(24) Ellious Bochthor, *Dictionnaire française-arabe*, 3rd ed. (Paris, 1864).

(25) Buṭrus al-Bustānī, *Muḥīṭ al-muḥīṭ* (Beirut, 1870).

(26) Ṭahṭāwī, *al-'Amal al-kāmila*, 1: 5.

(27) *Ibid.,* 1: 511.

(28) *Ibid.,* 1: 512.

(29) Cromer, *Modern Egypt*, pp. 569-70.

(30) Dor, *Instruction publique*, p. 36.

(31) *Ibid.,* pp. 5, 10-11, 16, 22.「東洋的性格」に関する同様の関心は，1868年にフランスの公教育相に提出された，エジプトの教育についての報告書にも見いだすことができる。Octave Sachot, 'Mission en Egypte: rapport adressé à Victor Duruy, Ministre de l'Instruction Publique, sur l'état des sciences en Egypte dans la population indigène et dans la population européenne' (Paris, June 1868). これは Gilbert Delanoue, 'Réflexions et questions sur la politique scolaire des vice-rois réformateurs', in *L'Egypte au XIXe siècle* (Paris: CNRS, 1982), p. 326 から引用した。

(32) Dor, *Instruction publique*, p. 36.

(33) Lane, *Manners and Customs of the Modern Egyptians*, pp. 302-3, 338-9.

(34) Georg Bernhard Depping, *Evening Entertainments, or Delineations of the Manners & Customs of Various Nations: Interspersed with Geographical Notices, Historical and Biographical Anecdotes, and Descriptions in Natural History: Designed for the Instruction and Amusement of Youth* (London: Henry Colburn, 1811; Philadelphia: David Hogan, 1817), pp. vi, 303, 331-5.

(35) Depping, *Aperçu historique*.

(36) Ṭahṭāwī, *Qalā'id al-mafākhir*. タフターウィーのパリ滞在時代の訳業のなかにはほかに，コンラド・モルト＝ブラン（1775-1826年）〔デンマーク人の地理学者マルテ・コンラ・ブルーン。フランスで活躍した〕の同様の作品 *Précis de la géographie universelle*, 8 vols. (Paris: F. Buisson, 1810-29) の抄訳があって，後にカイロで出版されている。他方，ジャン＝ジャック・ブルラマーキ（1694-1748年）〔スイス人の法学者で，ジェノヴァに生まれ，そこで教鞭を執った〕の自然法に関する著作，Jean-Jacques Burlamaqui, *Principes du droit naturel et politique* (Geneva, 1763) と *Principes ou éléments du droit politique* (Lausanne, 1784) の翻訳である二つの手稿は，ついに出版されなかった。Ṭahṭāwī, *al-'Amal al-kāmila*, 1: 72-4; また，Silvera, 'The first Egyptian student mission to France under Muhammad Ali', pp. 1-22 も見よ。

(37) Israel Altman, 'The political thought of Rifaa Rafi al-Tahtawi' (Ph.D. dissertation, University of California, Los Angeles, 1976), p. 24.

(38) Fénelon, *Les aventures de Télémaque* (1699). Altman, 'The Political thought of Rifa'ah Rafi al-Tahtawi', pp. 45, 69 より引用。アラビア語訳では，Tahtawi, *Mawāqi'*,

pp. 26, 63.

(39) Rifā'a Rāfi' al-Ṭahṭāwī, *Manāhij al-albāb al-Miṣrīya, fī mabāhij al-ādāb al-'aṣrīya*, 2nd printing (Cairo: Maṭba'at Shirkat al-Raghā'ib, 1912), p. 120.

(40) Ṭahṭāwī, *al-'Amal al-kāmila*, 1: 518.

(41) Samuel Smiles, *Self-Help, with Illustrations of Conduct and Perseverence,* introduction by Asa Briggs, 72nd impression (London: John Murray, 1958)〔S. スマイルズ『セルフヘルプ――天は自ら助くる者を助く』下谷和幸訳（野間教育研究所，2000年）；日本での初訳は，斯邁爾斯『西国立志編　原名　自助論』中村正直訳（1870年）〕。アラビア語訳は，Ya'qūb Ṣarrūf, *Sirr al-najāh* (Beirut, 1880).

(42) Smiles, *Self-Help*, p. 36, アラビア語訳 Ṣarrūf, *Sirr al-najāh* では p. 4.

(43) *Ibid.,* p. 36, アラビア語訳では p. 5.

(44) *Ibid.,* pp. 35, 315-16.

(45) Nadia Farag, 'al-Muqtataf 1876-1900: a study of the influence of Victorian thought on modern Arabic thought' (Ph.D. thesis, Oxford University, 1969), p. 169.

(46) Cromer, *Modern Egypt*, 1: 4-8; cf. Ronald Robinson and John Gallagher, *Africa and the Victorians: The Official Mind of Imperialism* (London: Macmillan, 1961), pp. 274-5; Roger Owen, 'The influence of Lord Cromer's Indian experience on British policy in Egypt, 1883-1907', in Albert Hourani, ed., *Middle Eastern Affairs, No. 4* (London: Oxford University Press, 1965), pp. 109-39; Tignor, *Modernization and British Colonial Rule*, pp. 48-93. 一世紀後の1986年に『自助論』の新しい版が，教育相の序文を添えて英国で発行されている〔*Self-help, with Illustrations of Conduct and Perseverance by Samuel Smiles*, abridged by George Bull, with an introduction by Keith Joseph (Harmondsworth: Penguin, 1986) を指す〕。

(47) Farag, 'al-Muqtataf', p. 169.

(48) 学校での表彰の際の演説は，*Majallat al-Liwā'*, 15th November 1900 から引用した。

(49) 'Alī Fahmī Kāmil, *Muṣṭafā Kāmil fī arba'a wa thalāthīn rābi'an: sīratuhu wa 'amaluhu min khuṭab wa 'aḥādīth wa rasā'il*, 11 vols. (Cairo: Maṭba'a al-Liwā', 1908), pp. 108-9.

(50) Asa Briggs, 'Introduction' to Smiles, *Self-Help*, p. 7.

(51) *al-Liwā'*, 25th January 1900.

(52) *Ibid.,* 4th January 1900.

(53) Maḥmūd Salāma, *al-Liwā'*, 11th February 1900. このほかにも精神の問題を扱ったいくつかの著作について後に論じることとする。そのなかにはアフマド・ハーフィズ・アワド〔アズハルおよび高等師範学校に学び，ヘディーヴに仕えた後，ナショナリストとして文筆活動で活躍，国会議員も務めた〕が第一次世界大戦以前に書いた書簡を集め，大きな影響力をもった Aḥmad Ḥāfiẓ 'Awad, *Min wālid ilā waladihi* (Cairo: Maṭba'at al-Bashlāwī, 1923) や，'Alī Afandī Fikrī, *Adab al-fataḥ* (Cairo: n.p., 1896); 'Abd al-Raḥmān Ismā'īl, *al-Tarbiya wal-'ādāb al-shar'īya lil-makātib al-Miṣrīya*; フェヌロンの著書，François de Salignac de la Mothe-Fénelon, *Traité de L'Education des filles* (1687)〔フェヌロン『娘の教育』若井林一訳（博文館，1943年）〕の翻訳である Ṣāliḥ Ḥamdī Ḥammād, *Tarbiya al-banāt* (Cairo, Maṭba'at Madrasat Wālidat 'Abbās al-'Awwal, 1909); Rāfiq al-'Azm, *Tanbīh al-'afhām ilā maṭālib al-ḥayā al-jadīda wal-'islām* (Cairo: Maṭba'at al-Mawsu'āt, 1900); ハーバート・スペンサーの教育論〔Herber Spencer, *Education: Iintellectual, Moral and Physical* (London: Williams and

Norgate, 1861)；H. スペンサー『教育論』島田四郎訳（玉川大学出版部, 1981年)；日本語での初訳は，H. スペンセル『斯氏教育論』尺振八訳（文部省, 1880年)〕の翻訳である Muḥammad al-Sabāʻī, *al-Tarbiya*（Cairo: Maṭbaʻat al-Jarīda, 1908）がある。

（54） Musṭafā Kāmil, *al-Shams al-mushriqa*（Cairo: Maṭbaʻat al-Liwāʼ, 1904), pp. 11, 176-8.

（55） Salāma, *al-Liwāʼ*, 11th February 1900.

（56） Farag, 'al-Muqtataf', p. 309.

（57） Edmond Demolins, *A quoi tient la supériorité des Anglo-Saxons*（Paris: Libraire de Paris, 1897)〔『ドモラン氏安具魯遡孫論』高田早苗訳解説（東京専門学校出版部, 1901年)〕の翻訳である, Aḥmad Fathī Zaghlūl, *Sirr taqaddum al-Inklīz al-Saksūnīyīn*（Cairo: Maṭbaʻat al-Maʻārif, 1899).

（58） Demolins, *Anglo-Saxons,* p. iv.

（59） *Ibid.,* p. 92, アラビア語訳 Zaghlūl, *Sirr taqaddum* では p. 75.

（60） *Ibid.,* p. 93, アラビア語訳では p. 76.

（61） *Ibid.,* p. 98.

（62） *Ibid.,* p. 410, アラビア語訳では p. 333.

（63） Zaghlūl, *Sirr taqaddum*, p. 20

（64） *Ibid.,* pp. 24-30.

（65） Ḥasan Tawfīq al-Dijwī, *al-Tarbiya al-ḥadītha*（Cairo: Maṭbaʻat al-Ṭaraqqī, 1901), p. 7 の序文を見よ。

（66） Ḥusayn Fawzī Najjār, *Aḥmad Luṭfī al-Sayyid: ustādh al-jīl*（Cairo: al-Muʼassasa al-Miṣrīya al-ʻĀmma, 1965), p. 86 に引用されたアフマド・ルトゥフィー・サイイドの記述。

（67） Henri Pérès, 'Les origines d'un roman célèbre de la littérature arabe moderne: "Hadith Isa ibn Hisham" de Muhammad al-Muwailihi', *Bulletin des études orientales* 10（1944): 101-18 に引用された, Albert Métin, *La transformation de l'Egypte*（Paris: Félix Alcan, 1903）からの記述。

（68） Dijwī, *al-Tarbiya al-ḥadītha*.

（69） Cromer, *Modern Egypt*, 2: 538-9.

（70） 19世紀エジプトの女性の生活の変容については, Tucker, *Women in Nineteenth-Century Egypt* を見よ。世紀の変わり目にこの主題を扱った数々の著作については, Juan Ricardo Cole, 'Feminism, class and Islam in turn-of-the-century Egypt', *International Journal of Middle East Studies* 13（1981): 387-407 を見よ。

（71） Harry Boyle, 'Memorandum on the British Occupation of Egypt'（1905), in Clara Boyle, *Boyle of Cairo: A Diplomatist's Adventures in the Middle East*（Kendal: Titus Wilson and Son, 1965), p. 56.

（72） Qāsim Amīn, *al-Marʼa al-jadīda*（Cairo: n.p., 1901), p. 11.

（73） Qāsim Amīn, *Les égyptiens: réponse à M. le duc d'Harcourt*（Cairo: Jules Barbier, 1894); Duc d'Harcourt, *L'Egypte et les égyptiens*（Paris: Plon, 1893).

（74） Harcourt, *L'Egypte*, pp. 1, 3-6, 218, 247-8, 262.

（75） Qāsim Amīn, *Les égyptiens*, pp. 45-7, 243.

（76） *Ibid.,* pp. 100-10.

（77） Walter Benjamin, 'On some motifs in Baudelaire', in *Illuminations*, ed. Hannah Arendt

(New York: Hardourt Brace and World, 1968), p. 167〔'Über einige Motive bei Baudelaire', *Zeitschrift für Soziaforschung* 8 (1939): 50-89; W. ベンヤミン「ボードレールにおけるいくつかのモティーフについて」『近代の意味』浅井健二郎編訳, 久保哲司訳(筑摩書房, 1995年)〕より引用〔ベンヤミンの引用元は, Edgar Allan Poe, 'Man of the Crowd', *The Casket and Philadelphia Monthly Magazine*, December 1840, pp. 253-256; E. A. ポー「群集の人」『モルグ街の殺人・黄金虫』巽孝之訳(新潮社, 2009年)〕。

(78) *Ibid.*

(79) al-Muwailīḥī, *Ḥadīth 'Īsā ibn Hishām*, pp. 15-20.

(80) *Ibid.*, p. 314.

(81) *Ibid.*, pp. 389, 434-5.

(82) たとえば, 小説家のマフムード・タイムール〔カイロの裕福な家庭に生まれ, 文筆業で活躍。脚本家としてはムワイリーヒーに師事した〕によるものがある。Henri Pérès, 'Les origines d'un roman célèbre', p. 101を見よ。

(83) この本が歩んだ出版の歴史と削除修正された箇所については, Roger Allen, 'Hadith Isa ibn Hisham: the excluded passages', *Die Welt des Islams* 12 (1969): 74-89, 163-81を見よ。

(84) Roger Allen, *A Study of 'Hadith Isa ibn Hisham': Muhammad al-Muwaylihi's View of Egyptian Society during the British Occupation* (New York: State University of New York Press, 1974), p. 165.

(85) Alexander Schölch, *Egypt for the Egyptians: The Socio-Political Crisis in Egypt, 1878-1882* (London: Ithaca, 1981), p. 327, n. 53〔ドイツ語原書については, 第5章註(6)を参照〕; Marsot, *Muhammad Ali*, pp. 45, 60; Berque, *Egypt: Imperialism and Revolution*, pp. 116-17.

(86) Qāsim Amīn, *Les égyptiens*, p. 45; Zaghlūl, *Sirr tadqaddum*, p. 75.

(87) Roger Allen, 'Writings of members of the Nazli circle', *Journal of the American Research Center in Egypt* 8 (1969-70): 79-84.

(88) Henri Pérès, 'Les origins d'un roman célèbre', p. 105. さらに10年前について, ムバーラクは1,067のカフェ, 467のバー, 総計1,534の店舗という数字をあげている(Mubārak, *al-Khiṭaṭ*, 1: 238)。

(89) Mubārak, *'Alam al-dīn*, pp. 453-4.

(90) Muḥammad 'Umar, *Hāḍir al-Miṣrīyīn aw sirr ta'akhkhurihim* (Cairo: Maṭba'at al-Muqtaṭaf, 1902). アラビア語の題名に対応する英語の題名は原書の表紙に示されている。

(91) *Ibid.*, p. 230.

(92) *Ibid.*, pp. 267-9.

(93) *Ibid.*, pp. 114-15, 235.

(94) 'Abd al-Ḥamīd al-Zahrāwī, *al-Jarīda*, 2nd July 1907; 彼の伝記については 'Umar Riḍā Kaḥḥāla, *Mu'jam al-mu'allifīn: tarājim muṣannifī al-kutub al-'arabīya*, 15 vols. (Damascus: Maṭba'at al-Ṭaraqqī, 1957-61), 5: 104と George Antonius, *The Arab Awakening: The Story of the Arab National Movement* (Philadelphia: Lippincott, 1939), pp. 117, 189〔G. アントニウス『アラブの目覚め――アラブ民族運動物語』木村申二訳(第三書館, 1989年)〕を見よ。オスマン朝支配下にあったアラブ世界の各地で,

都市に基盤を置く土地所有層がこの時期にいかにしてオスマン主義〔オスマン朝支配下の全住民を平等にオスマン人として扱い，国民として一体化させようとする，19 世紀に生まれた考え方〕からアラブ・ナショナリズムに転換したかについては，Philip S. Khoury, *Urban Notables and Arab Nationalism: The Politics of Damascus, 1860-1920*（Cambridge: Cambridge University Press, 1983）で探求されている。

（95） ʻUmar, *Ḥāḍir al-Miṣriyīn*, pp. 117-24.

（96） *Ibid.*, pp. 43-4.

（97） *Ibid.*, pp. 166-7.

（98） この節で議論されている主題の批判的探求については，Benedict Anderson, *Imagined Communities: Reflections on the Origins and Spread of Nationalism*（London: Verso, 1983）〔B. アンダーソン『定本　想像の共同体――ナショナリズムの起源と流行』白石隆・白石さや訳（書籍工房早山，2007 年）〕を参照。

（99） エジプトにおけるナショナリズムの形成については，その中心となる主題である「政治教育」の問題を含めて，Hourani, *Arabic Thought in the Liberal Age*, pp. 103-221 を見よ。

（100） Ṭahṭāwī, *Manāhij al-albāb*, p. 6.

（101） Ṭahṭāwī, *al-ʻAmal al-kāmila*, 1: 516.

（102） *Ibid.*, 1: 519.

（103） Muwailīḥī, *Ḥadīth ʻĪsā ibn Hīshām*, p. 29.

（104） *Ibid.*, p. 30.

（105） Emile Durkheim, *The Rules of Sociological Method*, 8th ed., trans. Sarah A. Solovay and John H. Mueller, ed. E. G. Gatlin（New York: The Free Press, 1938）, p. 5〔*Les règles de la méthode sociologique*（Paris: Félix Alcan, 1895）; E. デュルケーム『社会学的方法の規準』宮島喬訳（岩波書店，1978 年）〕.

（106） リベラリズムの立場からのこの批評については，Uday Mehta, ʻThe Anxiety of freedom: John Locke and the emergence of political subjectivityʼ（Ph.D. dissertation, Princeton University, 1984）を見よ。

（107） Emile Durkheim, *Education and Sociology*, trans. S. D. Fox, with an Introduction by Talcott Parsons（Glencoe: The Free Press, 1956）, p. 123〔*Education et sociologie*（Paris: Presses Universitaires de France, 1922）; E. デュルケーム『教育と社会学』佐々木交賢訳（誠信書房，1976 年）〕.

（108） Steven Lukes, *Emile Durkheim, His Life and Work: A Historical and Critical Study*（Harmondsworth: Penguin Books, 1973）, pp. 112, 117, 123 より引用。

（109） *al-Muʼayyad*, 18th December 1910 のコラムʻYawmīya al-ʼaḥadʼ〔今日の一言〕の無署名の記事。Gustave Le Bon, *Psychologie des foules*（Paris: Félix Alcan, 1895）の翻訳である ʼAḥmad Fatḥī Zaghlūl, *Rūḥ al-ijtimāʻ*（Cairo: Maṭbaʻa al-Shaʻb, 1909）; 英訳は *The Crowd: A Study of the Popular Mind*（New York: Macmillan, 1896）〔G. ル・ボン『群集心理』櫻井成夫訳（講談社，1993 年）; 日本での初訳は『群衆心理』訳者不詳（大日本文明協會，1910 年）〕。

（110） ディンシャワーイ事件については，Afaf Lutfi al-Sayyid〔Marsot〕, *Egypt and Cromer: A Study in Anglo-Egyptian Relations*（London: John Murray, 1968）, pp. 169-73 を見よ。

（111） Aḥmad Luṭfī al-Sayyid, *al-Jarīda*, 13th April 1913. 再録が *Taʼammulāt fi al-falsafa wal-ādāb wal-siyāsa wal-ijtimāʻ*, 2nd ed.（Cairo: Dār al-Maʻārif, 1965）, pp. 84-5 にある。

ルトフィー・サイイド〔・マルソー〕によれば，ファトヒー・ザグルールによるル・ボン，ドゥモーラン，ベンサム，スペンサー，ルソーの翻訳は「政治的な路線に沿ったエジプトの知的ルネサンスの始まりだった」（Lutfi al-Sayyid, *Egypt and Cromer*, p. 152）。

（112） Le Bon, *Lois psychologiques de l'évolution des peuples*, 12th ed.（Paris: Alcan, 1916）の翻訳である 'Aḥmad Fatḥī Zaghlūl, *Sirr taṭawwur al-'umam*（Cairo: Maṭba'at al-Ma'ārif, 1913）; 英訳は *The Psychology of Peoples*（New York: Macmillan, 1898）〔G. ル・ボン『民族發展の心理』前田長太訳（大日本文明協會，1910年）〕; Le Bon, *Psychologie de l'éducation*（Paris: Flammarion, 1904; 2nd ed. 1912, 'augmenté de plusieurs chapitres sur les méthodes d'éducation en Amérique et sur l'enseignement donné aux indigènes des colonies'）の翻訳である Tāhā Ḥusayn, *Rūḥ al-tarbiya*（Cairo: Dār al-Hilāl, 1922）; Le Bon, *Aphorismes du temps présent*（Paris: Flammarion, 1913）の翻訳である 'Aḥmad Fatḥī Zaghlūl, *Jawāmi' al-kalim*（Cairo: al-Maṭba'a al-Raḥmānīya, 1922）は翻訳者の死後に出版された。Cf. Carl Brockelmann, *Geschichte der arabischen Literatur*, 2 vols., den Supplement anden angepasste Auflage（Leiden: E. J. Brill, 1937-49; 1st ed. 1898-1902）, supplement 3: 287, 326.

（113） Gustave Le Bon, *La civilisation des Arabes*（Paris: Firmin-Didot, 1884）は数回に分けて『ムフィード』〔有用〕紙に翻訳された（Rashid Khalidi, 'Abd al-Ghani al-Uraisi and *al-Mufid*: the press and Arab nationalism before 1914', in Martin R. Buheiry, ed., *Intellectual Life in the Arab East, 1890-1939*（Beirut: American University of Beirut Press, 1981）, p. 41 を見よ）; *Les premières civilisations*（Paris: Marpon et Flammarion, 1889）, p. 41 の翻訳は，Muḥammad Ṣādiq Rustum, *al-Ḥaḍāra al-Miṣrīya*（Cairo: al-Maṭba'a al-'Aṣrīya, n.d.）.

（114） Gordon Allport, *The Handbook of Social Psychology*, ed. Gardner Lindzey and Ellior Aronson, 2nd ed.（Reading, Mass.: Addison-Wesley, 1968）, 1: 41; フロイトの「正当なる名声を博したル・ボンの作品」という表現については，Sigmund Freud, *Group Psychology and the Analysis of the Ego*（New York: Norton, 1959）, ch. 2〔*Massenpsychologie und Ich-Analyse*（Leipzig: Internationaler Psychoanalytischer Verlag, 1921）; S. フロイト『自我論』改訂版，井村恒郎訳（教文社，1970年）〕; また，George Rudé, *The Crowd in History*（New York: Wiley, 1964）〔G. リューデ『歴史における群衆——英仏民衆運動史 1730〜1848』古賀秀男ほか訳（法律文化社，1982年）〕と Georges Lefebvre, *La grande peur de 1789*（Paris: Colin, 1932）も参照のこと。ル・ボンの著作全般については，Susanna Barrows, *Distorting Mirrors: Visions of the Crowd in Late Nineteenth-Century France*（New Haven: Yale University Press, 1981）を見よ。

（115） Barrows, *Distorting Mirrors*. また，Alice Widener, *Gustave Le Bon: The Man and His Works*（Indianapolis: Liberty Press, 1979）, pp. 23, 40 も見よ。

（116） Emile Durkheim, *The Division of Labour in Society*, trans. W. D. Halls, Contemporary Social Theory series（London: Macmillan, 1984）, pp. 18, 19, 89〔*De la division du travail social: étude sur l'organisation des sociétés supérieures*（Paris: Félix Alcan, 1893）; E. デュルケーム『社会分業論』復刻版，田原音和訳（青木書店，2005年）〕.

（117） Barrows, *Distorting Mirrors*, p. 164.

（118） Le Bon, *The Psychology of Peoples*, pp. 4-5, 13.

(119) ル・ボンのデュルケムに対する影響については，Mary Douglas, *Purity and Danger: An Analysis of the Concepts of Pollution and Taboo*（New York: Praeger, 1966), p. 20〔M. ダグラス『汚穢と禁忌』塚本利明訳（筑摩書房，2009年)〕。

(120) Le Bon, *The Psychology of Peoples*, pp. 4-5, 13.

(121) *Ibid.,* pp. 199-200, 231.

(122) *Ibid.,* pp. 211-2.

(123) その翻訳は，この時代にアラブ世界全域でもっとも影響力をもった日刊紙である『ムフィード』に数回に分けて掲載された。Khalidi, 'Abd al-Ghani al-Uraisi', p. 41を見よ。

(124) ル・ボンは留守にしており，アブドゥフは置き手紙を残して立ち去ったが，それから短い手紙での友好的な文通が続いた（Louca, *Voyageurs et écrivains égyptiens*, p. 142)。アブドゥフへのフランス社会科学の影響と彼のアラブ政治思想への影響については，Hourani, *Arabic Thought in the Liberal Age, 1789-1939*, とくにpp. 139-40を見よ。

(125) Cf. Barrows, *Distorting Mirrors*, p. 72.

(126) Le Bon, *The Crowd*, p. 36; Freud, *Group Psychology*, ch. 2.

(127) Durkheim, *Rules*, pp. 8, 30.

第5章　真実の機械装置

(1) Kusel, *An Englishman's Recollections of Egypt, 1863-1887*, p. 199.

(2) Cromer, *Modern Egypt*, 1: 296-8.

(3) Col. J. F. Maurice, *Military History of the Campaign of 1882 in Egypt*（London: HMSO, 1887), p. 96. 陸軍省情報部が作成した著作。

(4) Maurice, *Military History*, p. 105.

(5) *Ibid*., p. 6.

(6) Marṣafī, *Risālat al-kalim al-thamān*. アラビア語の八つの単語とはウンマ，ワタン，フクーマ，アドゥル，ズルム，スィヤーサ，フッリーヤ，タルビヤである。ウラービー運動に関する主要な研究では，本書についてごく簡単な言及しか見られない。Alexander Schölch, *Ägypten der Ägypten! Die politische und gesellschaftliche Krise der Jahre 1878-1882 in Ägypten*（Freiburg: Atlantis, 1972), p. 361. 英訳版ではこの言及の部分が省略されている。マルサフィーとナショナリストたちとの関わりについては，Muḥammad 'Abd al-Jawād, *Al-Shaykh al-Ḥusayn ibn Aḥmad al-Marṣafī: al-'ustādh al-'awwal lil-'ulūm al-'adabīya bi Dār al-'Ulūm*（Cairo: al-Ma'ārif, 1952), pp. 40-2とAḥmad Zakariyā' al-Shilq, *Ru'yā fī taḥdīth al-fikr al-Miṣrī: al-shaykh Ḥusayn al-Marṣafī wa kitābuhu 'Risālat al-kalim al-thamān'*（Cairo: al-Hay'a al-Miṣrīya al-'Āmma lil-Kutub, 1984), p. 25を見よ。

(7) 'Arabi's account of his life and of the events of 1881-1882', in Wilfred Scawen Blunt, *Secret History of the English Occupation of Egypt, Being a Personal Narrative of Events*, 2nd ed.（London: T. Fisher Unwin, 1907), appendix 1, p. 482; 'Programme of the National Party', in Blunt, *Secret History*, appendix 5, p. 558.

(8) Schölch, *Egypt for the Egyptians*, pp. 181-2.

(9) al-Jabartī, *Ta'rīkh muddat al-faransīs bi Miṣr*, pp. 7-17.

(10) Abū al-Futuḥ Raḍwān, *Ta'rīkh Maṭba'at Būlāq wa lawḥa fī ta'rīkh al-ṭabā'a fī buldān*

al-Sharq al-Awsaṭ（Cairo: al-Maṭba'a al-Amīrīya, 1953）, pp. 446-79.

（11） Raḍwān, *Ta'rīkh*, pp. 56-74.

（12） Marṣafī, *Risālat al-kalim al-thamān*, pp. 31-2.

（13） Ṭahṭāwī, *Manāhij al-albāb*, p. 231. オスマン帝国における政治的著作にみられる同様の主題については，Mardin, *The Genesis of Young Ottoman Thought*, pp. 95-102 を参照のこと。

（14） Abd al-Rahman Ibn Khaldun, *Muqaddimat Ibn Khaldun*, ed. E. Quatremère, 3 vols.（Paris: Institut Imperial de France, 1858; reprinted ed., Beirut: Maktabat Lubnān, 1970）, 1: 65; cf. *The Muqaddimah*, trans. Rosenthal, 1: 81-2.

（15） Ibn Khaldun, *Kitāb al-'ibar wa dīwān al-mubtada' wal-khabar etc*., ed. Naṣr al-Ḥurīnī, 7 vols.（Būlāq, 1867）. これに先立つ 1850 年代には，第 1 巻（『歴史序説《ムカッディマ》』）および（北アフリカの歴史を扱う）第 6 巻，第 7 巻が，フランス人の研究者によって刊行されている。英訳は，第 1 巻がフランツ・ローゼンタールによって *The Muqqadimah* として 3 巻本に英訳された。〔英仏訳については，第 3 章註（61）と本章註（14）を参照。第 6 巻，第 7 巻の仏語訳は，*Histoire de Berbères et des dynasties musulmanes de l'Afrique septentrionale*, trans. M. le baron de Slane, 2 vols.（Alger: Imprimerie du Gouvernement, 1852, 1856）を指す。ただし，これには 1847 年と 1851 年に刊行された版がある。〕

（16） Aḥmad Ṭaymūr, *Tarājim āyān al-qarn al-thālith 'ashar wa 'awā'il al-rābi' 'ashar*（Cairo: Maṭba'at 'Abd al-Ḥamīd Aḥmad Hanafī, 1940）, p. 148; Abdel-Malek, *Idéologie et renaissance nationale*, p. 388.

（17） Ibn Khaldun, *Muqaddimat Ibn Khaldun*, ed. E. Quatemère, 1: 65.

（18） マルサフィーの学生たちは，その後一世代以上にわたって官立の学校で使用されることになるアラビア語の文学と文法の教科書を後に著わしている。彼の講義については，それぞれ数巻からなる二つの講義録がまとめられている。Ḥusayn al-Marṣafī, *al-Waṣīla al-'adabīya ilal-'ulūm al-'arabīya*, 2 vols.（Cairo: vol. 1, Maṭba'at al-Madāris al-Malikīya, 1872-75; vol. 2, Maṭba'at Wādī al-Nīl, 1875-79）と 'Dalīl al-mustarshid fī fann al-'inshā'（Cairo, 1890）であり，後者は著者の死の直前に手稿がまとめられて完成していたが，ついに出版はされなかった。マルサフィーはまた，後に教育相を務め，ストックホルムでのオリエンタリスト会議にも派遣されたアブドゥッラー・フィクリー〔教育大臣などの職を務める傍ら，多くの詩と紀行を残した〕のような作家や，バルーディー，アフマド・シャウキー〔ヘディーヴに近い名家の生まれで，国外追放の憂き目も見るが，その後 1920 年代には詩人として活躍し，「詩人たちの長」と呼ばれた〕，ハーフィズ・イブラーヒーム〔貧しい家に生まれ，英軍のスーダン遠征に従軍，後に『ピラミッド《アフラーム》』紙の編集者として活躍，国立図書館長も務める。ナショナリスト詩人として知られ，別名「ナイルの詩人」〕など，多くのエジプトの詩人に大きな影響を与えた（'Abd al-Jawād, *al-Marṣafī*, pp. 82-91, 117-19; Brockelmann, *Geschichte der Arabischen Literatur*, supplement 2: 727）。

（19） Charles Pellat, 'Variations sur le thème de l'adab', in *Etudes sur l'histoire socio-culturelle de l'Islam*（London: Variorum Reprints, 1976）.

（20） Marṣafī, *Risālat al-kalim al-thamān*, p. 140.

（21） *Ibid.*, p. 3.

（22） フランス人の著作への言及については，*ibid.*, pp. 85-6, 131.

(23) *Ibid.*, pp. 75-9.

(24) *Ibid.,* pp. 16, 112, 116, 126, 140.

(25) *Ibid.*, pp. 112-3, 122-3, 142.

(26) *Ibid.,* pp. 125-8.

(27) Sālim Khalīl al-Naqqsh, *Miṣr lil-Miṣriyīn*, 9 vols. (vols. 1 to 3 never published) (Alexandria: Maṭba'at al-Jarīda al-Maḥrūsa, 1884), 7: 444-5.

(28) *Encyclopaedia of Islam*, new edition, 5 vols. (Leiden: E. J. Brill, London: Luzac and Co., 1960-), 3: 514. 本事典には，主立ったオリエンタリストが多数寄稿している。〔ここで引用されているのは 1954 から 2007 年に英仏語，全 12 巻として刊行された第 2 版。初版は 1913 年から 1938 年にかけて英仏独語，全 4 巻で刊行され，2007 年から第 3 版の刊行が開始された〕。

(29) Foucault, *The Order of Things*, pp. 217-343.

(30) Friedrich Max Müller, *Lectures on the Science of Language* (London: Longman, 1861), pp. 25-6.

(31) Ernest Renan, 'De l'origine du langage' (1848), *Œuvres complètes*, ed. Henriette Psichari, 10 vols. (Paris: Calmann-Levy, 1947-61), 8: 11.

(32) William Dwight Whitney, *Oriental and Linguistic Studies*, 2 vols. (New York: Scribner, Armstrong and Co., 1873), 2: 347.

(33) International Congress of Orientalists, *Transactions of the Ninth Congress*, 1: 9.

(34) Renan, *Œuvres complètes*, 8: 37-8.

(35) Michel Bréal, *Essai de sémantique: science des significations* (Paris: Hachette, 1899; 1st ed. 1897), p. 279〔M. ブレアル「意味論」抄訳，工藤進訳『明治学院論叢』第 282 号，1979 年，1-42 頁〕; cf. Hans Aarsleff, 'Bréal vs. Schleicher: reorientations in linguistics in the latter half of the nineteenth century', in *From Locke to Saussure: Essays on the Study of Language and Intellectual History* (Minneapolis: University of Minnesota Press, 1982), p. 296.

(36) Michel Bréal, 'Les idées latentes du langage' (1868), in *Mélanges de mythologie et de linguistique* (Paris: Hachette, 1877), p. 321; cf. Aarsleff, 'Bréal vs. Schleicher', pp. 306-7.

(37) Bréal, 'De la forme et fonction des mots', in *Mélanges*, p. 249. Aarsleff, 'Bréal vs. Schleicher', p. 297 より引用。

(38) Cf. Aarsleff, 'Bréal vs. Schleicher'.

(39) Michel Bréal, 'La langage et les nationalités', *Revue des deux mondes* 108 (1st December 1891): 619. Aarsleff, 'Bréal vs. Schleicher', p. 384 より引用。

(40) Bréal, 'Les idées latentes', p. 322.

(41) Delanoue, *Moralistes et politiques*, 2: 371.

(42) Marṣafī, *Risālat al-kalim al-thamān*, p. 4. 以下の議論については，Moncef Chelli, *La parole arabe: une théorie de la relativité des cultures* (Paris: Sindbad, 1980), pp. 46-67.

(43) Geoffrey Hartman, *Saving the Text: Literature/Derrida/Philosophy* (Baltimore: Johns Hoplins University Press, 1981), p. xxi.

(44) Ferdinand de Saussure, *Course in General Linguistics*, ed. by Charles Bally and Albert Sechehaye in collaboration with Albert Riedlinger, trans. Wade Baskin (New York:

Philosophical Library, 1959), pp. 66-7〔*Cours de linguistique générale*(Lausanne: Payot, 1916); F. ド・ソシュール『一般言語学講義』改版,小林英夫訳(岩波書店,1972年)〕.

(45) Jacques Derrida, *Of Grammatology*, trans. Gayatri Chakravorty Spivak (Baltimore: The Johns Hopkins University Press, 1974)〔*De la grammatologie* (Paris: Editions de Minuit, 1967); J. デリダ『根源の彼方に——グラマトロジーについて』上下,足立和浩訳(現代思潮社,1972年)。英語版の序文にも日本語訳がある。G. C. スピヴァク『デリダ論——『グラマトロジーについて』英訳版序文』田尻芳樹訳(平凡社,2005年)〕.

(46) Jacques Derrida, *Speech and Phenomena*; Terry Eagleton, *Literary Theory: An Introduction* (Oxford: Basil Blackwell, 1983), pp. 127-8〔T. イーグルトン『文学とは何か——現代批評理論への招待』新版,大橋洋一訳(岩波書店,1997年)〕.

(47) Derrida, *Speech and Phenomena*, p. 50; and 'Differance', in *Margins of Philosophy*, trans. Alan Bass (Chicago: University of Chicago Press, 1982), pp. 1-27〔'La différance', in *Marges de la philosophie* (Paris: Editions de Minuit, 1972); J. デリダ「差延」『哲学の余白』上巻,高橋允昭・藤本一勇訳(法政大学出版局,2007年)〕.

(48) Derrida, *Speech and Phenomena*, P. 52.

(49) Chelli, *La parole arabe*, pp. 35-45.

(50) Cf. Jacques Derrida, 'Signature event context', in *Margins of Philosophy*, pp. 307-30〔'Signature événement contexte', in *Marges de la philosophie*; J. デリダ「署名・出来事・コンテクスト」『哲学の余白』下巻,藤本一勇訳(法政大学出版局,2008年)〕.

(51) Ibn Khaldun, *Muqaddimah*, trans. Rosenthal, 2: 356.

(52) Cf. Ibn Khaldun, *Muqaddimat Ibn Khaldun*, ed. Quatremère, 3: 242 line 5, 243 lines 3-4.

(53) Cf. Ibn Khaldun, *Muqaddimah*, 3: 55-75.

(54) *Ibid.,* 3: 316.

(55) *Ibid.*, 3: 316.

(56) *Ibid.*, 3: 292.

(57) Cf. Richard W. Bulliet, *The Patriciands of Nishapur*, pp. 49, 57.

(58) Mahdi, *Ibn Khaldun's Philosophy of History*.

(59) Schölch, *Egypt for the Egyptians*, pp. 181, 348.

(60) The Earl of Cromer, in Great Britain, Foreign Office, *Further Correspondence Respecting the Affairs of Egypt*, no. 35, October-December 1890 (London: Foreign Office, 1891), p. 22.

(61) Ṭahṭāwī, *al-'Amal al-kāmila*, 1: 247; cf. 1: 520.

(62) Marṣafī, *Risālat al-kalim al-thamān*, pp. 11, 93, 142.

(63) Rashīd Riḍā, *Ta'rīkh al-'ustādh al-'imām Muḥammad 'Abduh*, 3 vols. (Cairo: Maṭba'at al-Manār, 1324-50h (1906-31), 1: 30-1.

(64) Homa Pakdaman, *Djamal ed-Din Assad Abadi dit Afghani* (Paris: Maisonneuve et Larose, 1969), pp. 46-7, 93.

(65) Marṣafī, *Risālat al-kalim al-thamān*, p. 93.

(66) たとえば,Pakdaman, *Djamal ed-Din*, p. 47に引用されたアフガーニーの記述を見よ。

(67)　たとえば，Ṭahṭāwī, *al-'Amal al-kāmila*, 1: 247 を見よ。
(68)　Marṣafī, *Risālat al-kalim al-thamān*, p. 93.
(69)　Muḥammad Majdī, *Thamāniyata 'ashar yawman bi Ṣa'īd Miṣr, sanat 1310*（Cairo: Maṭba'at al-Mawsū'āt, 1319h), p. 42.
(70)　*Ibid.,* p. 50.
(71)　Cromer, *Modern Egypt*, 2: 257, 260.
(72)　*Ibid.,* 2: 131.
(73)　*Ibid.,* 2: 321. 強調は筆者。

第 6 章　物の哲学

(1)　André Maurois, *Lyautey*（Paris: Plon, 1931), pp. 319-20.
(2)　Janet L. Abu-Lughod, *Rabat: Urban Apartheid in Morocco*（Princeton: Princeton University Press, 1980), p. 152.
(3)　Steven T. Rosenthal, 'Municipal reform in Istanbul 1850-1870: the impact of tanzimat on Ottoman affairs'（Ph.D. dissertation, Yale University, 1974), pp. 52-66.
(4)　Muḥammad Farīd Wajdī, *al-'Islām wal-madanīya, aw, taṭbīq al-diyana al-islāmīya 'alā nawāmīs al-madanīya*（Cairo: 2nd ed., n.p., 1904; 1st ed., al-Maṭba'a al-'Uthmānīya, 1898), p. 4.
(5)　Maurois, *Lyautey,* pp. 252-3.
(6)　*Ibid.*, p. 316.
(7)　Henri Piéron, 'Le Caire: son esthétique dans la ville arabe et dans la ville moderne', *L'Egypte Contemporaine* 5（January 1911): 512.
(8)　この主題についての議論は，Gilsenan, *Recognizing Islam*, pp. 192-214 と Abu-Lughod, *Rabat,* pp. 131-95 を見よ。
(9)　ジャネット・アブー＝ルゴドによれば，20 世紀の最初の 10 年間におけるカイロの人口増加のうち，約 30 パーセントだけが自然増であった。残りの 3 分の 1 以上は地方からの人口流入であり，3 分の 2 ほどはヨーロッパ人の定住によっていた（Abu-Lughod, *Cairo*, pp. 111-15)。cf. McCarthy, 'Nineteenth-century Egyptian population', p. 31.
(10)　Bent Hansen, 'Prices, wages, and land rents: Egypt 1895-1913', *Working Papers in Economics*, no. 131, Department of Economics, University of California, Berkeley, October 1979, pp. 34-5 より引用。
(11)　Frantz Fanon, *The Wretched of the Earth*, trans. Constance Farrington（Harmondsworth: Penguin Books, 1979), pp. 29-30〔*Les damnés de la terre*（Paris: François Maspero, 1961); F. ファノン『地に呪われたる者』鈴木道彦・浦野衣子訳（みすず書房, 1996 年)〕.
(12)　Edward W. Said, *Orientalism* を参照。
(13)　International Congress of Orientalists, *Transactions of the Ninth Congress*, 1: 8.
(14)　*Ibid.,* 2: 805.
(15)　*Muqtaṭaf* 17（1893): 88. Farag, 'al-Muqtataf', p. 243 より引用。
(16)　International Congress of Orientalists, *Transactions of the Ninth Congress*, 1: 35.
(17)　*Ibid.,* 1: 36-7.
(18)　第 5 章と同様に，これらの議論は多くをジャック・デリダに負っている。

(19) *al-Muqtaṭaf* 12 (1888): 316. Farag, 'al-Muqtataf', p. 243 より引用。

(20) *al-Muqtaṭaf* 17 (1893): 88; cf. Sadik Jalal al-Azm, 'Orientalism and Orientalism in reverse', *Khamsin* 8 (London: Ithaca Press, 1981), pp. 5-26.

(21) Jurjī Zaydān, *Ta'rīkh Miṣr al-ḥadīth* (Cairo: Maṭba'at al-Muqtaṭaf, 1889); *al-Ta'rīkh al-'āmm* (Cairo: Maṭba'at al-Muqtaṭaf, 1890). 後者は，アジアおよびアフリカの古代史と近代史と題された（2ページを除いて全体がエジプトを扱っている）第1巻だけが出版された。

(22) Jurjī Zaydān, *Ta'rīkh al-tamaddun al-islāmi*, 5 vols. (Cairo: Dār al-Hilāl, 1901-6; reprint ed. 1958), 1: 12, 13-14. また，Lewis Ware, 'Jurji Zaydan: the role of popular history in the formation of a new Arab world view' (Ph.D. dissertation, Princeton University, 1973), pp. 181-92, 197-204 も見よ。

(23) *al-Hilāl* 6: 109, 15: 18. Ware, 'Jurji Zaydan', pp. 109, 159 より引用。

(24) 批判的な論考はラシード・リダーが編纂し，出版している。Rashīd Riḍā, *Intiqāḍ kitāb ta'rīkh al-tamaddun al-islāmi* (Cairo: Maṭba'at al-Manār, 1912).

(25) たとえば，*Journal Asiatique* 10 (3) (1904) に掲載されたドゥ・ゴイェによる書評を見よ〔Michael Jan de Goeje, 'George Zaydân, *Tarīkh al-Tamaddoni 'l-Islāmi* (*Histoire de la civilisation musulmane*), vol. 1, 1902; vol. 2, 1903 (Cairo: Imprimerie du Hilāl) pp. 356-9〕。ザイダーンの友人知己のオリエンタリストには，ネルデケ〔テオドール・ネルデケ。ドイツ出身，アラビア語研究，クルアーン研究など〕，ヴェルハウゼン〔ユリウス・ヴェルハウゼン。ドイツ出身，聖書学，とくにモーセ五書の研究など〕，ゴルトツィーエル〔イグナーツ・ゴルトツィーエル。ハンガリー出身〕，ライト〔ウィリアム・ライト。英国出身，シリア語およびアラビア語研究など〕，マクドナルド〔ダンカン・ブラック・マクドナルド。アメリカ人，『千夜一夜物語』研究〕，マーゴリアスなどがいた。Zaydān, *Ta'rīkh al-tamaddun*, 1: 9 とジュルジー・ザイダーンのイスラーム史の第4部にあたる D. S. Margoliouth, trans., *Umayyads and 'Abbasids* (Leiden: E. J. Brill, 1907), p. xiv も見よ。

(26) この時期のヨーロッパで，真面目な意図を持って書かれたイスラーム史の概説としては唯一，August Müller, *Der Islam in Morgen- und Abendland* (Berlin: Grote, 1885-87) がある。Alfred von Kremer, *Kulturgeschichte des Orients unter den Chalifen* (Vienna: W. Braumüler, 1875-77) をザイダーンは典拠のひとつとしているが，これは英語に訳されていない。英語で真面目にイスラーム史を扱った著作としては，ムハンマドと初期の正統4代カリフの生涯を扱った下記のものがあるだけである。D. S. Margoliouth, *Mohammed and the Rise of Islam* (New York and London: G. P. Puntam's Sons, 1905); William Muir, *The Life of Mahomet: with Introductory Chapters on the Original Sources for the Biography of Mahomet, and on the Pre-Islamite History of Arabia* (London: Smith, Elder and Co., 1861); *Annals of the Early Caliphate: From the Death of Mahomet to the Omeyyad and Abbaside Dynasties A.H. XI-LXI (A.D. 632-680) from Original Sources* (London: Smith, Elder and Co., 1883).

(27) Ḥasan Tawfīq, *Ta'rīkh ādāb al-lugha al-'arabīya*, 4 vols. (Cairo: Dār al-Hilāl, 1914). 'Abd al-Jawād, *al-Marṣafī*, p. 81 を見よ。

(28) Zaydān, *Ta'rīkh ādāb al-lugha al-'arabīya*, 4 vols. (Cairo: Dār al-Hilāl, 1910-13), 1: 8.

(29) Thomas Philipp, *Gurgi Zaydan: His Life and Work* (Beirut: Orient-Institut der Deutsche Morgenland Gesellschaft, 1979), p. 44.

（30） バーナード・コーンは植民地化されたインドについて，同様の浸透の過程を論じ，それを植民地権力の展示の組織化という，より大きな過程に同じようにして結びつけている。Bernard Cohn, 'Representing authority in Victorian India', in Eric Hobsbawm and Terence Ranger, eds., *The Invention of Tradition*（Cambridge: Cambridge University Press, 1983）, pp. 165-209〔B. S. コーン「ヴィクトリア朝インドにおける権威の表象」E. ホブズボウム，T. レンジャー編『創られた伝統』前川啓治ほか訳（紀伊國屋書店，1992年）〕.

（31） 精神病院については，Marilyn Mayers, 'A century of psychiatry: the Egyptian mental hospital'（Ph.D. dissertation, Princeton University, 1982）を見よ。

（32） Cromer, *Modern Egypt*, 2: 556-7.「教師は国外にいる」というのは，ベンサムの功利主義を奉じる改革論者，ブルーアム卿の有名な言葉である。彼の「有用知識普及」のための事業については，前章で触れた。

（33） Cromer, *Modern Egypt*, 2: 280.

（34） Foucault, 'Two Lectures', pp. 104-5.

（35） Maurois, *Lyautey*, p. 320.

（36） 以下の議論については，Richard Rorty, *Philosophy and the Mirror of Nature*（Princeton: Princeton University Press, 1979）〔R. ローティ『哲学と自然の鏡』野家啓一監訳，伊藤春樹ほか訳（産業図書，1993年）〕を見よ。

（37） Cf. Ibn Khaldun, *Muqaddimat Ibn Khaldun*.

（38） 'Discourse on the method', in *Descartes, Philosophical Writings*, trans. and ed. Elizabeth Anscombe and Peter Thomas Geach, rev. ed.（London: Thomas Nelson, 1970）, pp. 15-16〔*Discours de la méthode pour bien conduire sa raison, et chercher la vérité dans les sciences*（Leyde: Ian Maire, 1637）; R. デカルト『方法叙説』三宅徳嘉・小池健男訳（白水社，2005年）〕.

訳　　註

ペーパーバック版への序

〔1〕 ジョン・バウリング――英国の政治家。後に広州領事，香港初代総督。カイロ滞在は 1837 年から 38 年にかけて。

〔2〕 パシャ――パシャはオスマン帝国の高官に与えられた称号。

第 1 章　博覧会のエジプト

〔1〕 カーイトバーイ・モスク――マムルーク朝末期のスルターンの墓廟があるモスク。カイロ北東部の死者の町にある。

〔2〕 トルコ帽《タルブーシュ》――19 世紀初めに使われるようになったえんじ色の房付き円筒帽。

〔3〕 コーヒーハウス――ヨーロッパ風のカフェではなく，中東でコーヒーや紅茶を飲ませる店。

〔4〕 旋舞――トルコに由来するメヴレヴィー教団の修行の舞。

〔5〕 バーナムの世界ショー――アメリカの興行師フィネアス・バーナムが 1871 年に始めた巡回サーカス兼見世物。

〔6〕 アズハル学院――978 年建学。イスラーム諸学を講じる最大の拠点のひとつ。

〔7〕 ある使節――オスマン帝国の駐ベルリン大使アズミ・パシャの一行。

〔8〕 副王《ヘディーヴ》――イスマーイール。副王位はムハンマド・アリーが自称し，後にオスマン帝国が追認した。

〔9〕 ルマイラ広場――スルターン・ハサン・モスクが面し，大規模な市の立った広場。

〔10〕 パノラマ――1789 年，英国のロバート・バーカーが制作した装置。円筒の内側に連続した風景を描き，中心に見物人が立つ。

〔11〕 テーヌ――イポリト・テーヌ。フランスの歴史家，哲学者。晩年に未完の大作『近代フランスの起源』など。

〔12〕 ファンタズマゴリア――18 世紀のフランスで発明された，幻燈機を使って幽霊などを登場させる見世物。

〔13〕 一連の騒乱――ウィーン体制の実質的崩壊を招いた 1848 年革命を指す。英国ではチャーティスト運動が最高潮に達した。

〔14〕 一通の手紙――15 日付け，友人の外科医ジュール・クロケへの書簡。フローベールがカイロに到着したのは前年の 11 月 26 日。

〔15〕 銀盤写真《ダゲレオタイプ》――ルイ・ダゲールが 1839 年に発表した世界初の実用的写真技法。

〔16〕『アート・ジャーナル』誌――1839 年から 1912 年まで刊行され，ヴィクトリア

朝期の美術界で重要な役割を果たした。
〔17〕 カメラ・ルーシダ――1806年発明。実際には投影するのではなく，この装置を通して対象と紙を二重写しに見ながら描く。
〔18〕 レスター・スクエア・パノラマ――1793年にレスター・スクエアに建てられたパノラマ専用の建物。
〔19〕 ディオラマ――背景画の前に模型を置き，照明の効果で実際に風景が広がっているようにみえる装置。
〔20〕 城塞《シタデル》――12世紀後半にサラーフッディーン（サラディン）が築いた城塞。
〔21〕 シュームロ――不明。街区名で，シャームルオウル（シリア出身者地区）か？
〔22〕 アドハム・パシャ――イブラーヒーム・パシャ・アドハム。1839年，ムハンマド・アリーの治世に教育局長に迎えられ，以後，三度にわたりその職に就いた。
〔23〕『青眼鏡の男』――ユダヤ教徒の脚本家ヤアクーブ・サヌーウが一年余りの期間発行した。
〔24〕 エジプト会館――1812年，探検家のウィリアム・バロクが建てたエジプト風の建物。バロクの収集品の展示のほか，多種多様な展示と見世物で人気を博した。
〔25〕 ドルリー・レイン劇場――コヴェント・ガーデンにあり，1663年に歴史を遡る英国最古の劇場。シアター・ロイヤル。
〔26〕『イオーセン』――古典ギリシア語で「夜明け方より」「東方より」を意味する。
〔27〕 マリラ――フランスの画家。アントワーヌ＝ジョルジュ＝プロスペル・マリラ。
〔28〕『エディンバラ・マガジン』誌――1832年創刊の雑誌で，政治と文学に大きな影響力を振るった。1861年廃刊。
〔29〕 フランス研究所――フランス研究所と俗称されるフランス・オリエント考古学研究所設立は1880年で該当しない。当時は，1836年設立のエジプト協会と1842年設立のエジプト文学協会がカイロにあり，ともに在留のヨーロッパ人を会員とし，図書館は旅行者なども利用できた。ネルヴァルが利用したのは，ガリマール版の全集では後者とされているが，前者が正しいと思われる。
〔30〕 エジプト大学――19世紀初頭からあった複数の学校を統合して1908年開校。現在のカイロ大学。
〔31〕 聖バルトロマイの縁日《フェア》――聖バルトロマイの祭日である8月24日のころに，ロンドンの一画で開かれた定期市。1133年から1855年まで続いた。
〔32〕 パリ工科学院《エコール・ポリテクニーク》――1794年開校の，フランスを代表する理工系高等教育機関。
〔33〕 シャルル・ランベール――シャルル＝ジョセフ・ランベール。1832年から1851年までエジプトに滞在した。

第2章　枠づけ

〔1〕 ある強大な一族――カフカース出身のアリー・ベイが，1760年から1771年にかけてマムルークの首位を占め，オスマン帝国から半ば独立を達成した。
〔2〕 ムハンマド・アリー一族――トルコ系かははっきりせず，アルバニア系との説が有力。
〔3〕 ジャバルティー――アブドゥッラフマーン・ハサン・ジャバルティー。ウラマーを輩出する名門の生まれで，ナポレオンのエジプト占領を機に中央政界に呼び戻されるが，一貫してナポレオンとムハンマド・アリーに批判的だった。
〔4〕 グザイル村――不明。ムヌーフィーヤ県はカイロ県からカリュービーヤ県をはさ

んで北北西。
〔5〕 カビール――北西部の山岳地帯，カビリー地方に暮らしてきたベルベル系の人びと。
〔6〕 オスマン――ジョルジュ・オスマン。セーヌ県知事としてナポレオン3世とともにパリ市の改造を行なった。

第3章 秩序の見かけ
〔1〕 アリー・ムバーラク――ナイル・デルタの農村出身で，最初の近代的教育を受けた者のひとり。
〔2〕 ブーラーク――現在はカイロ市の中心部，当時は北にはずれたナイル沿いの港町。
〔3〕 カスル・アル＝アイニー――ブーラークの南側。現在のカイロ市内ガーデン・シティ地区の一部。
〔4〕 ナイル堰《バレッジ》――カイロの北方25キロほど。1862年に灌漑用の堰がつくられた。カナーティル・ハイリーヤ。
〔5〕 アッバースィーヤ――カイロの北東。アッバース・パシャによって開かれた。
〔6〕 ランカスター式学校教育法――英国の教育者ジョセフ・ランカスター発案の教授方式。後の学校教育法に大きな影響を及ぼした。
〔7〕 腕木通信機《セマフォア・テレグラフ》――本来は数メートルの長さの腕木を用い，基地局から基地局へと，望遠鏡で確認して通信を遠距離に伝える機械。1793年にフランスのクロード・シャップが発明した。
〔8〕 学校――パリ・エジプト軍学校（エコール・ミリテール・エジプティエンヌ・ドゥ・パリ）。パリ郊外のサン・シール陸軍士官学校内に置かれた。
〔9〕 フェヌロン――フランソワ・フェヌロン。17世紀フランスの神学者，詩人，作家。1699年に『テレマコスの冒険』を匿名で出版。ホメロスのオデュッセイアに想を得て，テレマコスが父オデュッセウスを探し求める遍歴と成長の物語。啓蒙思想の先駆的著作。
〔10〕 ワーディー・トゥミーラート地域――古代から8世紀ころまでデルタと紅海を結ぶ河川交通に利用されており，イスマーイーリーヤ運河開通によってできたわけではない。
〔11〕 ベンハー――カイロ県の北北東に隣接するカリュービーヤ県の県庁所在地。
〔12〕 ザカーズィーク――カイロから北北東へ80キロほど。シャルキーヤ県の県庁所在地。
〔13〕 シビーン・アル＝コーム――カイロから北北西に70キロほど。ムヌーフィーヤ県の県庁所在地。
〔14〕 ダマンフール――アレクサンドリア県の東側に隣接するブヘイラ県の県庁所在地。
〔15〕 メディーナト・ファイユーム――カイロの南西130キロほど。ファイユーム県の県庁所在地。
〔16〕 エスナ――上エジプト，ルクソール県の都市。ルクソールから55キロほど上流。
〔17〕 法学――狭義の法学（フィクフ）ではなく宗教諸学（ウルーム）全般を指して「法学」と呼んでいる。
〔18〕 伝承者――ムハンマドの言葉を実際に耳にして後世に伝えた者。
〔19〕 ビルンバール・アル＝ジャディーダ村――ナイル・デルタの北東部，ダカフリーヤ県にある。
〔20〕 フィキー――「法学者」を意味するファキーフ，もしくは「貧者」を意味するフ

ァキール，ないしその双方を語源とするとされる。

〔21〕『タフリース・アル＝イブリーズ』――『タフリース・アル＝イブリーズ・フィー・タルヒース・バーリーズ』，直訳では『パリ概略における純金の精錬』。「純金の精錬」は「パリ概略」と語呂を合わせ，その本の価値の高さを示すもので，19世紀までのアラビア語の書物の題名のつけ方の典型。

〔22〕バーロウ・ロード校――1798年にランカスターが開校した最初の学校。

〔23〕国民党を創設――ヒズブ・ワタニー。1893年にヘディーヴの個人的な政治サークルとして出発し，1907年に政党となってエジプトのナショナリズム運動の中核を担った。ここで「創設し」とあるのは，1907年の政党化に参加したことを意味している。

〔24〕『リワー』〔旗〕紙の編集責任者――1899年創刊の雑誌で，ジャーウィーシュは1908年，編集責任者の地位に就いた。

〔25〕官立の師範学校――ダール・アル＝ウルーム。1871年開校。現在はカイロ大学の教育学部となっている。

〔26〕フサイン・マルサフィー――アズハルで学び，そこで教授していたが，1872年にアリー・ムバーラクによって師範学校教授に任命され，1888年まで教鞭を執った。第5章で詳述。

〔27〕ブルーアム卿――19世紀前半の政治家で，ホイッグ党の中心人物。

〔28〕有用知識普及協会――1826年ロンドンで結成され，廉価本の出版販売を中心に1848年まで活動した。

〔29〕エフェンディ――エフェンディはオスマン朝の称号に由来するが，エジプトでは近代教育を受け西欧化した知識人を広く指した。

〔30〕アブー＝サウード――タフターウィーに学んだ師範学校の歴史学教授。

〔31〕イズバ――多くは新たな開拓地に作られ，移り住んだ村人は小規模な自分の農地を与えられると同時に地主の農地で労働した新しい形式の村。

〔32〕アンリ・アイルート――東方典礼カトリック教会に属するシリア系の家に生まれ，建築家として活躍したエジプト人イエズス会士。

第4章　私たちが彼らの身体を捕らえた後

〔1〕クローマー卿――クローマー伯爵エヴァリン・ベアリング。英国のエジプト総督と呼ばれることがあるが，実際の役職名は総領事。

〔2〕ハーバート・キッチナー大佐――ホレイショ・ハーバート・キッチナー。第1次スーダン遠征の後，駐エジプト英軍司令官。後に第2次スーダン遠征司令官，ボーア戦争司令官，英印軍司令官，駐エジプト総領事，陸軍大臣を歴任。

〔3〕リヨテ元帥――ルイ・ユベール・ゴンサルヴ・リヨテ。フランス保護領モロッコの初代統監。

〔4〕サイイド・バダウィー――アブー・フィトゥヤーン・アフマド・バダウィー。12世紀のスーフィーで，モロッコ生まれ，メッカからタンターに移り住んだ。バダウィーを開祖とする教団はエジプトで繁栄し，毎年10月に行なわれる祭礼は，今日もきわめて多くのムスリムを集めている。

〔5〕エリキシル剤――元来は錬金術に言う不老不死の霊薬のことだが，ここではエタノールを含む液状の内服薬に対する俗称。

〔6〕ムハンマド・ウマル――表紙に，郵便局に勤める官吏だったとある以外不詳。フ

ァトゥヒー・ザグルールの筆名とする説がある。

〔7〕 ザール——憑霊信仰にもとづき，霊を慰撫して憑依された者を苦しめないように，さらにはその者の意志に従うようにする儀礼。

〔8〕 ヌーバール・パシャ——オスマン帝国のイズミルに生まれたアルメニア系の人物で，外交面を中心にムハンマド・アリーの時代から半世紀にわたって官僚として活躍した。

〔9〕 ファ・マダール……アッ゠スィヤーサ——字義どおりには，「そして世界の組織化は政治を軸として進んでいく」と訳せる。

〔10〕 学校総督のひとり——エドゥアール・ドル，スイス出身のオリエンタリスト。

〔11〕 著作——ドルが総監職にあったのは1873～80年なので，この著作は総監着任前のもの。

〔12〕 機械修理士《メカニック》——アラビア語エジプト方言のミカニーキーを，レインがメカニックと記したもので，本来は町工場で働く労働者を指しており，ミッチェルがいいかえたように，肉体労働者一般を指すとはいえない。

〔13〕 ゲオルク・ベルンハルト・デピン——アルザス地方の生まれで，一般にはフランス語綴りのジョルジュ・ベルナール・デピンとして知られる。

〔14〕 ヤアクーブ・サッルーフ——ベイルート生まれのキリスト教徒で，1885年に『ムクタタフ』誌を創刊。

〔15〕 イジュティハード——本来，イスラーム諸学において学者が努力して特定の結論を得ることを指し，その能力を有する学者をムジュタヒドという。

〔16〕 シリア・プロテスタント・カレッジ——1866年，アメリカン人宣教師ダニエル・ブリスが創設，1920年より現在の名称。

〔17〕『性格論』——Samuel Smiles, *Character* (London: John Murray, 1871)；斯邁爾斯『西洋品行論』12巻，中村正直訳（1878-80年）。

〔18〕『社会科学《ラ・スィアンス・ソシアル》』誌——フランスの社会思想家シャルル・フーリエが創設したエコール・ソシエテールの会誌。1867-70年。

〔19〕 アフマド・ファトゥヒー・ザグルール——パリに学び，内務省に勤めた後，判事として活躍。多くの著作と翻訳を残した。

〔20〕 地方裁判所《ネイティブ・コート》——当時のエジプトでは，領事裁判所，混合裁判所，イスラーム法廷，世俗裁判所が並立しており，ネイティヴ・コートは最下級の世俗裁判所に英国が与えた名称。

〔21〕 東洋語担当書記官《オリエンタル・セクレタリー》——イスタンブルを皮切りに各地域の英国大使館に設けられた職。

〔22〕 ハリー・ボイル——1885年にエジプトに着任し，クローマー卿の退任後もエジプト関連外交に活躍した。

〔23〕 カースィム・アミーン——クルド系の軍人の家系に生まれ，フランスに学んで，司法関係の職を歴任した。エジプトにおける女性解放の最初の提唱者としばしばいわれる。

〔24〕 アルクール公爵——アルクール公シャルフ゠フランソワ゠マリー。フランスの政治家。

〔25〕 ムハンマド・ムワイリーヒー——カイロ生まれで，父とともにナポリ，イスタンブルなどで暮らした後，エジプトに戻って文筆業の傍ら官吏の職を務めた。

〔26〕 彼の父親——イブラーヒーム・ムワイリーヒー。イスマーイール・パシャの高級

官吏として退位後もパシャに仕え，その死後エジプトに戻り，アッバース・パシャに仕えた。

〔27〕『ミスバーフ・アッ＝シャルク』誌——1898年創刊，1903年ころ廃刊。

〔28〕サロン——イスマーイール・パシャの姪であるナーズリー・ファーディルが主催したサロン。およそ四半世紀にわたり継続した。

〔29〕アッバースィーヤの精神病院——以前からあった収容施設を1895年に精神病院として再建した。

〔30〕ウォーノック氏——ジョン・ウォーノック，英国人医師。衛生局の任命により病院長として着任し，内務省内に精神異常問題局を設立した。

〔31〕第1回アラブ会議——東アラブ世界の知識人，政治家が，オスマン帝国に対する自治権拡大を要求した1913年の会議。

〔32〕ビドゥア——本来はイスラームの教えに反した信仰上の夾雑物を指し，逸脱あるいは革新などと訳す。この場合の革新は肯定的な意味とは限らない。

〔33〕マジュムーア・アル＝ウンマ——マジュムーアは「集合体《コミュニティ》」，ウンマは元来すべてのムスリムからなる信仰共同体だが，この時代には共同体の訳語として用いられるようになりつつあった。

〔34〕ターハー・フサイン——アズハル学院に学ぶが満足せず，エジプト大学，ソルボンヌ大学の双方で博士号を取得。エジプト大学教授，アレクサンドリア大学学長などを務めた。

〔35〕『ムアイヤド』——1907〜13年に憲法改革党を率いたシャイフ・アリー・ユースフが，1889年に刊行した。

〔36〕ギュスターヴ・ル・ボン——フランス人医師で，人類学的・考古学的な研究から心理学的研究に傾倒し，群集の心理に関する研究で社会心理学の確立に大きく影響を与えた。

〔37〕サアド・ザグルール——アズハルに学び，判事職を経て，教育相，法相を歴任，反英運動を主導してマルタ島に流刑に処されたことをきっかけとして1919年革命が起こり，1922年にエジプトは英国の保護国の地位を脱した。その後1924年にワフド党を創設し，議会政治の中心を担った。

〔38〕頭骨測定器《セファロメーター》——セファロメーターという名称自体は，英国の哲学者ハーバート・スペンサーが既存の器具を改良して命名した。

第5章　真実の機械装置

〔1〕タンジョア号——英国の民間蒸気船で，アレクサンドリア在住の外国人の避難に使用された。

〔2〕ガトリング砲——アメリカ人の医師リチャード・ジョーダン・ガトリングが1861年に開発した世界最初の実用的機関銃。

〔3〕タッル・アル＝カビールでの最後の戦い——カイロから北北東に110キロ，イスマーイーリーヤ県のデルタ辺縁部にあり，1882年9月13日にここで戦闘が行なわれた。

〔4〕ゴゾ島——マルタ島とともにマルタ共和国を構成する北側の島。

〔5〕マフムード・サーミー・パシャ・バルーディー——外交および軍事に活躍し，また現代アラブ史の先駆者であり，「剣と筆の王」と綽名された。

〔6〕アリストテレスの黄金八角形——不明。イブン・ハルドゥーンが依拠しているア

リストテレスの「叡知の八句」は，10世紀ころまでにおそらくアラビア語で執筆された偽書『秘中の秘』からきているが，これを指すか。

〔7〕 ヒズブ・ワタニー——既出の国民党と同名で，同じく「国民党」と訳し，1879年から1882年まで存続した。しかし，本書にも示されているように，これを政党と呼ぶかには議論の余地がある。

〔8〕『イスラーム百科事典《エンサイクロペディア・オヴ・イスラーム》』——イスラームに関する英仏独語による最大の百科事典。

〔9〕 語根——アラビア語の単語は三音もしくは四音からなる子音の順列によって基本的な意味が決まり，これを語根と呼ぶ。

〔10〕「過去」——正確には，アラビア語には現在，過去，未来という時制の概念がなく，意識された時点での行為の完了と未完了を区別する。ここで言われている「過去」とは完了形のこと。

〔11〕「開く」「裂く」「すぼめる」——ファタハ，カスラ，ダンマのことで，それぞれa, i, uの短母音に相当するとされる。

〔12〕 ニーシャープール——イラン北東部，ラザヴィー・ホラーサーン州にある都市。11世紀にセルジューク朝の宰相ニザームムルクにより最初のニザーミーヤ学院が置かれた。

〔13〕 メルヴ——トルクメニスタン共和国南部，イラン国境近くの都市。13世紀にモンゴル軍によって破壊され廃墟と化した。

〔14〕 アブー＝サフル・ムハンマド・ハフスィー——11世紀後半のハディース学者で，ガザーリーに『サヒーフ集』を伝授した。

〔15〕 クシュマイハーニー——ムハンマド・ブン・ムハンマド・クシュマイハーニー。10世紀のハディース学者。

〔16〕 ムハンマド・ブン・ユースフ・フィーラブリー——9世紀後半から10世紀前半のハディース学者。

〔17〕「主語と述語の記録」——表題の全体は『教訓（イバル）の書，また，アラブ人，ペルシア人，ベルベル人と至高のスルターンの統べる同時代の人びとの日々の始まり（主語）と終わり（述語）の集成』と訳せる。

〔18〕 最初の大衆紙——『タンキート・ワ・タブキート』紙。「揶揄と非難」を意味する。

〔19〕 新しい大学——イスタンブル大学の前身となるダリュルフュヌーン・オスマニー（オスマン家の諸学の家）が，伝統的なメドレセからの段階的な改革を経て開校された。

〔20〕 ムハンマド・マジュディー——フランスで教育を受け，法律家としては控訴院顧問を務め，心理学者としても著書がある。

第6章　物の哲学

〔1〕 カサブランカ＝ラバト標準軌鉄道——1925年開通。モロッコの鉄道はそれまで狭軌が通常であった。

〔2〕 ラバト——ムワッヒド朝期に一時都市として発展し，その後衰退していたが，1913年に首都とされた。

〔3〕 新市街——旧市街から金角湾を挟んで北側。現在のベイオウル地区。当時の名称はペラ。

〔4〕 北方前線の叛徒たち——モロッコ北東部リーフ地方はたびたびスペインとフランスに反乱を起こしており，ポール＝プロスペル・アンリ将軍は1913年からこの地

域の治安担当者だった。

〔5〕 メディナ——アラビア語で「都市」を意味する普通名詞だが，しばしば近代以前からある旧市街を指すのに用いられる。

〔6〕 タイラー教授——エドワード・バーネット・タイラー。オックスフォード大学の初代人類学教授で，アニミズムという考え方の提唱者として知られる。

〔7〕 ダファリン卿——ダファリンおよびエヴァ侯爵フレドリック・ハミルトン＝テンプル＝ブラックウッド。19世紀を代表する外交官のひとりで，シリア弁務官を皮切りに，カナダ総督，駐イスタンブル大使としてウラービー事件にも深く関与，後にインド帝国副王。

〔8〕 分節的政治体系——中央政府をもたない社会が，幾重にも重ねられた相同の集団の対抗関係によって秩序を維持する方式。1940年代の人類学のアフリカ研究において理論化された。

〔9〕 ジュルジー・ザイダーン——サッルーフの学生でベイルートを追われ，カイロに移ってからジャーナリストとして活躍した。

〔10〕 D. S. マーゴリアス——デヴィッド・サミュエル・マーゴリアス。英国出身，イスラーム初期史研究で知られる。

〔11〕 ハサン・タウフィーク——教育に尽力し，1891年刊行の『教育学《ペダゴギア》』で知られる。

〔12〕 ブロッケルマン——カール・ブロッケルマン。アラビア語，アラブ文学研究で知られる。

〔13〕 ディジョン——ブルゴーニュ地方の中心都市で，ここのリセ・カルノがリヨテの出身校。

エジプトを植民地化する
博覧会世界と規律訓練的権力

2014年 3 月20日　　初版第 1 刷発行

著　者　ティモシー・ミッチェル
訳　者　大塚和夫・赤堀雅幸
発行所　一般財団法人 法政大学出版局
〒102-0071 東京都千代田区富士見 2-17-1
電話03(5214)5540／振替 00160-6-95814
製版・印刷　三和印刷／製本　誠製本

ISBN 978-4-588-37602-3　　Printed in Japan

著 者
ティモシー・ミッチェル（Timothy Mitchell）
英国生まれ。博士（政治学，近東研究）。ケンブリッジ大学クイーンズ・カレッジで歴史学，米国プリンストン大学大学院で政治学を学ぶ。1984 年からニューヨーク大学政治学科および近東研究センターに所属して教鞭を執る。2008 年よりコロンビア大学中東・南アジア・アフリカ研究学科教授。
主な著書に，*Carbon Democracy: Political Power in the Age of Oil*（London: Verso, 2011），*Rule of Experts: Egypt, Techno-Politics, Modernity*（Berkeley: University of California Press, 2002），編著として *Questions of Modernity*（Minneapolis: University of Minnesota Press, 2000）がある。

訳 者
大塚 和夫（おおつか かずお）
1949 年生まれ。博士（社会人類学）。東京都立大学人文学部，同大学大学院社会科学研究科で社会人類学を学ぶ。国立民族学博物館，東京都立大学人文学部を経て，2005 年より東京外国語大学アジア・アフリカ言語文化研究所教授（2006–2009 年まで所長）。2009 年死去。
主な著書に，『イスラーム主義とは何か』（岩波書店，2004 年），『近代・イスラームの人類学』（東京大学出版会，2000 年），『異文化としてのイスラーム――社会人類学的視点から』（同文舘出版，1989 年）などがある。第 2 回アジア・太平洋賞特別賞（1990 年），第 56 回毎日出版文化賞（2002 年），第 22 回大同生命地域研究奨励賞（2007 年）など受賞，紫綬褒章（2008 年）受章。

赤堀 雅幸（あかほり まさゆき）
1961 年生まれ。社会学修士。東京大学教養学部，同大学大学院社会学研究科および総合文化研究科で文化人類学を学ぶ。専修大学を経て，1997 年より上智大学外国語学部着任，2007 年より教授。
主な編著に，『グローバル化のなかの宗教――衰退・再生・変貌』（共編，上智大学出版，2010 年），『民衆のイスラーム――スーフィー・聖者・精霊の世界』（山川出版社，2008 年），『イスラームの神秘主義と聖者信仰』（共編，東京大学出版会，2005 年）がある。第 1 回日本ナイル・エチオピア学会高島賞（1995 年）受賞。

関連書

A. クロー著／岩永博・井上裕子・佐藤夏生・新川雅子訳　3900円
メフメト二世
トルコの征服王

レディ・A. ブラント著／田隅恒生訳　3900円
遍歴のアラビア
ベドウィン揺籃の地を訪ねて

J. フュック著／井村行子訳　8800円
アラブ・イスラム研究誌

L. アハメド著／林正雄・岡真理ほか訳　4500円
イスラームにおける女性とジェンダー

E. フロマンタン著／川端康夫訳　2500円
サハラの夏

E. W. サイード著／山形和美・小林昌夫訳　6500円
始まりの現象
意図と方法

J. デリダ著／藤本一勇・立花史・郷原佳以訳　5800円
散種

陣内秀信・新井勇治編　7600円
イスラーム世界の都市空間

井上さつき著　4600円
音楽を展示する
パリ万博　1855–1900

高橋雄造著　7000円
博物館の歴史

P. バーク著／長谷川貴彦訳　2800円
文化史とは何か〔増補改訂版〕

P. バーク著／河野真太郎訳　2400円
文化のハイブリディティ